대변국(大變局) 속에서 중국의 역할

대변국 속에서
중국의 역할

초판 1쇄 인쇄 2025년 7월 5일
초판 1쇄 발행 2025년 7월 15일
발 행 인 김승일(金勝一)
옮 긴 이 김승일·이인선·김미란
디 자 인 조경미
출 판 사 경지출판사
출판등록 제 2015-000026호

잘못된 책은 바꿔드립니다.
가격은 표지 뒷면에 있습니다.

ISBN 979-11-94570-01-1 (03300)

판매 및 공급처 경지출판사

주소: 서울시 도봉구 도봉로117길 5-14 **Tel**: 02-2268-9410 **Fax**: 0502-989-9415
홈페이지: https://www.sixshop.com/kyungji/home

이 책은 경지출판사서면 허락 없이는 어떠한 형태나 수단으로도 이 책의 내용을 이용하지 못합니다.

※ 이 도서의 국립중앙도서관 도서목록(CIP)은 서지정보유통지원시스템 홈페이지(http://seoji.nl.go.kr)와 국가자료공동목록시스템에서 이용하실 수 있습니다.

대변국 속에서
大變局
중국의 역할

왕이웨이(王义桅) 지음 | 김승일·이인선·김미란 옮김

경지출판사
Korea Wisdom China

经典中国国际出版工程
China Classics International

머리말
대 역사로 보는 신중국 70년

　고대 문명국가이자 최대 개발도상국과 사회주의 국가로서 중국은 지난 70년 동안 세계에서 가장 독립적이고 완전한 산업체계를 구축했고, 현재 공업생산액은 전 세계의 약 4분의 1을 차지하고 있으며, 인류 산업혁명의 기적을 창조했다. 그 근본 원인은 중국공산당이 중국을 영도해 사회주의 길로 나아가고 독립자주를 바탕으로 개혁개방을 실시했기 때문이다. 뿐만 아니라 아편전쟁 이후 산업 문명에 패한 쓴맛을 본 중국인은 더 이상 디지털 혁명의 기회를 놓치는 것을 원치 않았다. 그리하여 인류 역사상 처음으로 비(非) 서방 국가, 비(非) 미국 동맹국이 인류의 산업 4.0을 이끄는 상황이 나타났다. 그래서 미국이 중국을 상대로 전략적 압박을 가하고 있는 것이다. 그러나 중국 공산주의자들은 초심을 잃지 않고 '일대일로' 이니셔티브와 인류운명공동체를 제안했으며, 이를 당 규약에 기입했고, 유엔에 의해 관련 결의에도 기입됨으로써 인류 문제 해결을 위한 중국의 방안과 지혜를 제공하고, '세계의 논리'를 재구성하고 있는 상황이다.
　신중국 창건 이래의 70년은 인류의 농업혁명, 산업혁명, 정보혁명, 사회혁명, 정치혁명, 문화혁명 등의 여러 단계를 농축시켰으며, 글로벌화의 축소판이라 할 수 있다. 신시대에 들어서면서 인류문명 해결에 있어서 중국의 방안인 '일대일로'와 중국의 지혜인 '인류운명공동체'를 제공해 글로벌화의 미래 버전을 열게 되었다.

그렇다면 어떻게 근대를 초월해 글로벌화의 미래라는 차원에서 인류운명공동체의 세계적 논리를 이해해야만 할 것인가?

대 역사로 보는 신중국 70년

신중국 70년은 "하루라도 새로워질 수 있다면, 날마다 묵은 것을 버리고 새롭게 하며, 쉼 없이 새로움을 지속하라"(苟日新, 日日新, 又日新)는 이념을 계승해 중국 전통문화의 창조적인 전환과 혁신적인 발전을 실현해 노선에 대한 자신감, 이론에 대한 자신감, 제도에 대한 자신감, 문화에 대한 자신감을 확립하는 시간이었다. 또 중국 특색의 사회주의 시장경제를 건설해 글로벌시대의 이론에 대한 자신감을 형성했다. 신시대를 맞이해 시진핑 주석은 '일대일로' 이니셔티브 및 그 배후의 인류운명공동체 이념을 제시해 "중국에서 기원했지만 세계에 속하고", "역사 과정에서 기원했지만 미래에 속한다"는 논리를 진정으로 실현했으며, '아시아의 중국', '세계의 중국', '미래의 중국'을 구현했다. '일대일로'는 중국의 꿈과 세계의 꿈을 융합시켰고, 인류운명공동체는 글로벌화와 글로벌 거버넌스에 정신적 기둥을 세워주었다. 또 중국이 '전통 중국'에서 '현대 중국', '글로벌 중국'으로 전환하는데 힘을 보태고, 세계와 '4가지 자신감'을 공유해 운명을 스스로 장악하고, 운명을 함께 하며, 운명공동체를 실현할 수 있도록 했다.

'일대일로' 이니셔티브의 제시는 자신감에서 자각에 이르는 구현으로서, 운명을 스스로 장악하고 "운명을 함께 하며" 운명공동체를 실현하는 삼부곡을 마련해 개방·포용·보편적 혜택·균형·상생의 신형 글로벌화와 공동의논·공동건설·공유의 신형 글로벌 거버넌스를 구축하기 위함이었다.

인류운명공동체의 3대 사명

미국과 영국이 창도하는 "세계는 평평하다(世界是平的)"는 신자유주의 글로벌화 이념과 워싱턴 공동인식이 무너지고 있을 때 중국은 "세계는 통한다(世界是通的)"는 인프라 시설을 바탕으로 "상호 연결과 원활한 흐름(互聯互通, 이하 '후롄후퉁'으로 통칭함)"을 골자로 하는 '일대일로' 이니셔티브를 제시했다. 반(反)글로벌화를 주장하는 미국과 영국의 지도자들이 '자국 우선'을 내세우며 디커플링(비동조화, 탈동조화)과 브랙시트(영국의 유럽연합 탈퇴) 주장을 펴고 있을 때, 중국은 인류운명공동체를 주장하면서 세계 여러 나라가 자국의 국정에 어울리는 발전의 길을 걸으면서 운명을 스스로 장악하는 토대 위에서 운명을 함께 하며 궁극적으로 운명공동체를 구축하도록 격려했다.

더 긴 안목으로 또 본질적으로 볼 때, 인류운명공동체의 제안은 3대 사명을 가지고 있다고 할 수 있다.

첫째, 중화민족의 위대한 부흥 목표에 대한 대답이다. 복고(한·당[漢唐] 시대로 돌아가는 것)하자는 것도 아니고, 미국을 추월하자는 것(세계의 패자[覇者]가 되려는 것)도 아니다. 세계 여러 나라의 공동 진흥, 문명의 공동 부흥을 추진해 모두가 자기 정체성을 수립할 수 있도록 하고, 아울러 자신이 성공을 이룸과 동시에 남도 성공하도록 하는 것이다. 인류운명공동체는 중국과 세계의 관계에 대해 해석한 것으로 즉 중국의 꿈과 세계의 꿈을 통하게 한다는 것이다.

둘째, "인간에게 무슨 일이 일어난 것일까? 세계는 어디로 가려고 하는 것일까? 이때 우리는 어떻게 해야 할 것인가?"라는 시대적 질문에 대한 대답이다. 글로벌화, 글로벌 거버넌스에 정신적 기둥을 구축해 운명을 스스로 장악하는 것으로 '중심과 변두리'라는 종속체계를 초월하고, 운명을 함께 하는 것으로 서로 의존하는 것을 초월하며, 운명공동체로 "경제는 중국에 의존하고 안보는 미국에 의존해야 한다"는 역설, 그리고 경제 글로벌화와 정치 지방화의 분열을 뛰어넘자는 것이다.

셋째, "우리의 미래가 더 밝을 수 있을까?"라는 질의에 대한 대답이다. 근대와 작별하고 서방을 벗어나 인류 중심주의를 뛰어넘어 훗날의 시각으로 내일을 되돌아보며 인류 가치관의 최대공약수를 찾고 인류문명의 지속 가능한 발전을 추동(推動)하자는 것이다. 그리고 인공지능, 만물인터넷 시대가 다가오면서 문명 교류, 대화식 문명에서 공동 창조식 문명으로의 비약을 실현하고 인류문명의 혁신을 이끌자는 것이다.

인류 역사로부터 볼 때, 대국의 궐기는 반드시 세계의 미래를 선도할 협력 제안과 가치 이념의 제기로 직결되곤 한다. '일대일로' 이니셔티브 및 그 배후의 인류운명공동체 이념은 바로 이런 사명을 짊어지고 있는 것이다. '일대일로' 이니셔티브의 제기는 중국이 근대 이래 중체서용(中體西用),¹ 서방 추월의 사고방식 논리와 철저하게 작별했음을 의미한다. 그 후 국제사회에서는 중국의 궐기를 추상적으로만 담론한 것이 아니라 '일대일로'를 주제로 해 담론하게 되었다. 이는 국제 담론체계를 수백 년에 걸쳤던 근대에서 2천여 년에 걸쳐 있는 전반적 역사 체계로 단번에 연장했으며, 이로써 서방 중심론을 해체하게 되었다. 인류운명공동체 이념은 보편적 가치를 초월해 인류 공동의 가치를 제창하며, 항구적인 평화, 보편적인 안전, 공동번영, 개방과 포용, 깨끗하고 아름다운 세계를 건설하는데 취지를 두게 되었다. 실제로 대도(大道)가 행해지면 천하는 모든 사람 공공의 것이 된다. 인류운명공동체는 중국이 제창하는 신형의 국제 관계, 신형의 글로벌 거버넌스의 핵심 이념이 되고, 시진핑 신시대 중국 특색 사회주의 사상의 세계관이 되었으며, 인류의 진보사업을 위해 분투하는 중국공산당의 천하에 대한 책임감을 집중적으로 보여주게 되었다.

개방과 대화, 인류운명공동체 구축을 위한 대문 열어줘

저명한 한학자 겸 독일 본 대학교 동아시아과 울프강 쿠빈(Wolfgang Kubin) 교수는 이렇게 말했다. 중국은 유럽 문명에 '복운'을 가져다주었고, 중화 문화는 서방 문화에 늘 자양분을 제공해왔다. 그러나 오랜 세월 동안 서방인들은 중화 문화와 세계 문명 간 대화의 역사를 잘 알지 못했고, 세계 문명에 대한 중화 문화의 영향에 대해서는 더욱 알지 못했다. 개방과 대화는 오늘날 세계의 각기 다른 문

---

1) 중체서용: 중국 청나라 말기에 태평천국 운동 이후에 일어난 양무운동의 기본 사상으로 중국의 유교문화를 바탕으로 하되, 서양의 과학과 기술을 도입해 부국강병을 꾀하자는 것. - 역자 주

화 간에 서로 융합하고 서로 참조하며 인류운명공동체를 구축할 수 있는 대문을 활짝 열어주었다.

그렇다면 어떻게 개방하고 대화해야 할 것인가? 어느 한 서방 학자는 일찍 "인류의 뜻밖의 만남 중에서 가장 황홀했던 순간을 꼽으라면 그리스 문명과 인도문명 그리고 중국 문명을 만났을 때라고 할 수 있을 것"이라고 말한 바 있다. 그리스 철학은 '인간-자연'의 관계를 강조하고, 인도 철학은 '인간-신'의 관계를 강조하는 반면, 중국 철학은 '인간-인간'의 관계를 강조한다.

오늘날 '일대일로' 이니셔티브의 제안으로 3대 세계 문명인 중화문명, 이슬람 문명 및 기독교 문명을 다시금 융통시켜 문명의 결합으로 문명의 분열을 뛰어넘고, 21세기에 고대 실크로드를 재현해 아랍을 통해 중국의 '4대 발명'을 유럽으로 전파하면서 농경문명, 유목문명, 해양문명을 연결시키는 기상이 나타나게 되었다. 이에 상응할 수 있도록 문명 간의 대화도 인간, 자연, 신의 통일을 실현시키고, 과학의 논리, 예술의 논리, 이데올로기의 논리를 포용해야 한다.

페이샤오퉁(费孝通) 선생은 이렇게 말했다. "모든 민족의 문화가 각자의 정수를 보유하고 있으므로 자기 민족의 문화를 존중하는 한편 다른 민족의 문화도 존중하고 포용해야 한다. 그리하여 각자의 문화를 서로 포용하고 공유해 천하대동을 이루어야 한다." 그러나 만약 자기 스스로 자신이 훌륭하지 않다고 여긴다면 어떻게 해야 할 것인가? 메르켈 독일 총리는 근년에 "어느 정도에서 보면 전적으로 남에게 의존하던 시대는 끝났다고 할 수 있다. 유럽인들은 반드시 운명을 스스로 장악해야 한다."라고 개탄했다.

독일마저 이러한데 하물며 일반 개발도상국은 더 말할 나위가 있겠는가! 대화식 문명을 확정할 때 그들이 대화 능력을 갖추었는지의 여부를 고려했는가? 어떻게 대화 능력을 갖추지 못한 문명까지 평등하게 포용해 인류의 새로운 문명을 형성할 것인가? 이것이 바로 인류운명공동체 이념의 사명인 것이다. 즉 '일대일로' 이니셔티브를 통해 운명을 스스로 장악케 하는 것, 다시 말해서 자기의 정체성을 수립하고 자신이 성공을 이룸과 동시에 다른 사람도 성공하도록 하게 하는 것이다. 아울러 '후롄후퉁'하는 동반자 네트워크의 구축을 통해 운명을 함께 하는 관계를 형성하고 운명공동체를 구축하며 공동 창조식의 새로운 인류문명을 창도하자는 것이다.

인류운명공동체 이념은 인류사회의 공동 이상과 아름다운 추구를 구현한다

근대 들어 중국은 민족 독립, 국가 부강 등 중국 문제의 해결에 주력했다. 개혁개방 이후에는 자국에 나타난 세계적 문제인 시장경제, 인민의 행복 등 사안을 해결하기 시작했다. 그리고 신시대에 들어선 후로는 항구적 평화, 보편적 안전, 공동 번영, 개방과 포용, 깨끗함과 아름다움의 인류 문제에 대한 해결에 주력했는데, 이 다섯 부분이 공동으로 인류운명공동체의 5대 기둥을 이루고 있다.

세계정세는 대전환, 대변혁의 갈림길에 놓여 있다. 시진핑 주석은 인류운명공동체 이념을 제시해 인류사회의 공동 이상과 아름다운 추구를 구현했고, 신시대 중국의 전통적인 천하대동(天下大同, 온 세상이 번영하고 화평하게 됨)사상과 협화만방(協和萬邦, 모든 나라가 협력하고 화합함)사상을 승화시켰으며, 평화·발전·협력·상생이라는 중국 외교의 취지에 혼을 불어넣어 세계의 진보사업을 위해 더 큰 기여를 할 것이라는 중국공산당의 초심을 보여주었으며, 유엔 헌장의 취지와 원칙을 고양해 국제 사회의 광범위하고도 적극적인 호응을 얻었다.

총체적으로 인류운명공동체는 발명이 아니라 발견이며, 기존의 공동 가치관을 발견한 것이다. 그 발견은 정적인 것이 아니라 동적인 것이다. 인류의 공동 가치관 또는 미래의 공동 가치관을 공동으로 구축하는 것이다. 그것은 대화식 문명에 그치지 않고 미래 인류문명을 구축하는 것이다. 과거의 모든 것은 모두 서막에 불과하다. 과거의 국제체계는 인류운명공동체 이념의 하나의 특례일 뿐, 과거를 부정하는 것은 아니다. 그렇기 때문에 인류운명공동체는 현재 진행형이며 동적으로, 포용적으로 세우고 이루는 것이다.

인류운명공동체 제안은 3대 논리를 따른다

시진핑 주석이 인류운명공동체를 제안한 것은 글로벌화의 역전, 포퓰리즘의 성행, 날마다 새로워지는 신기술 혁명 등 정세에서 "세계는 어디로 가야 하는가"라는 근본 문제에 대해 대답한 것이다. 이와 동시에 그는 "'일대일로'를 제안한 것은 바로 인류운명공동체를 구축하기 위한 것"이라고 지적했다.

인류운명공동체 제안은 3대 논리를 따른다.

첫 번째는 역사의 논리로서 인류의 초심을 잃지 않는 것이다. 인류운명공동체는 원천이 없는 물이나 뿌리가 없는 나무가 아니다. 반대로 고대, 근대, 현대 역사를 포함한 역사 속에서 생겨났으며, 또 역사에 대한 시대적 제련과 승화이기도 하다. 고대 세계 체계는 다중심적이고 다원적이다. 여러 국제체계 간, 여러 문명 간 연계는 끊어졌다 이어졌다 하면서 불안정적이다.(실크로드 역사를 보면 알 수 있다) 그렇기 때문에 중국의 전통 화합 문화와 기타 여러 가지 전통문화의 공통성을 받아들이는 한편, 창조적인 전환과 혁신적인 발전을 통해 인류운명공동체를 구축하는 것이 바로 인류가 초심을 잃지 않는 것이다. 근대 이래 국제체계는 사실상 하나의 중심인 서방 중심이다. 베스트팔렌 체계[2]는 민족 주권국가를 기본 단위로 한다. 우리는 주권원칙을 견지해야 하지만 유럽의 주권양도를 포함한 국가 차원을 초월해 인류운명공동체를 제시한 것이다. 근대 이래 형성된 것은 이른바 인류는 산업혁명과 지리적 대발견이 만들어냈다는 인간 중심주의인 '인류세(人類世)'로서 이제 우리는 이를 초월해 환경을 보호하고 인류를 자연의 일부로 보아야 한다. 그러므로 인류운명공동체는 고대·근대·현대의 역사 속에서 탄생했지만, 또한 역사에 대한 계승과 초월이기도 하다.

두 번째는 시대의 논리로서 시대의 질문에 답한다. 오늘날 세계는 경제의 글로벌화, 정치의 지방화, 문화의 다원화와 극단화 그리고 테러리즘, 포퓰리즘, 반유대주의 등이 성행하고 있다. 인류운명공동체는 여러 가지 문화 가치의 통합으로서, 인류 공동의 가치관을 발견하고 발굴하며 구축하는 것이자 인류의 문제를 해결하는 지혜와 방안

---

2) 베스트팔렌 체계(Westphalian system) : 베스트팔렌 주권(Westphalian sovereignty)이라고도 하는데, 각 국가가 자국 영토에 대한 배타적인 주권을 갖는다는 국제법의 원칙을 말한다.

이기도 하다. 대표적인 시대의 질문은 과거를 뛰어넘는 것이다. 경제 글로벌화에서 이른바 서로 의존한다는 것은 더 큰 정도에서는 미국의 패권에 의존하는 것을 말하는데 현재 트럼프는 이를 무기로 사용하고 있다. 우리는 서로 의존하던 데로부터 운명을 함께 할 수 있어야 한다. 이는 일종의 종속관계가 아니며 하나의 중심이 아니라 여러 개의 중심이 격자형을 이루는 관계이다. 이는 국내 통치, 특히 정당 통치에서 구현되어야 하며, 이익집단, 선거 정치를 뛰어넘어 인민 중심의 이념을 강조하고 정당의 전환을 추진해야 한다. 인류 정치 문명의 재구축이라고 할 수 있다.

세 번째는 사고방식의 논리로서 모레에서 내일을 되돌아보는 것이다. 미래가 이미 도래했음을 알 수 있다. 다만 그 분포가 고르지 않고 감지능력의 차이가 있을 뿐이다. 인류는 이미 산업혁명 4.0 문턱을 넘어섰다. 인공지능·빅데이터·만물인터넷의 범재화(泛在化, 보편적으로 존재하는 현상 또는 추세를 가리킴)를 실현하고, 원래 인간이 자연을 변화시키던 데서 현재의 인간이 인간을 변화시키기에 이르기까지… 인공지능은 수렵사회·농경사회·공업사회·정보사회에 이어 나타난 신세대 사회 형태로서 인공지능이란 이름은 과학기술 혁신이 사회의 변화발전을 이끈다는 의미를 충분히 표현하고 있다. 시진핑 주석은 공해·우주·인터넷·극지 등 인류의 새로운 영역에서 과거의 양육강식, 제로섬 게임과 같은 법칙을 더 이상 되풀이해서는 안 된다고 거듭 지적했다. 우리는 인공지능에 대해 열띤 토론을 벌이고 있지만, 세계적으로 보면 아직 절반에 가까운 사람들이 인터넷을 사용하지 못하고 있으며, 10억이 넘는 인구가 전기를 사용하지 못하고 있는 실정이다! 우리가 인공지능에 대해 논하고 있을 때 그들은 더 주변화되지 않을까 우려되고 있다. 그렇기 때문에 인류운명공동체를 강조하려는 것이다. 강자가 더 강해지고 약자가 더 약해지는 상황이 초래되어서는 안 된다.

이에 상응해 인류운명공동체 이념을 제기한 3대 의의를 이해하는 것은 어렵지 않은 일이다. 첫째, 기존의 소극적 운명관을 뛰어넘어 적극적으로 진취하는 것이다. 둘째, 소극적 인류운명관을 뛰어넘어 공동체를 구축하는 것이다. 셋째, 전통적 이데올로기의 계급투쟁 학설을 뛰어넘어 힘을 합쳐 인류운명공동체를 구축하는 것이다.

인류운명공동체 이념의 국제적 의의

인류운명공동체는 세속 문명의 궁극적 배려이자 문화의 자각이다. 인류운명공동체의 정치적 의의는 바로 중국공산당이 사회주의 초급 단계에서 세계 각국에 운명을 스스로 장악하고 인류운명공동체를 구축할 것을 제창한 데 있다. 따라서 인류운명공동체의 정책적 함의를 이해하기는 어렵지 않은 것이다.

첫째, 근대와 작별하고 서방에서 벗어났다. 근대 이후 중국의 학문을 바탕으로 서방의 학문을 도입해 활용하는 것, 혹은 서방의 학문을 바탕으로 중국의 학문을 활용하는 것에 대해서는 늘 언급해왔다. 오늘날의 인류운명공동체는 인류를 바탕으로 세계를 활용할 것을 강조한다. 인류운명공동체는 각국의 전통문화, 서방의 도통(道統), 마르크스주의 정통(正統)을 뜻하는 3통(三統)을 연결시켜야 한다. 이것이 바로 동서남북, 고금동서를 집대성한 것이다.

둘째, 국제적 책임을 강조한다. 서양 경제학에는 '파레토 개진'이라는 중요한 명사가 있는데, 중국의 한 학자는 '공자 개진'이라는 새로운 개념을 제기했다. '공자 개진'은 차원이 더 높다. 공자는 "사람은 자신이 일어서고자 하면 주위 사람도 일으켜 세우고, 자신이 성공하고자 하면 주위 사람도 성공하도록 하라"고 주장하기 때문이다. 즉 자신이 성공하려면 남도 성공하도록 도와주고 자신이 부유해지려면 남도 함께 부유해지도록 해야 한다는 것이다. 공자의 생각이 바로 중국이 제기한 인류운명공동체 건설이라는 위대한 목표의 역사적 전승을 대표하고 있으며, 중국의 염원을 대표하고 있다.

셋째, 인류운명공동체의 정치적 함의에는 글로벌화와 글로벌 거버넌스의 정신적 기둥을 세우는 것도 포함된다. 경제 글로벌화, 정치 지방화의 대립을 뛰어넘어 포용적인 글로벌화를 강조해야 한다. 누구를 위한 거버넌스인지를 묻지 않는 서방의 글로벌 거버넌스와는 반대로 중국이 제시한 인류운명공동체 이념은 사람을 근본으로 삼는 것과 인류를 위해 다스릴 것을 강조하고 있다. 그러자면 기존의 국제 질서로부터 현재의 인류 질서에 이르는 초월을 실현해야 한다.

'일대일로'와 인류운명공동체는 '과학이란 분과의 학문(分科之學)'이라는 서학의 한계를 뛰어넘어 자연현상과 인류사회의 관계를 탐구하고 고금의 변화를 통달하며 동서남북을 아우르는 대 학문을 구축하기 위한 시대적 명제를 제시한 것이다. 과학적인 사고방식을 뛰어넘고, 동서남북, 고금 중외의 영역을 뛰어넘어 인류의 전체관, 운명관, 공동체관을 수립하고 인문사회과학과 자연과학의 대 융합, 세계 여러 나라 전통문화의 대 융통, 미래과학의 대 선도를 추진해야 한다.

'일대일로'와 인류운명공동체의 국제적 의의는 21세기의 '장재[3]의 명제(張載命題)'를 담은 데 있다고 할 수 있다. 즉 '천지만물을 위해 뜻을 세운다는 것'(爲天地立心)은 바로 "평화·협력, 개방·포용, 상호학습 및 상호참조, 호혜상생"의 실크로드 정신을 활성화해 상호존중, 공평정의, 협력상생을 핵심으로 하는 신형 국제관계를 구축하고, 21세기 인류 공동의 가치체계를 모색하며, 인류운명공동체를 건설하는 것이다. "백성을 위해 마음을 수양해 천명을 받드는 것(爲生民立命)"은 바로 여러 나라가 자국의 국정에 부합되는 발전의 길을 걷도록 격려하고, '중국의 꿈'과 '여러 나라의 꿈'을 융합시켜 '세계의 꿈'을 공동으로 이루도록 하는 것이다. 선현들의 학문을 이어받고 고양한다는 것은 인류의 영속적인 발전을 실현하고 다양한 문명, 발전 모델을 서로 보완하고 서로 공유하며, 중화 문명을 포함한 세계 여러 문명이 공동으로 부흥하는 아름다운 앞날을 개척하는 것이다. '후세를 위해 태평한 세상을 만든다는 것'은 인류의 공평하고 정의로운 사업을 추진하고 "항구적 평화, 보편적 안전, 공동 번영, 개방·포용을 이룬, 깨끗하고 아름다운 세계"를 창조하며 글로벌화 시대의 '천하대동'을 실현하는 것이다.

'일대일로'의 핵심사상은 '후롄후퉁'으로서 전 세계적으로 서로 연결하고 소통하는 파트너 네트워크를 구축해 세계의 가능성을 하나로 연결시키는 것이다. 왜냐하면 인류의 운명은 훨씬 오래전부터 이미 긴밀히 연결되어 있었기에 수동적인 동거동락이 아닌 주동적인 운명

---

3) 장재(張載: 1020년 ~ 1077년) : 중국 송나라 시대의 사상가로 일반적으로 장자로 불리고 있다.

공동체 기획이었기 때문이다. 이것이 곧 '일대일로'의 초심이며, "항구적 평화, 보편적 안전, 공동 번영, 개방·포용을 이룬, 깨끗하고 아름다운 세계"를 건설하는 것이 목표이다.

인류운명공동체는 유엔의 관련 결의안에 여러 차례 기입되어 신시대의 중국학, 세계학이 되었다. 전통적인 서학에는 3대 학문이 있다. 첫째는 서방의 고전학에 관한 것으로 모든 학문은 플라톤에 대한 해석이다. 둘째는 동양의 동양학인 이집트학, 에티오피아학, 페르시아학, 한학에 관한 것이다. 셋째는 인류문명의 인류학으로 미개화 세계에 관한 것이다. 한 마디로 말해서 서학은 "자신과 타인"에 관한 학문이고, 그 외의 두 학문은 모두 '타인'에 관한 학문이라는 것이다. 특히 인류학은 문명의 차별성을 지니고 있다. 인류운명공동체학은 인류 중심론을 초월하고 천하주의, 고금중외, 동서남북을 뛰어넘는 대 학문으로서 문명의 대화 3.0시대를 열어가고 있으며, 인류문명의 교류와 대화 단계에서 문명의 공동 구축 단계로의 비약을 선도하고 있는 것이다.

contents

머리말
대 역사로 보는 신중국 70년 … 04

- 제1장 -

세계는 어찌 된 것일까 … 23

코로나19 팬데믹 배경하에 글로벌 거버넌스의 방향은 어디로 가고 있나?
서방 '이중 잣대'의 근원
'유명무실'의 딜레마에 빠진 유럽연합(EU)의 정치
문명에 대한 초조함이 유럽의 변혁을 재촉하다
중국에 대한 인도의 모순된 심리상태
아프리카에서의 중국의 순간
라틴아메리카 방문에서 느낀 10가지 곤혹
대국 간 경쟁 상황 속에서 소국은 어떻게 처신해야 할 것인가?
'일대일로' 관련 국내외의 질의에 대한 네 가지 차원의 분석
코로나19 팬데믹 상황에서 세계가 조용히 바뀌고 있다
코로나19 팬데믹사태는 세계 역사 발전의 분수령이다

- 제2장 -

중국은 어떻게 해야 하는가? ··· 121

신시대의 전략적 기회 시기를 어떻게 인식하고 파악해야 하는가?
중국은 샤프 파워의 함정을 경계해야 한다
중국은 세계에 매우 소중한 확실성을 주입시켜 주었다
현재를 살피던 데로부터 미래를 살피기까지: 중국학은 곧 미래학이다
서방은 왜 중국으로부터 개혁을 배우기 시작한 것인가?
코로나19 방역은 위대한 '방역정신'을 낳았다

- 제3장 -

인류는 본체體이고 세계는 그 응용用이다 ··· 185

『공산당선언』에서 인류운명공동체에 이르기까지
인류운명공동체를 이해하는 세 가지 차원
인류운명공동체는 어떻게 '3통'을 실현할 것인가
인류운명공동체에 관한 중국공산당의 논리
인류운명공동체 이념의 큰 구도와 큰 지혜
인류운명공동체는 왜 세계의 공감을 이끌어낼 수 있었던 것인가?
인류운명공동체의 10대 관계를 잘 처리해야 한다

- 제4장 -

'일대일로' : 훗날에서 뒤돌아보는 내일 ··· 234

'일대일로'를 이해하는 세 가지 차원
'일대일로'는 개혁개방의 세계적 가치의 구현
'일대일로'의 시적 매력
'일대일로'의 중국 딜레마
디지털 실크로드에서 중국의 경험과 세계적 가치
코로나19 팬데믹 이후 '일대일로' 건설을 어떻게 더 잘 추진할 것인가

- 제5장 -

중국의 천명天命 ··· 345

위대하고 생생한 사회실천, 동고동락하는 천하의 책임감
위대한 부흥의 목표는 미국을 추월하는 것이 아니다
미래 글로벌 질서의 동방 지혜
'쌍순환'을 이해하는 세 가지 차원
함정설 배후에 숨겨진 논리의 진실을 파헤치다
중국이 개발도상국 지위를 고수하는 이유
'세계의 중국'과 '중국의 세계' 사이에서 자신의 위치를 제대로 찾아야 한다
'코로나19' 방역에서 보여준 중국의 정신과 깊은 계시
국제 담론체계의 '중국 역설'

맺는말 ··· 425

융합에서 구축에 이르기까지: 중국과 세계의 새 논리

제1장

세계는 어찌 된 것일까

코로나19 팬데믹 배경하에 글로벌 거버넌스의 방향은 어디로 가고 있나?

서방 '이중 잣대'의 근원

'유명무실'의 딜레마에 빠진 유럽연합(EU)의 정치

문명에 대한 초조함이 유럽의 변혁을 재촉하다

중국에 대한 인도의 모순된 심리상태

아프리카에서의 중국의 순간

라틴아메리카 방문에서 느낀 10가지 곤혹

대국 간 경쟁 상황 속에서 소국은 어떻게 처신해야 할 것인가?

'일대일로' 관련 국내외의 질의에 대한 네 가지 차원의 분석

코로나19 팬데믹 상황에서 세계가 조용히 바뀌고 있다

코로나19 팬데믹사태는 세계 역사 발전의 분수령이다

코로나19 팬데믹 배경하에
글로벌 거버넌스의 방향은 어디로 가고 있나?

미국의 대선 투표가 여론의 관심사로 떠오른 가운데 트럼프 행정부가 11월 4일 '파리기후변화협정(이하 파리협정)'에서 전격 탈퇴했다.

그러나 이날 밤 차기 미국 대통령으로 유력시되는 바이든 부통령은 자신이 승리하면 집권 첫날 '파리협정'에 다시 가입하겠다고 선언했다. 뿐만 아니라 바이든 부통령은 앞서 연설에서 트럼프 행정부가 퇴출했던 다른 '그룹'에도 다시 가입하겠다고 밝힌 바 있다. 포퓰리즘, 일방주의, 신종코로나바이러스감염증(코로나19)의 다중 충격 속에서 글로벌화와 글로벌 거버넌스의 미래가 어떻게 될지 관심이 높아지고 있다.

글로벌 거버넌스가 기본상 실패했다는 것은 국제 사회의 보편적인 공통인식이다. 실패의 원인, 본질과 대응 수단에 대한 인식은 다르며 세 가지 대표적인 관점이 있다.

1. 트럼프 행정부가 "수지가 맞지 않다"고 불평하고 "정권이 바뀌었다"고 탓하며, "미국 우선", "내가 지배한다"라는 이념으로 글로벌 거버넌스를 '재개'하고 중국을 배척했다.

2. 유럽연합(EU)은 글로벌 거버넌스의 권리와 의무의 '재균형'을 이루어 다자주의로 유럽연합의 규범화를 추진할 필요가 있다.

3. 중국은 글로벌 거버넌스에 '적자', 즉 능력과 메커니즘 및 개념의 '적자'가 존재한다고 보고 공동의논, 공동건설 및 공동향유의 거버넌스 개념을 추앙한다.

세계 무역을 예로 들면, 오늘날 세계 경제 거버넌스에 대해 세 가지 주요한 관점이 있다.

첫 번째는 미국이 강조하는 미국 우선주의를 전제로 하는 공정무역, 두 번째는 유럽이 강조하는 규칙을 기반으로 하는 자유무역, 세 번째는 중국이 강조하는 개방과 포용을 기반으로 하는 공유무역이다.

미래의 글로벌 거버넌스가 나아갈 방향은 어디일까? 왜 이번 코로나19 팬데믹 사태가 2008년 세계금융위기 때처럼 글로벌 거버넌스의 조율을 가져오지 못했을까? 그때는 자본의 글로벌화였기 때문이다. 최대 자본주의 국가인 미국이 G20을 활성화시켰던 것이다. 현재 신종코로나바이러스감염증은 우리가 인간의 글로벌화 단계에 진입했음을 시사한다. 인구의 80%가 개발도상국에 살고 있고, 그들은 글로벌 거버넌스의 담화 시스템에서 '침묵하는 다수'에 속해 있다. 때문에 미국이 지금 글로벌화를 반대하는 것은 글로벌화 자체를 반대하는 것이 아니라 자신이 주도할 수 없는 글로벌화를 반대하는 것이다. 화웨이(華為)의 '안전 문제'를 들먹이며 글로벌 공급망의 '탈중국화'를 추진하고 중국을 배척하는 글로벌화를 구축해 글로벌 거버넌스를 조율할 수 없게 만드는 것도 이 같은 맥락이다.

체계론의 관점에서 분석하면 글로벌 거버넌스는 현재 주체, 객체, 프로세스 및 환경의 4가지 측면에서 도전에 직면해 있다.

주체의 관점에서 보면 주체는 다양하지만 메커니즘은 비교적 단일하다. 주체는 주권국가를 포함하지만 아직 운명을 스스로 장악하지 못한 나라가 많다. 세계무역기구(WTO)에는 160여 개의 회원국이 있으며, 중재 상소 메커니즘이 중단되면 문제가 생길 수 있다. 주체의 다원화가 이익의 다원화를 초래하는 한편 메커니즘이 비교적 단일해 모순이 명확하다. 우리는 다자주의를 강조하지만, 어떤 나라는 아예 '자'에 포함되지 않거나 '자'의 근처에도 가지 못하니 이를 어찌할 것인지 암담하기만 하다. 그리고 다자주의의 '다' 역시 한계가 있다.

객체로 보면 문제가 많아 일석다조(一石多鳥)가 필요하다. 포퓰리즘이 일부 국가의 정부를 주도하고 있고, 일부 선진국에서는 위기감이 팽배하다. 예를 들어, 유럽연합은 현재 문제가 많아 스스로를 돌볼 겨를이 없기 때문에 유엔의 2030년 지속 가능 개발 어젠다에 대해 거의 언급하지 않는다. 한정된 선택 수단과 재정 예산으로 여러 이익 단체의 요구를 들어주기란 태부족이다. 또 일부 국가는 내부 관리를 제대로 하지 못하고 문제 해결을 못하게 되니 책임을 외부에 전가하면서 문제를 일으키고 있다.

과정을 보면 목표와 실제 능력 사이에는 큰 차이가 있다. 중국은 공동의논, 공동건설, 공동향유의 글로벌 거버넌스 개념을 내세웠지만, 미국은 "나의 동맹국과의 공동의논·공동건설에서 반드시 내가 주도해야 한다"는 태도이다. 그래서 '공동(共)'은 인류의 차원으로 올라서야만 배타적·폐쇄적이지 않게 되며, 여러 가지 지역주의와 공동체는 인류의 차원으로 올라서야만 최고의 합법성을 띨 수 있고 또 그래야만 지속 가능할 수 있다.

환경적으로 보면 안팎으로 협공한다. 왜냐하면 현재 기술의 발전은 블록체인, 만물을 서로 연결하는 사물인터넷 등의 기술과 같이 수평으로 '후롄후퉁'하면서 기존의 수직적인 거버넌스 방식을 해체하기 때문이다. 그렇다면 제멋대로 글로벌화에서 탈퇴한 주체 또는 무책임한 주체를 어떻게 징벌할 것인가? 인권 문제는 또 다른 걸림돌이다. 디지털 시대에는 프라이버시 보호 및 디지털 규칙 제정과 연결돼 낡은(오래된) 병에 새로 빚은 술을 담는 격이다.

 글로벌 거버넌스와 글로벌화 문제에서 가장 시끄러운 점은 미국인의 글로벌 거버넌스 관점이 "누구의 글로벌화인가", "누구를 위한 거버넌스인가", "누구의 글로벌 거버넌스인가", "누구에 의한 거버넌스인가"와 같은 근본적인 문제에 대한 질문을 거의 하지 않는다는 것이다.

 코로나19 위기는 40년 전에 '레이건-대처 혁명'과 함께 탄생한 신자유주의 성장 모델의 종말을 의미한다. 코로나19 사태는 정부의 힘을 강화하고 흔들리는 글로벌화의 근간을 갉아먹어 작은 정부와 자유시장을 시대착오적인 것으로 만들었다. 코로나19 팬데믹이 발생한 후 유럽은 중국 시장에 대한 의존도를 줄이기 위해 공급망의 다원화를 강조하는 면에서 어떤 대가도 기꺼이 치를 것을 맹세했다. 중국 시장의 배당금이 하락한 것도 이를 위한 합리적인 핑계를 제공했다. 그러나 유럽은 공급망의 현지화를 이룰 수 없었다. 이러한 상황에서 세계의 2대 세력, 2대 시장, 2대 문명으로서 중국과 유럽이 무엇을 주장하고 무엇을 반대하며 무엇을 협력하는가 하는 것은 세계적인 의미를 가진다. 중국과 유럽은 디지털 파트너, 녹색 협력 파트너로서 인류문명 변혁의 선도자이다. 유럽연합이 2030년 기후목표를 상향 조정한 후 중국은 2060년까지 탄소 중립을 달성하겠다는 약속을 했고, 이는 중국과 유럽이 전 세계 탄소 배출량의 3분의 1을 커버할 강력한 경제동맹을 결성할 수 있는 가능성을 높였다. 그것은 배출 감소 목표를 아직 정하지 않은 유일한 배출 대국인 미국에 "인류는 정보화 시대에서 디지털 시대로, 화석 문명에서 포스트 화석 문명으로 나아가고 있으며, 중국과 유럽은 인류의 새로운 문명 규칙의 제정자"라는 명확한 신호를 방출한 것이다.

첫째, 코로나19 팬데믹은 글로벌화를 '글로벌 지역화'로, 글로벌 거버넌스 또한 '글로벌 지역 거버넌스'로 나아가도록 추진했다. 이에 따라 우리는 대내외를 총괄하고, 운명을 같이할 것을 강조해 국내 거버넌스와 글로벌 거버넌스를 조율함으로써 국내외 거버넌스의 적자를 해결해야 한다. 이는 국내 대순환을 주체로 하고 국내외 양방향 순환이 상호 촉진하는 새로운 발전 구도를 구축하기 위한 불가피한 요구 사항이다. 운명을 같이한다는 것은 경제와 안전의 총괄을 강조하는 것이다. 발전은 문제 해결의 키워드이지만 미국은 늘 '안전'이라는 명분으로 발전을 파괴하고 있다. 글로벌 거버넌스의 변혁은 '안전은 미국에 의지하고, 발전은 중국에 의지한다'라는 역설을 깨고 안전과 발전의 거버넌스를 총괄해야 한다.

둘째, 글로벌 지역화의 거버넌스를 촉진하는 것은 지역 및 지역 간 주체가 상호 연결을 통해 글로벌 파트너 네트워크를 구축하는 것이다. 이것이 바로 '일대일로'가 추진하는 인류운명공동체의 구축이고, 개방된 지역 거버넌스 모델을 추앙하는 것이다.

마지막으로 국내의 인민 중심의 거버넌스 이념과 세계 범위의 인류운명공동체를 핵심이념으로 하는 글로벌 거버넌스 이념은 중국이 제창한 글로벌 거버넌스의 핵심 가치관이며, 일종의 글로벌 공공재를 추구한다. 글로벌 공공재는 아리스토텔레스의 '최고의 선'(highest goods) 또는 공자의 '최고의 경지에 이르러 머묾'(止於至善) 인류운명공동체일 것이며, 지역적인 공동체와 배타적·폐쇄적 추구를 넘은 최고 차원의 포용이다.

(2020년 11월)

서방 '이중 잣대'의 근원

마르크스는 "낡은 제도 자체가 아직도 자신의 합리성을 믿고 있고 또 믿어야 할 때 그 역사는 비극적"이라고 말한 바 있다. 서방의 '이중 잣대'가 빚어낸 세계 정치의 비극은 자본주의 제도의 확장성과 약탈성을 반영하고 서방 문화의 위선, 이기심, 독선을 폭로했다. 서방은 "너는 우리와 같아야지 그렇지 않으면 우리를 반대하는 것"이라고 생각한다. 이러한 이원적 대립 사유가 유럽에서는 대내적으로 다양성을 추앙하고 대외적으로 보편성을 전파하는 이중 잣대로, 미국에서는 대내적 민주주의, 대외적 전제주의 분리로 표현된다. 서방인들은 세계를 하나의 전체가 아니라 조각조각으로 나누어 보고 반대편을 정복하려는 전통을 가졌으며, 정복할 수 없는 대상에 대해서는 악마화하고, 그 정복에 공공연히 도덕적 함의를 부여한다. '중국위협론', '중국악마론'은 바로 여기에서 비롯된 것이다.

미국의 이중 잣대: 귀의-귀의 불가

"미국에서는 어떠한 견해, 어떠한 관습, 어떠한 법률이든 그리고 어떠한 사건이든 막론하고 모두 그 나라의 기원에서 해석을 찾아볼 수 있다고 감히 말할 수 있다." 미국의 '이중 잣대'는 건국 및 서점운동 때 형성된 '하늘이 정한 운명'론을 근원으로 한다. 넓은 의미에서는 미국 국민이 모범 사회를 만드는 '하느님의 유권자' 운명을 타고났다는 것이고, 좁은 의미에서는 미국 영토의 끊임없는 확장은 운명적이라는 1940~50년대 미국 확장주의자들의 사상을 가리킨다. 후자의 의미는 처음에는 텍사스 합병에 이용되었지만 얼마 후 곧 미국과 영국의 오리건 분쟁, 멕시코 전쟁, 미국-스페인 전쟁으로 인한 영토합병 의도에 이용되었다. 이 명사는 1845년 7월 뉴욕『민주평론』지에 실린 문장에 처음 제시됐다. 이밖에 미국이 패권단계에 진입한 이후 끊임없이 강화되고 있는 '미국 예외론'도 미국을 다른 나라와 구분 짓는 분명한 특징이다. 그것들에는 미국이 가지고 있는 특별한 정치적·사회적 가치, 독특한 역사적 궤적, 온갖 제헌 구조의 특이성 그리고 그것이 의사결정에 영향을 미치는 방식이 포함된다. 미국의 정치학자 시모어 마틴 립셋은『미국 예외론』이라는 저서에서 미국은 자유·평등·개인주의·포퓰리즘·시장경제 등 미국 가치관 전체를 포괄하는 '신념'에 기반을 둔 세계 유일의 국가라고 지적했다. 따라서 '미국인이 되는 것'은 출생의 문제가 아니라 이념에 대한 약속이다.

미국이 자신의 신화를 창조한 것은 17세기 초 유럽의 첫 청교도 이민자들이 북미의 황야로 이주한 때부터이다. 대표적인 것은 미국인 목사 윈스럽의 "우리는 산꼭대기의 도시가 될 것이며, 전 세계 사람들의 시선이 우리를 주시하고 있다. 그러므로 우리가 이 일을 이루면서 우리의 하느님을 저버려 하느님이 지금처럼 우리를 돕지 않으신다면 우리는 결국 사람들에게 하나의 이야기만 남기고 전 세계의 웃음거리가 될 것이다"라는 말이다. "흑이 아니면 백", "하늘을 대신해 정의를 행한다"라는 그릇된 종교사상의 지도하에 실시되는 미국의 예외주의 외교정책은 하나의 신화일 뿐만 아니라 위험한 신화이기도 하다. 왜냐하면 그것은 "미국 정부가 다른 정부보다 도덕적으로나 정치적으로나 우월하다", "세계 평화 및 번영에 미국의 역할은 불가결한 것이다", "미국의 국익을 위해 다른 나라들은 미국의 정책에 협조해야 한다", "만약 어떤 나라가 협조를 거부할 경우 미국은 도덕적으로 그에 경제적 제재와 무력적 간섭을 할 권리가 있다"라는 네 가지 잘못된 논제에 기초한 것이기 때문이다. 미국 학자 존 조셉 미어샤이머는 "미국인들은 권력정치를 좋아하지 않기 때문에 공개석상에서 자유주의 말투로 미국의 외교정책에 대해 이야기하고, 정치 엘리트들의 언사에도 낙관주의와 도덕주의가 짙게 배어 있다. 미국 학계는 사상 시장의 자유주의 요소를 높이는 데 특히 능숙하다. 그러나 문을 닫고 안보정책을 계획하는 엘리트들은 그 어떤 법칙도 아닌 권력적인 언어로만 이야기하고, 국제 시스템에서도 미국은 현실주의 논리에 따라 움직이고 있다. 실질적으로 그들의 공개 발언과 미국 외교정책의 구체적 운용 사이에는 분명히 간극이 있다."라고 말했다.

유럽의 이중 잣대:식민지-비식민지

프랑스 학자 에드가 모랭은 "유럽의 진짜 본성을 가리고 있던 베일을 벗겼다고 생각하는 것은 실제로 동시에 역시 유럽에 속하는, 그 반대의 다른 특성을 가릴 수도 있는 법"이라며 "유럽이 법률의 유럽이라면 강권의 유럽이기도 하다. 유럽이 민주적인 유럽이라면 억압적인 유럽이기도 하다. 유럽이 정신을 추구하는 유럽이라면 동시에 물질을 좇는 유럽이기도 하다."라고 말했다. 필자는 『바다의 죽음 - 유럽 문명 계시록』이라는 책에서 유럽 문명의 다양성이 유럽에 무궁무진한 창의력을 가져다준 동시에 '이중 잣대'를 위한 복선을 깔아두었다고 지적한 바 있다. 개방적이면서도 비 포용적인 것, 대내적 다양성과 대외적 보편성의 이중 잣대, 진취와 파괴의 동반은 해양문명의

3대 '원죄'이자 유럽의 '이중 잣대'의 원인이다. 개방적이지만 비 포용적인 것은 해양문명의 이원론적 사고에서 비롯된다. 해양문명은 경제·인구·사상·문화 등 각 방면에서 전면적으로 개방되어 '이질문화'에서 영양을 지속적으로 섭취하는 한편 끊임없이 '이질 문명'이라는 가설을 만들어 정복, 확장, 나아가 식민화를 통해 자신의 의지를 사람들에게 강요하고 있다. 미국의 해상 패권은 유럽의 해상 문명의 확장 사상을 계승하고 해양문명의 떠벌리는 개성을 극대화했다.

대내적 다양성과 대외적 보편성이라는 '이중 잣대'는 해양문명의 섬 유전자에서 발원한 것이다. 제우스가 황소로 변신해 에우로페를 납치했다는 전설은 이 유전자에 신화적 색채를 씌웠다. 해양문명의 다양성은 유럽 대륙에 대해 말하는 것이며, 나머지 대륙은 모두 바닷물에 잠기게 된다. 해수면보다 높은 것은 '나의' 문화이고 경쟁에 의해 형성되며 다원화되어 바다를 통해 전 세계에 전파되고 '타자'를 귀의시켜 '보편적 가치'를 형성한다. 해양문명의 활력은 문화적 다양성에 있으며 '보편적 가치'는 문명의 확장에 합법성을 부여한다. 진취와 파괴가 동반되는 것은 해양문명의 종교윤리에서 비롯되었다. 자연과 타자에 대한 해양문명의 통제 욕구는 과학기술의 혁신과 발명 및 창조를 가져왔을 뿐만 아니라 자연과 기타 문명에 대한 파괴를 유발하기도 했다. 자연을 경외하는 대신 바다를 정복함으로써 인간의 창의성과 진취성을 양성하고 자극했지만, 한편으로는 자연계의 징벌을 받기도 했다. 양허녠(梁鶴年) 선생은 『서방문명의 문화유전자』라는 책에서 서방 문명을 이해하려면 생명과 삶에 대한 서방인들의 생각을 이해해야 한다고 지적했다. 요약하자면, 생명에 대한 계시는 유대와 그리스도의 가르침에서 알 수 있고 삶의 본질은 그리스와 로마의 문명에서 알 수 있다는 것이다. 유대의 신의 권위와 그리스도의 신의 자애로움은 서방인들에게 개인의 가치를 뛰어넘는 생명의 의미를 갖게 했다. 그리스의 이성과 로마의 질서는 서방인에게 개인 생활과 사회생활의 고뇌 및 즐거움에 대한 기준을 세워주었다. 서방의 거버넌스 관점은 본질적으로 서방 기독교 문명의 확장으로서 그들의 이원적 대립의 사고방식을 반영한 것이다. 이는 이른바 정치 또는 현대화 정치를 발전시키는 일종의 변형이며 민주주의 담론을 이데올로기화한 것이다. 서방 국가가 말하는 양호한 거버넌스란 선진적인 민주주의 제도의 확립을 의미한다. 그 논리대로라면 세계 권역별 문제의 근원은 이른바 '전제국가'나 심지어 '깡패국가'와 '실패국가'에 있으며, 해결방안은 이들 국가의 정치제도를 바꿔 신자유주의의 '복음'을 전파하는 것이다. 이는 세계 정치에서 서방의 '이중 잣대'의 근원으로서 이로 인해 세계에 혼란을 조성했다. 세계의 문제는 주로 다른 나라의 무능함 때문이 아니라 일부 강대국의 이기심과 독선에 있다는 것을 전혀 알지 못한다. '자신'과 '타인'을 어떻게 정의하는지가 '보편주의'의 핵심 문제이며, '보편적 가치'를 이해하는 키워드다. '보편적 관념'은 기독교의 확장 시기에 시작되었다. 기독교는 원래 유대인의 종교로서 예수는 '이스라엘의 구세주'라고도 불렸다. 기독교 전파 초기에 인종의 경계가 기독교의 대외 전파 및 확장에 중요한 장애물로 작용했다. 『마태오의 복음서』에 따르면 예수 그리스도는 하나님의 부름을 받들고 길을 잃은 어린 양을 구하러 이스라엘에 왔다. 유대인 지역에 거주하는 일부 비유대인들은 그리스도로 귀의하기를 원했고, 비유대인의 세례를 받을지의 여부는 유대인 사이에서 큰 논쟁을 불러일으켰다. 이와 함께 키프로스와 케레네에서 태어난 유대인들은 그리스어로 앤티크에서 선교하는 데 성공했고, 예수 그리스도를 '이스라엘의 구세주'가 아니라 '주, 예수'라고 불러 비유대인이 귀의하는데 문을 열어주었다. 이러한 탈 유대화 노력으로 기독교는 지역이 넓고 민족이 많은 로마제국 내부에서 널리 퍼질 수 있었던 것이다.

2020년 9월

'유명무실'의 딜레마에 빠진 유럽연합(EU)의 정치

유럽은 지리적 개념으로서 47개 국가와 지역을 포함한다. 그러나 유럽연합은 정치적 개념으로서 28개 국가(영국이 유럽연합을 탈퇴하기 전)로 구성된 조직이다. 많은 사람들은 유럽이 유럽연합보다 크다거나 심지어 유럽과 유럽연합은 모자 관계라는 상식적인 인식을 가지고 있는데 사실은 그렇게 간단하지 않다.

유럽이란 무엇인가? 관념에 따라 사람들의 견해가 다르다. 오토 폰 비스마르크는 유럽을 지리적 개념으로 받아들였다. 이라크전쟁 이후 미국의 신보수주의자들은 '신유럽', '구유럽'으로 나누어 불렀다. 유럽 재정위기 이후 '핵심 유럽'과 '주변 유럽'으로 구분하는 경우가 잦아졌다. 그러나 네덜란드 역사학자 페이터 리트베르헨은 『유럽문화사』에서 유럽은 정치문화적 개념이고 당시 교황인 비오 2세가 '십자군 원정'을 위해 내세운 새로운 이데올로기로 기독교 각국 내부의 힘을 하나로 모아 일제히 외부에 대항하는 데 사용됐다고 지적했다. 반면 유럽연합의 창립자 장 모네는 "유럽은 존재한 적이 없다. 우리는 반드시 진심으로 유럽을 만들어야 한다."라고 말한 바 있다.

유럽연합이란 무엇인가? 유럽연합은 초국가적 국제기구이자 유럽 통합의 과정이고 '진행형'이다. 유럽연합은 미래를 위한 공간을 만들고 유럽을 대표하겠다는 야망을 보여주기 위해 일부 계획과 전략에 '유럽'이라는 이름을 붙이기도 한다. 유럽연합은 통일의 꿈(역사), 규범의 힘(현실), 모범제국의 꿈(미래)이라는 유러피언 드림을 품고 있다.

지리적 유럽, 정치적 유럽, 문화적 유럽 또는 유럽의 정치적 경계, 경제적 경계, 문화적 경계가 일치하지 않아 많은 정체성 정치위기가 발생한다. 유럽연합은 상승하는 힘이지만 불행하게도 쇠락한 유럽 대륙에 자리 잡았고 따라서 유럽연합은 유럽 곤경을 겪게 되었다. 유럽연합은 미국에 이어 서방 현대문명의 가장 중요한 혁신이라고 할 수 있지만, 지금은 이름과 실제의 분리나 패러독스 현상에 직면해 있다.

그 이유는 우선 유럽연합이 타협 정치의 산물이라는 데 있다. 자국 헌법에 대한 숭상과 주권에 대한 미련을 가진 프랑스와 네덜란드는 2005년에 '유럽헌법조약'을 부결시켰다. 나중에 타결된 '리스본조약'은 명칭을 제외하고는 '유럽헌법조약'의 거의 모든 내용을 계승하고 있다. 하지만 '유럽 헌법'이라는 표현은 유럽연합 정치에서 기피해야 할 정확하지 않은 이름이 되었다. 유럽연합의 정치를 문자 그대로 이해하면 잘못 이해할 수 있다. 유럽연합의 기구 이름부터 타협 정치의 색깔이 뚜렷하다. 예를 들어, 유럽연합의 공동 외교 및 안전보장정책(CFSP)과 유럽안보방위정책(ESDP)은 종종 혼동을 일으킨다. 전자는 1991년 '유럽연합 조약'의 3대 지주의 하나이고, 후자는 전자의 일부분이다. 왜 하나로 합칠 수 없었을까? 유럽의 통합 과정은 언제나 타협의 결과였고, 결손 버전이 늘 존재해왔기 때문이다.

두 번째는 유럽 통합의 '자전거 효과'에서 비롯된다. 유럽 통합은 자전거를 타는 것과 같이 끊임없이 앞으로 나아가야 균형을 잡을 수 있다. 유럽연합이 현재 직면한 곤경은 통합이 부족한 문제이므로 통합 자체를 부정하기보다는 진일보의 통합을 통해 해결해야 한다. 이것이 바로 위기가 유럽 통합의 진척을 추진할 것이라는 전망이 제기된 이유다. 그러나 명칭에 반영된 상황은 훨씬 낙관적이다. 예를 들어 '유럽 2020' 전략은 최초에 '유럽연합 2020'라고 불렸지만 유럽연합이 합법성을 더하기 위해 계속 확장해야 한다는 판단에 따라 '유럽 2020'으로 이름을 바꿨다. 물론 현재의 많은 문제는 유럽연합의 끊임없는 확대에서 비롯되는데, 특히 2004년 중동과 남유럽 10개국이 유럽연합에 가입하면서 북방의 부유한 국가의 자금이 남부국가에서 동부로 이동하면서 오늘날 남부국가의 채무 상황을 악화시켰다. 이렇게 보면 앞으로 오랜 시간 유럽 통합의 '자전거'는 좌충우돌하면서 앞으로 '타고 나아가야 할 것'이다.

셋째, 유럽을 대표하겠다는 유럽연합의 야망에서 비롯됐다. 유럽연합은 자연스럽게 자신을 유럽 전체의 대변자라고 가정하고, 심지어 다른 유럽 국가들이 조만간 유럽연합에 가입하거나 유럽연합을 따르게 될 것이라고 생각한다. 유럽연합 5대 기관 중 하나인 지역위원회의 완전한 명칭은 '유럽연합 지역위원회'가 아닌 '유럽 지역위원회'이다. 유럽 재정위기가 한창이던 2012년, 당시 유럽연합 집행위원회 위원장이었던 조제 마누엘 바호주는 유엔 총회에서 "유로화의 의미는 단순한 통화구조를 훨씬 넘어 평화와 화해라는 위대한 프로젝트의 산물이며 이것이 바로 유럽 통합의 기원이다"라고 말한 바 있다. 유로화는 유럽연합이 아니라 유럽의 평화를 위해 설계됐다는 말이다.

넷째, 유럽의 문화와 언어의 다양성에서 비롯되었다. 유럽연합에는 28개 회원국과 24개의 국가 공용어가 있으며 유럽연합 기관의 번역 비용은 유럽연합 GDP의 1% 이상을 차지한다. '로마조약'에서 '리스본조약'에 이르기까지 '유럽통합'에 대한 해석은 말장난을 멈추지 않았다. Council, Commission, Committee 사이를 오가고 Europe와 European Union을 번갈아 가면서 각기 다른 기관명을 연출했고,

명칭은 비슷하지만 기능이 완전히 달라 유럽의 언어 다양성의 이점을 최대한 살렸다. 예를 들어 도날드 투스크는 유럽연합 이사회 의장이 아니라 유럽연합 정상회의(European Council) 상임의장이고, 유럽연합 이사회(Council of European Union)는 각료이사회다. 장 클로드 융커는 유럽 평의회(Council of Europe)가 아닌 유럽연합 집행위원회(European Commission) 위원장이다. 유럽평의회는 러시아를 포함한 유럽 전역의 조직으로 '유럽 협력과 연대'의 추진을 취지로 한다. 유럽연합 행정 집행 기관인 유럽연합 집행위원회와 비교할 때, 하나는 이론적이고 하나는 실무적이며 서로 아무런 관련이 없다.

마지막으로 유럽 정치의 위선 때문이다. 쉽게 말해 안팎이 다르고 겉과 속이 다르다는 말이다. 유럽연합은 '다양성'을 외치는 한편 '보편성'을 내세우는 모순된 모습을 보이고 있다. 사실 다양성이란 내부적으로는 '다원일체'이고 대외적으로는 보편적 가치다. 유럽연합은 인권 문제 등에서 '보편적 가치'를 외치며 애써 '민주'를 수출하고 있는데 사실은 도덕적 우월감으로 유럽의 쇠락한 현실을 은폐하고 있다. 보편적 가치 개념은 기독교에서 기원한 것이며, 그래서 보편적 가치를 추진하는 것은 유럽이 문명을 확장하는 과정에서 완성하지 못한 역사적 사명으로 남았다. 겉모습과 속이 분리된 것은 표리부동한 유럽연합 정치의 생생한 모습이다.

유럽연합의 정치가 '표리부동'한 것은 유럽 통합의 동력이 달라졌기 때문이다. 유럽 통합의 동력은 유럽의 평화를 실현하는 것이었지만 지금은 점차 경제로 바뀌고 있고, 민주는 점차 포퓰리즘으로 전락되고 있으며, 연합을 통해 자강을 도모한다는 것은 사실은 유럽의 쇠락을 만회한다는 것이다. 유럽 지도자의 허영심을 지키는 과정에 명성과 실제가 다른 것은 하나의 조직인 유럽연합과 하나의 문명인 유럽이 글로벌화 시대에 판이한 운명을 가졌기 때문이다.

2019년 2월

문명에 대한 초조함이 유럽의 변혁을 재촉하다

앙겔라 메르켈 독일 총리는 2019년 신년사에서 "두 차례의 세계대전의 교훈은 잊혀지고 있으며, 국제공조의 정신은 점점 더 큰 압력에 직면해 있다"고 경고했다. 메르켈 총리뿐만 아니라 영국과 프랑스 등 유럽 국가의 지도자들도 앞날을 걱정하고 있다. 이것은 문명에 대한 유럽의 온갖 불안감을 보여준다.

첫째는 낡은 문명이 탈피하고 있다는 것이다. 세상은 정글의 법칙으로 돌아가고 유럽인들이 굳게 믿던 선형 진화의 관점은 유지하기 어려워졌다. 우크라이나 위기 이후 유럽인들은 '지정학적 귀환'을 개탄하며 세계가 다시 정글의 법칙으로 돌아간다고 불평했다. 최근 독일 마셜 재단은 2019년이 유럽 위기가 깊어지는 해가 될 수 있다고 전망했다. 러시아는 동유럽과 흑해 지역에서 세력권을 확장하고 있다. 2019년에 우크라이나는 대통령 선거를 하게 되는데 이는 러시아가 우크라이나에 대한 영향력을 강화하는 계기가 될 것이다. 발칸 지역에 위험 요소가 여전히 존재하고 아조프해(Sea of Azov, 동유럽에 있는 바다)의 긴장이 고조될 가능성이 있다. 러시아와 나토 사이에 군사적 충돌이 일어날 가능성은 크지 않지만, 우크라이나 동부에서 충돌이 일어날 가능성은 높아지고 있다.

얼마 전 독일 쾰버 재단과 중공 중앙 대외연락부가 수도박물관에서 '산촌 대화'를 가졌는데, 현장에 있던 유럽인들은 중국을 초강대국이라고 부르며 중미가 90일 안에 합의를 이뤄낼 경우 유럽을 희생시키는 것을 대가로 할 수 있고, 합의를 달성하지 못할 경우 무역전쟁이 계속되면서 유럽도 곤경에 처할 것이라고 내다봤다. 즉 미국의 자동차 관세라는 방망이가 언제든지 유럽을 덮칠 수 있다는 것이다. 이는 유럽인의 피해자 콤플렉스와 약자 심리를 다시 한번 드러낸 것이다. 도널드 트럼프 미국 대통령은 나토 유럽 회원국들에 GDP의 2%를 차지하는 군사비 목표를 달성하도록 압박해 장기간 평화의 보너스를 누리고 미국군사에 무임승차를 해온 유럽 국가들의 마음에 상처를 주었다. 미국이 '중거리 핵전력 조약'에서 탈퇴하겠다고 위협하자 분열에 대한 유럽의 우려가 더욱 깊어졌다. 폴란드는 자기 나라에 '포트 트럼프'를 건설할 것을 제안함으로써 냉전시대에 유럽이 미국과 소련의 군비 경쟁과 전략적 대결의 최전방에 있었던 기억을 새롭게 들추어냈다. 유럽인들은 현재 대서방주의에 대해 거의 얘기하지 않으며 다극화에 대해서도 얘기하지 않는다. 그들은 다극화라는 것은 세계무대의 중앙에 중국이 하나 더 생긴 것을 의미한다고 생각한다. 그들은 지금 다자주의에 대해 말하기를 좋아하며, 다자주의는 유럽연합의 DNA이고, 이를 통해 세계가 미국과 러시아, 미국과 중국의 신냉전 및 강대국 정치의 비극으로 미끄러지는 것을 막을 수 있다고 생각한다.

둘째는 신문명은 타자에게 유리하다는 것이다. 인공지능 및 디지털 경제 분야에 중미 G2 세계가 형성되고 있으며, 유럽은 낙오되었다. 오랫동안 EU가 '규범적 역량'을 자부해 왔지만 인공지능, 빅 데이터 시대에 유럽은 미국과 중국에 뒤처졌다. 강대국은 극지, 네트워크와 우주 공간을 어떻게 공략했을까? 이는 2019년 유럽이 주목하는 안보 분야의 핵심 문제 중 하나이다. 하지만 중국과 러시아가 북극에 대한 배치를 가속화하고 미국이 2020년 전까지 '우주군'을 전면적으로 투입할 것이라고 발표했음에도 유럽은 별다른 성과를 이룩하지 못했다. 현재의 유럽은 인원의 세대교체, 정치의 생태교체, 경제의 동력에너지 교체, 사회구조의 교체, 사상적 의식의 교체 등 5대 방면의 세대교체에 직면해 있어 신문명의 도전에 대처할 겨를이 전혀 없으며 그 속의 기회를 잡기가 어렵다.

프라이버시 보호, 지나치게 엄격한 노동 기준 등이 유럽의 기술 혁신을 방해했다. 유럽연합은 최근 몇 년 동안 줄곧 자신을 '신뢰할 수 있는 인공지능'의 추진자라고 공언해 왔으며, 얼마 전에 인공지능 도덕 준칙 초안을 발표해 '신뢰할 수 있는 인공지능'에는 두 가지 필요한 구성 부분이 있다고 주장했다. 우선 그것은 기본 권리, 규정 제도, 핵심 원칙 및 가치관을 존중해 '도덕적 목적'을 확보해야 한다. 둘째, 그것은 기술적으로 강하고 신뢰할 수 있어야 한다. 왜냐하면 좋은 의도를 가졌다 하더라도 기술을 제대로 파악하지 못하면 의도치 않은 피해를 줄 수 있기 때문이다. 2018년 5월 유럽연합은 개인정보 사용의 공평성과 투명도를 높이고 기업이 사용자의 정보를 남용하거나 홀시(忽視)하는 것을 방지하기 위해 '개인정보보호규정'(GDPR)을 발표했다. 이번에 유럽연합은 또 AI 도덕준칙을 제기해 AI의 공평성, 투명성, 도덕성을 상징하는 규범을 더욱 높은 관리 차원으로 끌어올렸다. 유럽인들은 디지털 기술의 발전, 특히 외국 정부가 조작하는 조작기술이 5월의 유럽의회 선거에 영향을 미칠 것을 우려했으며, 어떤 사람들은 심지어 새로운 문명이 중국과 같은 세속 사회에 더 유리하다고 말했다.

인공지능과 디지털 경제 분야의 관련 기준에 대한 유럽연합의 탐색은 당연히 다른 나라들에 참고 가치가 있다. 그러나 유럽 국가의 기술 혁신과 소프트 파워 및 하드 파워는 이미 그들의 이른바 '규범적 역량'을 지탱하기 점점 더 어려워지고 있다.

셋째, 문명충돌이 내면화된 것이다. 글로벌화로 인한 빈부격차 및 무슬림 이민문제가 유럽사회를 찢어놓았다. 독일의 집권당인 기독교민주연합의 성원인 토르스텐 프레이는 "최근 독일 정부가 '교회세' 징수방식을 참조해 독일 내 무슬림에 '이슬람 사원 세'를 부과함으로써 외국의 재정적 지원이 독일 이슬람 사원에 미치는 영향을 줄이려고 검토 중"이라며 "특히 근본주의 사상이 도입되는 것을 줄이려고 한다"고 밝혔다.

최근 몇 년 동안 유럽은 포퓰리즘에 시달렸다. 좌익 포퓰리즘은 프랑스의 '노란 조끼' 운동이 보여주듯이 부자를 증오하고 우익 포퓰리즘은 배타적이며 도화선은 난민 위기이다. 난민 이민 문제는 2019년 유럽의회 선거에 영향을 미치는 가장 큰 요인이 될 수 있다. 전통적인 유럽 정계의 좌우 구도가 깨지고 있으며 정치적 파편화가 심각하다. 일부 전통적인 유럽 정당들이 잇달아 쇠락하고 있으며 심지어 반체제파를 흡수해도 내각을 구성하기 어렵다. 스웨덴의 내각 구성 교착 상태, 벨기에 총리의 사임은 모두 반이민 정치력과 관련이 있다.

그러나 다른 대부분 유럽 국가들의 정치위기의 도화선은 난민 이민 문제가 아니다. '노란 조끼' 운동은 유럽에 존재하는 심각한 사회 문제를 빙산의 일각으로 보여줌으로써 유럽의 진정한 문제를 반영했다. 유럽은 세계에서 복지 수준이 가장 높은 지역의 하나이지만 사회 각 계층의 격차가 갈수록 커지고, 구매력이 늘지 못하고 있으며,

노조의 권력도 예전과 같지 않다. 글로벌화는 일반 유럽인들에게 혜택을 가져다주지 못했다. 글로벌화에서 낙오된 민중들은 이미 글로벌화에 대한 인내심을 잃었다. 이런 '짜증나게 하는' 정서는 유럽인들이 전통적인 정당을 점점 더 싫어하는 데서 표현되고 있으며, 사회당과 중우파 정당이 그 영향을 가장 많이 받았다. '노란 조끼'의 절반은 투표권이 없고, 나머지 절반은 극좌 또는 극우 세력으로 간주 된다. '노란 조끼'의 힘을 질서 있게 조직하면 2019년 5월 유럽의회 선거의 구도가 바뀌게 된다.

앞에서 서술한 문명에 대한 온갖 불안은 유럽의 변혁을 추진했다. 첫째는 하드 파워를 늘려 유럽군을 창설하려는 시도다. 미국이 앞장서서 일방주의를 추진하고 규칙을 기반으로 하는 세계질서가 날로 도전을 받고 있는 상황에서 유럽은 자신이 안전방위 분야에서 반드시 재빨리 성숙해야 한다는 것을 의식하고 있다. 둘째는 자주 의식을 증강해 유럽의 운명을 스스로 장악하고 인더스트리 4.0, 5G 등 기회를 포착해 산업체계의 자주권을 확보하며 코너를 돌 때 경쟁자를 추월하는 것이다. 셋째, 개혁체제를 보완하고 효율을 높여야 한다. 유럽의회는 이미 유럽연합이 안전보장이사회를 설립하는 것을 지지한다고 밝혔고 간단한 다수결 제도로 의사결정 절차를 간소화할 예정이며 이 제안을 5월의 유럽연합 정상회의에서 의논할 예정이다.

2019년 1월

중국에 대한 인도의 모순된 심리상태

나의 위챗 이름인 '이웨이'(一葦)는 달마조사가 "갈댓잎 하나로 강물을 건넜다"(一葦渡江)는 이야기에서 기원한 것이다. 신분증에는 중국 이름이고 위챗 이름은 인도 이름을 사용하는데 이로써 인도문화를 사랑하는 나의 마음을 알 수 있을 것이다. 물론 인도의 불교문화는 중국에 전래되어 불학과 선종으로 변화해 이미 중국 문화의 일부가 되었다. 중국의 DNA는 인도와 불가분한 관계이다. 나렌드라 모디 인도 총리는 "인도와 중국은 하나의 두뇌를 가진 두 몸"이라고 했고, 시진핑 중국 국가주석은 중국과 인도를 '운명공동체'라고 했다.

불교의 길은 고대 실크로드의 중요한 구성 부분이다. 고대 실크로드의 주요 역할은 문화 교류이고 무역은 그 다음 순이다. 왜냐하면 무역량은 적었지만 문화 교류의 영향은 오래 지속되었기 때문이다. 중국과 인도는 히말라야산맥의 남쪽과 북쪽에 있다. 산의 남쪽을 양이라 하고 북쪽을 음이라 하는데 중국과 인도는 음양 조화의 본보기이다. 그런데 왜 오늘날에는 민심이 잘 통하지 않고 초심을 잃게 된 것일까? 중국의 언론에서 인도는 '일대일로'에 공개적으로 반대하는 유일한 국가로 묘사되기도 하는데 과연 그런 것일까?

'일대일로'에 대한 인도의 오해

인도가 '일대일로'를 반대하는 것은 첫째 이해의 부족에서 비롯된 것이고, 둘째는 오해에서 비롯된 것이다. 타고난 선입견(1962년 국경 전쟁과 현재의 대국간 질투심) 때문에 인도인들은 진정으로 이해를 해본 적이 없고, 선택적으로 주목할 뿐이며, 본능적으로 배척하고 반대하는 것이다.

오해 1:'일대일로'는 지정학적 전략이다

'일대일로'는 고대 실크로드에서 유래했지만, 단순히 고대 실크로드를 부흥시키는 것이 아니라, 고대 실크로드의 역사적 기억을 빌려 형성된 국제 협력 이니셔티브로 미래를 향한 '신서역 상상'(新西域想像, 시안음악학원[西安音樂學院] 뤄이펑[羅藝峰] 교수가 한 말)이다. 페르디난트 리히트호펜이라는 독일인이 1877년 실크로드 개념을 제시한 것은 독일의 통일을 위해 유라시아 대륙의 지정학적 확장이 필요했기 때문이다. 때문에 중국은 케빈 러드 등 서방인들이 제안한 '중국의 신 실크로드 전략'(계획)이라는 표현을 쓰지 않는다. 고대문명국인 인도가 어찌 서방의 사고방식을 따라 '일대일로'를 이해할 수 있겠는가?

오해 2:중국-파키스탄 경제벨트가 인도 영토를 지나간다

인도가 중국을 바라보는 시각은 파키스탄 콤플렉스를 피해갈 수 없는 것 같다. 인도는 중국이 파키스탄을 도와 인도에 맞서고 있다고 생각한다. 그래서 인도가 '일대일로'를 반대하는 첫 번째 이유는 바로 중국-파키스탄 경제벨트가 카슈미르 지역을 지나가기 때문이라는 것이다. 카슈미르 지역은 인도와 파키스탄의 분쟁 구역이기 때문이다. 사실 경제벨트가 지나가는 카슈미르 구역은 파키스탄 통제구역으로서 파키스탄 영토이기 때문에 인도의 동의가 필요하지 않다. 1960년대에 중국은 3만 명의 건설자(주로 공병)를 파견해 파키스탄을 도와 카라코람 도로를 건설하면서 700여 명의 희생자를 냈다. 인도는 그때는 왜 아무 말 없다가 지금 도로를 업그레이드하려고 하니까 반대를 하는 것일까?

그리고 경제벨트 건설은 군사시설을 건설하는 것이 아니라 길을 닦고 다리를 놓아 민중을 행복하게 하는 것이니 인도는 별것 아닌 일에 놀랄 필요가 없다. 중국은 인도를 중국-파키스탄 경제벨트에 가입할 것을 초청했는데 인도는 그것을 중국-남아시아 경제벨트로 바꾸겠다고 했고 파키스탄은 이에 반대했다. 그러니 인도가 중국을 탓할 일은 아니다. 중국인들은 "이웃은 선택할 수 있는 일이 아니니 생각을 바꾸어야 한다. 친척과 이웃 간에 서로 잘되기를 바란다"고 말한다. 인도와 파키스탄의 영토 분쟁은 영국 식민주의자들이 남긴 문제이다. 중국 역시 영국 식민통치의 피해자이다. 그러니 중국이 어찌 영국의 죄를 대신 뒤집어쓰겠는가?

오해 3: '일대일로'가 인도를 포위한다

"서쪽은 중국-파키스탄 경제벨트, 남쪽은 스리랑카의 콜롬보항과 함반토타항, 동쪽은 방글라데시-중국-인도-미얀마 경제벨트와 중국-네팔-인도 경제벨트, 이는 U자형으로 인도를 포위하려는 것이 아닌가?" 인도인의 이와 같은 생각에 중국인은 울지도 웃지도 못할 상황이다.

중국-파키스탄 경제벨트에 인도의 가입을 초청한 바 있다. 왜냐하면 영국도 참여했기 때문이다. 다른 경제벨트에 인도가 참여하고 있는데 어떻게 인도를 포위하는 것이 될 수 있단 말인가? 게다가 중국의 전략적 시선은 주로 미국에 집중되어 있다. 중국인에게 인도는 전략적 적수가 아니다. 그러니 중국이 인도를 포위할 필요가 있겠는가?

인도는 동북 국가에 대한 통제력이 약하다. 그런데 방글라데시-중국-인도-미얀마 경제벨트에는 동북 국가들이 주로 참여했다. 그래서 인도는 또 중국과의 분할 통치로 인해 둥랑(洞朗) 대치[4] 와 같은 상황이 나타날까 우려하고 있다. 이는 인도의 슬픈 소망이 중국을 바라보는 인도의 시각을 방해하고 있음을 새삼 일깨워 준다. 이 또한 무릇 중국을 좋아하는 나라들은 '일대일로'를 좋아하고, 중국을 걱정하는 나라들은 '일대일로'를 걱정한다는 사실을 입증하고 있다.

오해 4 : '일대일로'는 제로섬 게임이다

'일대일로'는 협력과 상생을 강조한다. 서방 민주제도의 발효 하에 인도의 다원화 문화에는 이상한 이원화 현상이 생겨났다. 즉 경제토대는 개발도상국이고 상부구조는 선진국이라는 것이다. 이익 집단이 정치를 납치해 선거표 및 정치에 대한 올바른 계산으로 인해 정객들은 '일대일로'가 가져올 장기적·전반적 국익을 직시하지 못하고 주변 국들의 잇따른 '일대일로' 참여로 인해 인도의 영향력과 현실적 이익에 손해를 끼칠까를 따지게 됨으로써 반대하기 위해 반대하는 이상한 현상이 생겨난 것이다.

예를 들어 인도 무기상들이 서방과 러시아로부터 무기를 대량 수입하는 과정에 리베이트를 받아 챙기고 있는데, 이 같은 인도와 선진국

---

4) 둥랑 대치 : 중국과 인도가 인도·부탄·방글라데시 3국 접경지역인 둥랑(洞朗·인도명 도카라·부탄명 도클람) 지역에서 진행된 군사 대치.

간 기존 가치사슬의 순환이 '일대일로'가 추앙하는 수평적 '후롄후퉁' 가치사슬의 순환으로부터 오는 충격을 받게 된다. 그래서 이익 집단은 정치적 대변인을 내세워 중국-파키스탄 경제벨트가 인도의 영토 주권과 권익을 침범한다는 명분을 내세우며 언론과 싱크탱크를 통해 꾸준히 반대의 목소리를 내고 있는 것이다. 그들이 수호하고자 하는 것은 자신의 기득 이익으로서 "취옹의 뜻은 술에 있는 것이 아니라 경치에 있는 격"이다.

인도 아대륙과 인도양은 인도의 영향력 범위로서 외부 세력이 손을 대지 못하게 하고 주변국이 '일대일로'에 참여하는 것에 반대하는 것은 인도의 지역 패권주의 여독의 폐해다. 인도양은 미래의 성장극이다. 인도 정부가 '마우삼 프로젝트'를 수립해 21세기 해상 실크로드에 맞서고자 하지만, 이는 전혀 도움이 되지 않을 뿐만 아니라 미일과 유럽에 인도양의 미래 잠재력을 발굴해 어부지리를 챙길 수 있게 추진할 뿐이다.

중국에는 정화(鄭和)가 일곱 번이나 서양을 항해했다는 역사기록이 있다. 서양은 인도양을 말한다. 이로써 중국과 인도양 연안 국가 간의 '친선의 장'을 열어놓았다. 오늘날 다시 찾아온 '정화'를 연안 국가들은 모두 환영하는데 왜 인도만 예외인가? 시진핑 주석은 "'일대일로'는 아시아가 도약하는 두 날개이고 인프라의 '후롄후퉁'은 혈맥과 경락"이라고 지적했다. '일대일로'는 인프라의 '후롄후퉁'을 추진해 인도 경제의 비약적인 발전을 가장 잘 추진할 수 있다.

예를 들어 콜롬보항 물동량의 70%가 인도 화물인데 중국 투자유치그룹이 투자해 콜롬보항을 개조하면 최대 수혜자는 인도가 된다.

그런데 인프라 시설, 특히 항구를 건설할 능력이 따라가지 못하는 인도는 중국에 감사하기는커녕 콜롬보항 건설에 반대하고 있으니 상식적으로 이해가 가지 않는다.

모디 정부는 '디지털 인도' 전략과 인프라 투자 계획을 수립했다. 그런데 왜 휴대폰 사업처럼 중국 기업과의 협력을 선택하지 않고 굳이 일본에 고속철 계획을 내주었을까? 일본은 고속철을 건설할 자금도 인력도 다 부족해 결국 중국의 도움을 받아야 하는 실정인데 말이다. 일본의 고속철 건설은 고속철을 따라 '스필오버 효과'[5]를 낼 수 있는 산업 사슬과 경제벨트를 형성할 수 있는 가능성이 매우 낮다.

인도의 억지는 스스로 자신의 손발을 묶는 결과를 초래할 수밖에 없다. 중국과 유럽은 이미 유럽의 옛 식민지 시장을 개발하기 위해 협력하고 있다. 중국과 인도가 협력해 제3자 시장인 남아시아와 아프리카의 개발을 추진한다면 좋은 비전을 기대할 수 있다.

인도의 태도에 대한 중국의 오해

그나저나 상술한 오해가 다 인도의 잘못만은 아니다. 중국인들도 인도에 대해 잘 알지 못하며 '일대일로'에 대한 인도의 태도를 오해하고 있다.

오해 1:인도는 '일대일로'를 반대한다

(1) 분야: 인도는 지리적 환경과 역사적 기억 때문에 안보에 대한

---

5) 스필오버 효과 : 하나의 현상이 주변에 의도하지 않은 영향을 미치는 것.

우려가 깊다. 사실 경제적 이익은 여전히 추구해야 하며, 인도 역시 아시아인프라투자은행(AIIB)의 창립회원국인 점에 비추어 보면 덮어놓고 인도가 '일대일로'에 반대한다고 말해서는 안 된다. 중국에 대한 태도, 특히 '일대일로'에 대해 인도 민간의 관점은 정객들과 다르다. 인도의 인민당과 국대당(국민회의당)의 관점도 각기 다르고 인도의 정부 부처별 중국에 대한 태도도 늘 다르며, 주 정부와 연방정부의 관점도 때로는 다르다. 그러나 최종적인 태도는 인도가 '일대일로'에 참여하지 않고 찬성하지 않으며, 중국을 '적이자 친구'(frenemy)로 보는 것이다.

(2) 지역: 인도에 있는 화교와 중국인은 겨우 6천여 명 정도에 불과하고 주로 인도 동부와 서벵골주 특히 캘커타에 집중되어 있다. 하지만 이들은 양국 교류의 교량과 유대가 될 수 있다. '일대일로'에 참여하면 인도 동부를 시작으로 델리의 소극적인 태도를 상쇄할 수 있다. 유감스럽게도 뉴델리 싱크탱크는 군부 배경과 서방식 사고가 많아 '일대일로'에 대한 인도 중앙정부의 태도에 영향을 준다.

오해 2: 방글라데시-중국-인도-미얀마 경제벨트가 큰 진전을 이루지 못한 것은 인도의 방해 때문이다

(1) 인도는 미얀마-중국 석유·가스 파이프라인 건설을 반대하지 않는다. 그러므로 인도가 이 경제벨트의 건설을 방해한다고 말할 수 없다.

(2) 인도가 참여해 이익을 얻었다. 많은 프로젝트가 인도의 동북주에 이미 이익을 가져다주었고, 인도도 AIIB에 가입했으며, AIIB의 프

로젝트는 이미 미얀마에 정착했다.

오해 3:인도·일본·베트남·호주 사각 전략이 중국을 봉쇄했다

(1) 인도는 독립자주적인 외교를 실행하고 동맹을 맺지 않고 있으므로 쉽게 이용당하지 않을 것이다. 그러므로 인도를 미일 진영으로 밀어붙이면 안 된다.

(2) 미국의 노이즈 마케팅: 사각 전략은 미국 전략부문이 설계한 것으로서 여전히 아시아 역외 균형을 분할 지배하기를 희망한다.

오해 4:인도양은 인도인의 해양이다

(1) 인도양은 바스쿠 다 가마[6]가 명명한 것으로 인도인이 이름 지은 것이 아니다. 소수의 인도인이 인도양을 인도의 해양이라고 생각하는데, 이런 견해는 다수를 대표할 수 없다. 서방 언론에 미혹되어서는 안 된다.

(2) 고대 인도와 현대 인도의 차이점과 연결: 문명은 일맥상통하는 것이지만 현실적으로는 인도 아대륙의 각기 다른 국가로 나뉘었으며 앞으로는 운명공동체를 이루게 된다.

(3) 정화가 서양을 항해하다: 서양은 곧 인도양이다. 만약 정화가 세계를 식민지로 만들었다면 오늘날 인도양은 서양으로 불리고 있을 것이다. 그때 당시 정화는 그토록 강대했으면서도 한 치의 땅도 식

---

6) 바스쿠 다 가마(포르투갈어: Vasco da Gama [ˈvaʃku dɐ ˈɡɐmɐ]*, 1460년대[1]~1524년 12월 24일)는 포르투갈 출신 탐험가로서 바르톨로메우 디아스가 1488년 희망봉을 발견한 이후 포르투갈의 숙원이던 인도 항로를 개척했다.

민지로 만들지 않았다. 그런데 오늘날 중국이 그럴 리 있겠는가? 인도양의 대부분이 아프리카 동쪽에 있기 때문에 아프리카양이라고도 부를 수 있다.

'일대일로'에서 인도의 역할 포지션

탄중(譚中) 선생의 연구에 따르면, 세계 최초이자 유일하게 명실상부한 '실크로드'는 삼성퇴 문명 시기 쓰촨(四川)의 비단이 인도양 주변 국가들에 판매되면서 형성된 것이다(고대 통화였던 수천 매의 인도양 치패를 얻음). 비단은 쓰촨에서 출발해 윈난(雲南), 미얀마, 벵골만을 거쳐 갠지스 평원에 당도했다. 한나라의 사자 장건(張騫)은 '대하'(지금의 아프가니스탄)에서 인도 상인들이 쓰촨에서 온 '촉포'(비단)를 되넘겨 파는 것을 목격했다는 역사기록이 있다.

인도 마우리아 왕조의 개국 재상 차나키야 코틸리야가 쓴 『아르타샤스트라』라는 책에는 "kauseyam cinapattaska cinabhumija"라는 명구가 있는데 자세히 연구해보면 기원전 몇 세기에 인도가 이미 중국의 실크 생산기술을 확보했다는 사실을 알 수 있다. 인도는 한편으로는 'cina 포(중국 비단) cinapatta'(즉 장건이 말한 '촉포')를 생산하고, 다른 한편으로는 중국 비단을 고대 그리스와 로마에 팔았다. 차나키야 코틸리야가 말한 'cinabhumi', 'bhumi'는 '지방/국가'로서 '비단을 생산하는 지방/국가'를 가리킨다. 고대 그리스인들은 인도에서 중국의 비단을 샀을 뿐만 아니라 중국을 '비단의 나라'라고 부르는 것을 인도에서 배웠다.

한(漢)나라 때 중국은 비단 소비를 절약하면서 해외 시장을 개척했다. 한문제(漢文帝)가 화려한 비단을 입지 않아 민간에서도 '무명옷'만 입었지만, 인도의 세도가 그리고 신상(紳商, 상류층에 속하는 점잖은 상인)은 비단을 입었고, 이집트의 여왕 클레오파트라 7세는 피부가 검은 편이었는데 비단옷이 그녀의 미모를 더욱 돋보이게 해 로마 수령 안토니우스의 사랑을 얻을 수 있었다. 비단의 대량 소비로 인해 재정적 파탄을 맞은 것도 로마제국이 붕괴된 원인의 하나이다.

또 다른 국제적 동향은 인도 아소카왕이 불교를 해외에 전파한 것이다. 불교는 세계적으로 가장 먼저 국경을 넘어 전파된 종교로서 인도문화 및 경제무역의 대외 교류를 상징한다. 한명제(漢明帝)가 꿈에 온몸이 황금빛으로 번쩍번쩍 빛나는 사람을 보고 서역에 사람을 파견해 인도 고승을 모셔왔다고 전해지고 있는데, 이는 인도가 제안한 '후렌후퉁'에 호응한 셈이다. 이렇게 해 인도 서해안에서 출발해 아프가니스탄을 거쳐 중앙아시아에 이르고 다시 둔황(敦煌)을 거쳐 중국에 이르는 대통로가 형성되었다. 그 후 페르시아와 아랍의 상인들이 적극적으로 참여해 그 통로를 지중해, 알렉산드리아 항 및 유럽 대륙까지 확장했다.

이 통로의 목적과 성격으로 볼 때, 필자는 그것을 '법보의 길'(산스크리트어로 'dharmaratna marga'라고 부름)이라고 지칭한다. 즉 모두가 공인하는 '실크로드'인 것이다. 이 '법보의 길'과 '실크로드'는 이름이 다를 뿐 사실은 같은 것이다(인도의 승려는 돈을 휴대하지 않으므로 반드시 상단을 따라 여행해야 했다). 그 통로를 거쳐 불교뿐만 아니라 다른 종교와 다양한 문화도 전파했다.

이 '법보의 길/실크로드'는 주로 유라시아 대륙에서 운영되었으며 또 해상에서 인도 반도와 실론 섬에서부터 동남아시아를 거쳐 중국 해안에 이르렀다. 중국에는 '서천'에 가서 불경을 구한 3대 법사가 있는데, 법현(法顯)은 육로로 갔다가 해로로 돌아왔고, 현장(玄奘)은 육로로 갔다가 육로로 돌아왔으며, 의정(義淨)은 해로로 갔다가 해로로 돌아왔다. 중국과 인도를 중추로 하는 이 '법보/실크로드'는 인도의 법사와 상인이 만들었다고 할 수 있으며, 중국 법사가 적극적으로 참여하고(의정의 「구법감부」[求法感賦]에는 "고승이 불법을 구하려고 장안을 떠났는데 갈 때는 백 명이 떠났으나 돌아온 사람은 열 명이 안 되었다"라고 했다) 중국 상인은 가담하지 않았다. 점차 페르시아와 아랍 상인들이 대거 가담했다. 아랍인들은 가담해 장사도 하고 선교도 했다.

인도는 고대에 인도 서해안에서 아프가니스탄·중앙아시아(현재의 신장[新疆])로, 다시 둔황·란저우(蘭州)·뤄양(洛陽)에 이르는 '법보의 길/실크로드'를 적극적으로 개발했는데 이는 불교 석굴 예술의 발전을 통해 추적할 수 있다. 그러니 지금 인도가 어찌 '일대일로'에서 제외될 수 있단 말인가?

요약하면, 인도는 '일대일로'에서 네 가지 역할을 한다.

1. 전승자: 인도는 중국이 '서천에 가서 불경을 구해왔다'는 고사에서 '서천'에 해당하는 나라이다. 중국과 인도의 문화 전승은 민심에 부합되고 유구한 역사를 가지고 있다. 현재 역사의 수레바퀴를 거꾸로 돌려서는 안 되며, 지금이 옛날보다 못해서는 안 된다.

2. 연락인: 인도 아대륙은 '일대'와 '일로'를 이어주는 지역으로서,

즉 유라시아 대륙-'세계의 섬'과 인도양-'세계의 해양'을 이어주는 관건 지역이다.

3. 수혜자: 향후 5년 동안 중국은 10조 달러 상당의 상품을 수입하고, 5천억 달러 이상의 해외 투자, 5억 명 이상의 해외 관광객을 유치할 것으로 예상된다. 이에 따라 인도에 얼마나 큰 기회를 가져다주게 될까! 현재 인도의 경제발전 수준은 중국 개혁개방의 중기 수준에 처해 있고, 인프라와 같은 일부 분야는 아직 초기 단계 수준에 처해 있다. 그러므로 개발구·경제 단지 및 특구와 같은 중국의 산업화 경험이 인도에는 매우 매력적이라 할 수 있다. 중국과 인도의 '일대일로' 협력은 무역의 균형을 잡을 수 있다. 양국은 불만 속에서 발전의 기회를 잃는 것이 아니라 미래 지향적인 관점에서 각자의 관심사에 응답해야 한다.

4. 기여자: 상하이협력기구(SCO)·브릭스국가·G20은 국제 규칙의 제정 및 국제질서의 전환을 추진한다. 인도가 직면한 국제 환경은 중국과 유사한 부분이 많다. SCO·브릭스·G20의 틀 내에서 성실히 협력해 새로운 글로벌화와 글로벌 거버넌스를 촉진하고, 보다 공정하고 합리적이며 지속 가능한 국제질서를 추진하고, 신흥국의 국제 발언권을 강화해야 하는데 '일대일로'가 그 사명을 짊어지고 있다. 따라서 중국과 인도는 협력할 수밖에 없고 경쟁과 대항은 서방인에게만 혜택을 가져다주게 된다. 도요새와 조개가 싸우면 어부가 이익을 얻는 어부지리 게임을 만들고 있는 서방인의 계략에 인도가 속지 말기를 바란다.

인도가 '일대일로'에 참여하면 어떻게 셋을 하나로 합칠 것인가?

량치차오(梁啟超) 선생은 중국의 세 가지 정체성에 대해 "중국의 중국, 아시아의 중국, 세계의 중국"이라고 요약한 적이 있다. 사실 인도도 이 세 가지 정체성을 가지고 있다.

1. 인도의 인도: 인도의 꿈과 중국의 꿈이 서로 통하는 것은 '일대일로'의 '함께 꿈꾸는 천하 대동' 주장이 기대하는 바이다. 중국과 전략적 대항이 아니라 전략적 접목을 실시하는 것이 인도의 현명한 선택이다.

2. 아시아의 인도: 중국과 인도가 굴기해야 아시아의 세기가 온다(덩샤오핑이 한 말). 아시아의 미래는 중국과 인도가 협력하는 데 달려 있으며, 히말라야산맥은 아시아를 분할한 것이 아니라 아시아를 키웠다.

3. 세계의 인도: 중국과 세계의 관계처럼 세계가 좋아져야 인도가 좋아지고, 인도가 좋아지면 세계가 더 좋아진다. 인도의 세계적 야망은 중국을 피해갈 수 없으며, 중국과 공감하고 공진하는 것이 상책이다.

요약하면 인도의 걱정과 우려는 서방 식민 시스템의 여독에서 비롯된 것이다. 인도는 항상 식민 피해자의 본능으로 중국을 바라보고 '일대일로'를 바라보고 있다. 인도의 인도, 아시아의 인도, 세계의 인도와 중국의 중국, 아시아의 중국, 세계의 중국이 대항하지 않고 조화로운 공명을 일으키는 것은 21세기 아시아의 미래, 세계의 미래가 달린 문제이다. 중국과 인도가 하루빨리 근대를 벗어나 서방과 결별하고 함께 21세기 인류문명의 신기원을 열어나가며 고대문명의 시대적 책임을 짊어지는 것을 보여주기 바란다. 중국과 인도의 협력은 세계 3분의 1의 인구를 복되게 하고 고대문명의 공동 부흥에 도움이 될 것이다.

한마디로 서방 식민지의 피해자인 인도가 어찌 서방의 시각으로 '일대일로'를 바라본단 말인가. 일찍 참여할수록 일찍 이익을 볼 것이다.

물론 인도가 참여하는 데도 문제가 있다. 인도가 WTO 협상에서 '미스터 노'로 유명한 것처럼 자기 관심사만 많이 고려하고 상대방의 입장을 잘 고려하지 않아 늘 협력자들을 당황시킨하게 만든다.

11일 3일자『포브스 재팬』은 일본이 입찰에 성공한 인도 최초의 고속철도 프로젝트가 시작도 하기 전에 문제가 자주 발생하고 있다고 보도했다.

첫째, 인도 측이 일본 측과 아무런 상의도 거치지 않은 상황에서 일방적으로 프로젝트 완료 시점을 2023년에서 2022년으로 조정했다. 인도 정부가 인도 독립 75주년인 2022년에 맞춰 집권 실적을 보여주기 위해서이다.

둘째, 일본이 제공하는 차관의 연 이자가 0.1%로 이자 수입을 거의 포기한 셈이다. 또 인도 기존의 낡은 노선에 신칸센을 건설하면서 일본 엔지니어들은 예상치 못한 수많은 기술적 어려움을 겪었다.

셋째, 인도의 토지가 개인소유이기 때문에 건설 과정에서 토지를 구매하는 데 어려움이 많았다.

넷째, 인도 정부는 신칸센 건설에 인도산 제품을 사용하기를 원하지만 일본 건설사는 인도의 제품을 전혀 신뢰하지 않는다.

방글라데시-중국-인도-미얀마 경제벨트의 처지가 바로 유력한 증거이다. 따라서 중국도 인도의 소극적인 태도에 크게 신경 쓸 것 없으며 항상 인내심을 가지면서 인도를 대해야 한다. 중국과 인도가 서로 간 신뢰를 높이고, 교류를 늘리며, 상호 방문을 증가하고, 소통을 증진하려면 산티니케탄(인도의 유명한 시인 타고르의 고향으로 '평화의 고장'이라는 뜻임./역자 주)에 위치한 인도국제대학의 중국학원처럼 더 많은 중국학원이 필요하다.

마잔우(馬占武) 캘커타 주재 중국 총영사는 '중국-인도 우호교류 국제심포지엄' 개막사에서 "인도는 중국의 중요한 이웃 나라로서 중국과 인도의 관계는 중국의 주변 외교 및 대국 외교의 중요한 구성 부분이다" "양국 간에 일부 문제들이 있지만, 공동 이익이 분쟁보다 훨씬 크다" "양국이 함께 노력한다면 중-인 양국 관계는 꾸준히 새로운 진전을 이룰 수 있을 것이다."라고 말했다.

이는 인도가 중국의 외교 계보에서 주변국과 대국 외교의 이중 우위를 차지함과 동시에 신흥국가의 새로운 신분을 가지고 있으며, '일대일로'로 연결된 개발도상국·신흥시장·대국 세 부류 국가들 중에서 독특한 역할을 맡고 있다는 사실을 설명해준다.

2017년 12월

아프리카의 중국 시간

2017년 6월 아프리카연합 본부에서 중국-아프리카 빈곤퇴치개발 고위급 대화 및 싱크탱크 포럼이 개최되었다. 운 좋게 이 포럼에 참가한 필자는 『시진핑 국정운영을 말하다』와 20여 년 전 시진핑 총서기가 쓴 『빈곤에서 벗어나다』라는 책이 아프리카 친구들 사이에서 큰 인기를 누리고 있는 것을 발견했다.

"모든 발전학 이론이 아프리카에 발전을 가져다준 것은 아니다", "인류의 가장 성공적인 빈곤퇴치 이야기는 중국에서 일어났다", "아프리카는 중국의 자주적 발전 경험과 지혜를 본받아야 한다." 쿼디 아프리카연합 부의장, 아케베 오쿠바이 메티쿠 에티오피아 총리 특별보좌관은 이렇게 개탄했다. 실제로 아프리카는 오랫동안 탐색을 해왔으나 대다수 아프리카 국가들은 자신의 국정에 맞는 발전의 길을 찾지 못했다. 브렉시트와 트럼프가 집권한 미국을 보며 아프리카 국가들은 서방 모델에 상당히 실망해 동양으로 시선을 돌리게 됐다. 아프리카에 중국의 시간이 다가오고 있다고 말할 수 있다.

첫째, 아프리카는 중국과 인프라 및 국제생산능력 협력을 전개하는 시범이 되고 있다. 에티오피아 수도 아디스아바바에 있는 아프리카연맹 본부도 중국이 만든 걸작이다. 현재 이 도시의 전철·고가도로·고속도로·톨게이트·가로등에는 모두 중국 분위기가 물씬 풍긴다. 중국의 자본·기술·시장·기업·인재 및 성공적인 개발 경험 등 상대적인 발전 이점을 아프리카의 풍부한 자연자원, 막대한 인구 보너스 및 시장 잠재력과 밀접하게 결부시키면 반드시 새로운 발전 기적을 창조하게 될 것이다.

둘째, 아프리카는 세계의 곡창지대가 될 수 있다. 아프리카의 경작 가능 면적은 거의 8억 헥타르에 달하지만 개발 및 이용률은 27%에 불과해 중국과 농업 분야 협력 가능성이 매우 크다. 중국은 자체 경험과 기술을 이용해 아프리카가 농업 현대화 과정을 가속화 하는 데 도움을 줄 수 있으며, 식량 문제를 해결한 후 아프리카를 '세계의 곡창'으로 만들 수 있다. 물론 이러한 조치는 중국의 식량 안보에도 도움이 될 것이다.

셋째, 아프리카는 중국과 외국의 모델을 서로 배우고 서로 참조하는 중요한 시범지이다. 중국이 발전 모델을 수출한 것은 아니지만 많은 아프리카 국가들이 중국 모델을 기꺼이 본받고 있다. 2010년에 에티오피아는 첫 5개년 '경제 성장 및 전환 계획'을 제정해 실시했고 2016년부터 두 번째 5개년 계획을 실시했다. 이는 중국의 '5개년 계획'을 본받은 본보기이다.

아프리카 여러 나라에서 온 관료와 기자, 싱크탱크 지도자들은 아프리카연합 본부에서 시진핑 주석의 저서를 읽으며 자기성찰을 진행했다. 그들은 "당과 인민이 한마음 한뜻이 된 중국이 부럽다", "아프리카는 다당제 곤경에 빠졌다. 잘 나가는 나라들은 다 장기 집권하는 정당이 정국을 안정시키고 장원한 정책을 수립한다", "아프리카 국가 정당은 해방 시기와 독립 시기에는 잘하다가 집권 후 대중으로부터 이탈했다"라고 말했다. 이러한 자기성찰은 중국공산당의 성공적인 경험에 비추어 볼 뿐만 아니라 오늘날 서방 민주주의의 곤경에도 비추어 보면서 아프리카의 다당제 폐해에 대해 검토하는 데 집중했다. 중국학자들도 이로부터 '네 가지 자신감'을 더욱 확고히 굳히고 아프리카의 경험을 바탕으로 자체의 발전 모델을 보완하고 있다.

  중국의 입장에서 아프리카를 돕는 것은 곧 자신을 돕는 것이다. 아프리카의 중국 시간은 우리가 전반 국면에 초점을 맞추어 '일대일로'를 서둘러 추진할 수 있는 기회의 시기이다.

2017년 6월

라틴아메리카 방문에서 느낀 10가지 곤혹

라틴아메리카는 유럽인의 작품이고 아프리카는 유럽인의 업보이다. 이는 필자가 얼마 전 라틴아메리카를 방문하면서 분명하게 느낀 것이다.

중국사회과학잡지사, 중국사회과학원 라틴아메리카연구소, 칠레 안드레스 벨로 대학 중국연구센터가 공동으로 개최한 '제3회 중국-라틴아메리카 학술 고위층 포럼'이 2014년 11월 24~25일 칠레 산티아고시 스페인 궁에서 열렸다. 포럼에 이어 필자는 또 브라질의 여러 지역을 방문했다. 감성과 이성의 인식 차이가 매우 뚜렷했다. 라틴아메리카에 와서야 비로소 세계는 크고, 아는 것은 적다는 것을 진정으로 깨달았다.

리우의 해변을 거닐면서 마치 유럽에 있는 것 같은 느낌이 들었다. 그런데 산을 넘어가니 빈민가가 눈에 들어오면서 아프리카에 온 것 같은 느낌이 들었다. 왜 이럴까? 왜 칠레, 멕시코는 OECD 국가가 되었고, 세계 6위 경제 대국이었던 아르헨티나는 중진국의 함정을 넘지 못한 것일까? 온갖 곤혹이 머릿속을 맴돌면서 지금까지도 사라지지 않는다.

곤혹 1
라틴아메리카는 왜 북미보다 발전이 더딜까?

라틴아메리카는 천시지리인화(天時地利人和, 하늘이 내린 좋은 기회, 우월한 지리적 조건, 사람들 간의 서로 화목한 관계) 어느 하나도 빠진 것이 없는 발전 조건을 갖추었다고 할 수 있다.

우선, 천시(天時)에 대해 말하면 두 세기 전 라틴아메리카 국가들은 유럽의 식민체계에서 독립했다. 이후 세계는 여러 차례 산업혁명을 겪었으며, 라틴아메리카는 한 차례 또 한 차례의 발전 기회를 맞이했다. 그런데 왜 북미처럼 선진적인 사회로 부상하지 못했을까? 혹시 하늘이 게으른 자에게 벌을 내린 것은 아닐까?

둘째, 지리(地利)에 대해 말하면 라틴아메리카는 땅이 넓고 자원이 풍부하며 강우량이 충족하고 열대우림이 많으며 기후가 적당하다. 아마존강은 나일강이나 황허처럼 범람하지도 않았다. 중국인들이 흔히 말하는 기아와 추위가 어떤 것인지 라틴아메리카 사람들은 잘 알지 못한다. 기후가 좋고 물산이 풍부해 굶어 죽거나 추위에 떨 일이 없기 때문이다. 그래서 현실에 안주하며 분발하지 않는다. 설마 복 곁에 화가 웅크리고 있었던 것은 아닐까?

마지막으로, 인화(人和)에 대해 말하면 브라질은 200년 전에 독립해 미국처럼 피비린내 나는 내전을 겪지 않았으며, 독립 후에는 내우외환도 없었다. 파라과이 전쟁 외에 제1차 세계대전과 제2차 세계대전마저 라틴아메리카를 피해갔다. 라틴아메리카 전역이 수백 년 동안 평화를 누렸음에도 왜 발전하지 못했던 것일까? 설마 우환 때문에 살았고 안락 때문에 죽는 것일까?

곤혹 2
라틴아메리카는 왜 뚜렷한 이원성을 가졌을까?

리우 공항에서 호텔로 가는 길에 빈민가가 보였는데 길 양옆 모습은 어떠한 개발도상국 못지않게 지저분하고 교통 체증이 심했지만,

터널을 지나 해변으로 나가니 요트·양옥·레저시설이 즐비해 완연한 선진국 모습이었다.

이는 일반적인 빈부격차가 아니라 '중진국의 함정', '라틴아메리카의 병'을 초래하는 '이원성'으로 비쳐졌다. 바로 이런 '이원성'이 온갖 '라틴아메리카 패러독스'를 야기시킨 것이다.

첫 번째는 남방국가, 유럽문화이다. 라틴아메리카 국가들은 보편적으로 정치적으로 앞서고 경제적으로 뒤처져 있으며, 물가가 높고 빈부격차가 크며, 사회·국가·시장 간의 관계를 제대로 처리하지 못하고 있다. 두 번째는 국가화가 글로벌화보다 뒤처져 있다. 도시화를 예로 들면, 라틴아메리카의 도시화 비율은 북미 다음이고 유럽보다 10% 이상 높지만, 도시 거버넌스 능력과 거버넌스 시스템은 현대화를 실현하지 못했으며, 과도한 도시화 현상이 심각하다. 세 번째는 지역화 발전이 통합으로 이어지지 못했다. 라틴아메리카에는 다양한 버전의 지역화 과정이 있지만 더 높은 수준, 더 포용적이고 광범위한 라틴아메리카 통합을 이루어내지 못해 라틴아메리카 공동체가 여전히 느슨해 보인다.

유럽인들이 오기 전까지 라틴아메리카는 아즈테크 문명, 마야 문명, 잉카 문명과 같은 눈부신 고대 문명을 가지고 있어 거의 백지에 글을 쓰는 것과 같은 북미의 경우와는 달랐다. 때문에 현대(유럽)와 전통(라틴아메리카)의 이원적 패러독스에 빠져들었으며, 유럽 식민주의자들이 떠난 후에는 미국의 후방으로 전락해 줄곧 자아를 실현하지 못했다.

최근 몇 년간 많은 라틴아메리카 국가들이 빠르게 발전한 중국을 부러워하고 있다. 중국의 성공 비결은 자신의 국정에 맞는 발전의 길을 찾았다는 데 있다는 것을 알게 되었을 때, 그들은 감개무량했다.

라틴아메리카 국가들은 오랫동안 미국의 발전 경제학에 현혹되어 왔고, 후에는 '워싱턴 컨센서스'에 의해서만 발전할 수 있다는 말을 들었으며, 그토록 오랜 세월 시행착오를 겪었던 것이다. 라틴아메리카 일부 국가에서 실시하는 21세기 사회주의는 미국의 영향에서 벗어나 자체 발전의 길을 모색하기 위한 중대한 시도였지만 아쉽게도 성공하지 못했고, 정치·경제·사회의 이원 구조가 여전히 존재하고 있다.

곤혹 3
라틴아메리카는 왜 중산층이 확대 발전하지 못하는 것일까?

라틴아메리카 국가들이 중등소득의 함정에 빠지고 정국이 불안정한 것은 부자와 가난한 자의 갈등이 아니라 중산층의 딜레마이다. 중산층은 부유층으로 상승할 방법이 없어 다시 빈곤층으로 전락해 중산층에서 이탈할 수 있다. 라틴아메리카 국가에서 선거와 민주는 어지러운 현상 중의 하나로서 후보가 빈민가에 사는 가난한 사람들에게 보조금을 주고 돈을 나눠주겠다고 약속하며 그들의 투표를 유도한다.

보조금을 받으려면 등록을 해야 하고 자녀를 학교에 보내 교육을 받도록 하겠다고 약속해야 한다. 하지만 가난한 사람들은 늘 돈을 받아서는 써버려 합의는 백지로 되고 만다. 그래서 길거리에서 구걸하고 도둑질하는 어린이들이 흔히 눈에 띄곤 한다. 교육이 따라가지 못한 결과는 "용은 용을 낳고, 봉황은 봉황을 낳으며, 쥐의 아들은 구멍을 뚫는다"는 격으로 가난이 대물림되고 지속 가능한 발전이 어려우며 케이크를 크게 만들 수 없는 것이다.

브라질과 같은 라틴아메리카 국가들은 서방 자본주의의 선진성은 본받지 못하고 오히려 높은 물가, 포퓰리즘의 성행, 국민의 잦은 데모 등 많은 문제점을 안고 있으며, 정부의 좋은 정책이 실행되지 못하고 있다.

곤혹 4
라틴아메리카 문화에는 왜 자본주의 정신이 부족한가?

라틴아메리카 문화: 거칠지만 속되지 않고 거칠지만 방종하지 않다.

먼저 '거칠다'에 대해 말해본다. 나이와 몸매를 불문하고 여자들은 모두 개방적이고 노출을 서슴지 않으며 솔직하고 대범하다. 안타깝게도 아름다운 사람이 스스로 아름다운 줄을 모르니 유럽인의 도도한 기질이 없고, 못생긴 사람이 스스로 못생겼다고 생각하지 않으니 아시아인의 신중함과 함축성이 없다. 거칠다고 하는 또 다른 측면의 의미는 노골적으로 빼앗는다는 것이다.

칠레는 라틴아메리카에서 치안이 가장 좋은 것으로 알려졌지만 우리 대표단은 네루다의 생가에서 도둑을 맞았고, 다른 곳에서는 심지어 직접 강탈을 당하기도 했다. DSLR 카메라(Digital Single-Lens Reflex Camera, 카메라의 렌즈를 통해 인식 장치에 맺히는 피사체의 모습과 거울을 통해 뷰파인더로 반사되어 촬영자에게 보이는 모습이 동일한 디지털카메라)는 감히 꺼내지 못했고, 상파울루 성당에는 감히 들어가지 못했으며, 리우 해변에서는 감히 바닷물에 들어갈 엄두를 낼 수 없었다.

　라틴아메리카 사람은 속되지 않다. 아르헨티나나 우루과이와 같은 소수의 국가에 백인이 가장 많고 대다수 국가에는 메스티소인(인디언과 유럽인의 혼혈인)이 많으며 페루와 볼리비아와 같은 일부 국가에는 인디언이 가장 많이 거주한다. 그러나 어쨌건 북미만큼은 흑인이 많지 않다. 아르헨티나는 더욱이 라틴아메리카 대륙에서 정통 유럽 문화를 발전시켰다.

　그러나 거칠지만 방종하지 않은 것이 라틴아메리카의 발전에서 취약한 부분이 되었다. 즉 자본주의의 개방적, 혁신적 정신이 부족한 것이다. 가톨릭 문화는 개신교 문화보다 못해서 사람들이 게으르며 교육을 중시하지 않는다. 이 역시 라틴아메리카가 북미보다 발전하지 못한 이유 중 하나일 것이다.

　라틴아메리카의 대도시에는 어디 가나 빈민가가 있고, 갱단이 총을 들고 통제하고 있으며 치안이 매우 열악하다. 빈민들이 평지에서부터 끊임없이 산으로 퍼져나가 산꼭대기를 하나둘씩 차지해나가면서 정부는 어쩔 수 없이 자금을 지원해 산꼭대기 사이에 케이블을 건설해야만 했다. 더 놀라운 것은 사회가 게으름뱅이를 키우고 있다는 것이다. 노동기준과 물가가 높은 정도가 선진국보다 더하면 더했지 절대 덜하지 않은 반면에 소득이 낮아 자본주의가 충분히 발전할 수 없다.

　상파울루시의 『남미교보(南美僑報)』사를 방문했을 때 우연히 맞은 편에 있는 프리메이슨[7] 건물을 볼 수 있었는데, 컴퍼스와 직선자로 이루어진 로고[8] 가 대문 옆에 새겨져 있는 것이 유난히 눈에 띄었다. 그렇게 떠벌리는 광경에 놀라움을 금치 못했다. 구미에서는 상상조차 하기 어려운 일이다. 가톨릭에 반대하는 프리메이슨이 개신교의 궐기를 이끌었고, 브라질에서는 이토록 혁혁한 존재인데 왜 독일처럼 개신교의 윤리와 자본주의정신을 탄생시키지 못했을까?

곤혹 5
라틴아메리카의 통합은 왜 유럽연합보다 못한 것일까?

라틴아메리카와 카리브 지역에서 세 가지 유형의 지역화 발상이 라틴아메리카를 분열시키고 있다. 첫 번째 유형은 베네수엘라와 쿠바를 대표로 하는 좌파 및 반미 색채가 짙은 국가들이 이데올로기의 연대에 주력하고 있는 것이고, 두 번째 유형은 브라질과 아르헨티나를 대표로 하는 지역 대국들로 구성된 지역보호주의 색채의 남방공동시장이며, 세 번째 유형은 멕시코·콜롬비아·칠레·페루로 구성된 태평양연합국가로서 아시아태평양 국가들과의 경제 통합을 추진하고 있다. 연대를 어떻게 이룰 것이냐는 문제는 차치하더라도 통합의 동력·목표·성취 어느 것 하나 유럽을 따라 갈만한 것이 없다.

라틴아메리카는 왜 연합해 자강을 이루지 못하고 유럽의 식민통치에서 벗어난 후에도 또다시 미국 패권의 그늘에 빠져 타국의 후방으

---

7) 프리메이슨 : 프리메이슨리(freemasonry, masonry)는 16세기 말에서 21세기에 발생한 인도주의적 박애주의를 지향하는 우애단체 혹은 취미 클럽으로 이 단체에 소속된 일원을 프리메이슨(freemason)이라고 부른다.
8) 프리메이슨 로고 : 채석공의 연장과 용구를 상징으로 사용한다.

로 전락했을까? 2013년 말 미국이 먼로주의가 시대에 뒤떨어졌다고 선언함에 따라 라틴아메리카는 더 이상 미국의 후방이 아니게 되었다. 이로써 라틴아메리카의 일체화 과정을 가속화한 것이 아닐까?

곤혹 6
라틴아메리카에는 왜 과도한 도시화 현상이 존재하는 것일까?

라틴아메리카는 도시화율이 평균 87%로 세계에서 도시화율이 가장 높은 북미와 거의 비슷하며 유럽보다는 10%포인트 높다. 라틴아메리카에는 중국과 같은 호적제가 없고 정당이 번갈아 가며 집권하고 선거가 겹치면서 정책의 이행력과 연속성이 크게 떨어진다. 도시가 마치 들풀과 잡초처럼 자라고 퍼져나가 과도한 도시화와 기형적인 발전을 초래한 것이 라틴아메리카 병(病)의 대표적인 모습이다.

필자는 산티아고 시 교외의 유엔 라틴아메리카 경제위원회에서 열린 중국-라틴아메리카 도시화 비교 심포지엄에 참가한 적이 있다. 라틴아메리카 친구들은 이구동성으로 신형 도시화는 반드시 라틴아메리카의 쓰라린 교훈을 받아들여야 한다고 중국에 경고하면서 또 중국의 도시화가 어떻게 이렇게 질서정연할 수 있는지 궁금해했다.

곤혹7
라틴아메리카에는 왜 전쟁이 없을까?

라틴아메리카와 카리브 지역에는 스페인·포르투갈·네덜란드·프랑스·영국 등 나라의 식민지가 있으며 이들 종주국은 역사적으로 모순이 많고 싸움이 끊이지 않았다. 하지만 라틴아메리카는 큰 전란을 겪지 않았으며 비교적 평화로운 대륙이라 할 수 있다. 그 이유는 무엇일까? 아르헨티나 학자는 필자에게 "영국과의 전쟁을 후회한다"며 "협상을 통해 홍콩 문제를 해결한 중국을 본받아야 한다"고 말했다.

브라질과 아르헨티나·파라과이의 경계에 위치한 이과수 시 교외에는 이타이푸(Itaipu) 수력발전소가 있는데 싼샤(三峽)댐이 건설되기 전까지 세계 최대 수리의 중추였다. 파라과이와 브라질이 공동으로 건설하고 사용하고 있으며, 중앙통제실의 절반은 파라과이, 나머지 절반은 브라질이다. 댐 앞은 양국 국기가 반반씩 차지하고 있고 'Etaipu Binacional'라고 표기돼 있어 저수지 주권을 공동으로 향유한다는 정신을 보여주며, 프랑스-독일의 석탄 철강 공동체 같은 느낌을 준다. 유럽과 미국이 라틴아메리카의 평화 실현을 돕는 역외 균형 역할을 한 것일까?

곤혹 8
라틴아메리카는 왜 유럽의 식민통치를 거부하지 않는 것일까?

라틴아메리카의 33개 나라는 발전 수준에 따라 대체로 네 부류로 나뉜다. 즉 좋은 서방의 좋은 학생, 좋은 서방의 나쁜 학생, 나쁜 서방의 좋은 학생, 나쁜 서방의 나쁜 학생이다.

칠레는 유럽의 작품이자 '워싱턴 컨센서스'의 작품이다. 그러나 다른 라틴아메리카 국가들은 그렇게 운이 좋지 않았다. 라틴아메리카에는 신흥 경제체가 집중돼 있지만 빈부의 격차가 크며, 유럽의 작품이자 남방의 축소판이다. 라틴아메리카인은 주로 유럽인의 후손이며 유럽의 백인, 인디언, 아프리카 흑인 후손의 비교적 양호한 혈통이 섞였으므로 라틴아메리카에는 미남과 미녀가 많다. 유럽의 라틴아메리카화로 인해 라틴아메리카인들은 유럽의 식민 지배를 거부하기는커녕 오히려 유럽의 가치관을 수호하고 있다.

곤혹 9
라틴아메리카인은 왜 진심으로 미국을 반대하지 않는 것일까?

쿠바·베네수엘라와 같은 소수의 라틴아메리카 국가들이 미국을 반대하고 오랜 기간 좌파가 집권하고 있으며 일부 국가들이 이데올로기적 반미연합을 결성하고 있지만, 총체적으로 라틴아메리카인들은 진심으로 미국을 반대하지는 않는다. 호세프 브라질 대통령은 미국에서 연설할 때 "노동자의 권익을 착취하고 환경오염을 대가로 하는 중국 모델을 본받지 않겠다"는 망언을 했는데 이는 미국의 환심을 사기 위해서다.

멕시코인들은 더욱이 "신은 너무 멀고 미국은 너무 가깝다"고 늘 불평하곤 한다. 매년 미국으로 밀입국하는 젊은이가 부지기수다. 라틴아메리카 국가들은 한 세기가 넘는 동안 먼로주의의 피해를 당하고 있으면서도 왜 실제로는 미국을 반대하지 않는 것일까? 설마 오바마 미 대통령 시절 쿠바와의 관계 정상화를 선언하면서 밝힌 바와 같이 "Todos somos americanos(우리는 모두 아메리카인)"이어서인가?!

곤혹 10

라틴아메리카에는 왜 중국인이 그렇게 적은 것일까?

중국인은 세계 각지에 널리 퍼져 있지만 라틴아메리카에는 상대적으로 적다. 옛날 중국인 노동자들이 라틴아메리카로 가서 길을 닦고 광산을 개발했으며, 그 후 태평천국의 나머지 부대가 라틴아메리카로 옮겨 갔다. 중국인들은 쿠바의 민족 독립을 도왔으며, 이는 양국 친선 역사에서 긍정적 자산이다. 그러나 총체적으로 다른 지역에 비해 라틴아메리카에는 중국인이 적은 편이었으며, 최근 몇 년에야 비로소 비즈니스가 활기를 띠기 시작했다.

파라과이는 중국과 수교하지 않았지만, 중국인들은 사업을 하기 위해 그들을 국내로 데려왔다. 라틴아메리카 곳곳에 'Hecho en China(메이드 인 차이나)'가 있고 중국인은 부자가 되었다. 중국 이우(义乌)은 소상품의 천국이지만 중국인들은 몰려들지 않는다. 브라질에는 중국이 25만 명밖에 안 되는데, 그중 20만 명이 라틴아메리카 최대 도시인 상파울루에 살고 있으며, 이는 재미 중국인 유학생 수와 맞먹는다.

라틴아메리카에는 왜 중국인이 그렇게 적은 것일까? 생활환경과 기후가 중국인에게 맞지 않아서일까? 그건 아니다. 언어가 안 통해서일까? 그렇다면 왜 아프리카에는 중국인 노동자가 백만 명이나 있는 것일까?

이러한 여러 가지 곤혹은 사실 세계에 대한 중국의 곤혹이기도 하다. 아편전쟁 이후 천하관(天下觀)이 붕괴되고 동서남북 4대 문제가 동서문제로 간소화되었다. 중국은 스스로를 '동'(인도는 동양문명의 또 하나의 대표로서 중국인에 의해 의도적으로 소홀시됨)이라고 자부했으며, 또 강자를 겨냥하는 중국인의 논리로 말미암아 미국을 '서'의 대표로 가정함에 따라 동남서북을 동양과 서방 또는 중국과 서방의 관계로 간소화했다. 2010년 중국의 GDP가 일본을 추월한 후에는 아예 첫째(미국)와 둘째(중국)의 관계로 더욱 간소화했고, 사고와 시야는 점점 더 단순화되고 도식화되고 있다.

   라틴아메리카에 가보지 않으면 세계가 얼마나 큰지, 중국이 얼마나 먼지 모르고, 라틴아메리카에 가보지 않으면 발전의 패러독스와 중국의 행운에 대해 알지 못하며, 라틴아메리카에 가보지 않으면 서방 국가의 영향이 얼마나 깊은지, 중국이 얼마나 힘든지를 알 수 없다.

2015년 1월

대국간 경쟁의 배경에서 소국은 어떻게 처신해야 할 것인가?

프랑스 역사학자 토크빌은 200년 전에 이런 글을 남겼다. "소국의 목표는 국민이 자유롭고 풍요로우며 행복하게 사는 것이지만 대국은 위대함과 영원함을 창조해야 하는 운명을 타고 났으며, 책임과 고통을 동시에 감당해야 한다." 이 판단은 지금도 시사하는 바가 크다. 옛사람이 이르기를 "대국은 소국을 어질게 대해야 하고, 소국은 대국을 지혜로 대해야 한다."라고 했다. 그러나 지금 미국 정부가 강대국의 권력을 남용하고 있어 소국들이 지혜로움을 펼칠 수 없다. 얼마 전 싱가포르의 리셴룽 총리와 비비언 외교장관이 각기 다른 장소에서 "중국을 반드시 억제해야 할 적수로 보는 것은 옳지 않다"며 "'초강대국'들 간에 건설적인 경쟁을 펼칠 것"을 미국에 호소했다. 또한 글로벌 규칙의 제정에서 중국에 더 큰 발언권을 주어 마찰이 오랫동안 지속되는 것을 피함으로써 세계 최대 두 경제국 중에서 하나를 선택해 그 뒤에 줄을 서도록 소국들을 강요하지 말 것을 미국에 촉구했다.

실제로 미국이 일으킨 무역마찰은 글로벌 공급사슬, 산업사슬, 가치사슬에 혼란을 가져다주고 무역에 크게 의존하는 싱가포르, 말레이시아, 멕시코, 일본 등 국가 및 지역에 심각한 피해를 가져다주었다. 세계 무역의 요충지인 싱가포르나 필자가 얼마 전 방문했던 파나마와 같은 작은 나라들은 선택의 폭이 점점 좁아지고 있다. 그들은 쉽게 줄을 설 수도 없고, 대국 관계가 악화되었을 때 양다리를 걸칠 수도 없으며, 큰 배가 계속 갈 수 있도록 함께 노를 저어달라고 촉구할 수밖에 없다.

100여 년 전, 미국이 기술을 제공하고 중국이 노동자를 제공해 파나마 운하를 건설했다. 현재 미중 양국은 각각 운하의 1, 2위 사용자이다. 파나마 정부 GDP의 약 10%는 운하의 수입에서 나온다. 그런데 중미 양국이 무역전쟁을 치르고 있으니 파나마가 어찌 속이 타지 않겠는가? 싱가포르와 파나마의 경험은 보편적으로 시사하는 바가 있다. 역사적으로 소국의 다음과 같은 다섯 가지 처세술은 오늘날 세계에서 모두 효력을 잃었다.

첫 번째는 편승하는 것이다. 큰 강에 물이 있어야 작은 강이 채워진다. 오늘은 큰 강이나 작은 강의 문제가 아니라 물 자체가 고갈될 위험에 처해 있다는 것이다. 사람에게 생선을 주는 것보다 물고기를 잡는 방법을 가르치는 것이 낫다는 말이 있다. 그러나 연못에 물마저 없어지면 물고기를 잡는 법을 가르쳐도 소용이 없다. 미국은 일방적으로 무역전쟁을 일으키고, 갖은 수단을 동원해 중국 그리고 또 다른 일부 국가들을 압박하고 있으며, 그로 인해 세계는 막대한 대가를 치르고 있다. 소국이 대국의 발전에 편승하거나 '바람 따라 돛을 달던' 과거의 방법이 이제는 더 이상 먹히지 않는다. 싱가포르 지도자의 말이 이런 궁지에 몰린 상황을 잘 보여주고 있다.

두 번째는 양다리를 걸치는 것이다. 대국이 각축을 벌이는 상황에서 소국들은 기회주의자가 되어 이른바 균형외교를 펼치면서 양쪽에서 다 이득을 보려 한다. 그러나 사실은 그렇게 하다가 결국 자신을 망치는 사례가 비일비재하다. 파나마의 처지를 통해 알 수 있다시피 무역전쟁에는 승자가 없고 세계 경제가 재앙을 맞게 된다. 구르는 돌 아래 성한 알이 있을 수 없다.

세 번째는 어느 한쪽을 선택해 줄을 서는 것이다. 한쪽 편에 붙어서 다른 쪽을 공격하는 것인데 상당히 위험한 일이다. 일단 기대고 싶었던 측으로부터 버림받으면 아주 비참하게 죽을 수도 있다. 예를 들면 우크라이나의 경우가 그렇다. 우크라이나는 줄곧 유럽연합·나토에 가입할 일념뿐이었으며 심지어 러시아의 노여움을 사는 것마저 불사했는데 결국 어찌 됐는가? 이는 아주 생생한 예이다.

네 번째는 이간질하는 것이다. 소국이 '불장난'을 하는 것으로서 이 간질로 대국을 자극해 싸움을 붙이는 것이다. 예를 들어 몇 년 전 아키노 3세 시기의 필리핀 정부의 경우이다. 그때 당시 필리핀 정부는 남해 문제에서 중국과 대항하는 미국에 협조하고 심지어 부추기기까지 했는데 결국은 '고래 싸움에 새우 등 터지는' 결과를 똑똑히 보여주었다.

다섯 번째는 중립이다. 소국이 중립을 선언하고 심지어 유엔에 중립국 지위를 신청하면 불똥이 튀는 것을 피할 수 있을까? 제2차 세계대전 당시 벨기에는 독일 나치 군대가 프랑스를 침공하는 유린의 땅이 되고, 냉전 초기 몽골의 '제3의 이웃나라' 정책이 실패한 것은 더할 나위 없이 좋은 예이다. 오늘날 상호 의존도가 고도화되고 있는 글로벌화 시대에 무역전쟁은 글로벌 공급사슬·산업사슬·가치사슬에 전면적인 충격을 주게 된다. 실제로 어떤 국가든지 절대적으로 중립을 유지할 수는 없다.

현재 세계는 지난 백 년간 한 번도 겪어본 적이 없는 대변화를 겪고 있다. 한 나라가 자기 위치를 명확하게 찾지 못하면 곤경에 빠지기 쉽다. 전통적으로 대국은 시간을 중시하고 소국은 공간에 주목한다. 그러나 오늘날 강대국과 약소국은 상대적이며 시간과 공간은 상대적이면서 불확실하다. 이 불확실한 시대에 봄에 강이 풀리는 것을 오리가 먼저 알듯이 가을에 강물이 차가워지는 것도 오리가 먼저 알게 되는 격이다. 국제 관계는 갈수록 공생의 관계가 되어가고 있다. 세계는 하나의 거대한 기계와 같아 큰 베어링도 있고 작은 리벳도 있어 여러 부품이 서로 잘 맞물려야 정상적으로 작동할 수 있다. 베어링이 기계를 망가뜨릴 수 있다면 리벳 또한 기계를 멈추게 할 수 있기 때문에 리벳의 처지에 관심을 돌리는 것 역시 자신을 돌보는 것이다. 어떤 초강대국은 패권의 힘을 이용해 제멋대로 나쁜 짓을 하면서 소국은 살든지 말든지 전혀 고려하지 않는다.

역사적으로 사용해봤던 소국의 처세술이 모두 효력을 잃은 지금, 소국들은 오직 리벳의 역할을 굳건히 잘 발휘해 두 개의 큰 베어링을 단단히 고정해 세계의 큰 기계를 정상으로 돌려놓아야만 비로소 세계도 지키고 자신도 지킬 수 있다. 이러한 상황에서 싱가포르와 파나마의 호소와 마음의 소리에 세계는 진지하게 귀를 기울이고 반성할 필요가 있다.

2019년 6월

'일대일로' 관련 국내외의 질의에 대한 네 가지 차원의 분석

2018년 이후 도널드 트럼프 미국 행정부가 중국을 전략적 적수로 지정하고 대중 무역전쟁을 발동함에 따라 '일대일로'에 대한 국제여론 환경이 급격히 악화된 데다가 중국 내 경기 저조까지 겹쳐 일부 대형 '일대일로' 사업이 좌절을 겪게 되었다. 이로 인해 국내외에서는 '일대일로'의 채무 위기에 대해 떠벌리고 중국이 '일대일로'를 당규약에 포함시킨 것에 대해 의혹을 제기하는 등 '일대일로'에 대한 질의가 끊이지 않았다.

그중에는 학리적, 심리적, 사리적(事理的), 합리적 이유가 있는데 깊이 분석할 가치가 있다. '일대일로'는 국제사회가 중국을 어떻게 보고, 중국인이 세계를 어떻게 인식하는지 집중적으로 보여주었다고 말할 수 있다.

1. 학리적 이유 : '일대일로'의 경계는 어디인가?

'일대일로'와 개혁개방의 가장 큰 차이점은 무엇인가? 개혁개방은 가서 닿을 건너편이 있다. 즉 계획경제에서 시장경제에 이르는 것이다. 그러나 '일대일로'는 가서 닿을 건너편이 없고 대신 인류운명공동체의 구축이라는 목표가 있다.

뿐만 아니라 '일대일로'는 경계도 없다! 원래는 65개 국가(중국 포함)였다가 현재는 123개국가(그리고 29개 국제기구도 있음)가 중국 정부와 171건의 '일대일로' 공동건설 협력 양해각서를 체결했다. 그리고 제3의 시장 공동개발에 서명한 10여 개의 국가와 분야별 협력 협정을 체결한 국가(예를 들어 영국은 중국과 '일대일로' 투자 규칙 양해각서를 체결함)까지 합치면 중국과 수교한 176개의 국가를 거의 포함하고 있는 셈이다.

"이미 전 세계를 아우르고 있으니까 아예 '글로벌 전략'이라고 부르자!" "'일대일로'가 있는 것과 없는 것의 차이점은 무엇인가?" "'일대일로'의 이론은 무엇인가? 우리의 참여를 바란다면 먼저 그 이론이 무엇인지, 이론의 뿌리는 어디에 있는지 명확하게 설명하라." 이러한 질문들을 늘 받아왔다. 중국인들은 이성적 실천을 추앙한다. '일대일로'를 건설하는 것도 개혁개방 경험의 연장선이다. 즉 "점(點)에서 시작해 면(面)으로 확대되고, 선(線)에서 면으로 점차 지역협력의 대 구도를 형성"하는 것이다. 이런 상황은 '일대일로'에 대한 인식의 차이로도 반영된다.

'일대일로'가 과학적이지 않아서 연구할 수 없다고 여기거나 심지어 '일대일로' 연구자를 무시하는 학술적 분위기가 '일대일로'의 학술 연구를 제한하고 있다. 중국 국내 학계의 절대다수의 학자들은 여전히 '민주와 과학' 사이에서 뱅뱅 돌면서 정부와 거리를 두는 학술이념을 고수하고 '일대일로' 이론 연구를 의도적으로 소홀히 하거나 또는 한꺼번에 우르르 몰려들어 기존의 연구 분야(제목)에 '일대일로'의 모자를 덮어씌워 '일대일로'의 학술적 거품 현상과 학술적 투기행위를 초래함으로써 '일대일로' 이론 연구가 제대로 이루어지지 못하고 있다.

세계 학계에도 비슷한 부분이 존재해 기존의 패러다임으로는 '일대일로'를 이해하거나 파악할 수 없다. '일대일로'라는 표현에 대한 번역에서 중국 개혁개방의 실천에 이르기까지의 인식 면에서 모두 막대한 적자가 존재한다. 예를 들어 '일대일로'는 "기업을 주체로 하고, 시장화 운영을 실시하며, 정부가 서비스를 제공하고, 국제 표준을 따를 것"을 강조하고 있음에도 서방인들은 왜 그것을 중국 정부의 프로젝트라고 생각하는 것일까? 이는 '일대일로' 초기 단계 연선 국가의 국정 및 인프라 구축 자체의 특수성에 의해 결정된 것이다. '일대일로'의 6대 경제벨트 연선의 65개 국가(중국 포함) 중에는 8개의 최빈국과 16개의 WTO 비회원국이 있으며, 인류발전지수가 세계 평균 수준보다 낮은 국가가 24개나 되고 5억 명 인구가 전기를 사용하지 못하고 있으며, 1억 명 인구가 깨끗한 식수를 마시지 못하고 있다. 그러니 유럽이 제창하는 높은 수준의 시장 원칙을 어떻게 일률적으로 실행할 수 있겠는가? 마치 어린이를 운동선수와 함께 달리게 하는 것처럼 현실을 벗어난 것이다. 따라서 실사구시의 원칙에 따라 위에서 아래로, 아래에서 위로 유기적인 결합을 이루어야 한다. "모든 난제를 해결하는 마스터키는 발전이며, 규칙도 물론 중요하지만 꾸준히 완성해나가야 하며 점진적으로 형성되어야 한다"고 중국은 주장한다.

중국이 개혁 과정에서 모색해낸 정부-시장 이륜구동의 경제발전 모델은 '일대일로' 연선 국가의 취약한 부분을 보강해 인프라 건설을 위한 첫 수익을 가져왔으며, 닭을 잡아 알을 꺼내는 것이 아니라 닭을 키워 알을 낳게 하는 방식을 통해 자주적 발전 능력을 향상함과 동시에 새로운 시장을 육성했다. 중국의 개혁개방은 공업벨트, 경제벨트, 경제발전벨트 모델을 모색해 연해지역에서 먼저 시범적으로 시행한 뒤 내륙의 항만도시와 내륙지역에 시범적으로 보급해 경제성장극과 도시권을 형성하고 중국 전역의 개혁개방을 이끌었다. 이제 '일대일로'를 통해 아프리카 시장이 점에서 시작해 선으로 확대하고 선에서 면에 이르는 방식으로 시범지역에서 얻은 경험이나 성과를 전역으로 확대시켜 인프라(항만·지역·철도·도로·무역의 5위일체)의 '후롄후퉁(互聯互通·상호연결)'에서 착수해 아프리카가 내생적 발전 동력을 얻어 경제발전벨트를 형성하고 산업화와 농업 현대화를 이루며, 함께 빈곤에서 벗어나 부유해질 수 있도록 도와야 한다. 만약 시장에만 전적으로 의존한다면 "수영도 할 줄 모르는 아이를 직접 바다에 던져버리는 것"과 같아 결과는 가히 짐작할 수 있다. 중국은 개발단지를 통해 "아이에게 먼저 수영장에서 수영하는 법을 익히게 한 다음 바다로 내보내 마음껏 수영할 수 있도록 하는 방법을 모색했다. 이것이 바로 '일대일로'의 방식이다. 태극도가 보여주는 바와 같이 하나의 음(陰, 보이지 않는 손—시장)과 하나의 양(陽, 보이는 손—정부)이 조화를 이루며, 음과 양이 서로 교대하는 것은 사물의 이치이다. 개발도상국들은 중국의 발전을 보고 마침내 이 도리를 깨닫고 더 이상 '워싱턴 컨센서스'를 맹신하지 않게 되었다. 이것이 어쩌면 서방 나라들이 '일대일로'에 반대하는 이유이자 서방 학자들이 '일대일로' 연구를 등한시하는 이유인지도 모른다. '일대일로'가 저들의 보편적 가치의 신화를 깨뜨렸기 때문이다.

과학은 세분화된 분과의 학문이지만, '일대일로'는 중국의 전통적인 화합 문화를 구현하고 있어서 너무 변증법적이고 추상적이며 파악하기 어렵다. 사의(寫意) 화법을 쓰면 "도는 말로 표현할 수 있으나 말로써 표현할 수 있는 도는 영원히 한결같이 넓고 깊은 본연의 도가 아닌 듯" 해서 잡아낼 수 없고, 공필화(工筆畵) 화법을 쓰면 또 너무 구체적이어서 과학적 연구가 어려워 세계적으로 싱크 탱크들만이 유행을 좇아 '일대일로'를 논할 뿐, 학술계는 진지하게 연구한 적이 없으며, 중국 문제 연구와 정책 연구의 시녀(婢女)가 되어버렸다.

2. 심리적 이유 : 없다고 믿을지언정 있다고 믿어서는 안 된다

학리적인 이유뿐만 아니라 심리적인 이유도 중요하다. 국내외에서 '일대일로'를 의심하는 심리도 각양각색이다.

(1) 백성의 의문: 누가 돈을 내는가?

의문 1 (돈 뿌리기): 대외에 돈을 뿌리는 것은 아닐까?

의문 2 (확장): 지나친 확장은 아닐까?

의문 3 (리스크): 여러 가지 리스크에 어떻게 대처할 것인가?

(2) 서방의 의문: 개발 지향적 글로벌화인가? 아니면 규칙 지향적 글로벌화인가?

의문 4 (성질): '일대일로'는 중국판 마셜 플랜인가?

의문 5 (결과): '일대일로'가 채무 위기를 초래하지는 않을까?

의문 6 (동기): '일대일로'가 국제질서에 도전하는 것은 아닐까?

의문 7 (속성): '일대일로'는 중국의 WTO인가?

(3) 연선 국가의 의문: 모자라거나 불균형을 초래하지는 않을까?

의문 8 (관계): 부패를 부르지는 않을까?

의문 9 (효과): 환경을 파괴하지는 않을까?

의문 10 (미래): 중국에 대한 전략적 의존을 초래하지는 않을까?

'일대일로'에 의문을 제기하거나 심지어 '일대일로'를 부정적으로 보는 것은 인지 수준이 새로운 시대를 따라가지 못하거나 단일 학과와 과거 경험에 비추어 '일대일로'를 분석했기 때문에 장님이 코끼리 만지듯 일부로 전체를 대체하는 실수를 저지르게 된 것도 있고, 또한 '일대일로'를 부정적으로 보는 자들의 암울한 심리를 보여주기도 한다. 그 대표적인 심리로 다음과 같은 것이 있다.

의사 심리

"갈레누스(Claudius Galenus)의 전략을 영리하게 적용해 최악의 결과를 예측하는 것이다. 만약 환자가 죽으면 의사의 예언이 검증된 것이고, 환자가 회복되면 의사는 기적을 이룬 것이 된다." 루이 N. 마그네의 『의약의 역사』라는 저서에 있는 이 말은 '일대일로'를 부정적으로 보는 많은 학자들의 심리를 드러냈다. 즉 관망자들의 우려 심리를 이용해 '일대일로' 위기론을 부르짖으며 사람들의 주목을 받고 자신의 고명함을 과시하려는 것이다.

사대부 심리

'일대일로'를 연구하는 사람들을 질투하면서 자신이 늦게 시작한 것을 후회하지만 돌이킬 방법이 없으니 '일대일로'를 부정하고 관련된 사람과 일을 공격해 좌절감을 발산하는 경우이다. '일대일로'를 지적함으로써 자신이 냉정하고 이성적임을 보여주고 '일대일로'의 긍정적인 에너지를 홍보하는 사람들을 '허풍쟁이'라고 욕하면서 도의적 최고점에 서 있는 것처럼 행세한다. 현실에 불만을 품은 많은 사람들이 그들을 역사 인물에 비교하면서 그들의 감정이입에 걸려들게 된다.

점치는 심리

'일대일로' 건설에 기회와 위험이 공존하는 것을 이용하는 심리인데 맞추면 자기가 잘난 것이고 맞추지 못하면 상대방이 운이 좋은 것이다. "인간의 영원한 어리석음은 엉뚱한 걱정을 지적인 출중함과 동일시하는 것이다."라는 미국 학자 갤브레이스의 명언이 있다. 이런 점치는 심리는 일부 사람들의 허영심을 만들어냈으며 매우 허위적인 것이다.

신포도 심리

자기 나라가 중국처럼 힘을 모아 큰일을 추진할 능력이 없고, 자신은 '일대일로'에 관한 학제적 연구를 진행할 능력이 없으니 '일대일로'가 잘 안 될 것이라고 더 크게 부풀리면서 '일대일로'에 참여하지 않은 것이 잘된 일인양 떠벌이거나 또는 '일대일로'는 연구할 가치가 없다고 스스로를 위로하는 것이다. 사실은 '일대일로'를 언급함으로써 자기 가치를 높이고 싶은 것이다.

구경거리로 삼는 심리

중국에 우호적이지 않거나 중국을 부정적인 시각으로 보는 사람들은 '일대일로'가 실패하기를 바란다. 그러니 '일대일로'가 삐끗하거나 하면 그들의 엉큼한 마음이 위로를 받을 수 있으므로 문제가 생기지 않을까 봐 걱정하며 미풍에도 풀잎이 흔들리듯이 바로 원칙을 거론하며 대대적으로 비판하면서 스스로 실현한 예언에 만족한다. 이런 사람들은 '일대일로' 건설을 구경거리로 삼는 심리를 안고 있다고 할 수 있다.

함부로 이것저것 의심하는 심리

'일대일로'를 부정적으로 보는 사람들은 문제, 위험, 위기가 반드시 존재한다고 굳게 믿는다. 그중에는 프로이트가 말한 바 있는 어린 시절의 기억도 있다. 역사적으로 이슬람 위협으로 오늘날을 유추하면서 '일대일로'가 '푸른 화(綠禍, 이슬람 위협을 말함)'를 형성하고 '새로운 오호난화(五胡亂華)'(다섯 개의 오랑캐 나라가 중화를 어지럽힌 역사를 가리킴. /역자주)를 부른다고 공개적으로 선언했다.

식민 심리

일부 국민들은 아직도 식민의 낙인과 아편전쟁의 콤플렉스를 품고 있어 중국이 '일대일로'를 이룰 수 있다는 것을 믿지 않는다. 그들은 "제2차 세계대전이 끝났을 때 미국은 그토록 실력이 뛰어났음에도 겨우 23개의 서(남)유럽 국가에서 마셜 플랜을 펼쳤을 뿐"이라며 "중국이 돈이 얼마나 많기에 64개국을 도와 경제를 발전시킬 수 있느냐?"고 질문한다. 더 극단적으로 나가 심지어 중국인에 대한 인종 차별을 하면서 중국이 계속해서, 그리고 영원히 실력을 숨기면서 잠자코 있기를 바란다. 더욱이 어떤 학자들은 "미국도 잠자코 있는데 중국이 왜 대외적으로 돈을 뿌리려고 하는가?!"라고 말하기까지 한다. 이밖에 식민 시스템을 기반으로 '일대일로'가 '신(新)식민주의'라는 잘

못된 이론을 퍼뜨리는 외국인들도 있다.

물론 호의적인 귀띔과 악의적인 부정의 차이를 구분하고 객관적으로 분석해 의문을 제기하는 사람에게 누명을 씌우지는 말아야 한다. 중국의 미래를 낙관적으로 내다보는 사람들은 '일대일로'를 긍정적으로 생각하고, 반대로 중국에 대한 확신이 없이 익숙한 서방을 기준으로 삼는 사람은 '일대일로'를 부정적으로 보게 된다. 물론 '부정적으로 보는 것'에서 '부정적으로 떠들어대는 것'으로 업그레이드하는 데는 과정이 필요하다. 그래서 사주캉(沙祖康) 대사는 "'일대일로'를 제대로 연구하지 않는 것이 중국 외교에 있어서는 목매달아 죽이는 '두 갈래 밧줄'이 될 수 있다"고 개탄했던 것이다.[9]

『능엄경』(楞嚴經)에 "지혜로운 자가 달을 가리키니 어리석은 자는 손가락만 보고 달을 보지 못한다"라는 말이 있다. '일대일로' 이니셔티브는 인류운명공동체의 개념을 담고 있으며 이것을 '달'이라고 할 때 일부 사람들은 '손가락'만 보고 현실적 어려움과 형언할 수 없는 우려로 다른 사람들을 겁주고 스스로를 위로한다.

여러 가지 언론은 아직 "개혁개방은 주로 미국에 대한 개방"이라는 단계에 머물러 있다. 미국이 입장을 밝히지 않을 때에는 줏대 없이 굴다가 미국이 반대를 하니까 바로 따라서 '일대일로'를 반대하면서 미국과 충돌이라도 생길까 두려워하며 중미 무역전쟁으로 인해 '일대일로'를 부정적으로 평가한다. 심지어 서방 선진국을 주시하는

---

9) 봉황대참고(鳳凰大參考)』 2017년 7월 18일.

데로부터 가난한 나라와 왕래하니 개방의 등급이 낮아진 것이라고 여긴다.

3. 사리적 이유 : '일대일로'의 햄릿과 같은 매력

'일대일로'와 같은 신생 사물에 대해, 중국이 이러한 웅대한 이니셔티브를 주도한 것에 대해 국내외 연구자들은 충분한 예민성을 갖추지 못하고 여전히 오래된 사고의 패러다임에 갇혀 있으며 실천을 이탈해 형세를 따라가지 못한다. '일대일로'에 대한 많은 질의는 사리에 어두운 데서 비롯되었다.

"햄릿을 읽은 사람이 천 명이라면 햄릿 또한 천 명이다." 셰익스피어의 명언도 우리에게 천 명의 독자가 있다면 천 개의 '일대일로'가 있음을 시사한다. '일대일로'가 잘못 읽힌 것도 놀라운 일은 아니다. 국제사회가 중국을 제대로 이해하지 못하고 있고, 중국은 역사적으로 진정한 글로벌 국가가 되었던 적도 없다. 그러니 이렇게 웅대한 국제협력 이니셔티브를 개발도상국이 제시했다는 사실을 이해하지 못하고 알지 못하는 것도 정상이다.

'일대일로'에 대한 오해는 중국에 대한 오해, 시대에 대한 오해로도 비쳐진다. 중국을 좋아하고 신뢰하는 사람은 '일대일로'를 긍정적으로 평가하고 앞다투어 참여하지만, 중국을 좋아하지 않거나 신뢰하지 않는 사람은 '일대일로'를 의심하고 헐뜯는다. 이와 같이 '일대일로'는 중국관, 세계관(시대관), 서방관(자체관) 등 세 가지 관점을 검증하는 데 집중한다. '일대일로'를 어떻게 보느냐 하는 것은 중국을 어떻게 보고 세계를 어떻게 보며 자신을 어떻게 보느냐 하는 것이다.

2016년 5월 19일 포탑킨 라트비아 라-중우호협회 회장은 중국-유럽 정당 고위층 포럼에서 "역사적으로 우리 유럽인들의 상상력을 뛰어넘는 이런 거대한 협력 이니셔티브를 본 적이 없다."라고 감탄했다. 참조물이 없는 상황에서 무작정 유추하는 수밖에 없다. 그래서 '일대일로'는 흔히 중국의 '신 실크로드' 또는 중국의 마셜 플랜으로 불린다.

'실크로드'는 독일인 리히트호펜이 독일의 유라시아 대륙 확장에 합법성을 부여하기 위해 제시한 개념으로 지정학적 낙인이 찍혀 있다. 그래서 중국은 '신실크로드'라는 용어를 사용하지 않음으로써 독일인의 지적재산권을 존중하고, 또 미국의 신실크로드 전략(2011년)과도 혼동하지 않도록 했다. '일대일로'는 『중화인민공화국 헌법』이 아닌 『중국공산당 규약』에 기재되어 있다. 그것은 단지 중국이 제시한 '이니셔티브'이기 때문이다. 비록 중국 국내에서는 그것을 베이징-텐진-허베이(京津冀) 협동발전, 창장(長江) 경제벨트 건설 등과 더불어 신시대의 개혁·개방 전략이라고 부르지만 남에게는 강요하지 않고, (발전)전략의 매칭, 공동의논·공동건설·공동향유를 강조한다.

4. 합리적 이유: '일대일로'는 왜 의도적으로 잘못 읽혔을까?

정보화 시대인 지구촌이 되었는데 왜 이렇게 장벽에 가로막혀 있는 것일까? 모르는 것은 두렵지 않다. 두려운 것은 의도적인 오해이다. '일대일로'가 의도적인 오해를 받게 된 이유는 무엇일까?

첫째, 중국에 대한 오해에서 비롯되었다. 세 가지 측면이 포함되는데 온화한 측면은 중국의 의도를 의심하는 것이다. 중간 측면은 중국이 자신들이 걸어왔던 길을 걷는다고 생각하는 것인데 아프리카에서 신(新)식민주의를 실시하고 라틴아메리카에서 신(新)제국주의를 실시한다고 비난하는 것이 대표적인 예이다. 극단적인 경우는 '중국 얘기만 나오면 무조건 반대부터 하고 보는 것'인데 중국의 것이라면 옳은 것도 그르다고 주장하는 것이다.

반대로 중국에 대한 오해는 '일대일로'에 대한 오해에서 집중적으로 반영된다.

둘째, 시대에 대한 오해에서 비롯되었다. 역사적 경험에 비추어 새로운 것을 바라보는 데 익숙해 '일대일로'를 고대 실크로드의 부흥이라고 여기는 것이다. 역사도 선택적인 기억으로서 중국 또는 세계 자체가 아닌 자신의 역사적 경험이다. '일대일로'는 "역사에서 유래해 미래에 속하는 것"으로서 과거의 시각으로 미래를 내다보는 것이 아니라 미래 지향적인 것이다. 따라서 고대 실크로드 자체를 부흥시키려는 것이 아니라 평화와 협력, 개방과 포용, 서로 본받고 참조하는 것, 호혜 상생의 고대 실크로드 정신을 부흥시키는 것이며, 인류운명공동체 구축을 목표로 한다.

중국 국내에도 이런 경향이 존재하는데 '일대일로'는 사실 덧셈이 아니라 곱셈을 하는 것이다. 중국인들은 항상 '일대일로'를 '덧셈'으로 간주하고 있다. 즉, 원래는 유라시아 대륙 국가들을 중시하지 않다가 지금 관심을 가지기 시작하는 것이 바로 '일대일로'에 호응하는 것이라고 생각한다. 사실 '일대일로'는 곱셈을 하는 것이다. 즉, 공중과 인터넷의 '후롄후퉁'을 핵심으로 해 육·해·공, 우주·인터넷 정보화 기수·레이다탐지기술, 인간과 컴퓨터의 상호 작용, 만물 인터넷 등의 온갖 네트워크를 연결 배치하며 기세를 돋우고 있다. 때문에 확실한 뜻을 이해하지 못하면서 '일대'(육상)와 '일로'(해상)라는 글자만 보고 대강 뜻을 짐작하면 안 된다.

셋째, 독선적인 태도에서 비롯되었다. 자기 마음에 비추어 다른 사람의 마음을 헤아리는 것은 이해할 수 있지만 소인배의 마음으로 군자의 마음을 헤아리는 것도 흔한 일이다. '일대일로'를 중국의 지정학적 전략이라며 나라가 강해지면 반드시 패권을 잡는다는 낡은 논리를 자기도 모르게 중국에 덮어씌운 것이다.[10] 근대에 들어선 후 중국인들은 서방 국가를 본받으면서 자기도 모르는 사이에 서방의 상투적인 논리에 빠져들었다. 예를 들면 트럼프가 중국에 무역전쟁을 도발하자 '일대일로'를 중단해야 한다는 여론이 일었는데 그 이유는 "왕이 되는 것을 늦추어야 한다는 것"이다. '일대일로' 자체가 제패 전략이 아닌데 "왕이 되는 것을 늦추어야 한다는 것"이 웬 말인가! '일대일로'는 중국이 세계의 리더로 되는 것이라는 주장을 펴 많은 엘리트와 대중의 갈채를 받은 학자가 있는가 하면, 「대국의 흥망성쇠」의 논리에 따라 '일대일로'를 중국의 '전략적 한계 초과'(outstretch)라고 말하는 학자도 있는데, 이는 노인이 힘을 과도하게 써서 허리를 다친 경우와 젊은이가 운동을 과도하게 한 경우를 혼동하는 것이다.

'일대일로' 국가의 엘리트들은 대부분 서방식 교육을 받았기 때문에 '일대일로'에 대한 적잖은 관심사가 서방 국가들과 비슷하다. 그들은 지정학 특히 중국과 미국의 지정학적 갈등, 환경 및 노동기준, 정

---

10) 예를 들어, 미국 싱크탱크인 '신미국안보연구센터(CNAS)' 아시아태평양안보 프로젝트는 「왕좌의 게임: 중국 '일대일로'에 대처하는 전략」이라는 보고서를 발표했다.

부 조달, 사회적 책임, 부패, 부채, 투명도 등 방면에서 중국의 의도를 의심하며 피해자 콤플렉스와 약자 심리가 강하다. 한편으로 외국의 일부 정계와 학계는 '일대일로'를 단순히 중국 국내 과잉생산능력 이전, 시장 확대 등 문제 해결을 위한 외교 전략으로, 국내 정책의 연장으로 보고 있다. 다른 한편으로는 '일대일로'를 기존의 지역과 국제질서를 바꾸고 지역과 글로벌 주도권을 획득하려는 중국의 국가전략, 즉 국제규칙을 바꿔 중국 기준, 중국 모델, 중국 이념을 구현하려는 시도로 보고 있다.

인식론적으로 탐구하면 '일대일로'의 인지 역설에는 아래와 같은 것이 있다.

선험론(先驗論) vs 실천론: 선험론을 견지하는 서방인, 특히 독일인은 먼저 규칙을 정한 후 일을 추진하기 때문에 "발전 과정에서 규범화하고 규범화하는 과정에서 발전한다"는 중국의 이성적 실천을 인정하지 못하며, '일대일로'가 "일부 시범지역에서 시행을 거쳐 얻은 경험과 성과를 널리 확대하면서 점차 지역협력의 대 구도를 형성한다"는 사실에 대해 이해하지 못하고 인정하지 않는다.

선형론(線性論) vs 변증론: 아래에서 위로(Button-up) 또는 위에서 아래로(Top-down)인가? '일대일로'는 개혁개방과 마찬가지로 돌을 더듬으며 강을 건너는 것과 톱다운 전략적 설계로 위에서 아래로, 아래에서 위로 실행하는 것을 총괄해야 한다. 총괄할 수 없을 때는 쉬운 것부터 실행하고 후에 어려운 것을 실행하며, 높은 기준을 강조하는 동시에 현지 상황에 맞추어야 하는데 이는 서방의 선형 사고, 융통성 없는 사고와는 다르다.

통일론 vs 단계론: 국내도 개방하지 않으면서 '일대일로'를 개방적이고 포용적이라고 말할 자격이 있는가? 국내외의 차이, 개방과 포용의 다른 의미를 혼동하고 발전 단계의 차이를 홀시한다. '일대일로' 연선 국가는 중국보다 발전 단계가 낮기 때문에 당연히 개방과 포용이라고 말할 것이다. 중국이 개방하지 않는다고 비난하는 것은 선진국이다.

시기론(時機論) vs 천명론: 국내외에서는 '일대일로'를 너무 일찍 제안한 것이 아니냐는 의구심을 보이면서 중국에 충분한 준비가 되었느냐고 묻는다. 중국인은 천명(하늘의 뜻)을 굳게 믿으며 모든 것이 다 준비되기를 기다렸다가 일을 하진 않는다.

하드파워론 vs 소프트파워론: 국내외에서는 중국이 '일대일로'를 추진함에 있어서 소프트 파워를 따라 세울 수 있을지 의구심을 보인다. 사실 소프트 파워도 사업을 추진하는 과정에서 만들어가는 것이다!

'일대일로' 건설은 생산방식, 생활방식, 사고방식의 맞물림으로 세계의 '3관'(인생관, 가치관, 세계관)을 시험한다. '일대일로' 이야기를 잘하는 것도 '3관'을 조정하는 과정이며, 여러 가지 의도적인 오해가 있는 것도 당연하다. 사실 '일대일로'의 초기 단계에는 대규모 인프라 프로젝트가 대다수였고, 국내외의 민간 기업은 중국 국유기업과 경쟁할 수 없어 불만이 많았다. 중국의 산업 사슬은 가장 독립적이고 완전해서 해외에서 산업 사슬을 배치할 때 원스톱으로 '모두 먹어치우는 바람'에 선진국 시장을 밀어내곤 한다. 이로 인해 '일대일로'가 국제질서에 도발한다는 목소리가 높아지곤 한다. 그러나 수혜자는 말이 없고 이익을 적게 가진 자가 목소리를 높이는 '다수가 침묵하는'

(silence majority)현상이 나타났다. '일대일로'에 대한 의구심은 누군가의 이익을 건드리고, 구조를 파괴하며, 질서를 깨뜨린다는 데서 비롯된다. 일부 프로젝트는 환경과 노동자 등 방면에서 약점을 보이며, 규칙을 어기고 부패에 연루되어 인정에도 어긋나고 도리와 법에 어긋나는 행동을 해 미꾸라지 한 마리가 온 웅덩이를 흐려 놓는 격으로 국내외의 의구심을 부추기기도 했다.

자는 척하는 사람을 영원히 깨울 수 없듯이 온갖 노력을 다해도 '일대일로'에 적대적인 일부 국제여론의 굳어진 인상은 바꿀 수 없다. 그러니 태연하게 대하고 마음의 준비를 충분히 하는 것이 나을 것이다. '일대일로' 건설은 초기 단계에 있으며, 우리는 "결점이 있으면 고치고 없으면 더욱 힘쓰는" 마음가짐으로 '일대일로'에 대한 국내외의 의구심을 객관적이고 이성적으로 대하면서 '일대일로'의 구축을 공동으로 의논하고 공동으로 건설하며 공동으로 누리는 대세를 추진해야 한다. "인간 세상의 올바른 길은 바로 변화에 있다"라는 말이 있지 않은가.

5. '일대일로'의 자신감과 자각

'일대일로'는 위대한 사업으로서 위대한 실천이 필요하다. 시진핑 주석이 제1회 '일대일로' 국제협력 정상포럼에서 기조연설을 하면서 한 이 말은 높은 자신감과 자각으로 '일대일로'를 건설해야 함을 시사했다.

따라서 '일대일로'의 매력은 중화문명의 매력, 중국 현대화의 매력, 중국 개혁개방의 매력을 전면적으로 보여주는 것이다. '일대일로'를 건설하는 자신감은 중국 내 '네 가지 자신감'의 대외 연장이다.

'일대일로'는 유엔 2030년 지속 가능발전 어젠다를 실현하는 데 도움이 되고 '중국의 길'이 갖는 세계적 의미를 부각시키는 것이다. 하드 파워로 보든 소프트 파워로 보든 우리는 '일대일로' 건설에 자신감을 가지고 중화민족의 위대한 부흥을 이룩하는 중국의 꿈과 인류운명공동체 건설을 위해야 한다. 또 '일대일로'에 대한 부정적인 주장을 자발적으로 배척하고, 실크로드 정신을 자발적으로 실천하며, '일대일로'로 제반 사업을 자발적으로 총괄하고, '일대일로'로 호혜 상생 및 개방 전략을 심화하며, 다원화한 대외 개방 구도를 더욱 폭넓게 형성하고, 다자무역체제의 주요 채널 지위를 적극적으로 수호하며, 국제 무역 및 투자의 자유화·편리화를 촉진하고, 모든 형태의 보호주의에 반대하며, 개방형 세계 경제의 건설을 촉진해야 한다.

2018년 8월 27일 '일대일로' 건설 추진 5주년 심포지엄에서 시진핑 총서기가 다음과 같이 강조했다. "오늘날 세계는 대발전·대변혁·대조정의 시기에 처해 있다. 우리는 전략적 안목을 갖추고 글로벌 시야를 수립해야 하며, 위험의식과 우환의식뿐만 아니라 역사적 기회의식도 가져야 하며, 지난 백 년간 한 번도 겪어본 적이 없는 대변화 속에서 나아갈 방향을 애써 파악해야 한다. '일대일로' 공동건설을 실천의 플랫폼으로 삼아 인류운명공동체 건설을 추진해야 한다. 이는 우리나라의 개혁개방과 장기적 발전에서 출발해 제기한 것으로 중화민족이 견지해 온 천하대동(天下大同. 온 천하가 번영해 화평하게 되는 세상을 이루는 것)의 이념에 부합되며, 먼 곳의 사람을 어루만져 잘 달래고(懷柔遠人) 모든 나라와 잘 어울리는 중국인의 천하관(天下觀)에 부합되며, 국제 도의의 감제고지(瞰制高地, 적의 활동을 감시할 수 있는 적합한 고지)를 차지했다. '일대일로' 공동건설은 경제협력일 뿐만 아니라 글로벌 발전 모델과 글로벌 거버넌스를 보완하고 경제 글로벌화의 건전한 발전을 촉진하는 중요한 루트이다."

시진핑 총서기는 또 "우리는 세계무대의 중심에 전례 없이 가까이 다가섰고 중화민족의 위대한 부흥이라는 목표에 전례 없이 가까이 접근하고 있으며, 그 목표를 실현할 수 있는 전례 없는 능력과 자신감을 갖추었다"고 지적했다. 아울러 "이와 동시에 우리가 아직 사회주의 초기 단계에 있고 '일대일로' 건설도 초기 단계에 있다는 사실을 분명히 알고 있어야 하며 '단점이 있으면 고치고 없으면 더욱 노력하는' 마음가짐으로 '일대일로'에 의문을 제기하는 국내외 언론을 객관적이고 이성적으로 대해야 하며, 공동으로 의논하고 공동으로 건설하며 공동으로 누리는 대세를 유지할 수 있도록 추동해 평온한 마음으로 깊은 뜻을 가지고 나아가야 한다"고 강조했다.

6. 결론과 시사점

'일대일로'는 지난 백 년간 한 번도 겪어본 적이 없는 대변화에 직면해 제시한 국제협력 이니셔티브로서 고대 실크로드의 영광과 꿈, 중화민족의 위대한 부흥의 백년대계를 담고 있을 뿐만 아니라 세계 각국이 불확실성 도전에 대처하고, 각자의 발전 전략을 실현하며, 더 나은 세계 질서를 추구하는 공동의 탐색이다. 반드시 이 시공간의 배경에 서서 그 성과와 전망을 바라보아야 한다.

근대에 들어서 '일대일로'만큼 단기간에 이처럼 많은 국가의 참여를 이끌어내고, 이처럼 폭넓은 국제적 반향을 불러일으킨 이니셔티브는 아마도 없었을 것이다. 중국 역사는 물론이고 인류 역사를 보아도 그렇다. '일대일로'에 대한 의심과 비난도 그래서 생겨난 것이다.

근대에 들어서 중국은 자국의 문제를 해결했는데 바로 민족의 독립과 국가의 부강이었다. 개혁개방 후에는 중국에 일어난 세계의 문제를 해결하는 데 착수했는데 7억 명 인구가 빈곤에서 벗어났으며, 이는 유엔 빈곤 퇴치 공헌의 70%를 차지하는 규모다. 그리고 신시대에 들어서서 중국은 인류가 직면한 문제를 점차 해결해나갔다. 즉, 지속 가능한 발전 문제, 아름다운 생활에 대한 인민의 동경 문제 등이다. 그리고 '일대일로'는 신시대 중국과 세계의 관계를 말해주는 전형적인 상징으로서 '평화의 길', '번영의 길', '개방의 길', '혁신의 길', '문명의 길' 이 다섯 갈래의 길을 통해 '평화의 적자', '발전의 적자', '거버넌스의 적자'라는 세계의 '3대 적자'를 점차 해소하고 있다. 불과 5년 남짓한 시간 동안에 150개 이상의 국가 및 국제기구가 참여해 중국과 '일대일로' 공동건설에 관한 협력 비망록을 체결했으며, 그 성과와 진전은 예상을 훨씬 뛰어넘었다.

'일대일로'는 오늘날 세계 최대 규모의 국제협력 플랫폼이자 가장 인기 있는 국제 공공재로 알려져 있으며 그 의미는 협의적 의미와 광의적 의미로 나뉜다. 협의적 의미의 '일대일로'는 「실크로드 경제벨트 및 21세기 해상 실크로드 공동건설을 추진하는 비전 및 행동」 등 문서에 정의된 "유라시아 대륙 '후롄후퉁' 협력 이니셔티브"로서 이른바 65개 국가(중국 포함)를 말하며, 광의적 의미의 '일대일로'는 신형의 국제 관계, 신형의 글로벌화, 신형의 글로벌 거버넌스의 구축을 위한 협력 이니셔티브이자 인류운명공동체 실천의 플랫폼이다.

따라서 '일대일로'는 "핵은 있어도 변두리는 없다"라고 말할 수 있으며, 역사에 뿌리를 두고 있지만 미래지향적이며, 중국에서 시작되었지만 세계에 속하며, '평화와 협력, 개방과 포용, 상호 학습과 참조, 호혜 상생'이라는 고대 실크로드 정신을 이어가며, '후롄후퉁'의 꿈을 싣고 인류운명공동체를 구축하는 길을 모색한다. '일대일로'관은 중국관·세계관·시대관을 집중적으로 반영하기 때문에 '일대일로' 건설에는 오독·오해·오판이 동반될 것이다. 공필화를 잘 그리려면 명분을 강조하지 않고 '후롄후퉁'이라는 실질을 강조해야 한다. 하드-소프트 연결에 국한된 아세안이나, 높은 기준과 획일적인 접근을 강조하는 유럽연합이나, 배타적인 미국과 달리 '일대일로'는 정책의 소통, 인프라의 상통, 무역의 소통, 자금의 융통, 민심의 소통 등 '5통'을 제창하고 '공동으로 의논하고 공동으로 건설하며 공동으로 누리는' 원칙에 따라 인류운명공동체 구축을 위한다. 이는 아무리 오해받고 억압당하고 부정적인 평가를 받아도 계속 유력시되는 이유다.

사실 '일대일로'에 의문을 제기하는 것도 좋은 일이다. 질문을 통해 미래에 닥치게 될 위험을 미연에 방지하고 인류 협력을 촉진할 수 있기 때문이다. 각국이 갈수록 인프라 건설과 '후롄후퉁'을 중시하고 있음을 기쁘게 생각한다. 미·일·유럽은 2019년 봄 WTO에서 이른바 비 시장경제체(국) 국유기업 보조금 규칙을 제안할 계획이며, 2019년 일본에서 주최하는 G20 정상회의에서 인프라 융자 기준을 추진할 계획이다. 유럽 버전의 '일대일로'가 지속 가능한 인프라를 강조한 것이나 일본의 고품질 인프라나 또는 미국·일본·인도·호주가 4각 동맹을 맺은 것이나 모두 어느 정도로 '일대일로'로부터 자극을 받은 것이다. 경쟁적인 참여도 참여이며 심지어 반대도 참여라 할 수 있다. '일대일로'가 점차 국제협력의 밑바탕이 되고 있다고 할 수 있다. 이를 기반으로 각국이 자신의 청사진을 그려나가다 보면 최종적으로 미래의 세계 청사진이 현실로 이루어질 것이다. 이것이 필자가 '일대일로'에 관한 첫 번째 저서에서 '일대일로'를 유엔의 2030 지속 가능 개발 어젠다와 연결시켜야 한다는 주장을 제시해 긍정적인 반응을 얻은 이유이며, 유엔 총회와 안보리의 관련 결의에 '일대일로'와 인류운명공동체가 여러 차례 포함된 이유이기도 하다.

시진핑 총서기는 2016년 8월 17일 '일대일로' 건설 추진 심포지엄에서 '일대일로' 건설을 위한 학술 연구, 이론적 지원 및 발언 시스템의 구축을 강화할 것을 강조했다. '일대일로'에 대한 여러 의혹은 지난 백 년간 한 번도 겪어본 적이 없는 대변화를 겪고 있음을 반영하는 것일 뿐이다. 전략적 정진력을 유지하고, '일대일로' 건설을 대사의에서 공필화로 추진하는 과정에 '정치적 대외홍보 언어'를 '국제규칙 언어' 및 '국제법 언어'로 바꾸어 민심의 상통을 감정에서 이성으로 끌어올리고 동서남북, 동서고금을 아우르는, 분류별 학과의 범위를 초월한 '일대일로'학문의 연구를 제창해야 하며, '일대일로' 건설을 '공동으로 의논하고 공동으로 건설하며 공동으로 누리는' 단계에서 '공동으로 연구하는' 단계로의 도약을 추동해야 하며, '일대일로'학문을 국내외 학과체계에 포함시켜 글로벌 관계이론을 구축하며, 중국 특색의 국제관계이론 또는 중국학파(중화학파)를 초월해(이런 학파는 여전히 서방의 틀에 퍼즐을 맞춰 넣으면서 세계 시스템의 복고적인 정형화된 모델에 빠지기 쉬움) 실크로드 문명을 창조적으로 전환하고 혁신적으로 발전시켜 인류운명공동체 학문을 형성하고 새로운 인류문명을 개척해야 할 것이다.

2018년 12월

코로나19 팬데믹 상황에서 세계가 조용히 바뀌고 있다

신종코로나바이러스감염증(코로나19)이 전 세계에 확산되고 있다.

전 국민의 힘겨운 노력 덕분에 중국의 코로나19 방역 조치가 긍정적인 성과를 거두었고, 가장 어렵고 힘든 단계를 지나왔다. 그러나 지금까지 세계적으로 코로나19 팬데믹 상황에는 아직 전환점이 나타나지 않았다.

신종코로나바이러스감염증이 전 세계에 확산되면서 '블랙 스완'[11]의 모습으로 국제사회의 지난 백 년간 한 번도 겪어본 적이 없는 대변화를 더욱 복잡하게 만들었다. 많은 사람들은 아직 끝나지 않은 코로나19 팬데믹 사태가 세계에 어떤 변화를 가져다줄지 우려하고 있다. 어떻게 더 광범위한 시공간 좌표로 중국의 코로나19 퇴치를 바라볼 것인가? 이러한 주제를 중심으로 2020년 4월 중앙기율검사위원회 국가감찰위원회 웹사이트는 왕이웨이(王義桅) 중국인민대학 국제관계학원 교수이자 국제사무연구소 소장에 대한 인터뷰를 게재했다.

공중보건의 변수는 향후 기후변화와 마찬가지로 인류의 생산-생활-사고의 상수에 포함될 것이다

문: 최근 글을 발표해 코로나19 팬데믹이 글로벌화에 미치는 영향이 금융 쓰나미를 훨씬 능가한다고 했는데 구체적인 이야기를 듣고 싶다.

---

11) 블랙 스완(Black swan) : 영미권의 관용어로, 흑조(黑鳥), 다시 말해 검은 백조를 가리킨다. 검은 백조(흑고니)의 존재에 대해 생각하는 것처럼 일반적인 상식에 대해 반대로 생각하는 것을 말하는데, 일종의 역발상이다. 즉 예기치 못한 극단적 상황이 일어나는 일을 일컫는다.

왕이웨이: 시간적 측면에서 볼 때 글로벌 금융위기는 10년에 한 번, 글로벌 공중보건위기는 백 년에 한 번 찾아온다. 안젤 구리아 경제협력개발기구(OECD) 사무총장은 이번 사태를 '9.11'테러와 2008년 금융위기에 이어 "21세기 들어 경제·금융·사회에 영향을 미친 세 번째이자 최대 충격"이라고 표현했다. 프랑스·독일 등 국가의 지도자들은 코로나19 팬데믹사태에 대해 수십 년래 최대 도전이라고 말했다. 공간적 측면에서 볼 때 금융위기는 주로 글로벌화된 금융 시장이 충격을 받은 데 반해 코로나19 팬데믹은 이미 211개 국가 및 지역으로 확산되었다. 국제노동기구는 코로나19 팬데믹 사태를 두고 글로벌 공중 보건 위기에 그치지 않고 심각한 취업시장의 위기와 경제위기로까지 이어졌다고 말했다.

인류문명사 역시 바이러스의 도전에 끊임없이 대응해 온 역사이다. 코로나19 팬데믹이 지나간 후 공중 보건 변수는 기후변화와 마찬가지로 현대 사회의 '생산−생활−사고' 논리의 상수가 되어 글로벌화 논리에 깊은 영향을 미칠 것이다. 정당의 이데올로기가 바뀌고 국제규칙이 바뀌면서 WHO는 앞으로 IMF·세계은행·경제협력개발기구(OECD) 등과 같은 중요한 위치에 놓이게 될 것이다. 『세계는 평평하다』의 저자인 토머스 L. 프리드먼은 "이번 전 세계적 코로나19 퇴치는 획기적인 것"이라며 "예전에 기원전과 기원후가 있었다면 지금은 코로나19 퇴치 전과 퇴치 후가 있다"라고 표현하기까지 했다. 현재 전 세계 코로나19 퇴치는 세계 역사 발전의 분수령이 될 것이라는 분석이 있다.

코로나19 팬데믹은 새로운 글로벌화를 낳고, 전 인류의 승리라는 논리가 특정 국가의 승리라는 논리를 초월한다

문: 코로나19 팬데믹 속에서 '외딴 섬'으로 존재할 수 있는 곳은 세계 어디에도 없다. 코로나19 팬데믹이 지나간 후에는? 글로벌화의 시나리오는 어떻게 바뀔 것인가?

왕이웨이: 브뤼노 르 메르 프랑스 재정경제부 장관은 앞서 코로나19 팬데믹이 "글로벌화 게임의 규칙을 바꾸게 될 것"이라고 말했다. 사실 코로나19 팬데믹의 충격으로 글로벌화의 규칙만 바뀌고 있는 것이 아니라 글로벌화의 내용도 바뀌고 있다.

코로나19 팬데믹은 새로운 글로벌 변혁을 낳았고, 전 인류의 승리라는 논리가 특정 국가의 승리라는 논리를 초월했다. 과거에 천연두 바이러스가 전 대륙에 퍼지는 데 3천 년이 넘게 걸렸지만 오늘날 코로나 바이러스는 24시간도 안 되는 사이에 비행기를 타고 지구상의 어느 도시나 다 갈 수 있다. 코로나19 팬데믹이 보여준 것은 너와 나의 관계가 아니라 인간과 바이러스의 관계이다. '네가 이기고 내가 지는 것'이 아니고 또 더 이상 '윈윈'도 아니라 '전승'과 '전패'만 있을 뿐이다. 인류는 바이러스와의 전쟁에서 완전 승리를 거두어야 한다. 그렇지 않을 경우 바이러스의 공격에 무너지고 말 것이다. 오로지 다 함께 코로나19 팬데믹 상황을 이겨내야만 인류는 비로소 안전해질 수 있다. 이는 인류가 동고동락하는 운명공동체임을 확실하게 보여준다.

글로벌위기 앞에서는 대응능력이 상대적으로 약한 나라들에 더 많은 관심을 기울일 필요가 있다. 전염병의 효과적인 방역 통제에 있어서 대응능력이 상대적으로 취약한 국가 또는 취약한 부분이 인류의 바이러스 퇴치 과정을 결정한다. 선진국은 스스로를 구하는 한편 취약한 국가와 신흥 시장에 더 많은 공중보건자원과 경제적 관심을 투입해야 한다. 그것은 그러한 국가들이 받는 충격이 더 파괴적이고 재난적이며 지속적이기 때문이다.

글로벌 도전에 대처하려면 글로벌 조율이 필요하다. 현재 세계는 글로벌 공중보건위기뿐만 아니라 세계 경제의 불황이라는 심각한 위험에 직면해 있으며, 많은 국가에서는 또 사회 위기와 고용 위기까지 겪고 있다. 위기가 겹치는 것을 어떻게 방지할 것인가? 글로벌 공중보건안보 고위급 회의를 개최하는 것 외에도 유력하고 효과적인 재정 및 통화 정책을 실시해 각국의 통화 환율을 기본적으로 안정시켜야 하며, 금융 감독 관리 및 조율을 강화해 세계 금융 시장의 안정을 유지하고, 글로벌 산업 사슬과 공급사슬의 안정성을 공동으로 유지하며, 세계 시장에 원료 약물·생필품·방역물자 등 제품의 공급을 확대해 세계 경제의 회복에 사기를 북돋아야 한다.

각국 인민의 안위와 직결되는 역병을 물리침에 있어서 가장 강력한 무기는 단합과 협력이다

문: 많은 외국인 학자들은 이번 리더십 테스트에서 미국이 '낙제점수'를 맞았다고 생각하는데 이에 대해 어떻게 생각하는가?

왕이웨이: 여러 나라 인민의 안위가 걸린 역병을 물리침에 있어서 가장 강력한 무기는 단합과 협력이다. 그런데도 워싱턴의 일부 엘리트들은 아직도 정신을 못 차리고 있다. 최근 커트 캠벨 미국 국무부

동아시아태평양 담당 전 차관보와 도시 예일대학 중국센터 선임연구원이 『포린 어페어스』(Foreign Affairs) 지에 기고한 「신종 코로나 바이러스 감염증 퇴치가 글로벌 질서를 재편할 것」이라는 제목의 글에서 "미국은 초강대국으로서 70년간 부와 실력에만 의존해온 것이 아니라 국내의 질서 있는 거버넌스, 글로벌 공공재 제공 및 세계 각국의 위기 대응을 이끄는 능력과 의지에 더욱 많이 의존해왔다"라고 밝혔다. 미국은 큰 시험을 치르고 있지만 현재의 성적은 낙제이다.

또 일각에서는 지금 미국이 더 이상 글로벌 리더의 역할을 하지 않는 세계로 들어서고 있다는 평가도 나온다. 물론 이런 말을 하는 미국 학자들은 미국을 격려하기 위한 것이지 이런 상황이 벌어지는 것을 바라는 것은 절대 아니다. 성급한 판단과 결론은 바람직하지 않다. 하스 미국외교협회 회장의 견해가 비교적 공정하다. 그는 '포스트 코로나 세계'는 분별할 수 없는 세상이 아니며, 팬데믹은 세계 질서를 재구성하는 것이 아니라 흔히 기존의 역사적 추세를 가속하거나 지연시키는 것이라고 주장한다. 예를 들어, 전염병의 팬데믹 사태가 발생함에 따라 항바이러스제 및 백신의 연구 개발을 둘러싼 국제 협력과 경쟁도 동시에 활발히 진행되고 있으며, 글로벌 공중보건 거버넌스의 감제고지를 차지하기 위한 경쟁이 격화되었다. 혁신 능력과 혁신 모델을 둘러싼 경쟁은 앞으로 강대국들 간 경쟁의 중요한 부분이 될 것이다.

미지의 바이러스의 기습 앞에서 중국이 신속하게 움직여 좋은 결과를 이루어낸 것은 정말 쉽지 않은 일이다.

문: 코로나19가 전 세계적으로 상상을 초월할 정도로 빠르게 확산되고 있다. 현재 중국은 코로나19의 확산을 통제했고 또 신속하게 움직여 다른 나라에도 도움을 주고 있다. 이에 대해 어떻게 생각하는가?

왕이웨이: 코로나19 상황이 발생한 후 우리는 즉시 과단성 있게 효과적인 조치를 취해 중요한 순간에 제반 분야의 자원을 신속하게 집중시켰다. 중국이 취한 방역 조치의 속도와 강도, 광범위한 동원력은 전 세계적으로도 드문 일이다. '인민 대중의 생명안전과 신체 건강을 최우선으로' 하는 원칙을 고수하고, "환자를 집중시키고, 전문가를 집결시키며, 자원을 집중시키고, 집중적으로 치료하는 원칙"에 따라 분초를 다투어 환자를 치료해 국제사회에 깊은 인상을 남겼다. 국가가 코로나19 환자의 치료비를 종합적으로 보장해 걱정을 덜어주어 환자가 걱정 없이 치료를 받을 수 있도록 해 세계인의 부러움을 샀다. 대중에 확실히 의지하고, 대중을 조직하며, 대중을 단합해 공동 방역, 집단 방역을 전개함으로써 전염병의 극복을 위한 가장 튼튼한 방어선을 구축했다. 구테흐스 유엔 사무총장은 "중국은 엄격한 방역 조치를 실시해 정상적인 삶을 희생시키는 방식으로 전 인류에 기여했다"라고 평가했다.

이번 코로나19 팬데믹은 인류가 21세기 세 번째 10년에 들어서서 공동으로 맞닥뜨린 또 한 번의 큰 시험이다. 미지의 바이러스의 갑작스러운 습격에 중국은 참고할 선례가 없는 상황에서도 신속하게 움직여 좋은 결과를 얻었는데 이는 쉽지 않은 일이다. 중국은 제도적 우위를 충분히 발휘해 방역 총력전, 인민전, 저지전을 승리로 이끌었다. 뿐만 아니라 또 일부 서방 유지인사들 가운데서 "제도와 정부 심지어 국가 전체의 우열을 이데올로기로 구분하는 것을 고집하는 것이 얼마나 비현실적인 일인지" 성찰하기 시작하는 계기를 만들었다.

중국이 오늘날의 방역 성과를 거둘 수 있었던 것은 효과적인 동원, 일선 의료진의 필사적인 노력 이외에 물자 생산 능력도 한몫했다

문: 중국은 어떻게 본토의 전염병 확산을 재빨리 잘 통제하면서 또 대외적으로 지원할 여력이 있었을까? 그중에는 심지어 의료지표가 자국보다 높은 선진국도 많이 포함된 것으로 알고 있다.

왕이웨이: 코로나19 사태가 발생한 후 전국 인민이 가만히 앉아서 하늘을 원망하고 남 탓만 한 것이 아니라 적극적으로 대응하며 구원을 위해 발빠르게 뛰어다녔다. 마음을 합치면 태산도 옮길 수 있다. 중국이 코로나19 퇴치에서 오늘날의 성과를 거둘 수 있었던 것은 효과적인 동원, 일선 의료진의 필사적인 노력 이외에 물자 생산 능력도 한몫했다. 중국은 독립적이고 자주적이며 완전한 산업체계를 갖추고 있다. 코로나19 퇴치는 중국의 산업 우세를 충분히 보여주었으며, 이는 마스크 생산을 통해서도 가히 엿볼 수 있다. 한 달도 안 되어 마스크의 하루 생산량을 1천만 장에서 1억 장으로 늘리는 위력을 과시한 것이다. 코로나19가 발생하기 전 중국의 연간 마스크 생산량은 45억 장으로 세계 생산량의 53.3%를 차지했으나 지금은 150억 장으로 치솟아 그 마스크들을 이어놓으면 지구 170바퀴를 돌 수 있다. 방호

복과 호흡기 등 의료물자는 공급이 부족하던 데로부터 다른 나라를 지원하기에까지 이르렀다. 중국의 과학기술 실력도 중국의 방역 전쟁에 힘을 실어주었다. 7일 만에 바이러스 병원체를 분리해내고, 베이더우(北斗)·드론·빅 데이터 등 기술에 힘입어 2주일 만에 훠선산(火神山)·레이선산(雷神山) 두 간이병원을 건설했다. 일본 언론은 전염병을 통해 국가 능력을 알 수 있다며 공중 수송력은 일본의 4배, 철도 수송력은 일본의 90배라고 전했다. 결론은 전염병에 대응하는 중국의 국가 능력은 비길 데 없이 탁월하다는 것이다.

남을 돕는 것은 자신을 돕는 것이다.
이는 중국의 책임감 있는 자세를 구현했다

문: 중국이 힘이 닿는 대로 일부 국가를 지원한 것에 대해 이성적으로 어떻게 생각하는가?

왕이웨이: 중국이 다른 나라를 지원하고 물자를 공급한 것은 주로 다음과 같은 이유 때문이다. 첫째, 중화민족은 감사할 줄 알고 은혜를 입었으면 보답할 줄 아는 민족이다. 중국은 가장 어려울 때 국제사회의 많은 구성원들이 진심 어린 도움과 지원의 손길을 보내준 것을 항상 기억하고 있으며 그 우정을 소중히 여기고 있다. 현재 중국은 코로나19 팬데믹의 절정기를 넘겼지만 세계 많은 국가는 절정기가 아직 오지 않았다. 처지를 바꾸어 생각하면 다른 나라의 어려움을 좌시할 수 없었다. 둘째, 많은 중국인 유학생·근로자·화교들이 해외에 살고 있다. 우리에게는 그들을 보호할 책임과 의무가 있다. 해외 현지 환경이 안전해야 그곳에 살고 있는 우리 국민의 안전이 보장될

수 있다. 이 또한 우리가 져야 할 책임이다. 셋째, 중국은 제조업대국으로서 현재 생산 능력을 이미 회복했다. 중국 전체 산업 사슬의 하루 마스크 생산량이 1억 2천만 장에 이르는데 이제 국내 수요량은 그렇게 많지 않다. 그러니 여분이 있는 물자는 절박한 수요가 있는 국가를 돕는 데 써야 한다. 넷째, 실전을 거쳐 검증된 중국의 방역 경험이 다른 나라에 매우 중요하다. 다섯째, 중화 문화는 자고로 '천하무외(天下無外, 모두를 받아들였으니, 외부도 없고 경계도 없다)'라는 사상을 갖고 있어 천하에 대한 책임을 지고 있다. 요약하면 남을 돕는 것은 바로 자신을 돕는 것이다. 이는 책임감 있는 대국으로서 책임을 감당하는 중국의 자세를 보여준 것이며, 또 "한 곳에 어려움이 생기면 사면팔방에서 지원하는" 우리의 훌륭한 전통을 보여준 것이기도 하다.

만약 미래의 역사학자가 이번 코로나19 팬데믹 상황을 기록한다면, 어떻게 쓰게 될 것인가? 나는 세 마디로 요약해보았다

문: 더 광범위한 글로벌 좌표로 볼 때 이번 코로나19 팬데믹 사태를 어떻게 보는가?

왕이웨이: 코로나19가 발생한 후 "미래의 역사학자가 이번 코로나19 팬데믹 사태를 기록한다면 어떻게 쓰게 될 것인가?"라는 문제에 대해 계속 생각해보았다. 나는 세 마디로 요약해보았다.

코로나19 팬데믹 사태는 중화민족의 성장 과정에서 발생한 하나의 큰 에피소드이다. 큰 에피소드라고 하는 이유는 코로나19 사태가 중국 경제와 사회에 미치는 영향이 일시적일 뿐으로서 되돌릴 수 없는 것이 아니기 때문이다. 그리고 위기와 기회는 항상 공존한다. 예를 들어, 코로나19 사태로 중국의 디지털화 전환을 촉진했고 인공지능, 사물 인터넷, 5G 기술, 바이오 의약의 혁신과 응용을 가속했으며 글로벌 가치사슬에서 중국의 순위를 높이고 글로벌 가치사슬 재구성에서 중국의 발언권을 높여주었다. 방역은 또 전체 중국 인민과 국내외 중화의 아들딸들에게 생생한 애국주의 교육을 진행하고 민족정신을 크게 진작시켰다.

코로나19 팬데믹 사태는 국가의 거버넌스 체계와 거버넌스 능력에 대한 한 차례 큰 시련이다. 시련에 대해서도 변증법적으로 보아야 한다. 코로나19 팬데믹 사태로 드러난 부족한 부분에 대해 빨리 단점을 보완하고 허점을 채우며 취약한 부분을 강화한다면 역으로 국가 거버넌스 체계와 거버넌스 능력의 현대화를 추진하게 될 것이다. 예를 들어, 코로나19 사태가 발생한 후 중국은 야생 동물 불법 거래를 전면적으로 금지하고 야생 동물을 함부로 먹는 나쁜 습관을 없앴으며, 생물안전법을 추진하고 국가 공중보건 비상관리 시스템을 보완했으며, 초대형 도시의 현대화 거버넌스를 위한 새로운 길을 모색한 것이다. 이러한 시도들은 모두 중국 거버넌스 체계의 보완과 거버넌스 능력의 향상을 추진하게 될 것이다.

코로나19 팬데믹 사태는 인류운명공동체를 위한 한 차례의 큰 실천이다. 중국이 방역으로 가장 큰 어려움을 겪고 있을 때 국제사회가 진심 어린 도움과 지원을 보내주었다. 중국 정부는 세계보건기구(WHO) 및 관련 국가와 지역에 제때에 코로나19 상황을 알리고 바이러스 유전자 서열 등 정보를 가능한 한 빨리 공개했으며, 방역 및 치료 경험을 남김없이 공유했다. 바이러스에는 국경이 없고 전염병 확산은 인종을 가리지 않는다. 어떠한 나라도 예외가 될 수 없으며 혼자서 자기 생각만 해서는 안 된다. 전 인류가 함께 노력해야 전염병과의 싸움에서 이길 수 있는 것이다.

2020년 4월

코로나19 팬데믹 사태는 세계 역사 발전의 분수령이다

인류문명사는 바이러스와 끊임없이 투쟁해온 역사이다. 신종코로나바이러스와의 싸움은 세계 역사 발전의 분수령이며 국제 정치와 경제 구도에 넓고도 깊은 영향을 끼쳤다.

지역 일체화를 가속화할 수도 있다

코로나19 팬데믹 사태는 역 글로벌화의 원흉이 아니라 가속기이다. 세계의 경제성장이 둔화하고 갈등이 증가하며 글로벌화 혜택이 줄고 비용이 증가했다. 빈부격차, 채무화, 포퓰리즘화와 같은 기존의 글로벌화 문제는 줄어들기는커녕 오히려 증가했다. 신자유주의가 종말을 고하면서 글로벌화의 주 동력인 무역과 투자가 쇠퇴하고 있다. 코로나19 팬데믹 사태의 역 압력을 받아 디지털화·녹색화·지능화가 글로벌화로의 전환을 촉진하고, 원격 근무가 2선 도시와 중소도시의 발전을 촉진했으며, 임시 계약 경제가 흥기했다. 신종코로나바이러스감염증은 또 농업의 디지털 혁명도 유발할 수 있다.

코로나19 상황의 연쇄 반응을 보면서 각국은 미래의 산업 발전이 사물 인터넷, 인공지능, 빅 데이터, 클라우드 컴퓨팅과 같은 디지털 '신형 인프라 건설'에 더 의존할 것임을 내다보았다. 선진적인 정보기술과 데이터 우위를 가진 자가 어느 정도에서 글로벌 산업경쟁의 감제고지를 차지하고 글로벌 신기술 혁명과 산업의 변화를 주도하게 될 것이다. 신기술과 산업을 둘러싼 분쟁이 날로 치열해짐에 따라 기술·데이터·표준·지적 재산권을 둘러싼 분쟁이 갈수록 글로벌 경제 무역 분쟁의 발단 그리고 지연 정치를 좌우하는 중요한 요소가 될 것이다. 지연 충돌에는 여러 가지 실현 경로가 있는데 공급망을 둘러싼 충돌이 새로운 표현형태를 보이게 된다. 향후 글로벌 공급망의 구도는 두 가지 추세가 나타날 것으로 예상된다. 한편으로는 일부 경제체가 자체 공급망의 완전성과 자주적 통제 가능성을 중시해 특정된 공급망의 지역화 집결을 촉진할 것이고, 다른 한편으로는 위험 분산을 고려해 공급망의 다원화 배치를 더욱 중시할 것이다.

이러한 추세는 모두 공급망 배치의 끝이 아니라 변화와 발전이다. 코로나19 팬데믹 사태가 점차 통제됨에 따라 공급망이 촘촘히 연결되고 협력파트너와 공급망 회복 배치를 먼저 달성한 국가 및 지역이 기회를 선점하게 될 것이다. 코로나19 팬데믹이 지역 통합의 추세를 가속할 수도 있다.

중-미 양국 간 이념상의 분쟁이 불거지다

코로나19 팬데믹으로 인한 국제 구도의 변화는 중미 양국 권력 이전의 가속화에 집중되었다. 이는 서로 다른 글로벌화와 글로벌 거버넌스 및 사고방식 간의 충돌과 겨룸을 보여주었으며 새로운 인류 질서를 탄생시켰다.

코로나19 팬데믹 사태는 중미가 기후 변화 등 분야에서 협력하는 촉매제가 될 수도 있었지만 불행하게도 '디커플링(decoupling, 국가와 국가, 또는 한 국가와 세계의 경기 등이 같은 흐름을 보이지 않고 탈동조화되는 현상)'과 신냉전의 분위기를 악화시켰다. 이는 트럼프 행정부의 중국 적대시 정책이 불러온 결과이다.

중미는 도대체 무엇을 두고 다투고 있는가?

첫 번째는 "어떠한 글로벌화인가?" 하는 것이다.

인간의 글로벌화인가, 아니면 자본의 글로벌화인가?

코로나19 팬데믹은 백 년에 한 번 있을까 말까 한 글로벌 공중보건 위기가 되었으며, 돈의 글로벌화가 아닌 인간의 글로벌화와 관련된 새로운 글로벌화를 탄생시켰다. 돈의 글로벌화, 즉 자본 주도의 글로벌화는 돈을 필요로 하고 분배 논리를 중시하며 빈부격차의 폐해를 낳는다. 인간의 글로벌화는 목숨을 필요로 하고 "네가 이기고 내가 지는 것"이 아니며 또 더 이상 '원-윈'이 아니라 '전승' 또는 '전패'이다. 즉, 인간이 바이러스를 철저히 이겨내지 못하면 바이러스에 의해 무너지게 되며 어느 누구도 '나홀로' 무사할 수가 없다.

인간의 글로벌화 시대가 다가옴에 따라 자본의 글로벌화를 뛰어넘는 거버넌스 방식에 대한 희망을 가져다주었다. 이것이 중미 간 다툼의 시대적 배경이다.

글로벌화를 어떻게 관리할 것인가?

코로나19 팬데믹은 정치적 성찰과 개혁을 불러왔다. 『세계는 평평하다』의 저자 토마스 프리드먼은 이번 전 세계적 방역이 획기적이라며 "앞으로 우리는 (자유를 중시하고 질서를 가벼이 여기는) 문화 구조를 조정해야 한다"고 말했다. 이건 자유와 민주를 대표한다고 자부하는 자본주의제도에 대한 심한 풍자이다. 미국 정치인들이 발끈하는 것도 이와 무관하지 않다.

글로벌 지역화

코로나19 팬데믹은 글로벌 공급망의 회귀 또는 다양화를 촉진하고 어느 특정된 곳에 너무 오래 지나치게 집중되는 것을 피해야 하며, '스페어타이어' 개념을 더해주었다. 이는 "점으로 선을 이끌고, 선에서 면으로 넓혀나가면서 지역 협력의 대 구도를 점차적으로 형성하고, 그리드(grid, 격자 형식의 무늬) 모양의 글로벌 지역화를 형성해 지역, 하위 지역 및 지역 간 거버넌스 그리드의 '후롄후퉁'을 강화한다"라는 '일대일로'의 건설 구상을 검증했다.

미국의 신자유주의 이념에 의해 추진되는 자본 글로벌화가 점점 버림받고 있으며 현재 글로벌 공급망의 '탈 중국화'를 추진하는 데 열을 올리고 있는데, 이는 글로벌 분업과 시장경제의 기본 원칙에 어긋나는 것으로서 뜻대로 되지 않을 것이다.

두 번째는 "어떤 글로벌 거버넌스인가?" 하는 것이다.

코로나19 팬데믹에 대처할 수 있는 글로벌 리더십이 부족하다. 코로나19가 팬데믹으로 번진 것은 전 세계 공중보건 거버넌스의 적자를 까발렸으며, 국제 공중보건 비상대응, 조기경보, 능력 강화, 훈련, 공중보건 지원 등의 글로벌 협력을 촉구하고 있다. 특히 지금부터 착수해 인프라, 의료 장비, 전문지식, 의료 종사자가 엄청나게 부족한 저소득 국가를 도와 정부 간, 지역 간, 국제기구 간의 조율을 강화할 준비를 해야 한다. 현재 세계 공중보건 거버넌스에는 매우 큰 허점이 존재하며, 아시아인프라투자은행(AIIB)이나 국제통화기금(IMF)과 같은 글로벌 공중보건 기금의 설립이 시급하다.

중국이 "공동의논, 공동건설 및 공동향유"라는 신형의 글로벌 거버넌스 개념을 주장하는 반면, 미국은 여전히 유아독존의 배타적인 글로벌 거버넌스에 심취하고 있다.

세 번째는 "어떤 이념인가?" 하는 것이다.

중미 양국 간의 분쟁은 "개방과 혁신인가, 아니면 독점과 배타인가?"라는 이념의 분쟁이기도 하다. 중미 양국은 서로 다른 안보관을 가지고 있다. 중국은 신형의 안보관을 주장하고 있으며 관리형 안전 문제를 중시하고 국제 협력을 제창한다. 그러나 트럼프 행정부는 코로나19 팬데믹을 방어적, 자체 보호적 안전 문제로 간주하면서 백신의 개발을 독점하려고 한다.

'탈(脫) 중국화'는 성사시키기 어렵다

중미 권력 이전이 나타난 것은 신세계가 구세계를 포기할 것임을 예시하고 있다.

코로나19 팬데믹 상황을 겪으면서 중국의 지위가 크게 향상했다. 중국의 방역은 거국적 체제의 우월성을 성공적으로 보여주었다. 중국은 시의적절하게 세계보건기구(WHO)에 자금을 기부해 코로나19의 영향을 받은 국가를 지원했으며, 특히 개발도상국의 방역과 경제·사회의 회복 및 발전을 지원했다. 중국은 방역 면에서의 글로벌 협력과 '건강한 실크로드' 건설을 추진할 것을 호소하고 '인류보건건강공동체 건설'의 적극적인 이니셔티브를 발표해 글로벌 공중보건 거버넌스의 리더가 되었다. 중국 전통의학(中醫)은 사람을 치료하고, 서방 의학(西醫)은 병을 치료한다. 중국 전통의학과 서방 의학의 결합은 치료에서 적극적인 역할을 하게 되며, 중국 전통문화의 매력은 인간의 글로벌화 시대에 눈부신 빛을 발하게 될 것이다.

코로나19 팬데믹은 또 중국의 디지털화 전환을 역으로 압박하고 추진했다. 의료·교육·사무·전파·거래·물류·엔터테인먼트의 디지털화가 사회적 기풍이 되어 국가 거버넌스의 현대화·디지털화·지능화를 추진했다. 코로나19 팬데믹은 중국 제조업의 정보화 전환을 촉진하고 인공지능·사물 인터넷·5G기술·바이오의약품의 혁신과 응용을 가속했으며, 글로벌 가치사슬에서 중국의 순위를 높여주고 글로벌 가치사슬 재구성에서의 발언권을 높여주었다.

르메르 프랑스 경제부 장관은 신종코로나바이러스감염증사태가 '글로벌화 게임 규칙의 개변자'가 될 것이라며 세계는 중국 원료약과 기타 제품에 대한 의존도를 줄여야 한다고 말했다. 실제로 코로나19 팬데믹이 단기간에 글로벌 공급망을 파괴했지만, 글로벌화의 방향을 바꾸지는 못했다. 영국『파이낸셜 타임스』지는 논설문을 발표해 신종코로나바이러스감염증 사태가 어쩌면 기업의 공급망 분산을 가속함으로써 중국에 대한 의존도를 줄일 수도 있다고 밝혔다. 그러나 어느 경제체도 중국을 쉽게 대체할 수는 없다.

종합적으로 세계 구도는 중미의 '디커플링'과 '반(反)디커플링' 투쟁을 둘러싸고 펼쳐지지만 글로벌화는 '역전' 되지 않을 것이며, '갈라지기'가 나타나 서로 융합되는 '블록화' 구조를 보일 가능성이 있다. 미국은 '심층 글로벌화'라는 역사의 흐름을 거스르려고 하고 있으며 자국의 동맹국들과 '보다 긴밀한 반글로벌화'를 구축해 '중국 없는 글로벌화'를 부각시키려고 시도하고 있다. 반면에 중국은 더욱 포용적인 글로벌화를 추진하기 위해 진력하고 있다. 키쇼어 마부바니 싱가포르 국립대학 교수는 코로나19 팬데믹이 이미 발생한 변화를 더욱 가속화 할 것이라며 그것은 바로 글로벌화가 미국 중심에서 중국 중심으로 전환되는 것이라고 내다봤다. 코로나19 팬데믹이 지나간 후 세계는 '탈 중국화' 과정이 아니라 '탈 미국화' 과정이 시작될 것이다.

2020년 3월

제2장

중국은 어떻게 해야 하는가?

신시대의 전략적 기회 시기를 어떻게 인식하고 파악해야 하는가?

중국은 샤프 파워의 함정을 경계해야 한다

중국은 세계에 매우 소중한 확실성을 주입시켜 주었다

현재를 살피던 데로부터 미래를 살피기까지: 중국학은 곧 미래학이다

서방은 왜 중국으로부터 개혁을 배우기 시작한 것인가?

코로나19 방역은 위대한 '방역정신'을 낳았다

신시대의 전략적 기회 시기를 어떻게 인식하고 파악해야 하는가?

현재 중국은 안팎으로 여러 가지 위험에 직면해 있다. 첫째, 중국 경제의 하행 압력이 커지면서 경제성장의 불확실성이 커졌다. 이와 동시에 2018년 세계 GDP 성장률이 둔화되고 세계 경제의 동력 에너지가 약화되면서 국제통화기금(IMF)은 2019년 미국 GDP 성장률이 2018년보다 0.4% 포인트 하락할 것으로 전망된다. 무역전쟁이 중미 양국과 세계 경제에 미치는 영향이 점차 드러나고 있다. 둘째, 중국 개혁개방 40년을 맞을 즈음에 중미 양국 관계가 크게 뒷걸음질했다. 중미 관계의 '밸러스트'[12] 역할을 하던 경제무역 관계가 먼저 충격을 받았으며, 점차 양자 간 정치관계, 인문교류 영역으로 번졌다. 화웨이(華爲)기술유한회사를 비롯한 중국 자본 배경을 가진 글로벌 기업들이 5G시장 접근, 금융업무 등 분야에서 미국과 그 동맹국들로부터 오는 공동 압박을 받았다. 트럼프 행정부는 2017년 말에 발표한 국가안보전략보고서에서 중국을 미국의 '전략적 라이벌'로 명확히 지목했다. 마지막으로 '패권 이후의' 세계 안정장치로 여겨왔던 다자간 메커니즘도 미국 '탈퇴'의 영향을 받았다. 트럼프 행정부는 세계무역기구 분쟁 해결기관의 정상적 인원 교체를 방해한 것은 물론「파리협정」, 유네스코,「비엔나협약」중 국제사법재판소 관할권 문제 선택의정서에서도 탈퇴했다. 미국의 '탈퇴' 추세로 인해 중국의 다자외교 활동이 20세기 말 국제와 '통합'하던 때보다 더 심각한 도전에 직면하게 되었다. 체계 패권국이 자국의 이익에 불리한 세계 정치·경제 협

---

12) 밸러스트 : 배에 실은 화물의 양이 적어 배의 균형을 유지하기 어려울 때 안전을 위해 배의 바닥에 싣는 중량물. 물이나 자갈 따위를 싣는 것.

정을 공개적으로 파괴하고 탈퇴한 것이다.

지난 백 년간 한 번도 겪어본 적이 없는 대변화 앞에서 당 중앙은 '위기' 속에서 '기회'를 찾아야 한다는 전략적 판단을 내렸다. 중국공산당 제19차 전국대표대회(이하 '19차 당 대회') 보고는 현재 "국내외 정세가 복잡한 변화를 겪고 있고, 우리나라의 발전이 여전히 중요한 전략적 기회 시기에 처해 있어 전망이 매우 밝은 한편 도전도 매우 준엄하다"라고 명시했다. 무역전쟁이 일어난 후 2018년 12월 중앙경제업무회의는 "우리나라는 여전히 발전의 중요한 전략적 기회 시기에 처해 있으며, 장기적으로 중요한 전략적 기회 시기에 처해 있게 될 것"이라고 판단했다. 전략적 기회 시기에 대한 제기법을 '여전히 처해 있다'에서 '장기적으로 처해 있게 될 것이다'로 바꾼 것은 중국 지도자들이 도전에 능동적으로 대응하면서 신시대에 중국의 발전 기회를 창조해나갈 수 있다는 충분한 자신감을 갖고 있음을 의미한다.

신시대 전략적 기회 시기를 이해하기 위해서는 기회 시기가 '어디에 있는지'를 이해하는 것이 특히 중요하다. 글로벌 경제위기 이후 학계는 전략적 기회 시기에 대해 탐구하는 과정에 다음과 같은 문제점을 안게 되었다. 첫째, 중미 관계의 틀 안에만 국한되어 전략적 기회 시기를 찾기 때문에 중미 관계에 문제가 생기기만 하면 중국의 전략적 기회 시기의 안정성을 우려하는 목소리가 들리게 된다. 둘째, 번영하는 국제 환경에만 국한되어 전략적 기회 시기를 찾기 때문에 전략적 기회 시기에 대해 좁은 의미에서 글로벌 경제 상행 주기, 글로벌 산업 이전 시기, '9·11' 사건 이후 미국의 전략적 중심의 이전 시기가 서로 겹침에 따른 '굴기의 잠복기'라고 이해한다. 셋째, 패권 이전의 틀 안에만 국한되어 전략적 기회 시기를 찾기 때문에 맹목적으로 낙관하면서 중미 간의 전면적인 대항을 과장한다. 넷째, 패권 보호의 틀 안에만 국한되어 전략적 기회 시기를 찾기 때문에 글로벌 거버넌스 메커니즘을 바꾸고 글로벌 '후렌후퉁' 과정을 추진하기 위한 중국의 적극적인 태도를 모순 격화의 근원으로 간주하고, 오랫동안 존재해온 구조적 모순과 평화적 발전을 수호하기 위한 중국의 적극적인 노력을 간과한다.

 기존의 문제점을 돌이켜본 토대 위에서 필자는 미국이 중국을 전략적 경쟁 라이벌로 간주하고 국제 메커니즘이 역 글로벌화의 흐름 및 미국의 일방주의적 사고방식의 충격을 받았음에도 불구하고 주요 강대국과의 전쟁을 피하려는 중국의 의지에는 변함이 없으며, 평화적 발전을 수호하고 전략적 기회 시기를 만들어가는 중국의 능력이 크게 향상되었다고 생각한다. 지난 백 년간 한 번도 겪어본 적이 없는 대변화 속에서 신시대의 전략적 기회 시기에 대해 이해하고 파악하려면 중미의 분쟁을 합리적으로 통제하고 글로벌 거버넌스 메커니즘 개혁에 적극적으로 참여하며 신기술 분야와 신형 경영형태 발전에서 후발적 우위를 가속 발휘해 코너에서 추월해야 한다.

1. 지난 백 년간 한 번도 겪어본 적이 없는 대변화

 2018년 6월 중앙외교업무회의에서 시진핑 총서기는 "현재 우리나라는 근대 이후 최고의 발전기에 처해 있고, 세계는 지난 백 년간 한 번도 겪어본 적이 없는 대변화를 겪고 있으며, 양자는 동시에 얽혀 서로를 흔들고 있다."라고 지적했다. 같은 해 12월 중앙경제업무회의에서 시진핑 총서기는 "변화 속에 위기와 기회가 공존한다"며 중요한 전략적 기회의 새로운 함의를 포착하고, 경제 구조의 개선 및 업그레이드를 가속화 하며, 과학기술의 혁신능력을 향상시키고, 개혁개방을 심화하며, 녹색 발전을 가속화 하고, 글로벌 경제 거버넌스 시스템의 개혁에 참여하며, 압력을 경제의 고품질 발전을 가속 추진하는 원동력으로 바꿔야 한다고 지적했다. 이는 전략적 기회 시기에 대한 인식과 파악은 새로운 시대적 조건에서 출발해야 함을 의미한다.

(1) 신시대 중국 특색의 사회주의를 건설하다

현대 중국 특색의 사회주의는 신시대에 들어섰다. '신시대'란 새로운 역사적 조건에서 중국 특색의 사회주의를 발전시키고 샤오캉사회(小康社會)의 전면 실현과 사회주의 현대화 강국 전면 건설의 목표가 서로 합쳐져 가져다준 역사적 기회를 포착해 인민 부유와 민족 부흥의 목표를 실현하고, 전 인류의 복지를 향상하는 데 기여해야 함을 의미한다.

첫째, 2018년 중국의 GDP 총량은 평균 환율로 환산해 13조 6천억 달러에 달했고, 연간 1인당 GDP는 약 1만 달러로 이미 고소득 국가의 하한선에 근접했다. 그러므로 중국 사회의 주요 모순은 "아름다운 생활에 대한 인민의 날로 늘어나는 수요와 불균형적이고 불충분한 발전 사이의 모순"으로 전환되었고, 사회 공급과 수요의 모순과 대립은 저차원의 '유무' 문제에서 중고차원의 '우열' 문제로 바뀌었다.

둘째, 개혁을 전면적으로 심화하는 과정에 제도의 활력이 방출되었다. 중국 특색의 사회주의제도를 보완 및 발전시키고, 국가관리체계와 관리능력의 현대화 진척을 추진하는 것을 근본 목표로 하면서 국가의 제반 사업에 대한 당의 지도능력을 강화했다. 18차 당 대회 이후 중국은 1600여 건의 개혁을 전개했으며, 유능한 정부와 유효시장을 결합하는 형태로 신기술 혁명과 산업혁명 조건 하의 글로벌 협력 및 경쟁에 적극 대응했다.

셋째, 중국의 급속한 발전 및 경제위기 속에서 보여준 강력한 회복능력으로 인해 갈수록 많은 중국인들이 발전의 길, 발전 이론, 국가제도, 문화 전통 등 분야에서 자신과 서방의 차이에 대해 자신감을 가지고 바라보기 시작했다. 중국의 성공은 기타 개발도상국에 자체 개발 전략을 주도적으로 계획하고, 국가 간 전략적 연결 기회를 적극 모색할 수 있는 올바른 자체 발전의 길을 명시했다.

하지만 중국은 여전히 개발도상국이다. 낡은 경제의 동력이 약화되는 '뉴 노멀' 시기에 중국 경제의 전체 규모는 방대하지만, 핵심 경쟁력이 약한 문제가 여전히 존재하며, 경제 발전방식의 전환은 여전히 막중한 과업이다. 중국 경제의 기반인 제조업은 첨단기술 분야 연구개발 능력이 부족하고, 일부 업종은 첨단기술 장비의 대외 의존도가 심지어 80%에 이르는데, 이는 중국기업이 글로벌 가치사슬에서 고부가가치 단계로 도약하는 것을 저해하는 '천장 효과'를 낳았다. 그래서 중국의 발전은 여전히 불균형적이고 불충분하며, 규모 확장에서 고품질 발전으로 전환하는 것은 여전히 상당히 긴 시간 동안 안고 가야 할 중국의 핵심 과제이다. 그러나 중국은 더욱 치열하고 더욱 힘겨운 국가 간 경쟁에서 발전 기회를 포착할 수 있는 물질적 토대와 정신적 힘을 이미 갖추었다.

(2) 지난 백 년간 한 번도 겪어본 적이 없는 대변화에 대처하다

현재 세계는 "지난 백 년간 한 번도 겪어본 적이 없는 대변화"를 겪고 있다. 그 구체적인 표현은 다음과 같다. 첫 번째는 세력 대비의 변화이다. 비(非)서방세력이 경제의 글로벌화 속에서 지속적으로 상승하면서 서방국가가 완전히 주도하던 국제 세력 대비의 구도를 바꿔 놓았다. 두 번째는 경제 동력에너지의 변화이다. 신산업혁명이 경제발전에 새로운 동력에너지를 제공하면서 전략적 신흥산업이 국가 간 경쟁의 핵심 분야가 되었다. 세 번째는 제도적 우위의 변화이다. 서방 거버넌스 메커니즘과 규범이 글로벌 문제에 대응하는 데 부족한 부분이 많으며 심지어 '앞으로 나아가기 위해 뒤로 물러서면서' 기존의 국제 메커니즘을 파괴하고 있다.

첫째, 신흥국가의 굴기가 국제 세력 대비의 거대한 변화를 가져왔다. 보아오(博鰲) 아시아포럼이 확정한 신흥 11개국의 2017년 경제성장은 이미 세계 경제성장의 53.1%에 달해 G7(21.8%)과 유럽연합(12.8%)의 성장 비율보다 높아 세계 경제성장에 영향을 미치는 중요한 세력이 되었다. 그중 2017년도 세계 경제성장에 대한 중국의 기여도는 약 34%에 달한다. 신흥경제국이 글로벌 경제에서 차지하는 비중의 증가로 인해 다자협력을 통한 선진국들의 수익이 상대적으로 줄어들자 일부 국가들은 여러 가지 수단을 동원해 신흥경제국의 비중이 커지는 것을 막으려고 시도했으며, 심지어 이를 위해 기존의 다자체제를 파괴하기도 했다. 무역전쟁, 미국 연방준비제도이사회의 금리 인상과 함께 신흥경제국의 경제 하행 위험이 커지고, 실업과 인플레이션이 늘어났으며, 자금의 해외 유출이 심해졌다. 그러나 글로벌

세력 대비가 더욱 균형을 잡아가고 있는 대 추세는 바뀌지 않을 것이다.

둘째, 지금은 세계 경제 동력의 신구(新舊) 교체가 이루어지는 변혁의 시기이다. 구 경제 동력의 쇠퇴는 무역 보호주의 추세의 강화로 나타나며, 글로벌 분업체계와 개발도상국의 수출지향형 발전 모델이 모두 충격에 직면해 있다. 선진국은 '재 산업화'를 통해 더 많은 일자리와 세수를 창출하기를 희망한다. 그리고 지능화 현지 생산을 특징으로 하는 인더스트리 4.0모델은 비교적 높은 노동력 자질과 노동력 비용을 충분히 활용하는 중요한 선택이 된다. 현재 신 기술혁명이 가져다준 산업혁명은 아직 발전단계에 있으며, 새로운 경제 동력으로 구 경제 동력을 완전히 대체할 수 있는 시기는 아직 성숙되지 않았다. 그러나 신기술 응용 속에서 경제의 동력을 모색하는 것은 이미 대다수 국가들 사이에서 공감대를 형성했다.

현재 대변화의 국면 속에서 중국은 더욱 어려운 발전 환경에 직면하게 되었다. 중국은 21세기 초의 전략적 완화 시기보다 앞으로 세계시장에서 신기술을 획득하기가 더 어려워질 것이며, 중국기업의 세계시장 개척은 더 많은 정치적 요소와 안보적 요소의 영향에 직면할 것이다. 그러나 낡은 발전 모델은 막대한 생태 비용과 가치사슬의 고착 효과를 부르기에 대변화의 국면이 나타나지 않더라도 중국 발전 모델의 변화는 불가피하다. 이는 "앞으로 나아갈수록 더 어려워지고 더 위험해지지만 그렇다고 앞으로 나아가지 않으면 퇴보하게 되므로 나아갈 수밖에 없는 시기"이며 또 우리나라가 진정한 현대화 강국으로 바뀌는 탈변의 시기이기도 하다.

2. 신시대 전략적 기회 시기의 새로운 의미를 파악해야

신시대의 전략적 기회 시기에 우리는 사고방식을 바꿔야 한다. 원래의 "정세에 순응해 행하던 것(順勢而為)"으로부터 "정세를 도모해 앞으로 나아가야(謀勢而上)" 한다. 즉 "정세는 사람이 만드는 것(勢在人為)"이다. 중미 무역마찰을 통해 보여준 전략적 겨룸은 우리가 직면한 주요 모순을 반영하고 있으며, 누가 세계의 규칙과 표준 제정의 주도자인지를 보여준다.

(1) 전략적 기회 시기의 내재적 의미에 대한 변증법적 분석

「모순론」이 제시한 기본 원리를 바탕으로 전략적 기회 시기에 대한 다음과 같은 이해를 얻을 수 있다.

첫째, 모순은 보편성과 특수성을 띤다. 따라서 특수한 전략적 기회 시기의 본질을 파악해야 할 뿐만 아니라 시대별 전략적 기회 시기의 공통된 본질도 파악해야 한다. 세기 교체 시대의 전략적 기회 시기는 현대의 신시대 전략적 기회 시기와 다르며, 그 본질적 특징은 다음과 같이 요약할 수 있다. 중국은 시장을 이용해 선진 기술을 바꿔올 수 있으며, 서방의 산업 이전은 자체의 발전을 가속화 하는 중요한 기회이다. 비(非)전통 안보가 전통 안보를 대체하는 것이 중미 안보 관계의 주요 내용이 되었으며, 중미 간 협력이 경쟁보다 크다. 중국은 국제 메커니즘에 자발적으로 접속함으로써 더 큰 발전 효과를 얻을 수 있다. 그런데 미래 경제의 경쟁 우위를 차지하기 위한 각국의 기술경쟁이 갈수록 치열해지고 있고, 미국은 중국을 전략적 경쟁 라이벌로 확정 지었으며, 국제제도의 복잡성이 커지고 있다. 그럼에도 "지속적 발전이 중국의 핵심 전략 목표이고, 평화적 발전 환경은 유지될 수 있다"는 전략적 기회 시기의 공통된 본질은 변하지 않았다.

둘째, "사물의 성격은 주로 지배적 지위를 얻은 모순의 주요 측면에 의해 결정되는 것"이므로 전략적 기회 시기를 포착할 때 주요 모순과 주요 측면을 파악해야 한다. 세기 교체의 전략적 기회 시기에 "정세를 도모하는 것"과 "정세에 순응하는 것"이 주요 모순이고, 중국의 평화적 굴기와 미국의 패권 유지는 부차적인 모순이며, "정세에 순응하는 것"은 주요 모순의 주요 측면이다.

셋째, 모순의 제반 측면은 투쟁성을 띠는 동시에 동일성도 띠고 있는데, 이는 전략적 기회 시기에 관련되는 주요 모순과 부차적 모순의 주요 측면은 서로 의존할 뿐만 아니라 또 특정된 조건에서 서로 전환될 수 있다는 것을 의미한다. 신시대 전략적 기회 시기는 "정세는 사람이 만드는 것"이라는 특징을 보여주며, 주요 모순은 변하지 않지만 주요 측면은 "정세를 도모해 앞으로 나아가는 것"으로 바뀌었고, 부차적인 모순에서는 미국의 패권 유지 노력이 주요 부분이 되었다. 그러므로 신시대의 전략적 기회 시기를 인식하고 이해하려면, 중국이 어떻게 신 기술혁명의 흐름 속에서 주요 모순을 파악하고 자주적 발전능력을 증강하며, 미국패권의 새로운 특성에 합리하게 대응할 것인지에 중점을 두어야 한다.

(2) 신시대 전략적 기회 시기의 주요 모순

신시대 전략적 기회 시기의 주요 모순은 중국 국내에서 끊임없이 진행되는 개혁과 개방 프로세스(정세를 도모하는 것)와 동력에너지가 나날이 쇠락하는 글로벌화 프로세스(정세에 순응하는 것) 사이의 모순이다. 개혁개방 초기에 중국 발전의 최대 걸림돌은 발전에 대한 내부적 보수적인 사고방식이었다. 글로벌 산업 이전, 거대한 외향성 경제발전 공간, 중국과 서방 주요 대국 간 정치 관계의 정상화에 직면해 "발전만이 확실한 도리"임을 내세우며, "기회를 포착하고 스스로를 발전시킬 것"을 호소했다. 현재 "발전은 여전히 중국의 모든 문제를 해결하는 관건"이며, 개혁개방을 심화해 지역과 세계에 편승 기회를 제공하는 것은 중국이 호혜 상생을 기반으로 전략적 기회 시기를 포착하는 관건이다.

개혁개방 이후 40년간의 성과가 '정세에 순응'해 외향성 경제를 발전시키고 세계 경제의 호황에 편승한 덕분에 이룬 것이라면, 공정하고 투명한 시장 규칙, 법치화 비즈니스 환경, 통일적이고 개방된 현대 시장 시스템을 구축하는 것을 통해서는 내수와 외수의 합리적인 균형을 이루고 중국의 신흥산업에 효과적인 시장을 제공할 뿐만 아니라 대외개방을 확대해 세계의 발전에 동력을 제공할 수 있다. 시장지배력을 혁신력으로 전환하고, 모방적 혁신에서 독창적 혁신으로 가는 것은 신시대의 사명이다. 내부 개혁개방과 합력을 이루는 것은 외부 협력파트너와 발전전략의 매칭을 이루는 과정이다. 발전전략 매칭의 기반은 전략적 목표의 유사성에 있다. 시진핑 주석은 카자흐스탄 나자르바예프대학교에서 강연할 때 "우리는 일치하는 전략적 목표를 가지고 있다"면서 "그것은 경제의 장기적이고 안정적인 발전을 확보하고 국가의 번영과 부강, 민족의 진흥을 이룩하는 것"이라고 말했다. 매칭의 방식은 '공동 협상'을 통해야 하고, 매칭의 실시는 반드시

'공동건설'을 통해야 하며, 매칭의 성과는 마땅히 '공유'해야 한다. 이 또한 '일대일로' 이니셔티브가 광범위한 호응과 풍성한 결과를 얻을 수 있었던 근본적 이유이기도 하다.

(3) 신시대 전략적 기회 시기의 부차적인 모순

신시대 전략적 기회 시기의 부차적인 모순은 신형의 국가 관계를 수립하려는 중국의 의지와 패권 지위를 지키려는 미국의 전략적 경쟁 태도 사이의 모순으로서 주요 측면에는 변화가 없으며, 중국은 여전히 평화로운 발전 환경을 유지할 수 있다.

첫째, 무역전쟁은 계속 지속되는 것이 아니다. 세계경제포럼이 발표한 2018년 국가경쟁력 종합순위에서 미국은 금융시스템과 기술혁신의 우세로 1위에 복귀하고 중국은 종합순위 28위에 그쳤다. 그러나 시장 규모에서 중국은 세계 1위를 차지했다. 미국은 여전히 강력한 경쟁 우위를 유지하고 있으며, 중국에 판매하는 고성능 칩을 대표로 하는 하이테크 상품과 다양한 고부가가치 서비스는 중단기 내에는 대체되기 어렵다. 중국에는 거대하고 통일된 국내 시장이 있기 때문에 대부분의 미국 수출 기업들은 여전히 대중 무역을 최우선으로 선택한다.

둘째, 경제무역 관계는 여전히 중국과 미국이 평화적으로 공존할 수 있는 밸러스트이지만, 중미 관계의 안정성을 유지하는 역할은 약해졌다. 본질적으로 트럼프 행정부가 무역전쟁을 일으킨 직접적인 목적은 중미 무역을 종식시키려는 것이 아니라, 대 중국 상품 무역의 불균형 문제를 정치적 수단으로 해결하고 미국으로의 자금의 회류를 자극하려는 것으로서 전술적 목표가 명확하다. 이와 동시에 무역전쟁은 중국의 기술 진보를 억제하고 패권을 유지하려는 미국 국내 정치 엘리트와 신흥산업 이익집단의 의지에 들어맞으며, 무역전쟁에 이어 발발한 기술전쟁은 전략적 대립의 의도를 보여주었다. 중국과 미국은 지금까지 5차례의 무역 협상을 진행했으며, 협상 내용도 무역 자체에서 무역 관련 기술 이전, 국유기업, 산업 보조금과 같은 구조적 문제로 발전 변화했다. 중미가 정상회담의 형태로 무역전쟁을 정지하기로 공감대를 형성했지만 신흥 기술과 생산 무역방식의 전환을 둘러싼 경쟁과 대립은 장기화 될 것이며 새로운 분야에서 충돌할 가능성이 있다.

이밖에 중미 간 전략적 대립이 격화되어 여러 분야의 협력 전망에 영향을 미치고 있지만, 무력보다는 협력으로 의견 차이를 해결할 가능성이 여전히 매우 크다. 중미 마찰이 제일 먼저 군사 관계에부터 영향을 미치곤 했던 과거와는 달리 중미 양군은 무역전쟁의 배경에서 자제하고 있으며, 인도주의적 구조 및 재해피해감소 합동 훈련의 개최와 아시아 태평양 군사 의학 연례회의의 공동 개최 및 2018년 내 3차례의 양국 국방장관 회담을 통해 "중미 양측은 모두 전략적 경쟁의 강도를 일정 범위 내로 통제할 의향이 있다"는 분명한 메시지를 서로에게 전달했다.

3. 신기술이 가져다준 커브길 추월 기회의 포착

신시대에 주요 모순의 주요 측면을 파악하는 방법은 신기술의 연구개발 및 산업 응용 분야에서 커브길에서 추월하고 자주적 개발능력을 강화하는 것이다. 신기술 혁명은 '일주다익(一主多翼)'의 구조를 나타내고 있다. 인공지능과 차세대 무선통신기술을 대표로 하는 디지털화 및 지능화 혁신은 주요 기술적 연결고리로서 신에너지·신소재·생명과학 등 많은 분야의 융합 발전을 이끌면서 기존의 서로 분리되어 있던 사이버공간, 물리 공간, 생물 공간을 이어준다.

(1) 신기술 혁명은 경제발전방식 변혁에 대한 압력을 조성한다

지능화의 거대한 잠재력을 바탕으로 미국과 독일을 대표로 하는 전통적인 제조업 강국은 '재산업화' '인더스트리 4.0' 계획을 내와 기업이 고도로 자동화된 생산 모델('인더스트리 3.0')에서 산업의 자동화와 정보화가 깊이 융합된 생산 모델('인더스트리 4.0')으로 전환하도록 이끈다. 가상물리시스템(Cyber Physical System, CPS)의 빠른 발전을 기반으로 '인더스트리 4.0' 모델 아래 제품의 전체 라이프 사이클과 전체 생산 제조 과정 전반에 디지털화와 지능 제어 및 개성화 맞춤 제조를 실현해 대규모의 '라인 생산, 글로벌 판매'를 '분산 생산, 현지화 판매'로 대체한다. 따라서 앞으로 고급 제조업 경쟁은 더욱 치열해질 것이며, 중저급 제조업 분야는 지능 자동화 제어 기술과 로봇의 대대적 응용에 힘입어 대부분의 노동 집약형 산업은 기계가 단순 노동을 완전히 대체하는 추세가 나타날 것이다.

이에 비해 중국을 대표로 하는 신흥공업국의 산업생산은 여전히 노동분업에 따라 전기로 기계를 구동해 대규모 생산을 진행하는 '인더스트리 2.0' 단계에 머물러 있다. 중국은 '인더스트리 2.0'의 중후반에 들어섰지만, 신산업혁명의 흐름에 따라 서로 다른 산업화 시기가 동시에 겹치는 난제에 직면해 있다. 즉 더욱 많은 산업의 대규모 생산을 추진해야 할 뿐만 아니라 정보기술을 기반으로 한 자동화 생산을 점차 보급해야 하며, 또 조건을 갖춘 업종이 지능화 생산을 적극적으로 배치할 수 있도록 추동해야 한다. 이처럼 여러 측면이 겹쳐 있으며 덩치만 크고 실력은 강하지 않은 산업화 국면은 신산업혁명의 흐름 속에서 가장 큰 충격을 받을 것이며, 경제발전방식의 혁명적 변화를 통해 국제 경쟁 우위를 되찾은 서방국가들은 '동승서강'(東升西降. 동양문화는 점차 굴기하고 있고 서방문화는 상대적으로 쇠락하고 있는 현상을 이르는 말/역자 주)의 역사과정을 역전시키고 불공정한 글로벌 정치 및 경제 배치를 유지하며 서방 국가 이외의 분업 열세를 고착시킬 수 있다. 신기술 혁명은 여러 나라 기존의 경제발전 모델에 중대한 시련을 가져다주었다. '위기' 속에서 '기회'를 찾는 핵심적인 방법은 자체의 우위를 파악하고 신기술의 연구개발 및 응용을 적극적으로 배치하는 한편 특정 분야에서 커브길 추월을 실현하는 것이다.

이러한 배경에서 각국은 새로운 분야와 새로운 산업으로부터 경제 발전의 새로운 동력을 얻고 국가 전략의 높이에까지 끌어올리게 된다. 예를 들어 미국은 "미국 제조업의 프레임을 재구축할 것"이라고 발표하고, EU는 「2020년 지속 가능하고 포괄적인 지능화 발전전략」을 발표했으며, 일본은 「일본 2020 신성장 전략」을 제시했다. 중국은 자국 실정에 부합되는 '신형 산업화'의 길을 고수하면서 신기술과 관련된 신흥산업의 발전을 전략적 과제로 삼는다. 2012년 국무원 상무회의에서는 「12차 5개년' 국가 전략적 신흥산업 발전계획」을 채택해 환경보호 에너지 절약 산업, 차세대 정보기술산업, 바이오산업, 첨단장비제조산업, 신에너지산업, 신소재산업 및 신에너지 자동차 산업을 전략적 신흥산업으로 정했다. 2015년 국무원은 「중국 제조 2025」를 발표해 제조업 강국 건설을 위한 첫 번째 10년 계획 요강을 제시했다. 2018년 10월, 시진핑 총서기는 중국공산당 중앙정치국 제9차 단체학습에서 "인공지능을 신기술 혁명과 산업 변혁을 이끄는 '전략적 기술'로 간주하고 다른 업종에 큰 견인 효과를 가져다줄 수 있다"며 "반드시 기초 이론 연구를 강화하고 관건적인 핵심 기술을 정복하며 과학기술의 응용 및 개발을 강화해야 한다"고 강조했다.

(2) 중국은 일부 신기술 분야에서 커브길에서 추월할 기회가 있다

커브길에서 추월한다는 것은 기술 변혁시기에 유망한 신기술을 선점해 하루빨리 기술을 제품 개발에 적용하고 방대한 시장을 활용해 자본의 순환을 실현하고 기술의 업그레이드와 개조를 촉진하는 것을 말한다.

첫째, 중국은 인공지능을 대표로 하는 신기술 분야에서 강대한 시장 활용 능력을 가지고 있다. 중국기업이 연구 개발한 컴퓨터 시각 및 음성 감지 관련 인공지능기술은 세계 선진 수준에 이미 근접했거나 심지어 도달했으며 인식률은 95% 이상에 달했다. 이러한 장점에 힘입어 중국은 스마트 스피커, 스마트 로봇, 드론 등 기타 단말기 제품과 스마트 의료, 스마트 금융, 스마트 보안, 스마트 홈 및 스마트 그리드 분야에서 세계 앞자리를 차지하고 있으며, DJ 이노베이션(DJI, 大疆創新科技有限公司)을 대표로 하는 글로벌 업계 선도 기업을 탄생시

컸다. 인공지능의 발전과 밀접한 관련이 있는 5G 무선통신 네트워크 기술 분야에서 화웨이(華爲)사가 제안한 Polar코드 솔루션이 5G의 3대 사용 시나리오 중 하나인 초고속 모바일 광대역의 제어 채널 코딩 표준으로 확정되었다. 그리고 화웨이사는 이 분야에서 보유한 특허로 5G 시대에 거대한 선발 우위를 얻게 된다.

둘째, 방대한 인구수와 시장 규모는 신기술 개발에 필요한 방대한 데이터와 소비자계층을 제공한다. 인공지능과 여러 업종의 결합은 방대한 인구를 위한 서비스 효율을 크게 향상했고 동시에 또 대량의 사용자 데이터를 얻어 기계의 딥 러닝을 촉진했다. 따라서 중국 시장은 대량 자본을 끌어들일 수 있었다. 2017년 한해에만 중국 인공지능 시장의 투융자 규모가 277억 1천만 달러에 달했다. 그리고 2013년부터 2018년 1분기까지 중국 인공지능 시장의 총 융자금액은 세계 총 융자의 60%를 차지했다. 인재 분야에서 2017년 중국의 인공지능 인재가 18,323명으로 세계 총량의 8.9%를 차지했으며, 미국 다음으로 2위를 차지했다. 거대한 자본과 인재 우위를 기반으로 중국 인공지능 산업의 특허 출원 건수와 논문 발표 건수는 세계 1위를 차지했다. 중국은 이미 명실상부한 인공지능산업 대국이 되었다. 이밖에도 중국 시장은 외국인 투자 접근 제한을 꾸준히 완화하고 있으며 또 신기술 분야에서 중외 협력 연구개발을 장려한다. 예를 들어 가장 중요한 인공지능기술 분야에서 중국의 과학연구 종사자가 외국 동종 업계 종사자들과 협력해 발표한 영향력 있는 논문의 건수는 다른 나라에 비해 현저히 많으며 국제 협력을 통해 발표한 고품질 논문의 비중은 42.64%에 달한다.

중국 시장의 융자 규모가 세계 1위에 이르지만, 기술 분야의 분배는 합리적이지 않다는 점은 간과할 수 없다. 2017년 기본 칩 분야의 융자가 중국 인공지능 융자 총액에서 차지하는 비중이 고작 2.1%에 불과한 반면, 같은 시기 미국의 칩 분야 융자 규모는 전체 융자 총액의 31.5%를 차지했다. 중국은 인공지능 종사자가 많지만 뛰어난 인재의 비율은 세계 6위에 머무를 정도로 낮다. 이는 신흥 산업 분야에서 중국의 커브길 추월 수준이 일부는 여전히 수량과 규모의 우위에 머물러 있다는 것을 의미한다. 하지만 중국의 인공지능 산업은 단기간에 큰 성과를 거두었다. 이 분야에서 중국의 방대한 시장과 새로운 업종 형태 창조 응용 능력이 미래 경쟁력을 촉진하는 데 큰 역할을 하게 될 것이라는 사실을 알아야 한다.

4. 전면적 개혁개방이 방출하는 중국의 시장지배력을 장악한다

중국은 인구 기반이 클 뿐만 아니라 세계 최대 규모의 중등소득층이 형성되었다. 그 막강한 소비능력이 중국을 세계 중고급 소비재의 최대 시장으로 만들었다. 중국의 8억여 명 규모의 네티즌이 전 세계의 디지털화 상품과 스마트 하드웨어에 대한 거대한 수요를 창출해 세계 최대 스마트 시장을 형성했다. 하지만 중국의 시장 잠재력은 아직 충분히 발휘되지 못하고 있다. 서방의 성숙한 시장과 비교하면 중국은 국유기업, 재정과 세수 및 금융 정책, 토지 정책, 시장 접근 관리, 사회 관리 등 분야에서 행정적 조정이 시장 조정보다 더 강한데 이는 공급측 구조적 모순이 존재하는 중요한 원인이다. 개혁개방은 생산력을 해방하고 시장지배력을 방출하는 과정으로 자원 배분에서 시장의 결정적인 역할을 충분히 발휘하는 것이다. 시장지배력의 개념은 정필견(鄭必堅) 선생이 제기한 것이다. 그는 '시장지배력'과 '혁신력'으로 새로운 전략적 기회를 만들 것을 제창했는데 신시대의 전략적 기회 시기를 포착하기 위해 반드시 개혁개방을 전방위적으로 심화해 중국의 시장지배력을 방출해야 한다고 주장했다.

(1) 시장지배력은 중국의 미래 발전을 지탱하는 관건이다.

첫째, 방대한 내부 시장은 역사적으로 대국의 평화로운 발전의 근간이었다. 브로델은 민족시장의 출현을 유럽의 역사를 바꾼 중요한 사건으로 보았다. 이유는 국가의 강력한 정치적 의지와 상업자본의 이윤추구 욕구가 분산되어 있는 약소한 지역 시장을 하나로 융합시켜 유럽 대국의 토대를 이루는 것이기 때문이다. 그러나 내부 시장의 규모는 대국 경제성장 과정에서의 외부시장에 대한 의존성을 결정하며, 충족한 내부 시장은 신흥대국이 직면한 무역마찰이나 무역전쟁 시의 취약성을 줄일 수 있고, 평화적 발전의 기회를 더욱 이성적으로 포착할 수 있게 한다.

둘째, 시장지배력은 신흥산업의 빠른 성숙과 중국의 산업 표준을 널리 보급하는 데 도움이 된다. 중국의 고속철도 산업은 거대한 국내 시장에 의존해 많은 응용 경험과 과학연구 실력을 축적했고, 기술에서 산업 표준까지 포함한 전면적인 수출 능력을 형성했다. 인공지능을 기반으로 나타난 신흥산업(예를 들면 스마트 의료)은 거대한 시장 공간에 의지해 데이터를 획득하고 기술 응용 과정에서 더 많은 문제를 발견할 수 있으며, 이를 통해 업계 표준의 형성을 추진할 수 있었다.

셋째, 강대한 시장지배력은 중국이 글로벌 경제 거버넌스에 참여하고, 관리 메커니즘의 대표성을 확대하는 데 도움이 된다. 중국 경제력의 향상은 글로벌 거버넌스 메커니즘 내에서 중국의 지위를 상승시켰다. 국제통화기금에서 중국이 차지하는 비율은 3.996%에서 6.394%로 커졌다. 세계은행이 130억 달러를 증자한 후 중국의 출자 비율은 5.71%에 달했다. 더 중요한 것은 아시아인프라투자은행을 대표로 하는 신흥 지역개발은행에서 중국은 자신의 글로벌 경제기여도와 맞먹는 의결권 할당량을 확보한 것이다. 이는 글로벌 경제 거버넌스가 일반 경제운행 준칙을 따르는 토대 위에서 신흥 시장과 개발도상국의 실제 상황에 부합되는지 여부를 더 많이 고려해 행동을 취하는 데 도움이 된다.

(2) 중국의 시장지배력을 어떻게 방출할 것인가?

2018년 12월 중앙경제업무회의에서는 "공급측 구조적 개혁을 주선으로 삼고, 시장화 개혁을 심화하고, 고수준의 개방을 확대하며, 현대화 경제체계를 가속 건설할 것"을 명시했다. 이는 중국의 시장지배력을 끌어내기 위한 관건적 수단을 제시한 것이기도 하다.

첫째, 혁신과 시장은 반드시 긴밀히 결합해 고품질 상품과 서비스의 공급에서 출발해 불합리한 공급측 구조로 인한 수급모순을 개변시켜야 한다. 공급측 구조적 개혁은 경제 분야의 개혁개방을 전면 심화하는 주선으로 간주되고 있다. 바로 소득증가에 따른 소비의 업그레이드로 인해 기존의 상품과 서비스의 공급이 수요를 잃게 되고 공급 부족과 생산능력 과잉이 공존하는 구조적 모순이 발생했다. 혁신은 이 모순을 해결하는 핵심 수단으로서 반드시 혁신 장려 정책으로 중국 시장의 '품위'를 높이고 과감히 혁신하고 혁신에 능한 기업이 전체 시장의 발전 방향을 주도할 수 있도록 확보해야 한다.

둘째, 자원 배분에서 시장의 결정적인 역할을 확보해야 한다. 2018년 12월 중앙경제업무회의에서는 특히 경제발전에 있어서 경쟁정책의 기초적 지위를 보장해 공정한 경쟁을 위한 제도적 환경을 조성할 것을 강조했다. 공정한 제도적 환경은 제도 제정자가 특정 경제 행위체에 편향해서는 안 되며, 국가 경제 및 민생과 관련이 없는 핵심 업종에서 여러 소유제 기업을 동등시해야 함을 의미한다. 국유기업 개혁은 시장개혁을 심화함에 있어서의 난제이다. 이 난제를 해결할 수 있는지 여부는 중국의 시장지배력을 방출하고 공정한 경쟁이 가져다주는 전략적 기회를 포착하는 데서 매우 중요하다.

셋째, "외국기업의 국내 유치(引進來)"와 "중국기업의 해외진출(走出去)"을 동시에 중시해 육지와 해상의 연동, 대내와 대외의 연동, 동·서방 양방향으로 상부상조하는 개방 구도를 형성해야 한다. 시장지배력을 방출하려면 고품질의 외자를 충분히 활용하는 한편 성숙한 국내 기업을 해외로 진출시켜 외부시장을 개척하면서 양방향 개방을 형성해야 한다. 중국은 전국 시장과 자유무역지대의 시장 접근 목록을 확대하고, 수입박람회를 개최하면서 새로운 고수준의 대외개방을 추진하는 것에 대한 자신감과 결의를 보여주었다. '일대일로' 이니셔티브의 실시는 실제로 세계적으로 중국의 시장지배력을 방출하게 되며, 중국의 시장 기회를 '일대일로' 연선 국가와 공유하고, 연선 국가 인프라 건설의 기회를 이용해 중국의 양질의 생산능력을 소화하며, 중국과 연선 국가가 함께 경제발전방식의 전환을 이룩하는 윈-윈 결과를 가져올 수 있다.

5. 미래의 중국과 세계: 기회를 함께 찾고 공유한다

지난 백 년간 한 번도 겪어본 적이 없는 대변화 속에서 신시대의 전략적 기회 시기를 인식하고 파악하려면 필연적으로 "정세에 순응하던 데(順勢而為)"로부터 "정세를 도모하는 데(謀勢而上)"로의 전환 과정을 거쳐야 한다. 19차 당 대회 보고에서 제시한 바와 같이 "우리는 현실이 복잡하다고 꿈을 포기해서는 안 되며, 이상이 아득히 멀다고 이상을 추구하는 것을 포기해서는 안 된다." 대변화 속에서 중국과 세계의 관계 논리는 세계에 융합되던 데서부터 세계를 만들어가기에 이르렀고, "자신을 변화시켜 세계에 영향을 주던 데"서부터 "자체 개혁을 통해 세계를 개혁하기"에 이르렀으며, 중외 관계에서 인류의 운명에 이르기까지 근대 이후 가장 본질적인 승화를 이루면서 '네 가지 자신감'을 충분히 보여줬다. 새로운 기술혁명과 산업혁명은 세계 각국에 새로운 경제발전 방식의 전환이라는 도전과 기회를 가져다주었고, 글로벌 거버넌스의 실패는 국제제도 개혁의 계기가 되었으며, 중국은 이러한 과정에서 중요하고 긍정적인 역할을 했다. 중국으로선 전략적 기회를 포착해 자체 발전을 이루는 것이 전략적 기회 시기 사고방식의 마땅한 발상이지만, 역 글로벌화와 포퓰리즘이 팽배하는 현대에 '블랙 스완(검은 고니)'과 '그레이 라이노(회색 코뿔소)' 사건이 속출하고 있어 나 혼자만을 위할 수는 없는 일이다.

19차 당 대회 보고는 다음과 같이 지적했다. 중국 특색의 사회주의가 신시대에 진입한 것은 과학적 사회주의가 21세기의 중국에서 강대한 생기와 활력을 발산하고, 세계에서 중국 특색 사회주의의 위대한 기치를 높이 들었음을 의미하며, 중국 특색 사회주의 노선, 이론, 제도, 문화가 끊임없이 발전해 개발도상국이 현대화로 나아가는 경로를 넓혀주었으며, 급속한 발전과 더불어 자신의 독립성을 유지하기를 바라는 세계의 국가와 민족에 새로운 선택을 제공하고, 인류문제를 해결하는데 중국의 지혜와 중국의 방안을 기여했음을 의미한다.

중국 특색 사회주의가 신시대에 진입했다는 사실이 중국과 세계의 관계에서 가장 선명하게 구현되고 있는 것은 바로 '일대일로'와 인류운명공동체이다. "궁하면 변하고, 변하면 통하고, 통하면 오래 간다 『주역·계사하』(窮則變, 變則通, 通則久《周易·繫辭下》)" '궁하면 변한다'는 '변'은 개혁개방을 하지 않으면 죽는 길밖에 없음을 뜻한다. '변하면 통한다'는 '통'은 '일대일로'가 제창하는 '후롄후퉁'(5통)이다. '통하면 오래 간다'는 '구'(久)는 멀리 오래 간다는 의미로서 인류운명공동체의 구축을 가리킨다. 즉 지속적인 평화, 보편적인 안전, 공동 번영, 개방과 포용을 실현한 깨끗하고 아름다운 세계를 만든다는 것이다. 인류운명공동체와 '일대일로'는 각각 중국의 '화(和)'와 '합(合)' 문화를 구현하는데 '화'는 조화로움과 평화이고 인류운명공동체이며 '합'은 협력이고 '일대일로'이다.

'일대일로'와 인류운명공동체는 천하를 책임지고 대동세계를 만들어가려는 공산주의자들의 초심을 보여준다. 구 글로벌화는 '중심-변두리'의 등급 분화를 이루고 지역화와 글로벌화의 화합이 어려운 서방 국가 주도의 일방적인 글로벌화이다. 그리고 중국은 신형 글로벌화의 길을 개척해 다양한 문명이 함께 부흥하고 육해 연결을 기반으로 글로벌화의 현지화가 이루어지기를 희망한다. '공동의논·공동건설·공동향유' 원칙을 중심으로 중국은 여전히 글로벌 가치의 양방향 순환의 연결고리에 위치해 있다. 중국은 제3자 시장 협력을 통해 이러한 연결고리 위치를 최대한 활용해 개발도상국의 시장수요, 중국의 응용 능력과 자금을 선진국의 기술과 결합해 호혜 상생을 이루게 된다. 신형의 협력 모델은 근대 이후 "중화 문명과 서방 문명의 본체와 응용(中學爲體, 西學爲用)"의 갈등과 '특색-보편적'의 고민에서 벗어남으로써 중국이 문명 공동체임을 정확히 보여준다. 중화 문명은 예로부터 '천하무외'(天下無外, 천하는 하나로서 내외의 구분이 없다는 주장) 사상을 가지고 있다. 중국 특색은 자체가 특색을 가질 뿐만 아니라 다른 나라들도 특색을 가지기를 바라며, 궁극적으로 세계 특색을 이루어 세계 다양성을 복원하게 된다. 바로 그렇기 때문에 시진핑 총서기는 '일대일로' 건설이 "자신의 뒷동산을 만들려는 것이 아니라 각국이 공동으로 누릴 수 있는 백화원을 만들려는 것"이라고 거듭 강조했던 것이다.

신기술 혁명의 배경 속에서 미래는 '변혁 중에 있는 불평등한 세계'일 것이며, 신기술 혁명은 필연적으로 경제발전 방식을 변화시키게 된다. 기존의 글로벌 거버넌스 메커니즘은 오래된 위기도 새로운 도전에도 대응할 수 없으며, 개발도상국은 글로벌화 속에서 '영구적으로 소외되는' 큰 위험에 직면하게 된다. 중국은 개발도상국에 신흥 산업의 발전 기회를 제공하고 합리적인 가격의 양질의 하이테크 제품을 제공해 발전을 도와야 하며 신흥 시장과 개발도상국의 구성원으로서 신기술과 관련된 글로벌 거버넌스 프로세스에 참여해야 한다. 영국의 역사학자 토인비는 이런 상황을 오래 전에 이미 예상하고 "최근 500년 동안 전 세계는 정치 이외의 제반 분야에서 서방의 의도에 따라 통일되었다. 어쩌면 중국이 세계의 절반만이 아니라 세계 전체에 정치적 통일과 평화를 가져다줄 운명을 떠안았다고 할 수 있을 것"라고 말했다. 세계에서 기회를 찾던 데로부터 기회를 창조하고 세계와 기회를 공유하기까지, 이는 중국의 이익에 부합될 뿐만 아니라 중국의 사명이기도 하다.

2019년 2월

중국은 샤프 파워의 함정을 경계해야 한다

2011년 5월, 제9차 스톡홀름 중국 포럼이 개막했다. 마침 빈 라덴이 미국 네이비실에게 살해당했다는 소식이 막 발표되었을 때였는데 한 중국인 참가자가 조찬회에서 "Even though Ben Laden passed away, his soft power is still there! (빈 라덴은 갔지만, 그의 소프트 파워는 여전히 거대하다)"라는 발언을 해 포럼에 참가한 구미 관료·학자·언론인들에게 서로 얼굴만 쳐다볼 뿐, 울지도 웃지도 못하게 했다. 서방의 언어 환경에서는 좋은 사람만이 소프트 파워를 가지고 있을 뿐인데 나쁜 사람이 어찌 소프트 파워를 가질 수 있다는 말인가?! "중국의 집권 정부가 여론을 통제하고 침투한다"면서 '샤프 파워(Sharp Power, 한 국가가 대상 국가의 정치체제에 영향을 미치고 약화시키기 위해 조작적인 외교정책을 사용하는 것)'를 가지고 있다고 비난하는 것이 바로 이런 맥락에서다. 그들은 '중국'과 '소프트 파워'를 절대 연결시킬 수 없다고 생각한다.

미국의 '소프트 파워' 개념은 하드-소프트 파워의 이분법적 사고를 기반으로 한 것으로서 뚜렷한 미국 예외론 및 하늘이 운명을 정한다는 콤플렉스를 가지고 있다. 즉 자신은 영원히 정확하고 못하는 것이 없다고 생각한다. 이는 중국의 전통적인 내성외왕(內聖外王)의 권세관과는 전혀 다르다. 미국인들은 자신의 방법·제도·가치에 어떤 문제가 있는지 거의 의심하지 않으며 문제는 모두 상대방이 미국의 호의를 오해한 데서 비롯된다고 생각한다. 그리고 기술경로의 사고를 가지고 있기 때문에 시일이 지나면 다른 사람의 생각도 자기들 미국인과 똑같이 바뀔 수 있다고 자신한다. 항일전쟁 시기에 쑹메이링

(宋美齡)이 미국에 매력 공세를 한 것은 중국 공공외교의 성공 사례이다. 그러나 그때 당시는 미국이 가난할 대로 가난하고 약할 대로 약해진 중국을 동정하고 자기 품으로 끌어들일 수 있다는 확신과 기대를 안고 있었다는 것이 그 기본 전제이다. 그러나 내전이 끝나고 신중국이 창립되자 미국은 "누가 중국을 잃었는가"라는 대변론을 일으켰는데, 중국은 마땅히 미국이 구상한 방향에 따라 발전해야만 했다는 미리 설정한 전제 하에서다.

냉전시대 미국과 소련의 대결 속에서 종합 국력이 한쪽이 쇠하면 다른 한쪽은 흥하곤 하는 것을 보면서 미국도 대국 흥망성쇠의 함정에 빠질까 봐 우려한 것이 소프트파워 이론을 제기한 배경이다. 소련의 과도한 확장(아프가니스탄 침공이 그 상징)에서 교훈을 얻은 조지프 나이는 소프트파워 이론을 제기해 폴 케네디의 종합 국력에서 문화·가치관 등 소프트한 일면을 부각함으로써 미국의 패권이 오랫동안 유지될 수 있도록 사기를 북돋아 주었다.

서방의 기타 국제 관계 이론과 마찬가지로 소프트 파워 이론은 미국을 대표하는 기독교 세계를 위해 맞춤 제작한 것이다. 그러니 미국과 서방은 당연히 중국의 소프트 파워를 인정하지 않는다. 조지프 나이도 중국의 요청에 의해 때때로 중국의 소프트 파워를 언급하지만, 그것은 사상적 측면이 아닌 기술적인 측면에서 말하는 것으로 단지 아첨하는 것일 뿐이고 돌아서면 딴말을 한다. 더욱 중요한 것은 정치적 동기에서 비롯된 것이라는 점으로서 중국으로 미국을 격려하고, "미국의 소프트 파워를 손상시켜 중국이 그 빈자리를 메우고 있다"고 공화당 당국을 비판하기 위해서이다. 조지프 나이는 민주당 집권 정부에서 국방부 차관보를 지낸 바 있다. 그 후 그는 '스마트 파워'를 제기해 미국이 하드 파워, 소프트 파워를 번갈아 이용해야 한다고 주장했는데, 이는 미국의 하드 파워 및 소프트 파워가 모두 하락하고 있는 상황에서 제기한 부득이한 자구책이다. 국내 학자들은 '스마트(smart)'라는 영어 단어에 얽매여 상상을 가하면서 미국을 쇠락에서 구하고 세계를 속이려고 애쓰는 조지프 나이의 본성을 간과하고 있다.

소프트 파워의 함정이 마침내 그 진면모를 드러냈다. 얼마 전 미국 민주주의진흥재단은 「샤프 파워: 궐기하는 '권위 세력'」이라는 연구보고서를 발표해 '샤프 파워'개념을 제기했다. 이어 서방의 소수 엘리트들은 글을 발표해 중국과 러시아가 '샤프 파워'(sharp power)를 이용해 다른 나라의 인식과 의사결정에 영향을 미치고 자신의 국익을 극대화하려 한다고 비난했다. 그중에 영국의 『이코노미스트』 지에 "중국이 파괴·협박·압박의 종합적 작용을 통해 영향을 미치고 있다"라는 내용의 표지 기사가 게재되었다.

샤프 파워는 하드 파워 및 소프트 파워와 달리 특정 국가를 겨냥해 전복, 침투하면서 날카로운 칼날 같은 외교수단으로 경외에서 언론을 억압하고 세력을 확장해 이데올로기를 조종하는 등의 목적을 달성하는 것을 말한다. 하드 파워의 기반은 군사력과 경제력을 떠날 수 없다. 다시 말하면 포탄과 '은탄'(돈)의 뒷받침이 없이 하드 파워를 말할 수 없다. 소프트 파워는 가치관의 매력, 산업적 우세 나아가 문화적 영향력에 입각하며 적극적인 국제 홍보를 곁들이면 국가 이미지와 지위를 높이는 데 이롭다. 중국의 샤프 파워는 러시아가 '비대

칭 전략'(asymmetric strategies)을 이용해 서방사회를 분화시키는 것과 성격이 비슷하며, 중국과 러시아는 나란히 샤프 파워로 전 세계 민주주의를 뒤흔든 주요 사례로 간주된다.

최근 한동안 서방 싱크 탱크와 언론들은 중국 샤프 파워의 급부상을 경고했고 서방 정객들도 그 뒤를 바싹 따랐다. 호주·뉴질랜드·독일 등 서방국가들은 최근 중국이 정치적 헌납과 무료 관광 제공 등의 수단을 통해 현지 정객이나 관료들이 베이징의 이익을 대변하도록 유도하고 있다고 잇달아 지적했다. 턴불 호주 총리는 외국세력의 호주 내정개입을 막기 위해 외국에서 유입되는 정치헌금 금지 및 간첩죄 정의 확대를 명문화할 것이라고 밝혔는데, 이는 중국을 겨냥한 것이다.

러시아는 소련이 해체된 후에도 여전히 매우 중요한 나라지만 군사적으로 미국을 위수로 한 나토와 정면으로 맞서기 어렵다는 것을 스스로 알고 있으며, 경제발전은 더욱 정체되어 있다. 서방의 눈에 비친 러시아는 중국처럼 샤프 파워를 가진 강대국이지만 군사적 충돌을 촉발하지 않는 전제하에 국제무대에서 열세에 처해 있는 국면을 돌려세우려 할 뿐이고, 반면에 중국은 굴기 중인 거대한 용으로서 세계 경제에 대한 영향력이 '북극곰'(러시아를 지칭)은 비교가 안 될 만큼 막강한 것이다. 서방국가와 중국의 경제무역 관계가 깊어지고 넓어질수록 중국의 샤프 파워에 대한 세계 여론의 공포가 끊임없이 증가하고 있다. 이런 경계심은 중국의 '일대일로'에 대한 EU의 반응을 보면 알 수 있다. 앙겔라 메르켈 독일 총리마저도 최근에 중국이 발칸 지역에 침투한다고 비난한 바 있다.

일어서고, 부유해지고, 강해져가는 중국의 행보가 서방의 신경을 건드리는 것은 이해하기 어렵지 않다. 그러나 『이코노미스트』지에 게재된 바와 같이 중국은 경제 규모가 크기 때문에 압력을 가할 필요가 없이 기업들이 자발적으로 베이징의 보조를 따르게 될 것이다. 그리고 일부 서방국가들이 중국과의 경제무역 관계를 민주주의 등 보편적 가치를 견지하는 것보다도 더 중요시하는 것 또한 전혀 이상할 것이 없다. 이 잡지는 서방사회에 중국의 샤프 파워를 경계하라고 경고하는 한편 중국의 평화적 굴기를 확보해야 한다며 구미 국가들은 중국의 야망에 어느 정도 공간을 내주어야 한다고 지적하는 것도 잊지 않았다.

지난해 말 중국의 WTO 가입 과도기가 끝난 뒤 서방이 중국의 시장경제 지위를 인정하지 않은 것과 '샤프 파워'의 제기가 같은 시기에 나타난 것이 우연의 일치인 것인가? 최근 미국을 위수로 하는 서방국가는 중국을 변화시키는 것에 실패한 것에 대한 실망을 계속 드러냈다. 즉 중국 접근 정책이 중국을 서방처럼 만들지 못한 것에 대한 실망이다. 중국은 '네 가지 자신감'을 가졌으며, 또 '네 가지 자신감'을 수출할 가능성까지 생긴 것이다. 그래서 중국의 시장경제 지위를 인정하지 않는 것은 중국의 발전방식을 인정하지 않기 때문이고, 자신의 대 중국 정책이 실패했음을 받아들일 수 없기 때문이며, 세계의 변화를 직시할 수 없기 때문이다!

인정할 수 없었을 것이다. 인정하면 자기 스스로 뺨을 때리는 격이 되고 보편적 가치도 사라지게 되기 때문이다. 어떻게 하면 서방의 정체성, 특히 미국의 "절대 2인자는 되지 않을 것"이라는 국가의 신화를 재수립할 것이며, 어떻게 하면 서방국가도 '네 가지 자신감'을 가지게 해 중국 공공외교에 큰 시련을 가져다줄 수 있을 것인가!

과거에 미국을 위수로 한 서방은 중국이 힘(GDP)과 기술(R&D) 그리고 제도(중국 모델) 면에서 서방을 따라잡고 있지만, 도의적으로는 서방에 한참 미치지 못한다고 여겼으며, 그것은 중국이 서방처럼 보편적 가치 체계를 제시할 수 없기 때문이라고 생각했었다. 이제 '중국 소프트 파워 위협론'의 대표 격인 '샤프 파워'가 또 다시 서방에서 확산하고 있는데, 중국을 '위협적'이라고 규정하는 진정한 이유는 중국이 서방 이외의 대안으로 선택할 수 있는 길을 모색했고 또 서방 보편적 가치의 허위성(sharp power에서 sharp는 '예리하다'는 뜻)을 폭로했기 때문이다.

오랫동안 서방이 주장하는 '중국 위협론'은 다음과 같은 다양한 버전이 잇달아 나타났다.

중국 위협론 I : 중국은 서방처럼 핵심가치를 가지고 있지 않기 때문에 중국의 발전은 지속 가능한 것이 아니다. 그래서 중국의 인권과 민주주의에 많은 관심을 돌리고 중국과의 접촉을 통해 핵심가치 체계를 구축하고 주입하려 한다.

중국 위협론 II : 중국은 자체의 핵심가치 체계를 갖고 있지만 보편화 될 수 없으며 또 보편적 가치의 존재를 부정하고 있다. 그래서 중국은 서방 보편적 가치에 대한 공공의 적이 되었다. 서방이 중국과 접촉하는 것은 중국을 서방의 보편적 가치체계에 끌어들이기 위해서다.

중국 위협론 III : 중국은 서방의 보편적 가치와 유사한, '일대일로',

인류운명공동체 그리고 그것이 포함하고 있는 '중국 모델' 등의 가치관을 제시하며 서방의 지배력을 대체하기 위해 노력하고 있다. 크리스 패튼은 "중국의 잠재적 위협은 값싼 수출품이 아니라 민주주의의 멸망에 있으며, 민주주의가 없어도 부자가 될 수 있다는 이념을 퍼뜨리는 것이 서방에 가장 큰 위협이다"라고 말한 바 있다. 19차 당 대회 보고에서는 중국 특색의 사회주의 노선, 이론, 제도 및 문화의 지속적인 발전은 개발도상국이 현대화로 가는 길을 넓혀주었고, 급속한 발전과 동시에 독립성을 유지하기를 바라는 국가와 민족에 새로운 선택을 제공했으며, 인류 문제의 해결을 위한 중국의 지혜와 방안을 기여했다고 지적했다. 이는 서방에 또 하나의 공격의 소재를 제공한 것이다. 서방인들은 "중국이 세계를 지배하게 될 때"를 우려해 자강해야 하고 계속해 도덕의 고지를 차지해야 한다고 주장한다.

이런 담론 패권 시스템에서 "중국은 핵심가치가 있든 없든, 보편적 가치를 어떻게 대하든 상관없이 서방 세계에 위협이 된다"는 '불가능의 삼각 정리'의 딜레마에 빠지게 된다. 이러한 가치의 역설을 타파하지 않고 '가치의 보편성'과 '보편적 가치'의 관계를 명확히 설명하지 않으면 서방인은 중국의 굴기에 안심할 수 없고 중국의 굴기를 달갑게 받아들일 수 없으며, 그러면 "중국의 굴기가 역사의 비극을 반복하는 것이 아닐까?"하는 서방의 우려를 불식시킬 수 없다. 중국이 신형의 국제 관계 구축을 내세우는 것은 이에 대응하기 위해서이다.

오늘날 중국은 국제 산업 사슬의 하위에 있는 개발도상국과 경쟁해야 할 뿐만 아니라 중간에 있는 신흥국과도 경쟁해야 한다. 그리고 국제 경쟁력이 향상됨에 따라 상위에 있는 선진국과도 경쟁하기 시작해 '사면초가'의 처지에 놓였다. 이는 중국의 소프트파워 문제가 아니라 중국의 발전이 기존의 이익 구도와 권력 구도를 타파한 자연스러운 과정이다.

중국의 샤프 파워와 소프트 파워 위협론의 성행은 한편으로는 중국을 초강대국이라고 하면서도 또 다른 한편으로는 중국에 대해 이래라저래라하며 초강대국으로 생각하지 않고 경외하지 않는 서방의 허위와 방황을 반영했음을 거듭 증명하고 있다.

'불가능의 삼각 정리'를 넘어 중국 특색의 소프트파워 개념과 이론 체계를 확립해야 한다.

왜 자꾸 중국 특색을 강조하는가? 정치적으로 우리가 '중국 특색'을 강조한 것은 처음에는 소련 모델을 겨냥한 것이었고 후에는 '내정 불간섭'의 원칙과 '중국 모델'을 수출하지 않겠다는 약속으로 발전했다. 중국 특색의 시대적 함의는 어떤 '특색'을 가지고 있는가?

첫째, 중국은 민족국가가 아니라 문명국가다. 중화 문명은 중단된 적이 없이 계속 이어왔고 식민지화되지 않았으며, 더 중요한 것은 세속 문명이라는 것이다. 중국의 굴기는 세속 문명의 부흥이다. 이는 가장 큰 특색이다. 오늘날 당의 영도는 바로 이러한 세속 문명이 정치체제에 구현된 것이다.

둘째, 중국은 사회주의 국가다. 사회주의 제도를 견지하는 것은 중국 정치의 선명한 특색이다. 따라서 우리는 사회주의 핵심가치관을 강조하며 자유·민주 등은 사회주의가 이해하는 자유·민주로서 서방의 자유·민주와 동일시할 수 없다. 가치는 보편성을 띠지만 보편적 가치는 서방의 담론 패권일 뿐이다. 이른바 보편적 가치로 중국 특색에 반대하는 것이 정치 이데올로기 투쟁의 초점이다.

셋째, 중국은 엄청나게 큰 규모의 사회이고 유구한 역사를 가지고 있으며, 역사상의 다른 나라들과 다른 독특한 현대화와 민족 부흥의 길을 걷고 있다. 때문에 중국의 궐기 자체가 현대화와 민족 부흥의 함의를 풍부하게 하고 다른 나라들이 자체 국정에 맞는 현대화와 민족 부흥의 길을 걷도록 격려하고 있다. 그런 의미에서 중국 특색은 중국의 최대 소프트 파워이다.

오늘날 세계 더 나아가서 인류 역사에서 스스로 특색이라고 부를 자격을 갖춘 나라는 많지 않다. 중국의 문화는 학습형의 포용성 문화이며 중국 특색은 다른 나라 특색을 배우고 다른 문명을 폭넓게 받아들여 다방면의 이치를 체계적으로 철저히 이해한 결과이다. 예를 들면 중국 모델은 서방 모델을 참조하고 또 그것을 능가한 것이다. 중국 특색은 일반 국가의 개성을 뛰어넘어 선명한 중국적 내용과 시대적 색채를 띠고 있다. 중국은 예로부터 천하를 생각하는 정서를 가지고 있으며 편협한 민족국가가 아니다. 중국 특색은 다른 나라도 특색을 갖게 해 다양성과 평화라는 세계의 특색을 함께 성취하는 것이다. 중국 특색을 강조하는 것은 중국의 자신감·자각성·책임감을 보여준다.

먼저 자신감에 대해 말해보자. 중국 특색은 "중국 특색의 사회주의 노선은 통할 수 있고, 중국 특색의 사회주의 이론은 유용하며, 중국 특색 사회주의 제도는 꾸준히 활력을 발산할 것이고, 중국 특색 문화는 수천 년간 지속될 수 있을 뿐만 아니라 갈수록 새로워질 것"이라는 '네 가지 자신감'을 충분히 보여준다. '네 가지 자신감'은 문명에 대한 자신감을 내비쳤다. 역사적으로 중화 문명은 해외에서 전파되어 온 불교를 포용해 불학과 선종으로 만드는 데 성공했고, 근대에는 마르크스주의를 중국화했는데 이것이 바로 중화 문명의 포용적인 특색과 포용력이다. 이제는 제5의 현대화인 거버넌스 체계 및 거버넌스 능력의 현대화로 서방의 보편적 가치를 인류 공동가치인 인류운명공동체로 포용할 수 있다.

이번에는 자각성에 대해 말해보자. 오늘날 중국은 170년 전의 미국과 비슷하다. 당시 미국은 탈유럽화를 시작했다. 미국의 시인 에머슨은 1837년 하버드대학에서 강연할 때 "우리가 의지해 살아오던 날들, 우리가 외국으로부터 배워오던 긴 견습 기간이 거의 끝나간다. 삶을 위해 뛰는 우리 주변의 수천 명의 사람이 외국의 말라비틀어진 과일 씨를 먹고 살 수만은 없는 일이다."라고 말했다. 에머슨 시인이 말한 외국은 유럽을 지칭하는 것으로 미국이 독립전쟁 이후 정신에 의한 나라 수립 단계에 들어섰음을 표명한다. 오늘날 중국이 중국 특색을 강조하는 것은 아편전쟁 이후 중–서, 체–용의 이원적 사고 및 연결과 전환의 환상에서 벗어나 자각적으로 사회주의를 실천하고 국내외에서 공정과 정의를 창도하며, 또 전통적인 '공천하(公天下)' 사상과 결합해 중국의 정신에 의한 나라 수립을 실현한다는 것을 표명한다.

마지막으로 책임감에 대해 말해보자. 우리가 말하는 중국 특색은 절대 배타적인 것이 아니며 오히려 정반대로 화이부동과 조화로운 공생을 강조한다. 중국 특색은 중국에서 유래해 세계에 속하며, '장재(張載)의 명제'에 대한 글로벌화 시대의 훌륭한 답변이다. 그것은 즉, "인류사회에 양호한 정신적 가치관을 수립하는 것(為天地立心)"이것은 중화 문명과 중국 가치의 세계적 의미를 발굴해 인류 공동가치 체계를 탐구하는 것이다. "민중을 위해 올바른 운명의 방향을 선택해 생명의 의미를 확립하는 것(為生民立命)" 이것은 샤오캉사회를 전면 실현해 중국의 인권과 국권을 구현하는 것이다. "선현들이 이루어놓았으나 곧 소실될 학문을 계승하고 발양하는 것(為往聖繼絶學)"은 인류의 영원한 발전을 이룩해 여러 문명과 발전 모델이 상부상조하면서 아름다운 것을 함께 나누는 것이다. "후세의 태평한 세상을 이루는 기반이 되는 사업을 개척하는 것(為萬世開太平)"은 항구적인 평화, 보편적인 안보, 공동 번영, 개방과 포용, 깨끗하고 아름다운 세계의 건설을 추동해 글로벌화 시대의 '천하대동'을 실현하는 것이다.

일반적으로 '소프트 파워'는 주로 다음과 같은 내용을 포함하고 있다. 첫째는 문화의 흡인력과 감화력이고, 둘째는 이데올로기와 정치적 가치관의 흡인력이며, 셋째는 외교정책의 도의와 정당성이고, 넷째는 국가 간 관계 처리에서의 친화력이며, 다섯째는 발전 노선과 제도 모델의 흡인력이고, 여섯째는 국제 규범과 국제 표준 및 국제 메커니즘의 방향을 이끌고 제정하며 통제하는 능력이며, 일곱째는 한 나라의 국제 이미지에 대한 국제 여론의 높은 평가와 인정 정도이다.

중국의 국정과 결부해 보면 중국의 소프트 파워 자원에는 크게 세 가지가 있다.

첫째는 넓고 심오한 중화 문화(역사)이다. 물론 전통 중국이 직접 현대 중국으로 바뀔 수 없으며, 전통 중화 문화를 좋아한다고 해 오늘날의 중국을 좋아하는 것은 아니다. 오늘날의 중국을 좋아한다고 해 중국 정부를 좋아하는 것은 아니고, 중국 정부를 좋아한다고 해 중국공산당을 좋아하는 것은 아니다. 전통 중화 문화로 현대 중국의 이미지를 부각하려면 공을 들여야 한다.

둘째는 형성 중인 중국 모델(현실)이다. '일대일로' 이니셔티브가 전 세계적으로 광범위한, 긍정적인 반응을 불러일으킨 것처럼 중국 모델은 점점 더 세계적인 의미를 가지며, 중국 소프트 파워의 지속적인 성장을 이끄는 원천이 된다. 물론 전통적인 중화 문화는 반드시 중국에 의해서만 계승되는 것은 아니다. 주변 국가들은 중국 굴기의 도통(道統)에 의구심을 품고 있다. 하지만 중국 모델은 꾸준히 형성 중이고 꾸준히 개선 중이며, 거대한 개방성과 포용성 및 보편적 의의를 가지고 있어 자신도 모르는 사이에 다른 나라, 특히 후발국 및 신흥국에 큰 흡인력이 있다. 점점 더 많은 국가들이 중국의 성공에서 서방 현대화의 길 이외의 다른 선택을 찾고 중국 모델을 적극적으로 배우고 참고하고 있다. 이른바 "복숭아나무와 자두나무는 말이 없지만, 나무 밑에는 저절로 길이 생긴다(桃李不言, 下自成蹊)"라는 말처럼 사람이 성실하고 극진하면 자연히 사람을 감화시킬 수 있으므로 과시할 필요가 없다는 뜻이라고 했다. 우리는 충분한 성심과 자신감을 가져야 한다.

셋째는 여러 나라의 꿈을 담은 중국의 꿈(미래)이다. 중국의 꿈은 세계에 기회, 서프라이즈 및 희망을 가져다준다. 이는 앞으로 중국 소프트 파워의 마르지 않는 원천이다. 이 과정은 중국이 자신의 핵심 가치관, 신분 및 정체성을 지속적으로 개선하는 과정일 뿐만 아니라 외부 세계가 중국의 가치관을 지속적으로 이해하고 인정하며 수용하고 나아가 좋아하게 되는 과정이다. 중국의 꿈은 중국이 열심히

일하는 학습형의 전통적인 민족이 아니라 창조적이고 낭만적인 민족임을 보여준다. 모든 것은 중국 자체의 전환에 의지해 원생 문명을 널리 발양하는 동시에 문명의 혁신 구동, 전환 발전을 실현해야 하기에 짊어진 과제는 무겁고 갈 길은 멀다.

물론 중국의 소프트 파워는 순수하게 중국에만 속하는 것이 아니라 중국에서 유래했고 세계에 속한다. 중국은 소프트 파워라는 개념을 사용하고 그것을 중국화했다. 그것은 바로 문화적 측면에서 많이 강조하는 것이다. 그리고 전통 중국 문화의 화이부동(和而不同) 이념 등과 결합시켜 문화적 영향력, 도덕적 감화력, 이미지의 친화력 3대 방면의 내용을 강조했으며, 국제적 영향력, 감화력, 형성력의 문화적 기반이기도 하다. 그렇기 때문에 중국 특색의 소프트 파워 개념은 중국 문화의 내용을 포함하고 있으며 계량화 평가가 어렵고 결과로만 감지하는 수밖에 없는 것이다.

2018년 2월

중국은 세계에 매우 귀중한 확실성을 주입했다

중국은 스스로 강해져야 할 뿐만 아니라 세계와 함께 영속적으로 발전해야 한다

중화민족의 위대한 부흥이라는 중국의 꿈을 실현하는 것은 18차 당 대회 이후 시진핑 총서기가 제시한 중요한 집권 이념이다. 중국의 꿈은 우선 중국의 것이다. 중국은 다른 나라의 꿈을 꾸지 않는다. 중국은 세계 최대의 개발도상국으로서 자기 일을 잘 해내는 것이 바로 국제사회에 대한 최대의 기여이다. 중국은 자국 실정에 맞는 길을 견지하고 명석한 두뇌를 유지하며 자신감과 자각을 견지한다.

세계 대국이자 고대 문명국으로서 중국은 스스로 '네 가지 자신감'을 갖고 있을 뿐만 아니라 다른 나라들이 '자신감'을 갖는 것도 기쁘게 생각하며, 중국 특색을 갖춰야 할 뿐만 아니라 다른 나라들이 특색을 갖는 것도 기쁘게 생각하며, 스스로 강해져야 할 뿐만 아니라 세계와 함께 인류문명의 영속적인 발전도 실현해야 한다고 생각한다. 이것이 바로 '중국의 꿈'의 세계적 의의와 문명적 책임감이다. 더 나은 삶을 추구하는 중국 인민과 세계 각국 인민의 꿈은 서로 통하는 것이다.

중국의 꿈은 중국에서 유래했고 세계에 속한다. 중국에는 "자신의 입신을 원한다면 남도 입신하도록 해야 하고, 자신이 성공과 발전을 이루고자 한다면 남도 성공과 발전을 이루도록 해야 한다.(己欲立而立人, 己欲達而達人)"라는 옛말이 있다. 최근 몇 년 동안 중국의 발전성과는 다른 신흥 국가에 큰 시범과 격려의 역할을 했으며, 이로 인해 중국의 꿈은 대다수의 개발도상국에 강한 매력으로 다가갔다. 중국

의 꿈은 또 많은 개발도상국의 발전의 꿈을 대표한다. 중국은 '중국의 꿈'을 실현하는 과정에서 다른 개발도상국들이 빈곤에서 벗어나 부유해지고 현대화로 나아가도록 돕고, 올바른 의리관을 창도하며, 운명공동체를 만들기 위해 노력하고 있다. 중국의 발전은 오직 세계 여러 나라들과 함께 공동 발전과 문명의 공동 번영을 실현해야만 안정적으로 멀리 나아갈 수 있다.

'일대일로' 이니셔티브를 예로 들면, 글로벌화가 좌절을 겪으면서 세계 경제성장의 견인차인 중국은 자체 생산능력의 우세, 기술 및 자본의 우세, 경험 및 모델의 우세를 시장 및 협력의 우세로 전환하고, 중국의 기회를 세계의 기회로 전환했으며, '중국의 꿈'과 '세계의 꿈'을 이어놓았다.

중국 현대화의 생생한 경험이 광범위한 개발도상국에 매력적이다

2013년 중국은 '일대일로' 이니셔티브를 제안했다. 6년간 계획에서 실천으로, 제안에서 메커니즘을 형성하기에 이르기까지 '일대일로'는 전 세계, 특히 개발도상국의 적극적인 호응을 얻었다.

'일대일로'라는 이름 자체는 "하나가 둘을 낳고, 둘이 셋이 되고, 셋이 만물을 낳는다(一生二, 二生三, 三生萬物)"라는 중국의 전통 철학 사상을 포함하고 있다. '경제회랑', '경제벨트' 등 표현도 뚜렷한 개혁개방의 특색을 띠고 있다. "부유해지려면 길부터 닦아야 하고 빨리 부유해지려면 고속도로를 건설해야 한다", "아무리 가난해도 교육만큼은 가난하게 할 수 없다. 가난을 다음 세대에 물려줄 순 없다"라는 것 역시 중국 발전의 직접적인 경험이다.

시간적으로 가장 늦게 나온 중국의 실크로드 부흥 계획이 어떻게 다른 나라의 실크로드 부흥 계획을 추월해 널리 환영받는 국제 공공재가 될 수 있었을까? 그 원인 중의 하나가 바로 중국이 최근 몇 년 동안 빠른 발전으로 전 세계적으로 주목할 만한 성과를 거두고 국내 '후렌후퉁'을 기본상 완성한 데 있다. 예를 들어, 우리는 지난 10년 동안 3만km가 넘는 고속철도를 건설했는데 이는 전 세계 고속철도 총 길이의 70%를 차지하는 수준으로 인류 철도 역사에서 기적을 창조한 것이다. 나라를 다스림에 있어서 안정성과 지속성을 유지하는 것이 중요하다. 중국 제조에서 중국 창조로 이어지는 과정에서 중국 사회주의 제도의 우월성 및 중국 건설업자의 고난과 어려움을 두려워하지 않는 정신을 충분히 보여주었다.

현재 세계에는 13억 명에 이르는 인구가 전기가 없이 살고 있지만, 세계 최대 개발도상국인 중국은 세계에서 전력을 가장 많이 생산하는 국가가 되었다. 중국 국가 전력망은 장거리, 초고압 송전망으로 비용을 최소화하고 인류 공동의 현대화를 추진한다. 2020년 베이더우(北斗) 항법 시스템의 전 세계 적용으로 개발도상국의 원격 교육, 문맹 퇴치 및 빈곤 퇴치에 더욱 유리해졌다. '일대일로'의 성공을 통해 중국 현대화의 생생한 경험이 대다수의 개발도상국에 가장 매력적이라는 사실을 입증했다. '일대일로' 이니셔티브를 제기한 것은 중국이 과거를 돌아보며 개발도상국과의 협력 잠재력을 깊이 발굴하고 있음을 표명한다. 중국은 최강 기술 시장화 능력과 생생한 산업화 경험을 갖추고 있으며 가장 막강한 실사구시 성과 실천능력 및 유연성을 갖추고 있어 세계의 다양한 발전 요구에 가장 잘 적응할 수 있다.

'일대일로'는 또 중국 로드맵의 깊은 역사 문화적 함의를 보여준다. 『관자』(管子)에 이르기를 "천하의 눈으로 보는 자는 보지 못하는 것이 없고, 천하의 귀로 듣는 자는 듣지 못하는 것이 없으며, 천하의 마음으로 생각하는 자는 알지 못하는 것이 없다"고 말했다. '일대일로' 이니셔티브는 "뜻을 이루고 입신출세하면 천하를 구제한다"는 중국의 대국적 책임감을 보여주고 '평화협력, 개방 포용, 상호참조, 호혜 상생'의 실크로드 정신을 활성화하며, 협력과 상생을 핵심으로 하는 신형의 국제 관계를 개척하고, 21세기 인류 공동가치 시스템을 탐색하며 운명공동체를 건설한다. 세계 각국이 자국 실정에 맞는 발전의 길을 걷도록 격려하고 국제 생산능력 협력을 통해 개발도상국의 산업화 과정을 지원해 협력 결과의 혜택이 인민에게 더 많이 돌아가도록 해 공동 발전과 번영을 실현한다.

요약하면 중국은 자국 국정에 맞는 발전의 길을 개척함과 아울러 빠른 발전을 원하면서 독립성을 유지하고자 하는 국가와 민족에 새로운 선택을 제공했다.

중국의 길은 세계 다양성을 성공적으로 복원했고 또 서방에도 깨우침을 주었다

서방에는 '차이나 패러독스'라는 유행어가 있는데, 중국이 서방 모델을 따르지 않고 경제와 사회의 비정상적 성장을 이룩했다는 것이다. 그러나 이 때문에 '중국 행운설', '중국 지속 불가능설', '중국 위협론' 등 일부 질의의 목소리가 나오고 있다.

어느 순간부터 서방중심론이 주도하는 보편성은 근대 서방 문명의 강력한 주도하에 보편적 가치체계를 형성했고, '보편적 가치'는 서방 국가들이 담론 패권을 장악하는 수단이 되었다.

많은 서방인들은 서방 이론을 비교 및 참고 대상으로 해 중국 문제를 해석하기 때문에 잘못된 인식에 빠지게 된다. 서방의 특정 학과로 중국 문제를 이해하고자 하면 단편적인 이해를 얻게 된다. 각국은 서로 다르고 세계는 다양성을 가지고 있지만, 공동의 역사적 기억, 공동의 처지, 공동의 추구에 의해 서로 긴밀하게 연결되고 공동의 정체성을 형성하며 공동의 미래를 열어가게 된다는 사실은 의심할 여지가 없다.

보편적 가치체계의 역사적 기반은 서방이 글로벌화 과정을 주도했다는 것이다. 중국에 있어서 '중국 위협론'의 역설을 깨는 유일한 길은 '재(再)글로벌화'를 이룩하는 것이다. 현재의 '글로벌화'는 본질적으로 서방의 기물, 제도, 문화의 '글로벌화'이지 '진정한 글로벌화'가 아니기 때문이다. '진정한 글로벌화'는 다양한 문화, 다양한 개념 및 발전 모델을 존중하고 표현하며 문명의 다양성을 충분히 보여주는 글로벌화이다.

사실 중국 문화와 서방 문화에는 인류 공통의 가치가 있으며, 중국 문명과 서방 문명은 서로 보완한다. 스스로 보편적 가치를 대표한다고 주장하는 것은 담론 패권일 뿐이다. 중국 로드맵의 성공은 세계의 다양성을 복원하고, '글로벌화는 곧 미국화'라는 인식을 깨트렸다. 아울러 중국의 지혜와 중국 방안의 존재는 서방에도 시사하는 바가 크며, 중국의 지속적이고 성공적인 발전은 중국뿐만 아니라 서방이 어려움을 극복하는데도 시사하는 바가 크다. 물론 중국 발전의 성공은 점점 더 많은 개발도상국들이 서방을 본받겠다는 맹목적인 생각에서 벗어나 자체 발전의 길을 찾도록 격려했다.

불확실성으로 가득 찬 시대에 중국은 자체의 확실성을 유지했다

일부 학자들은 중국의 발전이 세계를 안정시키는 초석이라고 지적했다. 중국의 번영과 안정은 세계의 안정과 발전에도 도움이 될 것이다. 필자는 이 같은 견해에 동의한다. 중국에는 14억 명의 인구가 있으며 그중에는 빈곤 인구도 많다. 개혁개방 이후 중국은 빈곤 퇴치와 민생 개선 등 사업을 꾸준히 추진해 수십 년 동안 8억 명이 넘는 인구를 빈곤에서 벗어나게 함으로써 세계에서 빈곤 인구가 가장 많이 줄어든 국가가 되었으며, 세계 빈곤 퇴치에 대한 기여도가 70% 이상에 이른다. 중국 공산주의자들은 항상 초심을 잃지 않고 인민의 행복을 도모하는 취지를 고수하며, 아름다운 삶에 대한 인민의 나날이 증가하는 수요를 꾸준히 충족시키고 있다. 중국의 인민 중심의 발전 이념은 국제사회에 좋은 경험을 제공했다. 중국이 빈곤에서 벗어나 부자가 되는 모델은 점점 더 많은 국가의 인정을 받고 있으며, 다른 개발도상국들에 확신을 주고 있다.

또 글로벌 금융위기 이후 세계 경제성장에 대한 중국의 기여도가 30%를 넘어 세계 경제를 지원하는 역할을 했다. 중국의 안정적 경제 정책은 세계에 존재하는, 남에게 화를 전가하는 무역·투자 보호주의를 억제한다.

또 '일대일로'는 '후롄후퉁'을 통해 연선 국가의 경제발전을 촉진하고, 일부 국가가 빈곤 때문에 떠안고 있는 불안정성을 제거하는 데 도움이 된다. 중국의 평화적 발전, 호혜, 협력 상생의 이념은 세계를 보다 개방적이고 포용적이며 보편적이고 균형 잡힌 방향으로 발전하도록 촉진한다.

세계를 돌아보면 불확실성으로 가득 찬 시대에 중국은 자체의 확실성을 유지하고 있으며, 자체의 확실성으로 세계를 불확실성 밖으로 나가도록 이끌었다. 이러한 확실성은 중국의 규모와 세계의 평화 발전에 대한 기여를 고려할 때 매우 소중한 것이다.

중국의 확실성은 어디서 오는가? 첫째는 체제에서 오고, 둘째는 정책에서 오며, 셋째는 리더십에서 온다.

첫째, 체제의 확실성에 대해 논하도록 하자. 중국공산당은 장기간 집권해 오고 있으며, 중국의 군현(郡縣)제도는 진한(秦漢) 시기에 확립되어 오늘날까지 이어 오고 있다. 중국공산당의 대중노선은 포퓰리즘을 피할 수 있는 가장 효과적인 제도적 우세이다.

둘째는 정책의 확실성이다. 중국의 개혁개방은 지속적으로 깊이 추진되어 오고 있으며, '두 개의 백 년' 목표와 '5년 계획'이 정책의 연속성과 안정성을 확보한다. 정책의 확실성 뒤에는 끊임없이 이어져 오고 있는 중화문명이 있다.

셋째는 리더십의 확실성이다. 중국 공산주의자들은 대를 이어 분투해오고 있는데 이는 정당 교체가 잦은 일부 국가들과 선명한 대조를 이룬다.

2019년 9월

현재를 살피던 데로부터 미래를 살피기까지: 중국학은 곧 미래학이다

중국에서 토플러[13]·나이스비트[14]는 미래학과 연결되어 있다. 그들의 저작은 역사와 문화에서 영양을 섭취하는 데 능한 중화민족이 인류의 미래에 눈길을 돌리게 했다. 최근 몇 년간 나이스비트 부부는 중국으로 눈길을 돌렸으며, 그들의 최신 저작인 『메가트렌드 완전정복』(중신출판사 2018년판)은 중국의 아름다운 비전에 대해 논술하고 '일대일로' 이니셔티브 등에 대해 예측했다.

중국에 주목하는 미래학자

작은 것에서 큰 것을 보는 것은 중국인의 소양이고, 거시적인 것으로 추세를 파악하는 것은 우리의 단점이다. 빅 데이터 시대에 대세를 예측하는 것이 나날이 국민의 습관이 되고 있다. 미국 국가정보위원회가 4년에 한 번씩 발표하는 글로벌 트렌드 예측 보고서는 우리에게 신선한 느낌을 준다. 나이스비트 부부의 저서는 더 친근하고 중국인의 독서 취향에도 더 잘 부합된다.

미래는 이미 가까이 와 있다. 그저 분포가 고르지 않을 뿐이다. 지혜로운 사람은 배움을 마주하고 어리석은 사람은 배움을 등진다. 때

---

13) 앨빈 토플러(Alvin Toffler, 1928 ~ 2016) : 뉴욕 시티에서 출생한 미국의 작가이자 미래학자 겸 저술가로, 디지털 혁명, 통신 혁명, 사회 혁명, 기업 혁명과 기술적 특이성 등에 대한 저작으로 유명하다.
14) 존 나이스비트(Jhon Naisbitt) : 1982년 미래사회 예측서 《메가트렌드(Megatrends)》로 세계적 명성을 얻은 미국의 미래학자이다. 21세기에 들어서는 중국의 급부상에 주목해 2007년 나이스비트중국연구소를 세운 뒤 《메가트렌드 중국》 《중국 모델》 등 다수의 중국 관련 책을 저술하기도 했다.

문에 사람들은 종종 500년 전과 500년 후의 제갈량과 유백온(劉伯溫)[15]의 신묘한 지략과 계책에 감탄하고, 「추배도」(推背圖)[16]의 미래학에 푹 빠지는 것이다. 신비로운 색채를 제거하고 미래 과학의 변화발전 추세를 탐구하다 보면 미국 미래학자의 저서가 우리에게 시사하는 바가 있다. 필자는 토플러·나이스비트의 책을 읽으며 세계와 중국의 미래를 동경해왔다.

나는 미래에서 왔다. 이것은 미래학자의 시각이다. 미국은 역사가 짧기 때문에 미래학자가 나타났고, 중국은 역사가 길기 때문에 역사학자가 나타난 것이다. 그래서 2040년 9월 9일에 "다섯 개의 별이 동쪽에서 나온다"는 예언이 있는 것이다. 그러나 고대 지혜로운 자의 예언은 차라리 신념이라고 표현하는 편이 낫다.

어진 자는 산을 좋아하고, 지혜로운 자는 물을 좋아한다. 우리는 심해·극지·우주·네트워크와 같은 세계 공공 영역에 눈길을 돌려 중국 문명이 내륙에서 바다로, 농업에서 산업화 및 정보화로, 지역에서 전 세계로 나아가도록 해야 한다. 『메가트렌드 완전정복』은 중국 문명의 자신감과 자각을 확고히 했다.

훗날의 시선으로 내일을 되돌아보고 과거에서 내일을 미루어본다. 중국은 역사뿐 아니라 미래의 대명사가 되고 있다. 현재를 살피던 데로부터 미래를 살피는 것, 이것이 바로 미래학자 나이스비트 부부가

---

15) 유백온 : 장량(張良), 제갈량(諸葛亮)과 나란히 이름을 떨치는 지자(智者)이다. 주원장(朱元璋)이 명나라를 창립하는 과정에 큰 역할을 했다. 그 후 공성신퇴(功成身退)해 귀은전원(歸隱田園)한다. 그러나, 마지막에는 시기를 받아 주원장 혹은 호유용(胡惟庸)에게 독살을 당한다.
16) 추배도 : 중국의 예언서로 지금으로부터 약 1400년 전 당나라 때 당태종이 국운에 관심이 많아 그 당시 저명한 천문학자인 이순풍과 관상가이자 풍수지리가인 원천강에게 주문해 쓴 책이다.

최근 몇 년간 중국을 소재로 삼은 까닭이다. 중국은 더 이상 역사학자들의 연구대상이 아니라 미래학자들이 주목하는 국가로 떠오르고 있다.

천도(天道)는 무상하지만 인심은 영원하다

21세기는 중국의 세기이고 중국학은 곧 미래학이다. 5천 년의 유구한 문명이 처음으로 역사·현실·미래의 통일을 이루었다. 이것이 바로 인류운명공동체이다. 인류운명공동체 건설을 추진하기 위한 위대한 이니셔티브인 '일대일로'는 중국을 재건하고 세계에 영향을 미치고 있다. 나이스비트는 미래학의 대명사이지만 오늘날 세계는 하이델베르크의 불확실성 원리의 딜레마에 빠져 더 이상 선형 진화 논리로 묘사할 수 있는 것이 아니며, 미래학자가 꿈꿀 수 있는 것도 아니다. 메가트렌드[17]의 무작위성이 증가하고 있다. 우리는 미래학자의 저서도 비판적으로 읽어야지 맹목적으로 믿어서는 안 된다. 왜 예측이 어려울까? 세계의 불확실성 때문이다. 오늘날 세계는 수십억 명의 인구가 산업화와 글로벌화를 실현하고자 애쓰고 있는데 그 규모가 역사를 초월한다. 질적으로 인간은 천지 일체화, 인간과 기계의 상호 작용, 만물 상호 연결의 시대에 진입했고 구조적으로 권력의 분산화, 정보의 파편화를 이루어 예측하기 어려워졌다. 고대 중국인은 "천하의 대세는 합친 지 오래면 반드시 분할되고, 분할된 지 오래면 반드시 합치게 된다"고 했다. 오늘날 세계는 분할과 통합이 서로 얽혀 있

---

17) 메가트렌드(megatrends) : 사회공동체에서 일어나는 거대한 시대적 흐름을 가리키는 말로 현대 사회의 메가트렌드는 탈공업화, 글로벌 경제, 분권화, 네트워크형 조직 등을 그 특징으로 한다.

고 중국학과 세계학이 서로 촉진하고 있어 중국을 연구하는 것이 곧 세계를 연구하는 것이고, 세계를 연구하는 것이 곧 중국을 연구하는 것이다. 시진핑 주석이 지적했다시피 "세계가 잘 되어야 중국도 잘 될 수 있고, 중국이 잘 되어야 세계가 더 잘 될 수 있다."

이런 불확실성의 세계에서 중국은 최대의 확실성을 가진 힘이다. 중국의 '유전자'는 수천 년간의 축적을 거쳐 왔기에 변하지 않는다. 따라서 중국의 국가 정체성 비용이 가장 낮다. 한자의 기여도가 크고, '도법자연'의 법칙에 부합되므로 중화민족은 위대한 부흥을 실현할 수 있는 힘을 가지고 있다. 중국공산당의 리더십은 오늘날 중국 정치의 최대 장점이다. 미국과 유럽연합은 민주주의에 의존해 합법성을 구축했으나 현재 민주주의가 포퓰리즘과 민족주의의 곤혹에 빠지게 되어 문명의 저력이 부족하고 실사구시할 수 없는 난처한 상황이 불거지고 있다.

세상사는 무상하다. 메가트렌드를 통제하는 것은 모든 전략가의 꿈이고, 또 유능한 전략가는 단순한 모멘텀의 구축이 아니라 트렌드를 만들어 사람들이 그것을 따르게 한다. 천도는 무상하지만 민심은 영원하다. 우리는 나이스비트와 같은 미래학자들의 저서를 읽으면서 "전반 국면의 각도에서 문제를 고려하지 않는 자는 어느 한 지역도 잘 다스릴 수 없고, 장원한 안목으로 일을 도모할 수 없는 자는 어느 한순간의 일도 잘할 수 없다"라는 기백으로 비판적으로 받아들여야 한다. 핵심은 인심의 향배이고, 민심을 얻는 자가 천하를 얻는다는 것이다. 이것이 바로 중국판 『메가트렌드 완전정복』이다.

2018년 1월

서방은 왜 중국으로부터 개혁을 배우기 시작한 것인가?

"지식을 배우자, 그것이 멀리 중국에 있더라도." 이것은 아랍의 성훈(聖訓)이다. 이제 서방도 아랍을 따라 하기 시작했다.

처음에는 부러웠다. 『뉴욕타임스』지의 칼럼니스트 프리드먼은 몇 년 전에 "중국 지도자들은 현실이 필요로 할 때 법과 규정을 개정하고, 새로운 기준을 만들며, 인프라를 개선해 국가의 장기적인 전략적 발전을 촉진한다. 이런 의제들이 서방 국가에서 논의되고 집행되는 데 몇 년에서 수십 년이 걸릴 것이다."라고 지적한 바 있다.

후에는 자극을 받았다. 서방의 전 정계 요원들은 끊임없이 진담을 토해내면서 중국을 칭찬하는 한편 서방의 지도자들을 격려하는 것을 잊지 않았다. 몇 년 전 헬무트 슈미트 전 독일 총리는 "중국의 지속적이고 성공적인 발전은 중국 문제를 해결할 뿐만 아니라 서방이 어려움을 극복하는데도 시사하는 바가 크다"고 말했다. 시몬 페레스 전 이스라엘 대통령도 "중국은 가난하던 데서부터 자립하기에 이르고, 가난하던 데서부터 번영에 이르면서 중국의 꿈을 실현해나가고 있으며 중국의 길을 개척했다."라고 말했다. 중국의 독특한 발전 모델은 중동의 빈곤, 실업, 교육 및 낙후한 기술 등 많은 문제를 해결하는 데 적극적인 시사점과 격려의 역할을 하고 있다.

오늘날 서방은 말뿐이 아니라 행동에 옮겨 중국의 방법을 배우고 있을 뿐만 아니라 중국의 개혁도 배우고 있다. 예를 들어, 얼마 전 트럼프 미국 대통령이 AI국가위원회의 설립을 선고하고 페이스북, 구글과 같은 민간 기업에 1천억 달러의 보조금을 지원한다고 발표했다. EU는 중국의 산업정책을 배우고 일본은 중국의 '일대일로'를 배우고 있다.

　서방은 왜 중국의 개혁을 배우는 선택을 한 것인가? 무엇을 배우려 하는가? 그것이 무엇을 의미하는가?

　왜 배우려 하는가? 서방의 어지러움과 중국의 다스려짐, 서방의 쇠퇴와 중국의 번성, 서방의 무력함과 중국의 왕성함이 선명한 대조를 이룬다. 부끄러워서 배우지 않는 것이 아니라 배우지 않는 것이 부끄러운 일이다.

　중국은 최대 규모 사회에서 전면적인 개혁을 추진하고 심화시킨 결과 40년 동안 경제위기가 한 번도 일어나지 않았으며, 글로벌 금융위기가 일어난 후 세계 경제성장을 추진하는 버팀목이 되어 서방의 시선을 끌었다. 중국은 또 '일대일로'와 인류운명공동체라는, 실제로 서방에서는 제기할 수도 없는 이니셔티브와 이념을 제기하는 성과도 이루었다. 그 이면의 논리와 중국의 전략적 의도가 무엇인지 이해해야 하며 여러 가지 요소도 중국을 배우도록 서방을 떠밀고 있다. 이런 배움의 동기 또한 중국과의 경쟁에 대한 우려에서 비롯됐다. 중국이 다음에 무엇을 할 것인지, 또는 중국이 과거에 성공한 비결이 무엇인지 명확히 알아내어 중국에 더 잘 대처해야 한다. 즉 중국의 장점을 배워 중국을 제어하려는 것이다.

　왜 중국을 배우려 하는가? 또 다른 이유는 서방에는 핵심적 역할을 하는 나라가 없기 때문이다. 트럼프 행정부가 '미국 우선주의' 정책을 펼치며 서방집단에서 계속 '탈퇴'하면서 미국의 소프트 파워를 짓밟자 미국의 이익집단뿐 아니라 미국의 동맹국들도 조급해하고 있다.

　중국의 무엇을 배우려 하는가? 먼저 중국의 다스림을 배우고 다음으로 중국의 혁신을 배우며 그다음 중국의 제도를 배우려고 한다.

먼저 중국의 다스림을 배우는 것에 대해 말해보자. 예를 들어 신장(新疆) 문제와 관련해 실제로 그들은 중국이 어떻게 해냈는지 매우 놀라워하고 있다. 서방에서도 취업, 빈곤퇴치, 부패척결, 빈부격차와 같은 난제들을 겪고 있으며 중국의 경험을 참고하고 싶어 한다.

다음은 혁신에 대해 말해보자. 중국의 개혁은 더 이상 국제와의 연결이 아니라 자체 경쟁력을 높이는 중요한 선택이고 심지어 문명의 혁신이다. 예를 들어, 중국은 연구개발에 대한 투자가 미국 버금가는 규모이며 인공지능과 빅 데이터는 빠르게 발전하고 있다. 메르켈 독일 총리는 최근 중국의 우한(武漢)을 방문했고 2년 전에는 선전(深圳)과 청두(成都)를 방문했었는데 상기 도시들은 모두 중국에서 혁신이 활발하게 이루어지고 있는 도시들이다. 투자의 새로운 기회를 찾고 중국의 디지털 혁명을 배우기 위한 방문이었다.

그다음은 중국의 정책과 제도를 배우는 것이다. 지난해 제73차 유엔총회 기간에 록펠러 재단은 유엔총회 관련 워크숍을 조직했는데 필자에게 '일대일로'와 중국의 대외 원조에 대해 소개해줄 것을 청했다. 유럽은 중국의 문관제도를 배웠고, 지금은 중국의 호적제도에도 관심이 많다.

아이러니한 것은 서방이 중국을 배우고 싶어 할수록 겸손한 태도를 취하는 것이 아니라 오히려 중국을 비난하고 있는 것이다. 그리고 비난의 대상이 바로 그들이 배우고자 하는 내용인 것이다! 다시 말하면 그들이 비난하는 것은 바로 중국에서 가장 경쟁력을 갖췄다고 생각되는 부분으로서 그들은 중국이 그런 것을 바꿔 저들의 경쟁력을 유지할 수 있기를 바란다. 예를 들어 유럽연합은 중국을 '제도적 라이벌'로 지정하고 유라시아 '후롄후퉁' 전략을 도입해 중국의 '일대일로'를 통합하기를 희망하고 있으며, 미국·일본·호주도 인도-태평양지역에서 인프라와 민생 건설을 진행하고 중국의 산업정책을 따라하면서 '일대일로'의 영향을 상쇄하려 한다.

서방이 중국으로부터 배우고자 하는 것은 실제로는 서방이 잊고 있었던 것이다. 중국을 배우는 것은 자신을 배우는 것이고 초심으로 돌아가는 것이다. 중국의 산업정책, 국유기업, 보조금 등 중에서 어느 것이 서방에서 배워오지 않은 것인가?

서방의 기독교 문명, 시장경제 모델 및 거버넌스 모델의 한계 효용이 감소하고 심지어 막다른 골목에 이르러서 중국의 개혁을 배우지 않으면 안 될 지경에 이르렀다. 달갑든 달갑지 않든, 주동적이든 수동적이든 어쨌건 참고하고 있다. 배움 자체가 더 이상은 모방이 아니라 혁신이다. 배움은 일종의 미덕일 뿐만 아니라 또 경쟁력의 원천이기도 하다.

서방이 우리에게서 배우고 있으니 우리가 좀 불편해지고 속을까봐, 추월당할까봐 걱정하는 것은 정상이다. 우리는 여전히 세계로부터 배우고 모든 인류문명의 우수한 성과를 참고하고 있으며, 우리 제도를 개혁하고 보완하면서 거버넌스 능력과 거버넌스 시스템의 현대화를 실현하고 있다.

한 세기 전에 쑨중산(孫中山) 선생이 "세계의 대세는 창창히 흐르고 있으니 이에 순응하는 자는 번창할 것이고 거스르는 자는 멸망할 것이다."라고 부르짖어서부터 덩샤오핑이 "개혁개방을 하지 않으면 죽는 길밖에 없다."라고 단언하기에 이르기까지 개혁은 중국에서 주류 국제사회에 융합되고 글로벌화의 기회를 포착해 제도의 활력과 인민의 창조력을 방출하는 유일한 선택이 되었으며, 제도 경쟁력의 원천은 개혁력에 있다. 시진핑 총서기가 언급한 바와 같이 "개혁개방은 현대 중국의 운명을 결정짓는 관건적인 수단이자 '두 개의 백 년'이라는 분투 목표를 달성하고, 중화민족의 위대한 부흥을 실현하는 관건적인 수단"이기도 하다.

지난 백 년간 한 번도 겪어본 적이 없는 대변화에 직면해 발전 모델과 국제 규칙은 변화하고 있으며, 아무도 자기가 절대적으로 옳다고 장담할 수 없다. 글로벌화는 더 이상 확정된 조건이 아니며 글로벌화 자체가 불확실성을 띤다. 개혁은 중국의 국제 비교 우위를 재부각하는 조치일 뿐만 아니라, 개혁 자체 또한 중국의 최대 국제 비교 우위가 된다. 개혁을 전면적으로 심화하는 사명은 가까운 시일 내에 있어서는 중국이 직면한 여러 방면의 첨예한 도전을 해결하는 것이고, 중간 시일 내에 있어서는 중국의 국제 비교 경쟁 우위를 재부각하는 것이며, 장기적으로는 세계 리더 국가로서 중국의 지위를 확립하는 것이다. 서방이 중국의 개혁을 배우는 동기는 첫째, 국내에 문제가 많아 중국으로부터 배워야 하고, 둘째, 중국에 추월당할까봐 중국을 주시하는 것이다.

사실상 서방은 중국의 개혁을 배움에 있어서 기물에 머물러 있으며, 제도적 부분의 개혁은 많지 않으며, 정신적 부분은 더 보기 드물다. 중국의 진정한 개혁 정신에 대해서 서방은 어쩌면 배울 수 없을지도 모른다. 그것은 바로 "하루라도 새로워질 수 있다면, 날마다 묵은 것을 버리고 새롭게 하며, 쉼 없이 새로움을 지속하라(苟日新, 日日新, 又日新)"는 문명의 저력과 성심성의껏 인민을 위해 봉사하는 취지이다. 이것은 사실 그들이 가장 배워야 할 부분이다.

『도덕경』 제49장은 인민 중심의 집권 이념을 잘 설명하고 있다.

성인군자는 고정불변의 자체 의지를 갖고 있지 않고 대신 백성의 의지를 자기 의지로 삼는다. 선한 사람을 선한 마음으로 대하고 선하지 않은 사람도 선한 마음으로 대한다면 한 시대의 모든 사람이 선한 품덕을 갖추게 될 것이다. 성실하고 신용을 지키는 사람을 믿어주고, 성실하지 않고 신용을 지키지 않는 사람도 믿어준다면 한 시대의 모든 사람이 성실한 품덕을 갖출 수 있을 것이다. 성인군자가 천하를 다스림에 있어서 자신의 사욕과 편견을 다스려 천하 백성과 마음이 맞아야 한다. 백성들의 이목이 모두 성인군자에게 집중되기 때문에 득도한 성인군자라면 백성을 어린아이처럼 순박하고 자연스러운 상태로 돌아가도록 한다.

동양 학술사상의 서양 전파(東學西漸), 서양 학술사상의 동양 전파(西學東漸)로부터 현재 동양과 서양이 서로 본받기에 이르고 심지어 동·서양을 넘어 남북을 포용하는 것은 인류운명공동체의 명제이다. 우리는 세계가 동(東)과 서(西), 체(體)와 용(用), 학(學)과 점(漸)으로 구분되지 않고, 문명의 상호 참고, 문명의 혁신이기를 바라며, 이데올로기와 전통 가치관의 차이를 넘어 인류운명공동체를 구축하기 위해 협력하기를 진심으로 바란다.

2019년 9월

코로나19 방역은 위대한 '방역 정신'을 낳았다

　시진핑 총서기가 신종코로나 바이러스 감염증 예방통제 및 경제사회 발전 총괄 추진 업무배치 회의에서 "중국 인민이 코로나19 방역 과정에서 보여준 중국의 힘, 중국의 정신, 중국의 효율, 책임감 있는 대국의 이미지는 국제사회로부터 높은 평가를 받았다"고 지적했다. 코로나19가 발생한 후 중앙에서 지방까지, 도시에서 농촌까지, 단위에서 개인까지 14억 명의 중화의 아들딸들이 한마음 한뜻으로 단결해 어려움을 극복하면서 중화민족의 위대한 정신을 생생하게 보여주었다. 중대한 사건, 중대한 임무를 겪거나 중요한 고비, 중요한 순간에 직면했을 때마다 숭고하고 위대한 정신이 잉태되고 탄생하곤 했다. 우리 당 역사의 홍선(紅船) 정신, 징강산(井岡山) 정신, 장정(長征) 정신, 옌안(延安) 정신, 다칭(大慶) 정신, '양탄일성'(원자탄, 수소탄과 인공위성을 말함) 정신, 개혁개방 정신, 홍수 방지 정신, 지진 구호 정신과 여자 배구 정신 등등이 모여 중화민족 정신의 긴 역사를 이루었으며, 매우 귀중한 정신적 자산이 되었다. 신종 코로나 바이러스 감염증은 신중국 건국 이후 중국에서 가장 빠르게, 가장 널리 퍼지고 예방 및 통제가 가장 어려웠던 중대한 공중보건 비상사건이었다. 그처럼 혹독한 인민 전쟁 속에서 위대한 '방역 정신'을 잉태하고 탄생시킨 것이다. 그 정신은 코로나19 퇴치전에서 승리할 수 있는 강력한 원동력이 되었을 뿐만 아니라 그 정신이 포함하고 있는 깊은 내용은 중화민족의 발전사에 기록될 것이다.

위대한 '방역 정신'의 깊은 내재적 의미

만민이 한마음 한뜻으로 한배를 타고 서로 돕는다는 수망상조(守望相助)의 정신이다. "한곳에 어려움이 있으면 팔방에서 지원하는 것"과 힘을 모아 큰일을 해내는 것은 줄곧 우리가 가진 독특한 우세가 되고 있다. 코로나19가 발생하자 시진핑 동지를 핵심으로 하는 당 중앙은 통일적인 지도, 통일적인 지휘, 통일적인 배치, 통일적인 행동을 취해 전국 각지의 346개 의료팀과 42,600명의 군·지방 의료진을 조직해 긴급 지원에 나섰다. 19개 성이 후베이성의 우한(武漢)을 제외한 16개 시와 주를 일대일로 지원했으며, 대량의 의료 장비, 인력, 물자를 후베이성에 지원했다. 각 성, 자치구, 직할시에서는 보조를 일치하게 하고 통일된 조치를 취해 중대한 공중보건 비상사태 1급 대응을 가동하고, 제때에 합동 방역, 집단 방역 시스템을 구축했으며, 촘촘한 방역 네트워크를 구축해 전면 동원, 전면 배치, 전면 강화된 방역 국면을 형성했다. 이런 거국적인 체제 아래 비바람을 함께 견디고 시국의 어려움을 함께 극복하며 상하가 한마음이 되어 단합 분투하는 모습에 세인들은 감동했다.

명령을 받고 우레처럼 바람처럼 신속하게 움직이는 용감한 전투 정신이다. 준엄한 코로나19사태로 인해 많은 지역이 일시적으로 전시 상태에 들어갔다. 이런 상태에서는 비상조치와 파격적인 조치가 필요하다. 훠선산병원(火神山医院), 레이선산병원(雷神山医院)이 불과 10여 일 만에 기적적으로 일어나 환자를 집중적으로 치료하면서 불가능해 보였던 임무를 원만히 완수했다. 전쟁터를 방불케 하는 10여 개의 팡창병원(方舱医院, 임시 격리시설)이 신속하게 개설되어 미증유의 새로운 쾌거를 이룩했다. 명령이 떨어지자 신속하게 집결해 아무런 불평도 망설임이 행동하는 태도와 자세, 속도에 세인들은 경탄했다.

전반 국면을 돌보며 작은 것을 희생하고 전국을 보전하는 '한판 바둑'(전반 국면) 정신이다. 중앙 정부는 '내부 확산 방지, 외부 유입 방지'라는 전략적 책략을 확정했고 감염원과 전파 사슬을 차단하는 것이 매우 중요하다는 판단을 내렸다. 전반 국면을 고려해 천만 명의 인구를 가진 도시 우한을 '봉쇄'했으며, 후베이성은 인원 유출을 전면적으로 엄격하게 통제했다. 엄청난 정치적 용기가 필요한 이 결단은 엄청난 자기희생 정신을 보여주었다. 국부의 헌신은 전체의 안정을 위한 것이다. 이는 일종의 대가이며, 또 '한판 바둑'에서 이기는 핵심 키워드이기도 하다. 코로나19 방역의 전반 국면을 위해 14억 명의 중국인이 재택행동을 개시해 특별한 방식으로 묵묵히 자신의 힘을 이바지했다.

죽음도 두려워하지 않고 역행해 나아가는 영웅주의 정신이다. "드넓은 바다의 거센 물결 속에서 비로소 영웅의 본색이 드러난다." 바이러스라는 '악마'가 덮쳐오자 백의천사, 과학기술자, 해방군 장병, 당원 간부들이 어려움을 무릅쓰고 시간과 경주하며 병마와 싸우면서 역행하는 모습이 코로나19 퇴치 전선에서 가장 아름다운 풍경이 되었다. 평화 시대의 전사들이 고통도 죽음도 두려워하지 않고 죽어가는 사람을 구조하고 부상자를 돌보면서 의사의 직업 지조를 지켜 뒤돌아보지 않고 용감하게 싸우며 돌진해 나아갔다. 어떤 이는 불치병에 걸렸는데도 최전선에서 물러서지 않았고, 한 사람이 쓰러지면 그의 전우와 동료가 눈물을 훔치고 그 뒤를 이어 나아갔다. 또 어떤 이는 가족이 바이러스에 감염되었거나 병에 걸렸는데도 미처 돌볼 겨를이 없었고 결혼식 날짜까지 미루며 '전쟁터'에 나갔다. 또 다른 어떤 이는 자전거를 타고 '부대'를 찾아다녔고 어떤 이는 부부 모두 '전쟁터'로 나갔다. 그들은 죽기를 각오하고 물러서지 않았으며 온갖 어려움을 딛고 두려움 모르는 정신으로 코로나19 방역 일선에서 싸웠다.

자신감이 넘치고 승리를 향해 용감하게 나아가는 긍정적이고 낙관적인 정신이다. 코로나19 팬데믹이 발발했을 때 당황하고 두려워하고 초조해하고 걱정하는 것은 당연한 일이다. 그러나 당은 언제나 중류지주(中流砥柱)였고, 당의 강력한 영도는 줄곧 안전축이었으며, 제도적 우위가 날로 뚜렷해졌다. 그리고 또 휘날리는 당기와 사람의 목숨을 구하는 '용감한 사람들'은 주축이자 안정축이었으며 보호신이었다. 코로나19 방역이 강력하게 질서 있게 효과적으로 추진됨에 따라 사람들은 점점 더 자신감을 갖게 되었고, 이 바이러스와의 전쟁에서 이길 수 있다는 확신이 서게 되었다. 사람들은 팡창병원에서 광장무를 추고, 태극권을 연습하고, 병상에 누워 엄지손가락을 치켜세우며 힘내라고 서로를 격려했다. "우한(武漢) 필승, 후베이(湖北) 필승, 중국 필승"이라는 구호가 중국 대지에 울려 퍼졌으며, 수억 인민이 필승의 자신감을 가지고 승리를 향해 나아갔다.

'방역정신'은 코로나19 방역저지전에서 승리를 거둘 수 있었던 강력한 버팀목이다

'방역정신'은 중화민족 정신의 실루엣이다. 그 감동적이고 눈물겨운 정신은 찬탄을 받아 마땅하며 가는 곳마다 승리할 수 있는 무적의 정신이다. 코로나19 퇴치의 준엄한 투쟁에서 전 당과 전 군, 전 민족이 보여준 정신 상태와 정신력은 코로나19와의 인민 전쟁, 총체전, 저지전에서 승리를 거둘 수 있었던 중요한 버팀목이며, 끊임없이 새로운 위대한 승리를 쟁취할 수 있는 강력한 원동력이다.

정신력은 코로나19 퇴치전의 승리를 거둘 수 있었던 강력한 버팀목이다. 사람은 정신이 없으면 일어설 수 없고, 나라는 정신이 없으면 강대해질 수 없다. 시진핑 총서기는 "한 민족의 부흥은 강한 물질적 힘을 필요로 할 뿐만 아니라 강한 정신력도 필요로 한다"고 강조했다. 물질적인 실력을 갖추게 되면 어려움 앞에서 더 자신감을 가질 수 있고, 정신적인 완강함이 있으면 시련 앞에서 절대 고개를 숙이지 않을 수 있다. 코로나19 사태 앞에서 중국이 동원해서 모은 물질적 힘은 코로나19 방역작업을 질서 있게 추진할 수 있는 유력한 버팀목이 되었고, 그 정신력에 세계는 또 한 번 놀라게 했다. '인민 대중의 생명안전과 건강을 최우선으로 삼음으로써' 생명의 숭고함과 인민지상의 가치 이념을 보여주었다. '인민 대중에 굳게 의지해 코로나19 방역 저지전에서 확실한 승리를 거둠으로써' 대중을 믿고 대중에 의지하는 유물론적 역사관을 실천했다. '코로나19 방역 투쟁의 최전방에서 당기를 휘날리며' 초심을 잃지 않고 사명을 명심해야 한다는 시대의 우렁찬 목소리가 울려 퍼지게 했다. 백의천사가 장렬하게 역행함으로써 죽어가는 사람을 살리고 부상자를 돌보면서 사심 없이 봉사하는 인류애를 보여주었다. 어느 한 곳에서 어려움을 겪고 있으면 팔방에서 지원하며 단합해 시국의 어려움을 함께 극복하는 집단주의 정신을 구현했다. 어려움을 무릅쓰고 모든 정예부대를 파견해 출전시킴으로써 용감하게 투쟁하고 과감하게 승리하는 두려움 모르는 혁명정신을 구현했다. '책임감 있는 대국의 모습을 보여줌으로써' 서로 도우면서 난관을 헤쳐나가는 인류운명공동체 이념을 널리 알렸다. 바로 정신력의 유력한 버팀목 역할과 내적인 이끎이 있었기 때문에 중화의 대지에서 심금을 울리는 구원에 깃든 이야기들이 펼쳐졌고, 전력을 다해 바이러스와 싸워온 많은 순간들이 기록되었으며 전체 중화의 아들딸들은 공동으로 노력하고 한마음 한뜻으로 단합해 튼튼한 방역의 장성을 쌓아 올릴 수 있었다.

정신력은 문화 유전자의 꾸준한 전승에서 비롯된다. 시진핑 총서기는 "중화민족은 역사적으로 많은 시련을 겪었지만 결코 무너지지 않았고 좌절을 당할수록 더 용감해졌으며, 시련 속에서 성장하고 시련 속에서 일어섰다."라고 말했다. 중화민족은 예로부터 "마음속에 대아를 품고 국가에 충성을 다하는(心有大我、至誠報國)" 애국심과 "'다친 사람은 없느냐?'라고 물을 뿐 말이 어찌 되었는지는 묻지 않는('傷人乎?'不問馬)"는 인도주의 정신, "우공이 산을 옮기고(愚公移山) 정위가 바다를 메운(精衛塡海)" 분투정신, "두 사람이 마음을 합치면 그 날카로움이 쇠도 자를 수 있는(二人同心, 其利斷金)" 단합 호조 정신, "목숨을 바쳐 의를 취하는(舍生而取義)" 희생정신, "천하의 흥망은 필부에게도 책임이 있다(天下興亡, 匹夫有責)"는 책임을 짊어지는 정신, "온몸이 다 닳는 한이 있어도 천하를 이롭게 하기 위해서라면 노고를 마다하지 않는다(摩頂放踵, 利天下為之)" 봉사정신을 가지고 있다. 중국공산당이 혁명과 건설 및 개혁을 이끄는 과정에서 중화민족의 정신은 더욱 고양되고 연마되어 홍색정신의 계보를 형성했다. 이번 코로나19 퇴치 투쟁에서 응집된 정신력은 중화민족의 우수한 문화와 귀중한 품질을 시대와 더불어 전승하고, 중국공산당의 우수한 전통과 홍색 유전자를 일맥상통으로 계승했으며, 중화민족 정신의 계보에 이 시대의 독특한 역사를 써낸 것으로서 중화민족의 자강불식의 민족품격을 집중적으로 보여주었고, 애국주의를 핵심으로 하는 민족정신을 집중적으로 구현했으며, 중화의 우수한 전통문화, 혁명문화, 사회주의 선진문화를 집중적으로 반영했다.

정신력은 코로나19 퇴치 투쟁 속에서 승화되었다. 오늘날 세계는 지난 백 년간 한 번도 겪어본 적이 없는 대변화를 겪고 있고, 중국은 중화민족의 위대한 부흥을 실현하는 중요한 시기에 처해 있으며, 중국공산당은 현재 인민을 인솔해 새로운 역사적 특성을 띤 많은 위대한 투쟁을 진행 중이다. 최근 몇 년간 국제 환경의 불확실성은 "민족 부흥에 가까워질수록 순풍에 돛 단 듯이 순탄해지는 것이 아니라 갈수록 위험한 도전과 험난한 풍랑이 많아질 것"이라고 귀띔해주고 있다. 이번 코로나19 방역의 준엄한 투쟁 속에서, 당 중앙의 강력한 지도하에 당원과 간부들이 앞장서고, 의료 종사자들이 밤낮으로 분투하고, 인민해방군 장병들이 용감하게 격전을 치르고, 광범위한 인민 대중들이 호소에 호응하고, 공안인민경찰, 지역사회 근무 인원, 언론인, 자원봉사자 등이 최전방을 고수했다. 이들 모두가 용감하게 투쟁하는 정신의 참뜻을 실제 행동으로 해석하면서 함께 새로운 시대 '역귀와 싸우는' 장엄한 장면을 그려냈다. 이러한 시련과 세례를 겪으면서 수많은 당원, 간부, 대중의 투쟁의식이 더욱 높아지고 투쟁기술이 더욱 연마되었으며 투쟁정신이 더욱 고양되고 정신력이 또 한 번의 위대한 승화를 이뤄냈다.

  정신력은 새로운 위대한 승리를 이룰 수 있도록 우리를 격려한다. 현재 중국은 코로나19 방역에서 중요한 전략적 성과를 거두었지만, 여전히 많은 새로운 상황과 새로운 문제에 직면해 있으며 특히 코로나19 팬데믹은 세계 경제에 악영향을 미치고 중국의 코로나19 방역과 경제 사회 발전에 새로운 시련을 가져다주었다. 이를 위해 "전면적인 승리를 거두기 전에는 성공했다고 쉽게 말하지 않을 것"이라는 결심과 끈기를 강화하고 방역 관련 여러 업무에 세심한 주의를 기울여 코로나19 방역의 인민 전쟁, 총체전, 저지전의 완전한 승리를 확보해야 한다. 코로나19의 외부 유입과 내부 확산을 동시에 방지하는 업무를 실속 있게 틀어쥐든 아니면 여러 나라와 공동으로 코로나19 방역을 진행하든 정신력의 격려와 지지가 없이는 불가능하다. 이를 위해 우리는 코로나19 퇴치 투쟁에서 얻은 경험과 교훈을 총화하고, 지혜의 힘을 흡수해 '네 가지 의식'을 강화하고, '네 가지 자신감'을 확고히 하며, '2가지 수호'를 실현하고, 중국 특색의 사회주의 제도와 국가 거버넌스 체계의 현저한 우세를 깊이 인식하며 사상과 행동을 당중앙의 결정과 배치에 더욱 확고히 통일시켜야 한다. 시종일관 신중함을 유지하면서 코로나19와의 싸움에서 최종 승리를 거두어 한해의 경제사회 발전목표를 예정대로 달성하고, 빈곤퇴치 난관돌파 결승전과 샤오캉사회 전면 실현 결승전에서 위대한 승리를 이룩해야 할 것이다.

2020년 6월

제3장

인류는 본체(體)이고 세계는 그 응용(用)이다

『공산당선언』에서 인류운명공동체에 이르기까지
인류운명공동체를 이해하는 세 가지 차원
인류운명공동체는 어떻게 '3통'을 실현할 것인가
인류운명공동체에 관한 중국공산당의 논리
인류운명공동체 이념의 큰 구도와 큰 지혜
인류운명공동체는 왜 세계의 공감을 이끌어낼 수 있었던 것인가?
인류운명공동체의 10대 관계를 잘 처리해야 한다

『공산당선언』에서 인류운명공동체에 이르기까지

"한 유령이, 공산주의의 유령이 유럽을 떠돌고 있다." 1848년 2월 마르크스주의의 탄생을 알리는 『공산당선언』이 출판되었다. 170년 동안 이 저서에 담긴 사상의 빛은 시공간을 뛰어넘어 인류발전사 상 획기적인 의미를 가진 상징적인 문헌의 하나가 되었다.

마르크스주의 경전에서 신앙의 힘을 얻다

『공산당선언』은 마르크스주의가 서방 문명의 정상에 서서 19세기 독일 고전철학, 영국 고전 정치경제학, 프랑스 공상사회주의의 훌륭한 성과를 이어받은 것이다. 『공산당선언』은 처음으로 과학적 사회주의 이론을 구체적으로 설명했으며, 공산주의 운동이 거스를 수 없는 역사의 흐름이 되었다고 지적했다. 그때 당시 이는 마치 천둥이 친 것처럼 전 세계 프롤레타리아들에게 희망을 가져다주었으며 방향을 제시해주었다.

시진핑 총서기는 천왕다오(陳望道)가 당시 처음으로 『공산당선언』을 중국어로 번역하는 과정에 있었던 이야기를 여러 차례 언급한 바 있다. 그것은 '진리가 단맛'이라는 이야기다. 이우(義烏)에는 설날에 쭝즈(粽子)를 흑설탕에 찍어 먹는 전통이 있다. 어느 날 천왕다오의 어머니 장추이제(張翠姐)가 아들에게 음식을 가져다주고는 방 밖에서 "흑설탕이 모자라지 않느냐? 좀 더 가져다줄까?"라고 물었다. 그때 당시 책 번역에 몰두하고 있던 천왕다오는 "달아요, 달아요!"라고 건성으로 대답했다. 잠시 후 그릇을 치워주려고 아들의 방에 들어온 어머니의 눈에 들어온 것은 입가에 먹물이 가득 묻은 천왕다오의 모습이었다. 흑설탕은 손도 대지 않은 상태였다. 모자는 그만 서로 마주 보며 웃고 말았다. 천왕다오가 쫑즈를 먹물에 찍어 먹으면서 달다고 말한 울지도 웃지도 못할 일 때문에 신앙은 맛을 갖게 된 것이다.

『공산당선언』이 세상에 나온 뒤 170년의 역사가 증명하다시피 마르크스주의는 오로지 각국의 국정과 결부시켜야만 강력한 생명력과 창의력, 감화력을 발휘할 수 있다. 중국공산당이 중국의 혁명, 건설, 개혁을 이끈 역사는 바로 마르크스주의의 기본 원리를 중국의 현실과 결부시켜 마르크스주의의 중국화를 꾸준히 추진하고 이론 혁신을 추진한 역사이다. '시진핑 신시대 중국 특색 사회주의 사상'은 마르크스주의 중국화의 최신 성과이다.

"중국공산당이 하는 모든 일은 중국 인민을 위해 행복을 도모하고, 중화민족을 위해 부흥을 도모하며, 인류를 위해 평화와 발전을 도모하는 것이다." 시진핑 총서기는 중국공산당과 세계 정당 고위급 대화에서 기조연설을 통해 "공공의 이익을 위한 당 건설(立黨爲公), 인민을 위한 집권(執政爲民)"이라는 중국공산당의 취지를 설명했다. 인류운명공동체 건설을 추진하고 신형의 정당 관계를 구축하는 것은 세계 최대 정당이자 5천 년 중화 문명의 전승자로서의 중국공산당의 세계적 책임이다.

인류운명공동체를 건설하고 아름다운 세상을 만들다

현대 정당 정치는 서방에서 기원했고 서방 문명은 분할(分)의 철학이라는 사실은 널리 알려져 있다. '분할'은 경쟁과 혁신을 가져오고 개인의 진보로 사회의 진보를 촉진하지만, 그러한 개인의 진보로 인해 전반적인 이익이 손해를 입을 수도 있다. 이익과 사고방식이 갈수록 세분화되어 정치의 파편화, 사회의 극단화로 이어지면서 포퓰리즘과 극단주의를 부추기고 있다. 최근 몇 년 동안 서방 정당의 신뢰도가 심각하게 하락하고 정치 문명이 도전을 받은 것은 바로 이 때문이다. 이런 상황에서 인류는 어디로 가야 하는가? 인류 정치문명의 전망은 어떠한가?

세계가 잇달아 동방으로 시선을 돌리고 있다.

중국공산당은 5천 년 중화 문화의 대동(大同)사상의 진수를 흡수하고 마르크스주의 '자유인 연합체 사상'을 계승했으며, 서방 '정치 문명 공동체'의 경험을 거울로 삼아 인류운명공동체의 개념을 제시했다. "인류운명공동체를 구축하고 아름다운 세상을 함께 만든다: 정당의 책임"을 주제로 한 중국공산당과 세계 정당 간 고위급 대화에서는 인류로 유권자의 관심을 뛰어넘고 운명으로 정권의 추구를 뛰어넘으며 공동체로 선거를 뛰어넘는 사고방식으로 국내 거버넌스와 글로벌 거버넌스의 유기적인 통일을 이루는 새로운 국면을 개척할 것을 세계 정당에 호소했다. 시진핑 총서기의 인류운명공동체 구축 제안은 중국 공산주의자들의 문화적 자신감과 정치적 원견성을 충분히 보여주었으며, 이는 정당 외교와 정치 문명의 위대한 창조라고 할 수 있다.

중국공산당이 중국 인민을 인솔해 중국 특색 사회주의의 신시대에 들어섰다. 인류운명공동체를 건설하기 위해서는 반드시 신형의 정당관계, 신형의 글로벌화, 신형의 글로벌 거버넌스 모델의 구축을 추진해야 한다. '일대일로' 이니셔티브가 바로 주요 수단이다. 이 이니셔티브는 정책·시설·무역·자본·민심의 '후롄후퉁', 그리고 육해 총괄, 내외 총괄, 정경 총괄로 광범위한 개발도상국의 이원 경제 구조를 변화시키고 발전 구도를 확장했을 뿐만 아니라, 연선 국가의 발전 전략을 연결하는 새로운 도약을 실현했다. 또 녹색 실크로드, 건강 실크로드, 지적 실크로드, 평화 실크로드를 공동으로 구축함으로써 발전이라는 최대 공약수를 포착해 중국 인민뿐만 아니라 연선 여러 나라 인민들에게 행복을 가져다주고 있다. '일대일로' 건설을 중국공산당 규약에 포함시켰는데, 이는 인류운명공동체 건설에 대한 중국 공산주의자들의 자신감과 자각을 충분히 보여주었다.

중국공산당은 『공산당선언』 정신의 현대 실천자이다. "중국공산당은 중국 인민의 행복을 도모하는 당이며, 인류의 진보 사업을 위해 분투하는 당이다." 1848년부터 2018년까지 마르크스 고전 저서에서부터 '시진핑 신시대 중국 특색 사회주의 사상'에 이르기까지, 인류의 행복을 도모하고 세계의 대동을 추구하는 주선으로 일관되었다! 인류운명공동체의 구축을 추진하는 것은 중국공산당의 발전과 성장을 촉진하고 마르크스주의를 활기차게 만들 뿐만 아니라 인류 문제의 해결을 위한 중국의 지혜와 중국의 방안에 기여하게 된다.

2018년 2월

인류운명공동체를 이해하는 세 가지 차원

마오쩌둥의 "전 세계 어디서나 추위도 더위도 다 같이 겪게 되리라 (環球同此涼熱)"로부터 시진핑의 '인류운명공동체'에 이르기까지 중국 공산주의자들의 세계관은 끊임없이 시대와 더불어 발전해 왔으며, 중국은 점차 국제 도의의 감제고지를 차지하기에 이르렀다.

시진핑 주석은 유엔 제네바 본부에서 '인류운명공동체' 사상을 체계적으로 논술해 국제사회의 광범위한 주목을 받았다. '운명공동체'라는 표현은 2011년 『중국평화발전』 백서에 처음 등장했고, 그 후 18차 당 대회 보고에서 엄숙히 발표되었으며, 20세기 후반기 국제사회가 제기한 "우리에겐 오직 하나의 지구가 있을 뿐" 등의 슬로건에서 시작되었지만, 그것을 훨씬 추월해 글로벌 거버넌스의 영혼이 되었다.

2017년 1월 18일 시진핑 국가주석은 스위스 제네바의 팔레 데 나시옹(국가들의 궁전. 유엔 유럽 본부)에서 열린 '인류운명공동체 공동의논 공동구축' 고위급 회의에 참석해 「인류운명공동체 공동구축」이라는 제목으로 기조연설을 했다.

'인류운명공동체'를 이해하는 세 가지 차원

첫 번째는 역사적 차원이다.

천하의 대세는 "합친 지 오래면 반드시 갈라지고, 갈라진 지 오래면 반드시 다시 합쳐진다(合久必分, 分久必合)"는 말처럼 오늘날의 '합침'은 바로 국가의 협애함과 국제의 차이를 넘어 인류의 전체의식을 수립하는 것이다. 시진핑 주석은 제네바 유엔 유럽 본부에서 한 연설에서 "360여 년 전 「베스트팔렌 조약」으로 확립된 평등과 주권의 원칙으로부터 150여 년 전 「제네바 조약」으로 확립된 국제 인도주의 정신까지, 70여 년 전 「유엔 헌장」이 확립한 4대 취지와 7항 원칙으로부터 60여 년 전 반둥회의에서 제안한 평화공존 5항 원칙까지, 국제관계의 변화발전 과정에 일련의 공인된 원칙을 축적해 왔다"고 지적했다. 이러한 원칙들은 인류운명공동체 구축의 기본 지침이 되어야 한다. 이는 중국이 인류운명공동체 사상을 제시함으로써 인류사회가 꾸준히 탐구해온 우수한 전통을 계승해 21세기에 승화시켰음을 보여준다.

두 번째는 현실적 차원이다.

정치적 측면: 파트너십이다. 평등하게 대우하고 서로 협상하고 이해하는 파트너십을 구축한다. 국가 간에 대화하고 대립하지 않으며, 동반자가 되고, 동맹을 맺지 않는 파트너십을 구축해야 한다. 강대국은 서로의 핵심 이익과 주요 관심사를 존중하고, 갈등과 불일치를 통제하며, 충돌과 대립을 하지 않고, 상호 존중, 협력과 상생의 새로운 관계를 구축하기 위해 노력해야 한다. 평화, 주권, 일반 특혜 및 공동 거버넌스의 원칙을 준수하고 심해, 극지, 우주, 인터넷 및 기타 분야를 서로 경쟁하는 경기장이 아니라 모든 당사자가 협력하는 새로운 영역으로 만들어야 한다.

안전적 측면: 상호 의존한다. 공동건설 및 공동향유를 고수하고 보편적으로 안전한 세상을 건설한다. 공정하고 정의로우며 공동으로 건설하고 공동향유하는 안전 구도를 구축하고, 포괄적인 안전, 공동 안전, 협력 안전 및 지속 가능한 안전이라는 새로운 안전 개념을 제창해야 한다.

경제적 측면: 함께 발전한다. 협력과 상생을 고수하고 공동으로 번영하는 세계를 건설한다. 개방·혁신적이며 포용·호혜적인 발전 전망을 모색한다. 모두가 함께 발전하는 것이 진정한 발전이고, 지속 가능한 발전이 좋은 발전이다. 운명공동체는 상호의존에서 비롯되고 상호의존을 초월하며, 적극적인 상호의존으로 소극적인 상호의존을 초월함으로써 국제균형과 조화로운 발전을 추진한다.

문화적 측면: 다원적으로 공생한다. 교류와 상호 참조를 고수하면서 개방적이고 포용적인 세계를 건설한다. 화이부동, 겸수병축(兼收並蓄)의 문명교류를 촉진한다. 시진핑 주석은 2014년 3월 유네스코 본부의 연설에서 "오늘날 인류는 다양한 문화, 인종, 피부색, 종교와 다양한 사회제도로 구성된 세계에서 생활하고 있으며, 각국 인민들은 '너 안에 나 있고, 나 안에 너 있는 운명공동체'를 형성하고 있다"고 지적했다.

환경적 측면: 지속 가능한 발전이다. 녹색 저탄소 원칙을 견지해 깨끗하고 아름다운 세계를 건설한다. 자연을 존중하고 녹색 발전의 생태체계를 구축한다. "인류에게는 단 하나의 지구가 있을 뿐이고, 각국은 하나의 세계에서 공존한다." '운명공동체'는 '운명이 서로 이어져 있고 동고동락함'을 강조하며, 평화, 발전, 협력, 상생의 공동으로 꿈꾸는 미래를 위해 공동의 위기, 공동의 도전에 공동으로 대응할 것을 강조한다. 각국은 오로지 서로 존중하고 평등하게 대해야만 협력 상생하고 공동으로 발전할 수 있다.

세 번째는 미래적 차원이다.

운명공동체 사상은 "세계가 잘 되어야 중국도 잘 될 수 있고, 중국이 잘 되어야 세계가 더 잘 될 수 있다."라는 중국과 세계의 관계에 대한 선언이기도 하다. 더 장원한 의미는 허위적인 '보편적 가치'와 결별하고 인류 공통의 가치관을 추구하는 것이다. 시진핑 주석이 2015년 9월 제70차 유엔총회 일반토론에서 지적했다시피 "'대도가 행해질 때 천하는 비로소 모두의 것이 될 수 있다.' 평화·발전·공평·정의·민주·자유는 전 인류 공동의 가치이자 유엔이 추구하는 숭고한 목표이기도 하다." 운명공동체는 인류문명의 지속적인 발전에 눈길을 돌리고 문명 질서의 확립을 촉진하며 편협한 민족 국가의 시각을 넘어 '인류는 전일체'라는 관념을 수립하는 것이다. 국제 질서와 이데올로기의 차이를 넘어 인류의 최대 공약수를 모색하고 협력과 상생을 핵심으로 하는 신형의 국제 관계를 구축하며 평화적 발전, 공동 발전 및 지속 가능한 발전을 창도한다.

'운명공동체' 사상은 이익공동체·책임공동체 사상의 승화로서 처음에는 안신입명(安身立命) 할 수 있는 곳, 발전과 번영의 토대 등과 같이 주변에 초점을 맞추었으나 그 후에는 개발도상국에 많이 사용되었고 남방의식을 강조했는데, 최고의 경지는 '인류운명공동체'이며, 현실 세계에서 가상공간인 사이버공간의 운명공동체로 확장되었다.

'인류운명공동체' 건설의 세 단계

단계 1: 자기 운명은 스스로 장악하는 것이다. 세계의 전도와 운명은 반드시 각국이 공동으로 장악해야 한다. 이는 공동체 구축을 위한 전제 조건이다. 중국은 '안보는 미국에, 경제는 중국에 의지하는' '아시아 패러독스'와 양자 군사 연맹체계를 넘어 '함께 호흡하고 운명을 함께 하는' 안보 파트너십을 적극 제창한다.

단계 2: 운명을 서로 연결시키는 것이다. 각국은 자주적으로 사회제도와 발전의 길을 선택한다. 경제와 사회 발전을 추진하고 인민의 생활을 개선하는 각국의 실천을 존중하며, 안전과 경제의 협동 발전을 이룩해야 한다.

단계 3: 국가별 차이가 있기에 세계는 다양성을 띤다. 그러나 공통의 역사 기억, 공통의 처지, 공통의 추구가 여러 나라들을 밀접하게 연결시켜 공통의 신분과 인정을 형성하고 공통의 미래를 형성한다. 이와 관련해 페이샤오퉁(费孝通) 선생은 "각자 자체의 우수한 문화를 고양하면서 타국의 우수한 문화를 받아들여 서로의 우수한 문화를 포용하고 공유해 천하 대동을 이루어야 한다(各美其美, 美人之美, 美美與共, 天下大同)"라고 말했다.

시진핑 총서기는 중국공산당 중앙정치국 제27차 집단학습을 주재하면서 다음과 같이 강조한 바 있다. 글로벌 거버넌스 이념의 혁신과 발전을 촉진하고 중국 문화의 긍정적인 처세술 및 거버넌스 이념과 현시대의 공감대를 적극적으로 발굴하며 인류운명공동체 건설 등의 주장을 계속 풍부하게 하고 공동의논·공동건설·공동향유의 글로벌 거버넌스 이념을 고양해야 한다. 운명공동체 사상은 「유엔 헌장」의 취지와 원칙을 계승하고 선양했으며, 글로벌 거버넌스의 공동의논·공동건설·공동향유 원칙의 핵심 이념으로서 서방의 소극적인 의미의 하나의 지구, 지구촌 등 이념을 뛰어넘어 긍정적 의미의 동고동락을 형성한다. 이는 물질적 측면에서뿐만 아니라 제도적, 정신적 측면에서도 공통점을 취하고 차이점을 보류하며, 공통점을 모으고 이견을 해소하면서 천하위공(天下爲公), 대동세계의 경지에 도달하는 것이다.

2019년 12월

인류운명공동체는 어떻게 '3통'을 실현할 것인가

　인류운명공동체와 '국제 자유 질서'는 어떤 관계인가? 중국이 천하 시스템을 회복하려는 것인가? 저자는 최근 인도국제경제관계연구협의회(CRIER)의 한 세미나에 참석해 「인류운명공동체에 대한 이해」라는 제목으로 발언했다. 발언에 이어 청중들이 이 문제에 대해 토론을 벌였다.

　이른바 국제 자유 질서는 사실 '미국 치하의 평화'로서 3대 지주를 포함하고 있다. 첫째는 유엔 시스템으로 중국은 그중의 일부이다. 미국이 '탈퇴'와 반(反)다자주의를 실시하는 것과 반대로 중국은 그것을 수호하고 있다. 둘째는 아시아-태평양지역의 '수레바퀴 살과 바퀴 통(輻輳)' 시스템이다. 즉, 미국·일본, 미국·한국, 미국·호주, 미국·필리핀, 미국·태국의 양자 동맹은 바퀴 살(輻輳)이고, 미국의 패권은 바퀴 통(輳)이다. 아울러 미국은 안보와 시장 접근을 제공하고 동맹국은 미국의 최전방 군사 배치와 전략적 동반자 지위를 제공하는 지역 안보 질서를 형성한다. 미국 학자 존 아이켄베리는 이런 자유주의적 패권 질서를 "동아시아 국가들은 미국 시장에 상품을 수출하고 미국은 동아시아에 안보를 수출한다"라고 형상적으로 표현했다. 중국의 굴기는 이런 국면을 타파해 "경제는 중국에 의존하고, 안전은 미국에 의존한다"라는 '아시아 패러독스'가 생겨난 것이다. 셋째는 범대서양 관계이다. 즉, 나토를 핵심으로, 미국과 유럽의 공동 가치관을 연결고리로 하며 서방 주도의 지배구조를 수호하고 있지만, 현재 미국 정부의 일방주의라는 전례 없는 도전에 직면했다. 그래서 메르켈 독일 총리는 "유럽의 운명을 스스로 장악해야 한다"고 호소하기에 이른 것이다.

　미국 주도의 국제 자유 질서에서 '자유'는 일종의 이분법적 사고방식을 기반으로 한 것으로서 자체의 자유와 민주, 시장경제 가치관으로 세계를 이른바 '서방—비서방'으로 구분해 대립각을 세운다. 따라서 국제 자유 질서는 일부 국가를 수용하는 한편 다른 일부 국가들을 배제하는 배타적인 질서이다. 오늘날 '후롄후퉁'을 이룬 세계에서는 불공정하고 불합리하 지속 가능하지 않은 측면이 점점 더 두드러지고 있다. 더구나 리더로 자처하는 미국은 갈수록 무기력해지는 자국의 현실 앞에서 '미국 우선주의'를 이미 실행하기 시작했다.

　게다가 이른바 국제 자유 질서에 대해 유엔과 국제법이 인정하고 있을까? 사실 미국의 리더십이야말로 이 질서의 핵심이며, '자유' 여부도 미국이 결정한다. 트럼프 행정부 시기에 이르러 미국의 체제 내 실권을 장악한 일부 엘리트들은 트럼프가 미국의 가치관을 대변할 수 없다고 주장하며 그를 미국에서 분리하기 시작했고, 그들은 이로써 다른 서방국가들이 미국의 리더십을 계속 기대하도록 설득하려고 시도했다. 올해 뮌헨 안보회의에 펜스 부통령이 인솔한 방문단 외에 펠로시 하원의장도 방문단을 구성해 참석했는데 "이제 2년이 지나 민주당이 집권하면 미국은 정상으로 돌아오고 리더 역할을 계속 발휘할 것"이라는 메시지를 유럽에 직접 전하기 위한 데 목적이 있다. 예전에 조지 W. 부시 대통령 시절도 마찬가지였다. 다시 말하면 누가 미국 대통령이 되든 미국의 가치관, 지도권은 변하지 않는다는 것이다. 그 자체가 '자유롭지 않은 것'이다. 그리고 경제가 글로벌화로 나가는 것과는 반대로 정치는 지방화 추세를 보이고 있어서 국제 자유

질서의 내적 논리는 모순 투성이다.

따라서 중국은 국제 자유 질서에 반대하는 것이 아니라 포용하고 있다. 인류운명공동체는 중국 '화합 문화'의 구현으로서 국제 사회 가치관의 최대 공약수를 실현하기 위하려는 데 그 취지가 있다. 키신저는 『세계질서』라는 책에서 세계질서는 있었던 적이 없고 오직 국제질서만 있을 뿐이라고 썼다. 중국 고대의 천하질서 역시 중국과 외국의 질서였다. 이제는 중국과 외국 및 국제를 초월하는 글로벌 질서를 확립해야 한다. 그것이 바로 인류운명공동체의 사명이다.

인류운명공동체는 분명히 근대와 작별하고 서방의 이념에서 벗어나는 것이다. 그런데 서방은 왜 그것을 낡은 병에 새 술을 담는 것이라며 자기 생각으로 남을 추측하는 것일까? 서방은 왜 늘 중국을 오해하는 것일까?

첫째, 선형 진화론적 사고방식 때문이다. 즉, "너는 나의 과거를 반복하고 있다"라는 사고방식이다. 인류운명공동체가 중국의 천하관이고, 천하관은 패권관이라는 사고방식이다. 또는 인류운명공동체를 국제 자유 질서의 적이라고 떠벌리며 보이콧을 호소하는데 이런 사고방식에는 "내가 과거에 앓았던 병이니 너는 오늘 약을 먹고 예방하라"는 논리가 깔려 있다.

두 번째는 보편적인 가치 때문이다. 즉, "국내적인 것이 곧 국제적인 것이다. 너의 가치관은 나를 따라야 한다"라는 것이다. 그러나 중국에는 유교·도교·불교가 공존한다. 그러니 자연히 일신론의 산물인 보편적 가치의 적이 된 것이다.

세 번째는 서방 승리주의 사상 때문이다. 중국은 세계적으로 단절된 적이 없는 유일한 고대 문명국이다. 서방은 냉전을 통해서도 중국의 발전을 막지 못했다.

중국에 대한 서방의 오해를 풀고 또 동시에 인류운명공동체 건설을 더 잘 추진하기 위해서는 사상적으로 '3통'(三統)을 통달해야 한다고 필자는 생각한다.

전통(傳統): 중화 문명과 인류의 기타 문명의 전통. 중국과 서방에는 각각 '자체의 우수한 문화를 고양하고, 타의 우수한 문화를 받아들이며, 서로의 우수한 문화를 포용하고 공유하면서 아름다운 세상을 만들어 간다'는 사상, '모두가 나를 위하고, 나는 모두를 위한다'는 사상을 갖고 있다. 이른바 '세계는 통한다'는 말과 같이 인류운명공동체 사상은 다양한 인류문명 전통들 간의 공명을 불러일으켜야 한다.

도통(道統): 근대 이후 국제체계의 기본 원칙. 360여 년 전 베스트팔렌 시스템이 확립한 평등과 주권의 원칙으로부터 150여 년 전 「제네바 조약」이 확립한 국제 인도주의 정신에 이르기까지, 70여 년 전 「유엔 헌장」이 명시한 4대 취지와 7대 원칙으로부터 60여 년 전 반둥회의가 창도한 평화공존 5원칙에 이르기까지, 이런 국제관계의 기본 준칙은 인류운명공동체 이념에 기본적인 지침을 제공했으며, 풍부한 실천 경험을 축적했다.

정통(正統): 마르크스의 '자유인 연합체' 사상, 인류운명공동체는 마르크스주의를 시대화하고 사회주의의 공평과 정의를 선양한다. 현재와 미래의 중국은 세계에 대한 초심을 잃지 않고 인류의 진보에 더 큰 기여를 할 것이며, 인류운명공동체 건설을 위한 마를 줄 모르는 동력을 제공한다.

  인류운명공동체의 구축은 중국이 '전통 중국', '현대 중국'에서 '글로벌 중국'으로 신분이 상승했음을 의미한다. 이 과정의 실현은 위에서 언급한 '3통'의 통달 및 각국이 전통성과 현대성에서 글로벌 성으로 매진하는 '3성'의 통달에 달려 있다.

2019년 3월

인류운명공동체에 관한 중국공산당의 논리

　현대 정당정치는 서방에서 기원했다. 서방 문명은 '분화'(分)의 철학이다. 분화는 경쟁과 혁신을 가져왔고 사회의 진보를 추진했다. 그러나 개체의 진보는 전체의 이익을 손상시키고 개체의 이성은 집단의 비이성을 초래했다. 이익과 사고가 세분화될수록 정치의 파편화, 사회의 양극화를 초래해 포퓰리즘과 극단주의를 부추겼다. 영국은 유럽연합에서 탈퇴하고 독일은 내각 구성에서 어려움을 겪고 있으며 정당의 신뢰도가 추락하고 정치 문명이 쇠퇴했다. 인류는 어디로 가는가? 인류 정치 문명의 전망은 어떠한가? 정당정치의 본질을 돌이켜보게 한다.

　인류운명공동체 건설의 추진은 중국공산당의 천하에 대한 책임이다. 인류가 어디로 가느냐는 시대적 물음에 세계는 동쪽으로 눈을 돌리고 있다. 중국공산당은 5천 년 중화 문화의 대동사상의 정수를 섭취하고 마르크스주의 자유인연합체 이상을 계승하며, 서방의 정치문명공동체의 경험을 거울삼아 인류운명공동체를 건설할 것을 제시하고 중국공산당과 세계 정당 고위층 대화 회의를 개최 했는데 이는 정당정치의 미래를 토론하고 인류의 정치 문명을 창조하기 위한 것이다. 중국의 화합 문화는 서방의 정당정치를 초월해 정당의 재건, 정당정치의 재건을 추진하면서 자신의 명분–중국공산당은 일반적 의미에서의 정당이 아니라 국가와 인민을 위해 창당하고 집권한다는 명분을 바로세우며 천하의 일을 자신의 소임으로 삼는 신형의 정당이다.

　인류를 위해 더 많은 공헌을 하고 중국공산당을 재건하고 있다. 19

차 당 대회 보고에서 지적한 바와 같이 이것이 바로 중국공산당의 세계적 초심이며 인민을 위하는 것과 인류를 위하는 것의 유기적인 통일이다. 인류운명공동체 구축과 '일대일로' 공동건설을 추진하고 신형의 글로벌화와 신형의 글로벌 거버넌스를 추진하며, 정당정치의 재건, 인류 정치 문명 혁신 과정에 중국공산당을 재건하고 인류운명공동체 건설에 초점을 맞추는 것이 바로 중국공산당의 논리이다.

중국공산당의 경험을 전수해 상생의 추세를 형성한다

시진핑 총서기는 중국공산당과 세계 정당 고위급 대화 회의 기조연설에서 "정당은 국가의 정치 생활에서 중요한 역할을 하고 있으며 인류문명 진보의 중요한 힘"이라고 지적했다. 그는 "앞으로 중국공산당은 세계 각국의 정당과 교제를 강화하면서 당과 국가를 다스리는 경험을 공유하고, 문명의 교류와 대화를 전개하며, 서로 간 전략적 신뢰를 증진하면서 세계 각국의 인민과 함께 인류운명공동체의 건설을 추진하고 손잡고 더욱 아름다운 세계를 건설할 것"이라고 말했다.

중국공산당의 경험은 우선 자신의 치당(治黨)·치국의 실천 특히 개혁개방 40년의 경험을 기반으로 한다. 즉, 개방으로 개혁을 촉진하고 개혁으로 개방을 촉진하며, 국정에 부합하는 발전의 길을 걷고, 각국이 자신의 국정에 부합하는 발전의 길을 걷도록 격려하는 것이다. 이런 경험을 바탕으로 시진핑 총서기는 중국공산당과 세계 정당 고위급 대화 회의 기조연설에서 중국공산당의 책임을 자신 있게 보여주었다.

첫째, 변함없이 세계의 평화와 안녕에 기여할 것이다. 중국은 평화·발전·협력·상생의 기치를 높이 들고 시종일관 평화 발전의 길을 걸어갈 것이며, 글로벌 파트너십 건설을 적극 추진하고, 국제 이슈와 난제의 정치적 해결에 능동적으로 참여할 것이다. 세계 각국의 정당이 중국과 함께 세계 평화의 건설자, 세계 발전의 공헌자, 국제질서의 수호자가 될 것을 제안한다.

둘째, 변함없이 세계의 공동 발전에 기여할 것이다. 중국공산당은 인민들 속에서 와서 인민에 의지해 발전하고 성장해 왔으며, 예로부터 인민에 대한 사랑이 깊다. 중국 인민에 대한 사랑이 깊을 뿐만 아니라 세계 각국 인민에 대한 사랑도 깊으며, 중국 인민에게 복을 마련해줄 뿐만 아니라 세계 각국 인민에게도 복을 마련해줄 의향이 있다. 수많은 중국의 과학자·엔지니어·기업가·기술자·의료인·교사·일반 종업원·자원봉사자 등이 수많은 개발도상국의 광활한 땅에서 현지 민중들과 손잡고 어깨를 나란히 하며 그들의 운명을 바꾸어주려고 애쓰고 있다. 중국의 꿈은 중국 인민을 행복하게 하고, 세계 각국의 인민도 행복하게 하며, 세계의 꿈이 이루어지게 한다. 우리는 세계 각국의 정당이 우리와 함께 세계에 더 많은 협력 기회를 창조하고, 세계 각국의 공동 발전과 번영을 추진하기 위해 노력할 것을 제안한다.

셋째, 변함없이 세계 문명의 교류와 상호 참고에 기여할 것이다. 타산지석으로 옥을 다듬을 수 있다. 중국공산당은 세계의 안목을 가질 것을 강조해 왔으며, 세계 각국 인민이 창조한 문명의 성과를 적극 학습하고 참고하며, 중국의 실정과 결합해 운용해 왔다. 중국공산당은 개방적인 안목과 열린 마음으로 세계 인민들이 창조한 문명을 대할 것이며, 세계 각국의 인민 및 각국의 정당과 대화 및 교류 협력을 전개할 의향이 있고, 각국의 인민이 인문 왕래와 민간의 친선을 강화하도록 지원할 것이다. 시진핑 총서기는 "자신의 일을 잘하는 것 자체가 인류운명공동체 구축에 기여하는 것이며, 또 중국의 발전을 추진하는 것으로 세계를 위한 더 많은 기회를 창조하고 자신의 실천을 심화해 인류사회 발전의 법칙을 탐구하고 세계 각국과 공유해야 한다"라고 지적했다. 그는 또 "우리는 외국 모델을 '수입'하지도 않을 것이고, 중국 모델을 '수출'하지도 않을 것이며, 다른 나라에 중국의 방식을 '복제'하도록 강요하지도 않을 것"라고 지적했다.

정당 집권의 경험은 복제할 수 없지만 다른 나라 정당에 계시와 참고를 제공할 수는 있다. 자국의 실정을 고려하지 않은 채 남의 나라 모델을 단순하게 복제하면 반드시 실패하게 된다. 그러나 고립된 채 "문을 닫아걸고 수레를 만드는" 방법 역시 성공할 수 없다. 글로벌시대에 중국과 세계의 관계는 '너 안에 나 있고, 나 안에 너 있는' 운명공동체다. 세계가 잘 되어야 중국도 잘 될 수 있고, 중국이 잘 되어야 세계가 더 잘 될 수 있다. 중국공산당과 세계 정당 고위급 대화 회의는 다자 정당 교류 메커니즘으로서 세계 각국의 정당에 당과 나라를 다스리는 경험을 교류하는 플랫폼을 마련해주고, 세계 각국의 정당에 교류와 상호 참고 과정에 상생을 실현할 수 있는 기회를 제공하는 것이 목적 중의 하나이다.

중국공산당의 방안으로 대도를 실천한다

"평화의 횃불이 대대로 전해지게 하고, 발전의 동력이 끊임없이 이어지게 하며, 문명의 빛이 빛나게 하는 것은 각국 인민의 기대이자 우리 세대 정치인의 책임이다. 중국의 방안은 인류운명공동체를 구축해 상생과 공유를 실현하는 것이다."[18] 시진핑 주석은 2017년 초 유엔 제네바본부에서 한 연설에서 인류운명공동체 이념은 평화·발전·협력이라는 인류의 주제를 고도로 농축하고 승화한 것이라고 밝혔다.

시진핑 총서기는 동시에 아름다운 세계 건설을 위한 '4가지 이니셔티브'를 제안했다. 그것은 공포로부터 멀리 떨어져 보편적으로 안전한 세계, 빈곤에서 멀리 떨어져 공동으로 번영하는 세계, 폐쇄로부터 멀리 떨어져 개방·포용하는 세계, 산 좋고 물 좋은 깨끗하고 아름다운 세계를 건설하기 위해 노력해야 한다는 것이다. 인류운명공동체 건설은 정당에 새로운 시대적 책임을 부여했다. 시진핑 총서기는 "각기 다른 국가의 정당은 상호 신뢰를 증진하고 소통을 강화하며 긴밀히 협력해 신형 국제관계의 토대 위에서 구동존이(求同存異), 상호 존중, 상호 학습·참조의 신형 정당 관계를 구축하고 다양한 형식, 다양한 차원의 국제 정당의 교류 협력 네트워크를 구축해 인류운명공동체를 구축하는 강대한 힘을 모아야 한다"고 제시했다.[19] 인류운명공동체 사상은 유엔 헌장의 취지와 원칙을 계승하고 선양했으며, 글로벌 거버넌스의 공동 의논, 공동건설, 공동향유 원칙의 핵심 이념이다. 인류운명공동체의 구축은 국가의 편협한 이익 차이를 넘어 협력과 상생을 핵심으로 하는 신형의 국제관계를 구축하는 것이다. 인류

---

18) 『시진핑 국정운영을 말하다』(《習近平談治國理政》) 제2권, 외문출판사 2017년 판, 539쪽.
19) 시진핑: 『손잡고 더 나은 세상을 건설하자 - 중국공산당과 세계 정당 고위층 대화회의에서 한 기조연설』(《攜手建設更加美好的世界—在中國共産黨與世界政黨高層對話會上的主旨講話》) 인민출판사 2017년 판, 7쪽.

운명공동체는 인류문명의 지속 가능한 발전에 착안해 문명 질서의 수립을 추진하고, 편협한 민족 국가의 시각을 초월해 인류 전체관을 수립하는 것이다.

인류운명공동체의 핵심 요지는 바로 세계 운명은 각국이 공동으로 장악해야 하고, 국제규칙은 각국이 공동으로 제정해야 하며, 글로벌 사무는 각국이 공동으로 다스려야 하고, 발전성과는 각국이 공동으로 누려야 한다는 것이다. 인류운명공동체는 '명'(命)과 '운'(運)이 결합되어야 하는데, '명'은 정체성의 문제를 해결하고 안전감과 획득감의 문제를 해결하는 것이다. '운'은 발전 문제, 태세 및 미래 문제를 해결하는 것이다. 인류운명공동체는 정보화 개방의 시대에 천하 대동의 사상을 선양하는 것이다.

인류운명공동체 사상의 지대한 의미는 이데올로기와 가치관의 대립과 결별하고 인류 공통의 가치관을 추구하는 것이다. 여러 나라는 서로 다르고 세계는 다양하지만 공통의 역사 기억, 공통의 상황, 공통의 추구는 여러 나라를 밀접하게 연결하고 공통의 정체성을 형성하며 공통의 미래를 만들어간다. 서방에는 "모든 사람이 나를 위하고, 나는 모든 사람을 위한다"라는 명언이 있고, 동양에는 "각자 자체의 우수한 문화를 고양하고, 타의 우수한 문화를 받아들이며, 서로의 우수한 문화를 포용하고 공유하면서 아름다운 세상을 만들어간다"라는 사상이 있다. '운명공동체'의 길은 시공간을 뛰어넘는 보편적인 의미를 가지고 있다. 시진핑 주석이 2015년 9월 제70차 유엔총회의 일반성 토론에서 지적했다시피 "대도가 행해지면 천하는 모든 사람 공공의 것이 된다(大道之行也, 天下爲公)'. 평화·발전·공평·정의·

민주·자유는 전 인류의 공통된 가치이자 유엔의 숭고한 목표이기도 하다."[20]

국내에서 인민 중심의 발전 이념을 견지하고, 국제적으로 인류 중심의 글로벌 관점을 제창하며, 양자의 결합은 인류운명공동체를 건설하는 것이다. 중국공산당은 세계 정당 고위급 대화 회의를 통해 강자가 아니라 인류를 중심으로 하는 '명'(命)과 '운'(運)이 하나가 되는 구도를 만들어야 한다고 호소했다. 인류사회를 위해 양호한 정신적 가치관을 세워야 한다-정신적 가치관은 인류 공통의 가치이다. 민중을 위해 바른 운명의 방향을 선택하고 생명의 의미를 확립해야 한다-운명은 인류의 정체성이다. 소실되고 있는 성현들의 학문을 계승하고 발양해야 한다-중화문명의 영속적인 발전을 실현해야 한다. 후세의 태평사회를 위한 토대를 개척해야 한다-보편적 가치를 초월하는 대포용을 실현하고 보편적 안전과 공동 번영을 실현해야 한다.

중국공산당의 책임감을 구현하고 공공재를 제공한다

공자는 "자기가 세상에 바로 서려면 남을 바로 세우고, 자기가 성공하려면 남을 성공하게 하라."라고 말했다. '일대일로'와 그 배후의 인류운명공동체 이념은 글로벌화, 즉 미국, 서방화가 실각한 후 세계 경제성장의 견인차 역할을 해온 중국과 글로벌 거버넌스의 희망인 중국공산당이 자신의 국정운영 장점과 경험 및 모델 우위를 국제 협력의 우위로 전환하고 중국의 기회를 세계 기회로 전환하며 중국의

---

20) 『시진핑 국정운영을 말하다』 제2권, 외문출판사, 2017년판, 522쪽.

꿈과 세계의 꿈을 융합하는 것이다.

중국공산당은 예로부터 세계적인 안목을 수립할 것을 강조하고 세계 각국 인민이 창조한 문명의 성과를 학습하고 참고하며, 중국의 실제와 결부해 적용해왔다. 시진핑 총서기가 '일대일로' 이니셔티브를 제안한 것은 바로 인류운명공동체 이념을 실천하려는 것이다.

1. 글로벌화: 포용성, 연동성, 본토성

'일대일로'는 유라시아의 '후롄후퉁'과 육해 연결에 착안한 것으로 전통적인 신자유주의가 주도하는 글로벌화를 지양하는 것이다. 미국 전략가 파라그 카나는 『커넥토그래피』라는 책에서 앞으로 40년 동안의 인프라 투자는 인류의 과거 4천 년을 초과할 것이라고 예언했다. 전통적인 글로벌화-관세 감면-는 세계 경제성장을 최고로 5%까지 이끌 수 있지만, 신형의 글로벌화-'후롄후퉁'-는 세계 경제성장을 10~15%까지[21] 이끌 수 있다. 따라서 '일대일로'는 글로벌화에 더 강력한 동력을 제공하고 전통적인 글로벌화의 개혁을 추진해 개방·포용·균형·보편적 혜택의 방향으로 나아가도록 한다. '일대일로'의 특성은 실물경제의 글로벌화이고 경로는 발전 지향적 글로벌화이며 방향은 포용적 글로벌화이고 목표는 공유형 글로벌화이다.

---

21) [미국] 파라그 카나: 『커넥토그래피』, 추이촨강(崔傳剛), 저우다신(周大昕) 번역, 중신출판사 2016년판, 10쪽.

2. 국가 관리: 표본 겸치(標本兼治)하며 총괄 조정한다

"궁하면 변해야 하고 변하면 통하고 통하면 오래간다"[22]는 말은 통하는 것이 지속 가능한 발전과 지속 가능한 안전의 키워드임을 표명한다. 아프가니스탄이 그 대표적인 예다. 아프가니스탄 정부는 '일대일로'가 아프가니스탄의 평화와 발전에 복음을 가져다준다며 이 마지막 기회를 절대 놓칠 수 없다고 생각하고 있다. 그래서 아프가니스탄은 지정학적 우위를 실제 경제 이익으로 전환하기를 원하며, 광케이블·교통·에너지 '3통'으로 '5통'을 추진할 것을 제안해 유라시아 대륙의 '후롄후통' 속에서 아프가니스탄의 지역 중심(HUB)의 지위를 구현할 수 있기를 바란다. 아프가니스탄은 '육상폐쇄국(land-locked)'에서 '육상연결국(land-connected)'으로 변해야 할 뿐만 아니라 또 중국과 중앙아시아·남아시아·중동·아프리카를 연결하고, 중앙아시아와 남아시아 및 인도양을 잇는 '5자 대통로'의 역할을 해야 한다.

이를 위해 중국-파키스탄의 경제회랑은 이미 아프가니스탄까지 연장되었다. 정당 거버넌스로 국가 거버넌스를 추진하고, 국가 거버넌스로 글로벌 거버넌스를 추진하는 것이 중국공산당의 거버넌스 논리이다.

3. 글로벌 거버넌스: 공동의논, 공동건설, 공동향유

'일대일로'는 글로벌 거버넌스를 개선하는 새로운 수단이자 세계 경제의 재균형을 실현하는 좋은 방법이다. '일대일로'는 '공동의논, 공

---

22) 『주역·계사하』 (周易·繫辭下).

동건설, 공동향유'라는 중국의 이념을 구현했다. 첫째, 중국은 '공동의논'을 제창한다. 즉, '일대일로' 건설 전반에 걸쳐 협력 참여 사항에 대한 연선 국가 각자의 발언권을 충분히 존중하고 각국의 이익을 타당하게 처리해 이익공동체를 건설하는 것이다. 연선 각국은 대소, 강약, 빈부의 구분이 없이 모두 '일대일로'의 평등한 참여자로서 적극적으로 견해를 내놓고 대책을 내놓을 수 있으며, 모두 본국의 수요에 따라 다자간 협력 어젠다에 영향을 미칠 수 있지만, 다른 나라가 선택한 발전의 길에 대해 이러쿵저러쿵해서는 안 된다. 양자 또는 다자간 소통 및 협의를 통해 각국은 경제적 이점을 보완하고 개발 전략의 연결을 이룰 수 있다. 둘째, 중국은 '공동건설'을 창도한다. 즉, 책임과 위험을 함께 감당하면서 책임공동체를 형성하는 것이다. '공동의논'은 당사국들이 '일대일로' 건설에 실질적으로 참여하는 첫 단계일 뿐이다. 다음 단계에는 '대외 진출' 및 '외자 도입' 서비스를 더욱 잘하는 한편 자금과 기술을 도입한 후 관련 인재를 양성해 자주적 개발능력을 높이도록 연선 국가를 격려하는 것이다. '공동의논'과 '공동건설' 이 두 가지를 실현해야만 여러 참여국이 일대일로 건설의 성과를 '공동 향유'할 수 있도록 보장해 운명공동체를 건설할 수 있다.

인프라의 '후롄후퉁'을 창도하면서 '일대일로'는 신자유주의 글로벌화의 고질병을 치료해 핫머니를 실물경제로 유도하며, 글로벌 금융 위기의 근원을 제거하고 글로벌 금융 거버넌스를 실현하고 있다. 발전으로 안전을 촉진하고 안전으로 발전을 보장하며, 공통, 종합, 협력 및 지속 가능한 안전관을 강조하고, 글로벌 안전 거버넌스를 촉진한다.

'일대일로' 이니셔티브 및 인류운명공동체 사상이 유엔 안전보장이 사회 아프가니스탄 관련 결의에 공식적으로 채택된 것은 '일대일로' 이니셔티브가 '총괄 조정, 표본 겸치(標本兼治, 지엽적인 것과 근본적인 것을 함께 다스림)'의 동방의 지혜를 보여주고 아프가니스탄 거버넌스 곤경을 해결하는 희망임을 표명하기에 충분하다. 그 취지는 '5통' 및 지연경제 나아가 지연 문명으로 근대에 들어서 '제국의 무덤', '지정학적 격투장'이라는 아프가니스탄의 징크스를 해소하고 빈곤과 폭력의 악순환을 타파하기 위함에 있다. 또 세계와 지역 거버넌스를 위한 본보기를 수립하고 이를 위해 '일대일로' 이니셔티브의 문명성, 평화성, 포용성을 강조했다.

중국공산당은 중국 인민을 중국 특색의 사회주의 신시대로 이끌고 인류운명공동체를 건설하려면 반드시 신형의 정당 관계, 신형의 글로벌화, 신형의 글로벌 거버넌스 및 신형의 남남 협력을 추진해야 한다. '일대일로' 국제 협력 이니셔티브가 그 주요 수단이다. '일대일로'를 중국공산당 규약에 포함시킨 것은 인류운명공동체 건설에 대한 공산당의 자신감과 자각을 보여준다.

시진핑 총서기는 중국공산당과 세계 정당 간 고위급 대화 회의 기조연설에서 "우리는 중국공산당과 세계 정당 간 고위급 대화 회의를 제도화해 광범위한 대표성과 국제 영향력을 갖춘 고급 정치 대화 플랫폼으로 만들 것을 제안한다"고 말했다.[23] 중국이 세계에 제공한 공공재는 기물 차원의 물질적 공공재-'일대일로'(생산을 촉진함)-와 정

---

23) 시진핑: 『더욱 아름다운 세계를 손잡고 건설하자 - 중국공산당과 세계 정당 간 고위급 대화회의 기조연설』, 인민출판사 2017년 판, 11쪽.

신적 차원의 개념적 공공재-인류운명공동체에만 국한되는 것이 아니라 제도적 차원의 제도적 공공재-'일대일로' 국제협력정상포럼 및 중국공산당과 세계 정당 간 고위급 대화 회의-에서도 구현된다. 이는 세계의 초심을 잃지 않고 천하를 자신의 소임으로 삼아 세계 인민을 위해 봉사하려는 중국공산당의 흉금과 책임감을 충분히 보여주는 것이다.

2018년 3월

인류운명공동체 이념의 큰 구도와 큰 지혜

"큰 시대에는 큰 구도가 필요하고, 큰 구도는 큰 지혜를 필요로 한다." 세계정세 대전환, 대변혁이라는 관건적인 시기에, 시진핑 총서기는 인류운명공동체 건설을 이념으로 내세워 인류사회 공동의 이상과 아름다운 추구를 충분히 보여주고, 새로운 역사적 시기에 중국의 전통적인 천하대동(天下大同, 온 세상이 번영해 화평하게 됨), 협화만방(協和萬邦, 세계 모든 나라가 서로 협력하며 화합함) 사상을 승화시켰으며, 세계 평화를 수호하고 공동 발전을 촉진하는 중국 외교정책의 취지를 설명하고 선양했으며, 중국공산당이 세계에 새로운 더 큰 책임을 짊어질 것이라고 선언함으로써 국제 사회의 폭넓은 인정과 호응을 얻었다.

인류운명공동체 이념은 세계적 정서와 책임감을 구현했다

2017년 2월 유엔 사회발전위원회는 처음으로 '인류운명공동체 구축'이라는 이념을 유엔 결의에 기입했다. 9월 제71차 유엔총회는 중국이 제안한 공동의논, 공동건설, 공동향유의 이념을 포함하는 '유엔 및 세계 경제 거버넌스'에 대한 결의안을 채택했다. 11월 제72차 유엔총회의 군축 및 국제안보 담당 제1위원회는 또 인류운명공동체 이념을 유엔 결의에 포함시켰다. 이는 인류운명공동체 구축 이념이 광범위한 국제적 공감대를 형성했으며, 국제 사회의 보편적인 인정을 받았음을 보여준다.

인류문명사의 관점에서 볼 때, 인류운명공동체 이념은 중요한 이론적 가치와 실제적 의의를 가지고 있다.

공동의 사명으로 이익 충돌을 해소한다. "평화의 불씨가 대대로 이어지도록 하고, 발전의 원동력이 끊이지 않도록 하며, 문명의 빛이 밝게 빛나게 하는 것은 여러 나라 인민의 기대이자 현세대 정치인이 마땅히 떠메야 할 책임이다. 중국의 방안은 인류운명공동체를 구축해 상생과 공유를 이루는 것이다." 시진핑 주석은 2017년 1월 유엔 제네바본부에서 발표한 연설에서 "인류운명공동체 이념은 평화와 발전이라는 시대적 주제를 깊이 파악하고 국가 간 이익 분쟁과 갈등에 얽매일 것이 아니라 공동 번영에 초점을 맞추고 있다"고 밝혔다. 중국이 제시한 인류운명공동체 이념은 글로벌 거버넌스와 국제 협력의 새로운 방향을 명시하고 중국의 세계적 정서와 천하에 대한 책임감을 보여준다. 공동의 목표로 발전의 곤혹에 대처한다. 오늘날 세계는 불확실성으로 가득 차 있다. 사람들은 미래에 대해 기대하면서 또한 곤혹스러워한다. 세계는 왜 이렇게 되었을까? 우리는 어떻게 해야 할 것인가? 오늘날 이러한 우려는 특히 글로벌화 발전 전망에 대한 막막한 불안감으로 나타난다. 인류운명공동체 구축 이념은 서방식 글로벌화의 편협함을 뛰어넘었다. 인류운명공동체 의식을 확고히 수립하고 함께 노력하며 함께 책임을 떠메고 동고동락하면서 함께 난관을 헤쳐나간다면, 반드시 세상을 더 아름답게 만들고 국민을 더 행복하게 할 수 있을 것이다.

인류운명공동체 구축은 인류와 관련된 가장 기본적인 질문에 대한 중국의 당찬 답변이다. 그 가장 기본적인 문제가 바로 우리는 어디서 왔는지, 지금 어디에 있는지, 앞으로 어디로 가야 하는지 하는 것이다. 세계의 운명은 각국이 공동으로 장악해야 하고, 국제규칙은 각국이 공동으로 작성해야 하며, 글로벌 사무는 각국이 공동으로 관리해야 하고, 발전성과는 각국이 공동으로 누려야 한다는 것이 바로 인류운명공동체 구축의 요지이다. 인류운명공동체 이념은 또 현실 세계에서 가상공간-사이버공간 운명공동체-으로 연장해야 하고, 전통 영역에서 글로벌 공공 영역-평화·주권·일반 혜택·공동 관리의 원칙에 따라 심해·극지·우주·인터넷 등 영역을 서로 겨루는 경기장이 아닌 모든 당사국이 협력하는 새로운 영역으로 만드는 것-으로 확장해야 한다.

총체적으로 인류운명공동체 구축 이념은 「유엔 헌장」의 취지와 원칙을 계승하고 고양했으며, 인류문명의 영속적인 발전에 착안해 협애한 민족 국가의 시각을 벗어나 물질적 측면뿐만 아니라 제도적, 정신적 측면에서도 인류의 구동존이(求同存異)를 추진했으며, '천하가 모든 사람 공공의 것'(天下爲公)이 되고 세계대동을 이루는 새로운 인류문명과 새로운 세계질서의 생성을 추진했다.

인류운명공동체 이념은 광범위한 공감대를 모았다

헨리 키신저 미국 전 국무장관은 어느 시대나 정치인들이 평화를 추구하려는 시도를 해왔지만 "평화는 늘 지역적 질서였을 뿐, 전 세계를 토대로 한 평화는 있었던 적이 없다"라고 한탄했다. 근대 이후의 인류 역사를 돌이켜보면 베스트팔렌 체계 이후 국제질서의 변화 이면에 있는 서방의 세계관은 자신의 이익만 생각하는 제약성을 돌파할 수 없었고 지속적인 평화와 보편적 번영은 이루기 어려운 꿈이었다. 19차 당 대회 보고는 중국공산당이 중국 인민의 행복을 도모하는 정당이자 인류의 진보 사업을 위해 분투하는 정당임을 전 세계에 알렸다. 중국공산당은 항상 인류를 위해 새로운 더 큰 기여를 하는 것을 자신의 사명으로 삼고 있다. 인류운명공동체 구축 이념은 중국 공산주의자들의 인류 전체관을 집중적으로 반영했다.

인류운명공동체 구축 이념에 따라 중국은 점점 더 많은 공공재를 국제 사회에 기여하면서 다른 나라가(중국 발전의) '급행열차에 편승하는 것'을 환영한다. 이로써 중국은 세계 평화의 건설자이자 글로벌 발전의 기여자 그리고 국제질서의 수호자로서 갖는 책임을 보여주고, 국제 거버넌스 체계에서 신흥시장국가와 개발도상국의 의사 설정권과 국제 발언권 및 규칙 제정권을 향상했다. 인류운명공동체 구축 이념은 점점 더 폭넓은 공감대를 형성하고 있으며 인류가 지금까지 이룰 수 없었던 지속적인 평화와 보편적 번영의 꿈이 마침내 실현할 수 있게 될 것이다. 중국 '화합문화'(和合文化)의 진수를 흡수하고, 신중국 건국 이래 펼쳐왔던 독립적이고 자주적인 평화외교의 실천을 계승했으며, 평등과 공정, 협력과 상생을 핵심으로 하는 새로운 질서의 수립을 강조하는 인류운명공동체 이념은 국제질서의 혁신과 보완에 새로운 담론체계와 경로에 대한 선택지를 제공했으며, 현재 "이 지구상에서 인류의 유일한 미래"로 간주되고 있다.

오늘날 세계에서 극단주의 사상의 영향은 여전히 무시할 수 없으며 보호주의와 포퓰리즘이 대두되고 있어 경제 글로벌화는 역풍 속에서 힘겹게 나아가고 있다. 개방이냐 쇄국이냐, 협력이냐 대결이냐, 상생이냐 제로섬이냐, 세계는 다시 갈림길에 섰다. 수많은 불확실성으로 구성된 심각한 도전 앞에서 신시대의 중국은 세계의 안정 축이자 번영의 원천이 되었다. 국제질서의 개혁을 추진하고 글로벌 거버넌스를 개선하는 역사적 관문 앞에서 신시대의 중국은 인류의 운명에 대한 새로운 역사적 책임감을 보여주었다. '친구가 아니면 적이고, 동맹을 맺어 대항하는' 냉전적 사고방식은 시대에 뒤처졌고, '대항 대신 대화, 동맹 대신 동반'이라는 국가 간 교류의 새로운 길이야말로 인간 세상의 정도라는 이치를 사실이 입증해주었다.

'일대일로' 건설이 인류운명공동체 이념의 실행을 추진한다

인류사회의 대발전, 대변혁, 대조정 시기에 끊임없이 나타나는 도전과 날로 증가하는 위험 앞에서 인류운명공동체 구축 이념은 총괄 조정하고, 표본겸치(標本兼治)의 중국 지혜를 충분히 구현했으며, 각국이 글로벌 협력을 전개하는 과정에 힘을 합쳐 도전에 대응하면서 공포가 없고 보편적으로 안전한 세계, 빈곤이 없고 공동으로 번영하는 세계, 폐쇄가 없고 개방 포용하는 세계, 산천이 수려하며 청결하고 아름다운 세계를 건설하기 위해 힘쓰도록 추동한다.

인류운명공동체 이념을 실천하는 중요한 수단으로서 '일대일로' 건설은 각 방면의 열렬한 호응을 받았다. 인류운명공동체 이념을 구축하는 것이 인류 문제의 해결을 위한 중국의 지혜를 제공했다고 한다면, '일대일로'를 건설하는 것은 실천적 측면에서 인류 문제의 해결을 위한 중국의 방안을 제공했다고 할 수 있다. 시진핑 총서기는 "전쟁이 아닌 평화, 대항이 아닌 협력, 제로섬이 아닌 상생이야말로 인류 사회의 평화와 진보, 발전의 영원한 주제"라고 지적했다. '일대일로'는 평화의 길, 번영의 길, 개방의 길, 혁신의 길, 문명의 길의 건설을 통해 세계의 평화 적자, 개발 적자, 거버넌스 적자를 해소하고 있다.

'일대일로' 건설은 공동의논, 공동건설, 공동향유의 원칙을 준수하고 '단합과 신뢰, 평등과 호혜, 포용과 본받음, 협력과 상생'의 실크로드 정신을 창도하며 협력 상생하는 신형의 국제관계를 집중적으로 구현하면서 21세기 국제 및 지역 협력의 새로운 모델을 창조한다. '일대일로' 건설에 힘입어 전통적인 지정학적 희생품이 유라시아 '후롄후퉁'의 '달콤한 과자'가 되었다. '일대일로' 공간의 중점 방향은 '육랑육로'(六廊六路), '다국다항'(多國多港)으로 요약할 수 있다. '육랑'은 6대 경제회랑(즉, 신 유라시아 대륙교, 중국-몽골-러시아, 중국-중앙아시아-서아시아, 중국-중남반도[인도차이나 반도], 중국-파키스탄, 방글라데시-중국-인도-미얀마 등 6대 국제경제협력회랑 /역자 주)을 가리키는 말이고, '육로'는 철도·도로·수로·항공로·관로(管路, 가스관 송유관 등)·고속 정보 통로를 가리키는 말이다. '다국'은 여러 개의 거점 국가를 육성하는 것이고, '다항'은 여러 개의 거점항구를 건설하는 것이다. 이익공동체, 책임공동체, 운명공동체의 유기적인 통일을 강조하는 '일대일로' 건설을 안정적으로 추진했는데 이는 인류 진보 사업에 대한 중국의 기여라고 말할 수 있다.

우리가 살아가는 세상은 희망과 도전으로 가득 차 있다. 어떤 나라도 인류가 직면한 다양한 도전에 독자적으로 대처할 수 없고, 어떤 나라도 자가 폐쇄한 외딴 섬으로 되돌아갈 수 없다. 19차 당 대회 보고는 각국 인민이 일심협력해 인류운명공동체를 구축하고 항구적인 평화, 보편적 안전, 공동 번영, 개방과 포용, 깨끗하고 아름다운 세상을 건설하기 위해 협력할 것을 호소했다. 인류운명공동체 구축 이념과 '일대일로' 건설은 인류 문제 해결에 기여하는 중국의 대표적인 지혜이자 중국 방안이 되었다.

2018년 2월

인류운명공동체는 왜 세계의 공감을 이끌어낼 수 있었던 것인가?

훗날 역사학자들이 역사를 쓴다면 2017년을 글로벌화 발전의 분수령이자 인류운명공동체 구축의 원년(元年)으로 서술할 것이다. 시진핑 주석은 지난해 초 다보스포럼에서 중국이 글로벌화를 선도하고 있다는 주장을 편 뒤를 이어 제네바 유엔본부를 방문해 팔레 데 나시옹[24]에서 인류운명공동체가 무엇인지, 무엇을 위한 것인지에 대해 체계적으로 설명했으며, 연말에는 또 중국공산당과 세계 정당 고위급 대화 회의에서 인류운명공동체를 어떻게 건설할 것인지를 깊이 있게 설명했다.

2017년 2월 10일 유엔 사회발전위원회 제55차 회의에서 「아프리카 새로운 동반자 관계 발전의 사회적 차원」 결의를 만장일치로 통과시켰으며, '인류운명공동체 구축' 이념을 처음으로 유엔 결의안에 기입했다. 같은 해 11월 1일 제72차 유엔총회 군축과 및 국제안보 사무 담당 제1위원회는 「우주 군비경쟁 방지를 위한 진일보의 실제적 조치」와 「우주 공간에 무기를 선참으로 배치하지 않을 것」이라는 두 가지 안전결의를 통과시킴으로써 '인류운명공동체 구축' 이념이 재차 이 두 유엔 결의에 기입되었다. 이에 대해 구테흐스 유엔 사무총장은 "중국이 다자주의의 중요한 버팀목이 됐다"며 "우리가 다자주의를 실천하는 목적은 인류운명공동체를 건설하기 위한 것"이라고 평가했다. 피터 톰슨 제71차 유엔총회 의장은 "나에게 있어서 이는 이 별에서 인류의 유일한 미래"라고 말했다.

---

24) 팔레 데 나시옹(Palais des Nations) : 스위스 제네바에 위치한 유엔 제네바 사무국의 본거지이다.

인류운명공동체는 왜 세계의 공감을 불러일으킬 수 있었던 것인가?

계승과 초월: 인류운명공동체는 360여 년 전 「베스트팔렌 조약」이 확립한 평등 및 주권 원칙을 계승하고 150여 년 전 「제네바 협약」이 확립한 국제 인도주의 정신을 계승했으며, 70여 년 전 유엔헌장이 확립한 4대 취지와 7대 원칙, 60여 년 전 반둥회의에서 창도한 평화공존 5원칙 등 국제관계 변화에 따라 축적된 일련의 공인된 원칙들을 계승했다. 이러한 원칙들은 인류운명공동체 구축의 기본 준칙을 구성한다. 이와 함께 또 초월을 실현했는데, 인류운명공동체의 키워드는 인류·운명·공동체이다. 즉, 인류는 국가의 신분을 뛰어넘어 천하에 대한 책임감을 구현했고, 운명은 협력과 상생을 업그레이드해 운명을 함께함을 구현했으며, 공동체는 지구촌을 넘어 대가정 의식을 수립하고 공동의 정체성을 형성했다.

소통과 포용: 나라별 차이가 있고 세계는 다양성을 갖고 있지만, 공동의 역사 기억, 공동의 처지, 공동의 추구가 여러 나라를 긴밀하게 연결시켜 공동의 정체성과 동질감을 형성하고 공동의 미래를 만든다. 서방에는 "모두가 한 사람을 위하고, 한 사람이 모두를 위한다"라는 명언이 있고, 동방에는 "각자 자체의 우수한 문화를 고양하면서 다른 나라의 우수한 문화를 포용하고 존중해야 한다. 그래서 각자의 우수한 문화를 한데 모아 공유하게 되면 이상 속의 대동 세상을 만들 수 있다"라는 사상과 "세상은 하나의 새 둥지에 모였다"(타고르)라는 이념이 있으며, 『코란경』에도 "사람이여! 내가 한 남자와 한 여자로부터 너희를 창조했고, 너희를 많은 민족과 종족으로 만들어 너희가 서로를 알 수 있도록 하노라!"라는 말이 있다. 다시 말

해서 '다름'은 서로 다른 민족과 부족이 서로를 이해하는 원동력이지 충돌의 원인이 아니라는 말이다. 인류 사상의 포용과 통합으로서 '인류운명공동체'는 서로 공통점을 모으고 이견을 해소하면서 인류의 새로운 공감대를 형성한다. 시진핑 주석은 2015년 9월 제70차 유엔총회 일반토론에서 "대도가 행해지면 천하는 모든 사람 공공의 것이 된다. 평화·발전·공평·정의·민주·자유는 전 인류 공동의 가치이자 유엔의 숭고한 목표이기도 하다."라고 지적했다. 인류운명공동체의 길은 인류 가치의 최대 공약수를 찾아 인류 공동의 가치를 만드는 것이다.

실무주의와 비전: '일대일로'는 인류운명공동체 이념을 실천하는 중요한 수단이다. 인류운명공동체가 인류 문제 해결에 중국의 지혜가 기여했다면, '일대일로'는 인류문제 해결에 중국의 방안이 기여한 것이다. 극단주의와 테러리즘, 포퓰리즘이 각국에 확산하고 있는 상황 앞에서 인류운명공동체 사상은 이데올로기와 가치관의 대립과 결별하는데 착안해 인간의 가치를 추구하는 중용의 길을 추구한다. 운명공동체 사상은 이익공동체, 책임공동체 사상의 승화이다. 처음에는 주변국(주변 지역)에 중점을 뒀는데 이는 안신입명(安身立命)할 수 있는 곳으로서 발전과 번영의 기반이 되는 곳이기 때문이다. 이후에는 주로 개발도상국에 적용하며 남방의식을 강조했다. 그 최고 경지가 바로 인류운명공동체 구축이다. 현실 세계에서 가상공간으로 확장되었는데 바로 사이버공간 운명공동체로 확장된 것이다. 또한 전통적인 영역에서 글로벌 공유 영역(심해·극지·우주·인터넷 등)으로 확대되었다. 평화·주권·보편적 혜택·공동 지배 원칙을 견지해 이러한 영

역을 여러 나라가 서로 겨루는 경기장이 아니라 서로 협력하는 새로운 영역으로 만들어야 한다. 인류운명공동체에서 '명(命)'과 '운(運)'이 결합되어야 하는데, '명(命)'은 정체성 문제를 해결하고 안전감과 획득감 문제를 해결하며, '운(運)'은 발전 문제를 해결하고 태세와 미래의 문제를 해결한다.

인류운명공동체 이념은 평화·발전·협력·상생의 외교적 기치를 승화시키고 세계의 대동을 도모하며 글로벌 거버넌스 체계의 변혁을 추진하고 신형의 국제관계와 새로운 국제질서를 수립하기 위한 공동의 가치 규범으로 자리잡았다. 시진핑 주석이 지적했다시피 "평화의 불씨가 대대로 이어지도록 하고, 발전의 동력이 끊기지 않게 하며, 문명의 빛이 밝게 빛날 수 있도록 하는 것은 여러 나라 인민의 기대이자 우리 세대 정치인이 감당해야 할 책임이기도 하다. 중국의 방안은 인류운명공동체를 구축해 상생과 공유를 실현하는 것이다."

요약하면 운명공동체 사상은 「유엔 헌장」의 취지와 원칙을 계승하고 선양했고, 글로벌 거버넌스의 공동의논, 공동건설, 공동향유 원칙의 핵심 이념으로서 '일대일로' 건설을 지탱해주는 기둥이 되었다. 운명공동체 사상은 "인류는 오직 하나의 지구밖에 없고 여러 나라는 하나의 세계에 공존한다"는 소극적 의미에서의 관념을 뛰어넘어 "운명은 연결되어 있고 동고동락한다"는 적극적인 의미에서의 관념을 형성했다. 물질적 측면에서뿐만 아니라 제도적, 정신적 측면에서도 공통점을 찾고 이견은 보류하며(求同存異), 공통점을 모으고 이견을 해소하면서 "너 안에 나 있고 나 안에 너 있는" 인류의 새로운 정체성을 형성해 "천하는 모든 백성의 것", '세계대동'의 새로운 인류문명을 개척했다. 천하의 대세는 합친 지가 오래면 반드시 갈라지고, 갈라진 지가 오래면 반드시 합치게 되는 것이다. 오늘날의 '합침'은 국가의 편협함과 이익의 차이를 넘어서 협력과 상생을 핵심으로 하는 신형의 국제관계를 구축하는 것이다. 운명공동체는 인류문명의 지속 가능한 발전에 착안해 문명 질서의 확립을 추진하며 편협한 민족 국가의 시각을 넘어 인류 전체관을 수립한다. 이는 인류문명의 높이에서 '운명공동체' 사상을 이해할 수 있는 깨우침이다.

19차 당 대회 보고는 "여러 나라 인민이 마음과 힘을 합쳐 인류운명공동체를 구축하고 항구적 평화, 보편적 안전, 공동 번영, 개방과 포용, 깨끗하고 아름다운 세계를 건설할 것을 호소한다."라고 지적했다. 인류운명공동체 사상은 시공간의 변화를 초월해 고금의 변화를 알고 자연계와 인류사회의 객관 법칙을 이해하는 것을 추구하며, 오늘날 세계가 직면한 공동의 도전과 평화 및 발전의 공동 과제에 착안해 자국의 운명을 스스로 장악하고, 자국 국정에 맞는 발전의 길을 가려는 여러 나라의 보편적인 요구에 부응한다. 이는 이 사상이 세계의 광범위한 공명을 불러일으킨 근본 원인이다.

2018년 1월

인류운명공동체의 10대 관계를 잘 처리해야 한다

2017년 1월 18일 시진핑 주석은 제네바의 팔레 데 나시옹에서「인류운명공동체 공동 구축」이라는 주제로 역사적인 연설을 발표해 인류운명공동체 이념을 체계적으로 설명했다. 그로부터 4년이 흘렀다. 그 개념은 갈수록 더 사람들의 마음속에 깊이 자리 잡았고 코로나19 발생 후 더욱이 국제 사회에서 광범위한 인정을 받았다. 이와 동시에 인류운명공동체에 대한 오해와 의문도 여전히 존재한다. 인류운명공동체의 구축을 어떻게 진일보로 총괄적으로 추진할 것인가? 필자는 다음의 10대 관계를 잘 처리해야 한다고 생각한다.

자신감과 자각의 관계

인류운명공동체 이념을 제기한 것은 '네 가지 자신감'을 세계관에 구현시킨 것이며, "자신이 성공을 이룸과 동시에 주위 사람도 성공을 이루도록 한다"는 중국의 품격을 보여준 것이기도 하다. 우리에게 '네 가지 자신감'이 생겼으니 다른 나라도 '네 가지 자신감'을 가지기를 바란다. 유럽연합(EU)이 중국을 '제도적 라이벌'로 보고 있고, 트럼프 정권 시기의 미국은 더욱이 중국을 제도적 적수로 지목했다. 이는 '네 가지 자신감'이 부족한 표현이다. "각자 자신의 우수한 문화를 고양하고, 타국의 우수한 문화를 존중하고 받아들이며, 서로의 우수한 문화를 포용하고 공유하면서 천하대동을 이루어야 한다." 이러한 경지의 전제 조건은 스스로 자체 문화의 우수함을 스스로 인정하고, 진정한 자신으로 거듭나며, 운명의 주인이 되어야 비로소 타국의 우수한 문화를 완성하고 운명을 함께 할 수 있다. 자신감은 자각의 전제이며 자각은 자신감의 승화이다. 인류운명공동체 구축은 자연스러운 과정이 아니라 자발적인 노력과 행동을 필요로 한다.

부정과 긍정의 관계

인류운명공동체는 부정적인 운명공동체가 아닌 긍정적인 운명공동체이며 저절로 이루어지는 것이 아니다. 오늘날은 소수 국민의 작은 나라가 아닌 지구촌 시대이기 때문에 공동 이익의 토대 위에 공동의 신분을 형성하고 공동의 사명을 가지고 위대한 투쟁을 통해 쟁취해야 한다. 인류운명공동체의 내재적 의미에도 부정-긍정의 각기 다른 차원이 존재한다. 인류운명공동체 1.0은 '공동의 적에 공동 대항+동병상련'이다. 인류운명공동체 2.0은 "함께 호흡하고 운명을 같이하면서 자국 국정에 맞는 발전의 길을 걸을 수 있도록 공동으로 지지하는 것"이다. 인류운명공동체 3.0은 "공동의 사명으로 인류 문제의 해결을 위한 공동의 지혜와 공동의 방안이 있는 것"이다. 인류운명공동체 구축은 '지구를 떠도는' 최악의 상황을 방지하는 것과 '세계 대동'의 최고의 상황을 추구하는 것 사이의 선택이다.

명(名)과 실(實)의 관계

독일의 역사학자 슈펭글러는 『서구의 몰락』이라는 책에서 "민족과 민족 사이도 사람과 사람의 사이처럼 서로 간의 이해가 너무 적다. 모든 면에서 자신이 창조한 이상적인 상대방의 모습에 따라 상대방을 이해할 수밖에 없다. 깊이 관찰하는 안목을 가진 개인은 너무 드물다."라고 썼다. 인류운명공동체는 처음에는 'Community of Common Destiny'라고 번역되었었는데 종교적인 오해를 불러일으키기 쉬웠다. 지금은 'Community of Shared Future for Humankind로' 번역되어 많이 좋아졌지만, '운'(運)의 함의만 설명했을 뿐, '명'(命)이 가져다주는 신분, 동질감에 관한 내용이 부족하기 때문에 중국어가 포함하고 있는 의미를 아직 완전히 표현하지 못했다. 인류운명공동체를 구축하는 과정에 명(名. 이름 또는 명의)과 실(實. 실속)의 통일을 실현하고 평화·발전·공평·정의·민주·자유의 전 인류의 공동 가치를 결집시켜야 한다. '일대일로' 국제 협력은 인류운명공동체를 구축하는 주요 실천 플랫폼이며, 명실상부를 실현하는 중요한 메커니즘이다. 그러므로 '일대일로' 공동건설 협력 양해각서가 체결된 후 갈수록 많은 나라들이 우리와 인류운명공동체 공동 구축 협력 서류를 체결하고 있다.

계승과 초월의 관계

가족·부족·국가에서 국제기구에 이르기까지 사람들은 다양한 차원의 공동체 즉 독일의 사회학자 페르디난트 퇴니에스가 말한 지역공동체·혈연공동체·정신공동체를 형성한다. 개인의 운명은 국가의 운명과 연결되어 있으며 이를 애국심이라고 한다. 글로벌화 시대에 국가의 운명은 인류의 운명과 연결되어 지구촌 촌민의 개념을 형성하며 공동체가 운명공동체로 상승한다. 이론적으로 운명공동체는 인류운명공동체로 상승해야만 운명공동체의 유적 본질(類本質. 다른 동물과 구별되는 인간만의 본질적 특성)을 지킬 수 있다. 외교적 실천의 차원에서는 더욱이 계승과 초월의 통일이다. 인류운명공동체는 평화공존 5원칙에 대한 계승과 발전이며 새로운 시대에 새로운 국제 환경에 직면해 제기한 새로운 이념이다. 평화공존 5원칙이 과거에는 주로 주권국가, 민족 국가가 적용 대상이었다. 그러나 인류운명공동체의 구성원은 더욱 분산되고 다원적이어서 인류로 결집되고 인류 운명을 더욱 좋은 방향으로 발전하도록 추진하는 모든 조직 단체 및 개인까지 다 인류운명공동체를 구성하는 주체가 될 수 있다. 인류운명공동체는 평화 공존 5원칙을 토대로 더욱 높은 요구를 제기했다. 평화공존에만 초점을 맞추는 것이 아니라 공동 발전에 더욱 많은 기대를 걸고 인류공동체의 전체 이익을 공동으로 수호하며 '공동건설', '공동 관리', '공유', '상생'을 창도하면서 인류문명의 새로운 장을 개척한다. 인류운명공동체는 조화로운 세계의 영속적 평화, 공동 번영의 이념을 계승하고 보편적 안전, 개방과 포용, 아름다움과 깨끗함의 차원으로 확장했다. 인류운명공동체는 여러 나라가 조화롭게 공존하면서 국제관계의 민주화를 실현하는 데로부터 인류가 운명을 함께 하는 데로 발전했으며, 국가를 토대로 하면서 또 국가의 사고방식을 초월했으며, 국가와 비국가 행위체를 총괄하고 질서의 배치와 가치의 공유를 총괄하며, 현실적 신분과 미래 귀속을 총괄해 과정과 절차를 겸비한 공동체 사고방식으로 조화로운 세계의 목표 방향을 초월했다.

타파와 수립의 관계

인류운명공동체 구축은 타파 속에서 수립하는 것이다. 블록체인 및 만물인터넷 기술이 미국의 동맹 시스템의 종속 구조를 타파하는 것과도 같은 것이다. 코로나19 발생 시의 상황을 통해서도 미국이 동맹국에 방역 안전보호를 제공할 수 없음이 입증되었으며, 심지어 동맹국의 방역물자를 빼앗아 방역의 글로벌 협력을 파괴하기까지 했다. 그리고 인류운명공동체를 구축하는 것은 뒤엎고 다시 구축하는 것이 아니라, 개방과 포용을 강조하고 국가의 주권과 여러 나라의 핵심 관심사를 존중하는 것이며, 낡은 영역에 대한 파괴보다는 새로운 영역을 수립하는 데 초점을 맞추는 것이다. "평화·주권·보편적 혜택·공동 관리의 원칙을 견지하고 심해·극지·우주·인터넷 등 분야를 서로 겨루는 경기장이 아니라 서로 협력하는 새로운 강역으로 만들어야 한다."

지(知)와 행(行)의 관계

시진핑 총서기는 "큰 도리는 매우 간단하며 내실을 다지는 것이 중요하다. 인류운명공동체 구축의 핵심은 행동에 옮기는 것이다."라고 지적했다. 중국은 지행합일(知行合一) 이념을 계승하며 시종일관 세계 평화의 건설자, 세계 발전의 기여자, 국제질서의 수호자로서 '일대일로' 국제 협력을 추진하고 글로벌 '후롄후퉁' 동반자 네트워크를 구축해왔으며, 인류운명공동체의 창도자이자 적극적인 실천자이기도 하다. 미래를 내다보면 중국의 국가 이익과 인류운명공동체의 관계, 중화민족 공동체와 인류운명공동체의 관계를 잘 처리해 위기 속에서 새로운 기회를 육성하고 변화 속에서 새로운 국면을 개척해야 한다.

어려움과 쉬움의 관계

　인류운명공동체를 구축하는 것은 하루아침에 이룰 수 있는 일이 아니라 점진적인 과정으로서 주변으로부터 시작해야 하며 개발도상국이 가장 집중된 아프리카대륙으로부터 조기 수확을 이룬 뒤 정당 간 대화와 민심 상통의 수단을 통해 점차 선진국으로 확장해 나가야 한다. 국가 차원에서 중국은 라오스·캄보디아·미얀마·파키스탄 등 갈수록 많은 우호적 파트너와 양자 운명공동체를 구축해나가고 있다. 지역 범위에서 여러 나라는 이미 주변, 아태, 중국-아세안, 중국-아프리카, 중국-아랍연맹, 중국-라틴아메리카 운명공동체를 구축하기로 공감대를 형성했다. 전 세계 영역에서 중국은 사이버공간, 핵 안전, 해양, 위생 건강의 '안전 공동체', '발전 공동체', '인문 공동체' 등 운명공동체를 구축할 것을 제안해 긍정적인 호응을 받았다.

하드와 소프트의 관계

　오늘날 세계 여러 나라는 서로 점점 더 밀접하게 연결되어 더 의존하며 인류는 점점 더 "너 안에 나 있고, 나 안에 너 있는" 운명공동체가 되어가고 있다. 그런데 최근 서방이 중국의 '샤프 파워' 패러독스를 조작해낸 것은 중국의 이니셔티브와 중국의 방안을 받아들이는 것이 달갑지 않은 서방의 완고성과 보수성을 보여준다. 이에 따라 일각에서는 중국은 인류운명공동체 이념을 창도하고 실천할 수 있는 하드 파워가 부족하다는 우려가 나온다. 역사적 경험이 보여주다시피 전망성과 포용성의 이념은 종합국력이 1위여야 국제 협력의 미래를 선도할 수 있는 것은 아니다. 실천은 진리를 검증하는 유일한 기준이다. 인류운명공동체 이념은 실천 속에서 끊임없이 개선되고 있다. '일대일로' 이니셔티브가 하드 커넥션을 강조한 동시에 소프트 커넥션도 날로 중시하듯이 인류운명공동체 구축도 물질문명과 제도문명 및 정신문명 건설에 동시에 착수해 균형적이고 질서 있게 추진해야 한다.

목표와 과정의 관계

인류운명공동체는 목표일 뿐만 아니라 과정이기도 하다. 코로나19 사태는 인류가 동고동락하는 운명공동체가 되었음을 확실하게 보여주었다. 아울러 코로나19 사태는 글로벌 공급사슬과 산업사슬의 불안정성과 불확실성을 드러냈으며, 세계 각국은 security(방어형 안보)가 아닌 safety(관리형 보안)에 점점 더 많은 관심을 보이면서 배타적이고 지역적인 배치가 대두해 글로벌화가 중대한 조정을 겪었다. 우리는 어떠한 글로벌화를 필요로 하는가? 글로벌 거버넌스는 누구를 위한 거버넌스인가? 인류운명공동체를 구축하려면 경로에 의존해서는 안 되고 관념에 의존해서는 더욱 안 되며, 수단과 사고방식을 혁신하고 여건을 조성해 적극 추진해 목표와 과정의 통일을 이루어야 한다. 인류운명공동체를 구축하려면 반드시 포용적 다자주의를 추진해야 한다. 양자는 '일다불분(一多不分, 우주 만물은 어느 한 사물이 월등히 뛰어나거나 서로 나뉘어 독립적으로 존재하는 것이 아니라 모두 내적으로 서로 이어져 있고 서로 구성한다는 관점)'의 관계이다.

유아와 무아의 관계

　시진핑 총서기가 깊이 있게 천명한 인류운명공동체 구축 이념은 아름다운 세상을 건설하기 위한 중국의 끊임없는 추구를 담고 있을 뿐만 아니라 새로운 세계질서에 대한 세계 여러 나라 인민의 아름다운 기대를 반영했기 때문에, 국제 사회 특히 개발도상국의 광범위한 환영과 지지를 받고 있다. 한편으로 인류운명공동체는 외교적 언사가 아니라 중국의 꿈을 실현하기 위한 내재적 요구이고, 중국 특색의 사회주의가 담아야 할 마땅한 함의로서 현대 중국 공산주의자들의 글로벌 시야를 명확하게 구현했다. 다른 한편으로 인류운명공동체를 구축하는 것은 마르크스의 진정한 세계역사 및 자유인 연합체 사상의 현대 실천이므로 우리는 자발적으로 공동체를 구축해야 한다.

2021년 2월

제4장

'일대일로' : 훗날에서 뒤돌아보는 내일

'일대일로'를 이해하는 세 가지 차원
'일대일로'는 개혁개방의 세계적 가치의 구현
'일대일로'의 시적 매력
'일대일로'의 중국 딜레마
디지털 실크로드에서 중국의 경험과 세계적 가치
코로나19 팬데믹 이후 '일대일로' 건설을 어떻게 더 잘 추진할 것인가

'일대일로'를 이해하는 세 가지 차원

사람들은 고대 실크로드를 비교 대상으로 삼아 '일대일로'를 이해하는 데 습관화되어 있다. 그러면 개념을 단순화하는 경향이 생길 수 있다. 그렇다고 서로 비교하지 않는다면 다수 사람들 특히 외국인들은 '일대일로'를 이해하기 어려울 것이다. 필자는 문화·역사·경제학 또는 국제관계 등 모종의 특정 영역으로부터 출발해 '일대일로'를 이해해서는 안 된다고 생각하며, 초학문적 연구를 진행해 학문의 경계를 허물고 이러한 새로운 개념을 이해해야 한다고 본다.

'일대일로'를 어떻게 이해해야 할 것인가? 간단하고 전파하기 쉬우며 또 여러 학문을 아우르는 체계를 구축할 수는 없을까? 필자는 일찍이 국제관계를 분석하는 세 가지 차원 즉 시간적 차원, 공간적 차원, 자체적 차원을 제기한 바 있다. 필자는 이 세 가지 차원에서 '일대일로'를 분석하려고 한다.

시간적 차원: 공동의 역사 기억을 되살리다

일찍이 많은 사람들이 왜 '신 실크로드'가 아닌 '일대일로'란 표현법을 채용했는지, 고대의 실크로드와 어떤 관계가 있는지에 대해 의문을 제기한 바 있다. 사실상 '실크로드', '신 실크로드'라는 표현은 외국에서 들어온 단어이다. 대외협력을 추진하는 과정에서 '실크로드'라는 공동의 역사 기억을 되살리려는 것은 "평화 협력, 개방 포용, 상호 학습 및 상호 참조, 호혜 상생"의 실크로드 정신을 부흥시키는 것을 핵심 목표로 하고 있다.

냉전이 끝난 후 중국은 중앙아시아지역에서 경제 협력을 제창했고,

상하이협력기구 건설을 적극 추진했지만 줄곧 도전에 직면해 있었다. 그 후 경제 협력을 추진함에 있어서 국제기구의 건설과 협력에 참여하는 것만으로는 역부족이라는 점을 점차 깨달았다. 그래서 고안해 낸 착안점이 바로 실크로드이다.

역사적으로 실크로드는 너무나도 찬란했다. 유럽 선교사 밀드레드 케이블은 기나긴 실크로드 여정을 이렇게 기술했다. "넓고도 깊은 바퀴 자국이 벌어졌다가 합쳐지기를 거듭하는 것이 마치 수면 위의 소용돌이를 방불케 한다. 이 길을 따라 무수히 많은 사람들이 수 천 년을 걸어오면서 영원히 멈출 줄 모르는 생명의 흐름을 형성했다." 1453년 오스만제국이 궐기하면서 동서양 간 무역·문화 교류를 차단했으며(역사적으로 '오스만의 벽'이라 불림) 유럽인들은 부득이하게 바닷길을 개척해야 했다. 이로써 세계의 전반적인 구도가 바뀌었으며, 서양 중심의 시대가 점차 형성되었다.

고대 실크로드가 끊긴 후 많은 국가들이 이 통로를 복구하려고 시도했다. 하지만 고대 실크로드의 재건은 100년간 이어온 꿈이었다. 유라시아대륙 내륙 국가들은 물류비용이 상당히 높아 해상과 비교하면 경쟁력이 턱없이 취약했을 뿐만 아니라 산업 사슬도 해안을 따라 배치되었기 때문에 내륙 지역은 점차 뒤처지게 되었다. 실크로드를 개척하지 않는다면 내륙과 연해 지역 간의 발전 격차를 해소하기는 어려울 것이다.

유네스코와 유엔개발계획서는 '실크로드 부흥계획', '유라시아 대륙교' 등 구상을 잇달아 제시했다. 첫 번째 유라시아 대륙교는 블라디보스토크에서 로테르담에 이르고, 두 번째는 롄윈강(連雲港)에서 로

테르담에 이르며, 세 번째는 쿤밍(昆明)에서 로테르담에 이른다. 현재 중국의 25개 도시에서 이미 다양한 중국-유럽 정기 화물열차를 운행하고 있는데 '일대일로' 실행의 동풍을 타고 '유라시아 대륙교'의 구상이 전부 현실로 실현될 전망이다.

100년 전 스페인인 스벤 헤딘은 이렇게 예측했다. "이 교통 간선(실크로드)은 구세계를 통과하는 가장 긴 길이라고 해도 과언이 아니다. 문화 역사의 관점에서 볼 때 이는 지구상에 존재했던 여러 민족과 여러 대륙을 이어주는 가장 중요한 유대였다. 중국 정부가 만약 실크로드를 다시 되살리고 현대적인 교통수단을 사용한다면 이는 분명 인류에 기여하는 일이자 자신을 위한 위대한 공적을 쌓는 일이기도 하다."

인류문명사를 볼 때 실크로드의 부흥은 인류문명의 발전과 밀접한 연관이 있다. 오늘날 유행하는 많은 저작들은 계몽운동과 문예부흥 시기를 거친 유럽에서 그 기원을 찾을 수 있다. 문예부흥은 무엇을 부흥시키려 했을까? 궁극적으로는 고대 그리스의 문화와 예술·사상을 부흥시키려 했다. 고대 그리스 사상의 대표주자는 누구인가? 답은 아리스토텔레스이다. 그의 논술과 사상은 300만 자에 달하는 『아리스토텔레스 전집』에 수록되어 있다. 그러나 중국의 인쇄술·제지술이 유럽에 전파되기 전까지 유럽인들의 기록방식은 오로지 한 가지뿐이었는데 바로 양가죽을 매개체로 한 기록이었다. 아리스토텔레스가 생활한 시기는 기원전 4세기였다.

그때 당시 전 세계의 양가죽 생산량으로도 300만 자에 이르는 내용을 기록하기에는 역부족이었다. 이로부터 아리스토텔레스의 대다

수 저작은 모조품이라는 점을 알 수 있다. 모조품이 나타난 이유는 무엇일까? 유럽인들은 많은 지역에 대한 식민 통치를 실시하면서 '문명인'이 '야만인'을 통치해야 한다는 그들의 이른바 문명을 널리 퍼프려야 했기 때문이다. 즉 흔히 말하는 "낙후하면 얻어맞는다는 것"이다. 그리고 과거에 우리는 유럽의 이 같은 선형의 사회 진화론 논리를 완전히 믿었다. 서양인들은 상대가 스스로 후지다는 것을 인정하기를 바라지만 사실 상대는 전혀 후지지 않은 것일 수 있다.

후에 영국과 프랑스가 고대 그리스와 고대 로마 문명의 정수를 통합했다. 세계 4대 고대 문명국 중 3대 고대 문명국은 이미 서양의 식민지로 전락해 문명의 역사가 중단되었다. 그리하여 서양은 고대 문명국의 어깨 위에 올라서서 문명의 발언권을 독차지하는 데 성공했다. 현재 '중국 위협론'이 성행하는 이유는 무엇일까? 중국이 이른바 서방 중심의 신화를 깰 수 있는 유일한 국가일 수 있기 때문이다. 1877년 독일인 리히트호펜이 '실크로드'라는 개념을 제기한 후로 한차례 재앙을 불러왔는데, 그중 둔황(敦煌)이 약탈당한 것이 그 중요한 표징이다.

만약 중화민족의 위대한 부흥을 실현하지 못한다면, 서방의 담론 패권은 여전히 계속될 것이다. 유럽인들이 창조해낸 담론 체계의 논리는 "동양의 문명은 서양에서 유래되었다는 것"이다. 그러나 사실은 정반대이다. 서양 문명은 동양에서 기원한 것이 많다. 우리가 '일대일로'를 제안하고 실크로드의 부흥을 위해 노력하는 목표 중 하나가 바로 서방 중심론과 작별하고 세계를 다원화한 기존의 상태로 돌려놓으려는 것이다.

글로벌화의 역사적 차원에서 볼 때 현재 '일대일로'는 글로벌화 3.0 버전을 열어나가고 있다. 만약 우리가 고대 동서양 무역과 문명 교류의 길이었던 실크로드를 글로벌화 1.0시대라고 본다면 당시 주로 유라시아대륙 각국을 아울렀고 무역과 문화는 발전의 원동력이었으며, 여러 측은 '평화협력, 개방포용, 상호 학습 및 상호 참조, 호혜상생'의 실크로드 정신을 기본적으로 따랐다. 그러나 근대 서양이 개척한 글로벌화는 글로벌화 2.0시대로 민족·국가가 참여 단원이었고, 바다를 통해 글로벌 무역과 투자의 확장을 실현하면서 서방 중심의 세계를 점차 확립해 나갔다. 오늘날 '일대일로'는 즉 21세기의 대륙 간 협력 제안으로서 역사적으로 중단되었던 실크로드를 잇는 일일 뿐만 아니라 더욱이는 실크로드의 역사 개념을 활용해 신형의 글로벌화-글로벌화 3.0시대를 여는 것이다.

시간적 차원에서 볼 때, 인류문명과 글로벌화 역사의 관점에서 '일대일로'의 의의를 이해한다면, 바로 실크로드의 부흥을 통해 유라시아대륙을 인류문명의 중심지대로 되돌려놓음으로써 서방 중심론과 작별하고 문명의 공동 부흥을 추동하는 것이다.

공간적 차원: 세계 경제 판도를 바꾸다

공간적으로 '일대일로'에는 대체 어떤 나라들이 포함되며 어떻게 배치해야 할 것인가? 65개국을 포함하고 세계 경제 총량의 29%, 인구의 63%를 차지하며 주로 상대적으로 후진 국가들을 포함하고 있다는 것이 현재 보편적인 설명이다. 전에는 선진국에 초점을 맞추던 개혁개방이 왜 이제는 개발도상국에 관심을 돌리기 시작하는지를 많은 사람들이 이해하지 못한다. 그리고 '일대일로'를 '대외에 돈 뿌리기'로 묘사하면서 대외 원조와 동일시하는 사람들도 있는데 이는 사실 오해이다. 이들 나라는 비록 그다지 부유하지는 않지만 발전 잠재력이 매우 크다. 개혁개방 초기에 중국이 선진국을 필요로 했던 것처럼 그들도 중국을 필요로 하고 있다. 그들에게는 자금과 기술이 필요하고 우리에게는 시장이 필요하다.

'일대일로'를 실행에 옮기려면 정책 결정자나 일반 민중이나 모두 관념과 사상의 전환이 필요하다.

발전관의 전환. 『사기』(史記)에는 이렇게 기록되어 있다. "동양은 만물이 싹트는 곳이고, 서양은 만물이 성숙하는 곳이다. 이렇게 볼 때 일의 시작은 동남이지만 결실을 얻는 자는 항상 서북에 있다." 개혁개방은 주로 서방 특히 미국에 대한 개방이다. 그러나 이러한 발전 모델은 지속될 수 없다. 금융위기 이후, 서방의 소비자들은 주머니 사정이 좋지 않아 중국산 상품을 대량으로 구입할 수 없었다. 중국은 생산능력 과잉으로 제품이 남아돌았는데 이는 선진국 시장에만 집중해서는 역부족이라는 사실을 증명해준다. 일부 경제학자는 선진국이라는 환류 외에 광범위한 개발도상국, 특히 주변국과 함께 새로운 산업 사슬 환류를 구축해 '이중 환류'를 형성함으로써 선진국 시장의 리스크를 상쇄할 수는 없을지 하는 질문을 제기했다. 이것이 바로 최초 '일대일로' 사상의 원형이다.

시공간 관념의 전환. '일대일로'는 '공간으로 시간을 바꿔오는' 역사상의 대전략을 뛰어넘었다. 우리는 시간적 공간적으로 동시에 돌파를 가져와야 하며, 육상과 해상을 고루 고려하면서 또 동양과 서양을 서로 연결해야 한다. 예전에 리훙장(李鴻章)과 쭤쭝탕(左宗棠)이 해상 방어의 중요성과 변방 방어의 중요성을 두고 논쟁을 벌였는데 시대적 제약성을 띠고 있다. '일대일로'는 양자가 모두 중요함을 보여준다. 큰 시공간적 관점에서 '일대일로'를 이해해야 한다.

세계관의 전환. 『삼국연의』 머리글 첫 마디는 이런 글귀로 시작한다. "천하의 대세는 분열된 지 오래되면 반드시 합쳐지고, 합쳐진 지 오래되면 반드시 분열된다." 냉전이 끝난 후, 서방은 글로벌리즘을 추구해 정치적으로는 서방 민주정치를, 경제적으로는 자본주의 세계경제 체제를 추진하면서 전 세계적으로 정치, 경제 등 제반 분야에서 서방의 모델을 따라 표준화를 실현하고자 시도했다. 미국은 막대한 국력을 소모했지만 전 세계 서방화의 목표를 실현하지 못했고, 경제의 글로벌화로 인해 톱 레벨 자본 소유자에게 부와 권력이 더욱 빠르게 집중되었다. 동시에 공업 기반이 소진되었고 또 빈부격차가 확대되었다. 사실상 서방의 상층이 글로벌화를 쥐고 흔드는 것이다. 반면에 사회의 하층 민중들은 글로벌화 또는 중국처럼 글로벌화를 실현 중인 일부 나라를 겨냥해 글로벌화를 철저히 타격하고 포기하고자 시도했다. 그래서 글로벌화는 파편화의 길로 나아가기 시작했다. '일대일로'를 제안한 것은 바로 '후롄후퉁'을 실현해 글로벌화가 개방·포용·균형·보편적 혜택의 방향으로 발전할 수 있도록 이끌기 위한 것이다.

'일대일로'의 공간적 중점 방향은 '6랑6로(六廊六路)', '다국다항(多國多港)'으로 요약할 수 있다. '6랑'은 6대 경제회랑을 가리키고, '6로'는 철도·고속도로·수로·항공로·파이프라인·정보 고속통로를 말한다.

'다국'은 몇 개의 거점 국가를 육성하는 것이고, '다항'은 몇 개의 거점 항구를 건설하는 것이다.

'일대일로'의 구체적인 방향은 육상 3갈래, 해상 2갈래로 총 5개 방향으로 나뉜다. 실크로드 경제벨트의 첫 번째 방향은 중앙아시아, 러시아를 거쳐 발트해에 이르고, 두 번째 방향은 서아시아, 페르시아만을 거쳐 지중해에 이르며, 세 번째 방향은 중국-파키스탄 경제회랑을 통해 인도양에 이른다. 그리고 '21세기 해상 실크로드'의 중점 방향은 중국 연해 항구에서 남해를 거쳐 인도양에 이르고 유럽까지 뻗어 나가며, 또 중국 연해 항구에서 남해를 거쳐 남태평양에 이른다. 통상적으로 말하는 65개국은 위 5개 방향의 연선에 있는 국가들이다. 프로젝트 건설은 연선 국가에서 이루어지지만 프로젝트 자체는 전 세계의 융자와 세계시장의 지원이 필요하며, 달러화, 미국 회사, 미국인들이 대거 참여해야 할 뿐만 아니라 미국이 주도하는 국제 규칙과 표준을 떠날 수 없기 때문에 미국은 '일대일로' 관련국이다.

'일대일로'는 개방적·포용적인 것으로서 장기적으로는 북극과 남미 방향도 고려할 수 있다. 현재의 공간 배치는 산업 사슬의 자연스러운 확장이며 앞으로 더욱 확장될 것이다.

공간적 차원에서 볼 때 '일대일로'는 내륙 국가들이 바다로 나가는 출구를 찾고 육지와 해상의 연결을 실현하는 데 큰 도움을 줄 것이다. 예를 들면 유럽에는 '3갈래의 강'(엘베 강, 다뉴브 강, 오데르 강)을 '3개의 바다'(발트해, 아드리아해, 흑해)와 연결시키는 천년의 꿈이 있다. '일대일로'는 그 꿈에 희망의 불씨를 지폈으며, 유럽이 상호 연결을 실현하고 중국-유럽의 육해 쾌속선, 3개 바다 항구구역의 대형 프로젝트를 형성하는 데 힘을 실어준다. 다른 하나는 규모 효과를 실현하는 것이다. 유럽이 세분화로 갈수록 작아지고 있는 현재 '일대일로'를 제기한 후로 작은 나라를 한데 연결시켜 큰 시장을 구축할 수 있으며, 특히 내륙과 해양을 연결시켜 육지와 바다의 연결을 실현할 수 있다. 이는 '일대일로'가 환영받는 중요한 원인이다.

'일대일로'는 중국이 세계 경제 지리 판도를 재구축하도록 추진했는데, 다수의 사람들은 이를 '제2의 지리적 대발견'이라고 부르고 있다. 중국 기존의 생산력 우위, 기술 우위, 자금 우위, 경험과 모델 우위를 시장과 협력의 우위로 전환시켜, 중국의 기회를 세계의 기회로 바꾸고 중국 꿈과 세계 꿈을 융합시키고 있다. '일대일로'는 근대 식민주의, 제국주의, 패권주의를 뛰어넘어 패권 없는 시대를 만들고, 동서양의 화합과 남북 포용의 미래를 열어가고 있다.

자체적 차원: 역사적 현실적 취약점을 보완하다

'일대일로'는 신생 프로젝트이지만, 많은 부분에서 기존의 기반을 두고 있다. '일대일로'는 '징진지(京津冀, 베이징·톈진·허베이) 일체화', '창장(長江) 경제벨트'와 함께 중국 새 시기의 3대 발전전략으로 불리고 있으며, '두 개의 백년'[25]의 위대한 부흥을 실현하는 중국 꿈의 실현을 강력하게 추진할 전망이다. '일대일로' 건설은 중국 경제 발전방식의 전환, 구조적 개혁 문제뿐만 아니라 세계적인 보편적 난제를 해

---

25) 두 개의 백년 : 중국공산당 창당 100주년이 되는 2021년까지 '샤오캉사회 전면 실현(全面建成小康社會)' 목표를 이루어 전 인민이 중산층 시대로 진입하고, 건국 100주년이 되는 2049년까지 부강하고, 민주적이며, 문명하고, 조화로우며, 아름다운 '사회주의 현대화강국'을 실현해 중화민족의 위대한 부흥을 이룬다는 계획.

결하기 위한 것이기도 하다.

빈곤 문제. "도둑질은 가난함에서 비롯된다" 많은 낙후한 지역에서 나타나는 충돌과 대항은 가난함에서 비롯된 것이다. 그들 사이에 '후렌후퉁'을 실현해야만 비로소 외부 세계를 알 수 있다. 중국의 경험은 "부유해지려면 길부터 닦아야 한다는 것"이다. '후렌후퉁'은 생산과 생활방식을 새롭게 배치하는 것이며, 발전으로 안전을 도모하고 안전으로 발전을 촉진하는 것이다.

빈부격차 문제. 세계의 빈부격차 문제는 글로벌화 배치와 밀접하게 연관되어 있다. 가장 큰 빈부격차는 바로 연해지역과 내륙지역의 빈부격차이다. "적음을 걱정할 것이 아니라 고르지 않음을 걱정해야 한다"는 말이 있듯이, 빈부격차를 어떻게 해결할지에 관한 문제에서 "동서양이 서로 지원하고 육해 간에 '후렌후퉁'하는 것"이 가장 중요하다.

거버넌스 문제. "큰 나라를 다스리는 것은 마치 작은 생선을 조리하는 것과 같다." 오늘날 세계의 혼란은 어떻게 다스릴 것인지, 쓸모없는 일에 힘을 빼지 않는 문제와 파편화 문제를 어떻게 해결할 것인지 하는 것이다. 중국인은 문제를 고려할 때 지엽적인 것과 근본적인 것을 함께 다스리며 총괄적으로 고루 돌볼 것을 주장한다. 많은 사람들은 서양 경제학의 관점을 적용해 중국의 고속철도 건설은 돈을 벌지 못하는 사업이라고 말한다. 그들이 생각하는 이른바 돈 벌기란 승차권을 얼마나 팔았는가 하는 것이다. 그러나 고속철도 건설에 따른 부동산, 관광 등 산업의 발전은 서양 경제학 관점으로는 예상하지 못한 부분이다. 따라서 기존의 모델을 바탕으로 '일대일로'를 이해해서는 안 된다.

'일대일로'는 역사적, 현실적으로 세 가지 취약한 부분을 상당 부분 보완했다. 첫 번째는 기존의 식민주의, 제국주의가 이루지 못한 '후렌후퉁'을 보완한 것이다. 두 번째는 세계 경제의 취약한 부분 특히 실물경제에서 취약한 부분을 보완한 것이다. 세 번째는 글로벌화에서 취약한 부분을 보완해 포용적인 글로벌화를 구축한 것이다. 이와 동시에 리스크와 기회는 정비례한다. '일대일로'의 리스크는 경제·정치·안보·법률·도덕 등 방면의 리스크를 포함하고 있다. 안보 리스크에 대한 논의가 가장 많은데 그것은 '일대일로'가 마침 이른바 '불안정 원형지대'(arc of instability, 테러 우려 지대)-문명의 단층대와 문명판의 연결지대를 지나가기 때문이다.

최근 몇 년간, 많은 개발도상국이 서방의 모델에 점차 실망을 느끼고 심지어 절망하기에 이른 반면에, 중국의 모델에는 점점 관심을 가지고 있으며, 빈곤퇴치와 치부, 그리고 급속한 발전을 실현한 중국의 방법과 기적을 높이 평가하고 있다. 과거 중국은 대외 원조에 정치적 조건을 부가하지 않음으로써 서방 원조에 대한 개발도상국의 의존도를 낮췄었다. 현재 중국은 투자 모델에서 또 서방과 구별되는 모델로 개발도상국 경제발전 과정에 드러난 단점을 보완하고 있다. 시장경제 규칙에 따른다면 국제금융기구의 대출을 얻기 어려운 우즈베키스탄과 같은 이중 내륙 빈곤국이 국가개발은행의 대출을 따낸 사실을 통해 '정부+시장' 투 트랙의 중국 모델의 매력을 보여주었다. 중국업체가 일본업체를 제치고 인도네시아의 자반(자카르타-반둥) 고속철도 프로젝트를 따낼 수 있었던 것은 중국업체가 인도네시아 정부의 담보란 전제조건을 피했기 때문인데, 그 배후에는 중국 국유은행의 유력한 지지가 뒷받침되어 있다. 중국 모델은 아프리카에서도 여전히 두각을 나타내고 있다. 아프리카의 첫 중국 표준의 국제 전기화 철도인 에지(에티오피아-지부티)철도는 설계, 시공부터 운영에 이르기까지 전부 중국 모델을 채택했을 뿐만 아니라 몸나(몸바사-나이로비)철도와 몸바사 항구의 건설 또한 이러한 맥락을 이었다.

인프라 투자는 단기적으로 보면 고용 창출과 시장수요의 증가를 실현할 수 있고 장기적으로 보면 경제성장을 촉진할 수 있다. 선진국은 인프라가 낡고 오래되어 여전히 투자 기회가 있지만 최적의 투자 기회는 개발도상국에 있다. 매년 인프라에 투자하는 자금 규모를 볼 때, 아시아지역은 약 8천억 달러, 아프리카국가는 약 5천억 달러에 달한다. 그리고 전 세계적으로 자금의 총 수요는 약 2조 달러에 이른다. 개발도상국은 인프라 투자가 1달러 증가할 때마다 0.7달러의 수입이 늘어나는데 그중 0.35달러는 선진국으로부터 수입하는 것이다. 전 세계의 인프라 투자는 선진국의 수출을 증가시켜 구조적 개혁을 위한 공간을 마련해줄 것으로 예상된다.

'일대일로' 건설도 세 단계를 거치게 된다. 첫 번째 단계는 2016년부터 시작해 중대 인프라가 착공되고 중요한 자유무역협정 협상에서 돌파를 이루는 것이다. 두 번째 단계는 2024년경에 이르러 발트해·지중해·인도양을 연결하는 것이다. 세 번째 단계는 2049년쯤, '5통(通)'을 전부 실현하는 것이다.

한비자(韓非子)는 이런 말을 했다. "상고시대는 도덕의 겨룸이었고, 중세기는 지략의 겨룸이었으며, 오늘날은 힘의 겨룸이다." '일대일로'

는 지략과 도덕뿐만 아니라 힘도 있어야 하며 이 3자가 공동으로 작용해야 한다. 이 또한 '일대일로'를 3개 차원으로 이해해야 하는 이유이기도 하다.

역사적으로 볼 때, '일대일로' 건설은 지혜가 필요하다. 대국 궐기의 역사를 뒤돌아보면 모두 인프라 건설을 시작으로 성과를 거두고 자손 후대에 복을 가져다주었음을 알 수 있다. 예를 들어 로마의 차도와 수로, 진시황이 닦은 진직도(秦直道), 수양제(隋煬帝)가 건설한 경항(京杭)대운하 등이다. 공간적으로 볼 때 '일대일로' 건설은 지략이 필요하다. 철도, 도로, 항공, 항해, 오일가스 수송관, 송전선, 통신 네트워크로 구성된 유럽-아시아-아프리카 입체 교통 네트워크, 산업 사슬 및 경제회랑을 어떻게 배치해야 할 것인가? 현지의 경제 지리 환경을 고려해야 할 뿐만 아니라 더욱이 전반적인 국면을 고려하는 전체적인 관점도 갖추어야 한다. 미래지향적인 안목에서 볼 때 '일대일로' 건설은 힘이 필요하다. 중국은 '일대일로'를 추진할 수 있는 저력과 내공을 갖추었다. 국내에서 '후롄후퉁'을 실현하지 못하면 어떻게 남들과 소통할 수 있으며, 국내 경제 실력이 부족하면 어떻게 남들이 중국 발전의 쾌속 열차에 편승하도록 할 수 있겠는가?

연선 국가를 분류한 후 나라별로 어떤 분야의 '후롄후퉁'을 먼저 실시할 것인지를 정해야 한다. 국가마다 사정이 다르기에 발전상황을 일반화할 수 없다. 즉 한 나라에 한 정책, 한 가지 일에 한 가지 정책을 실행해야 하며, 업종별 규칙이 다르기 때문에 업종별, 지역별 자체 발전규칙·국정·풍속·법률·시장기준 등을 존중해야 한다. 이 방면의 교훈은 헤아릴 수 없이 많으며 공동 협상, 공동건설, 공유 원칙의 소중함을 보여준다. 아울러 '일대일로'가 직면한 여러 가지 리스크도 반영하기 때문에 신중하게 평가하고 적절하게 대응할 필요가 있다. 어쨌든 외국에서 인프라 건설에 종사하면서 개발구, 경제회랑을 건설하고 있는 것이니까.

2017년 3월

'일대일로'는 개혁개방의 세계적 가치의 구현

인류 역사로부터 볼 때, 대국의 궐기는 필연적으로 미래의 세계를 선도하는 협력 제안과 가치 이념을 제시하게 된다. '일대일로'가 바로 이러한 사명을 짊어지고 있다. '일대일로' 이니셔티브의 제안은 중국이 근대 이후 중서체용(中西體用, 중국의 학문을 본체로 하고 서양의 학문을 응용함), 서양 추월의 사고 논리와 완전히 결별하고 세계 리더형 국가로 부상했음을 상징한다. 이제는 어느 나라의 달이 중국의 것보다 더 둥근지 하는 따위에 더 이상 집착하지 않게 되었다.-사실 우리는 하나의 달을 공유하고 있다. 그것은 바로 인류운명공동체이다. 이니셔티브를 제안한 후 국제사회는 중국의 궐기에 대한 추상적인 논의에 그친 것이 아니라 '일대일로'에 대한 구체적인 논의를 진행했다. 이로써 국제 담론 체계를 근대의 수백 년에서 단번에 2천 년 이상으로 확장함으로써 '서방 중심론'을 해체했다. 운명공동체 이념은 보편적 가치(普世價値)를 뛰어넘어 인류의 공동 가치를 제창하며' 항구적인 평화, 보편적인 안전, 공동 번영, 개방·포용, 아름답고 깨끗한 세계를 건설하는데 취지를 두었다. 대도가 행해지면 천하는 만민의 것이 된다. "'일대일로' 건설은 위대한 사업으로서 위대한 실천을 필요로 한다." 시진핑(習近平) 주석이 '일대일로' 국제 협력 정상포럼에서 기조연설을 발표할 때 상기와 같은 발언을 통해 드높은 자신감과 자발성으로 '일대일로'를 건설할 것을 제시했다.

1. '일대일로' 건설에 대한 자신감은 '4가지 자신감'을 세계에 보여주는 것이다

'일대일로'(一帶一路)의 정식 명칭은 '실크로드 경제벨트'(絲綢之路經濟帶)와 '21세기 해상 실크로드'(21世紀海上絲綢之路)로, 3개 핵심 키워드가 포함된다. 첫 번째 핵심 키워드 '21세기'에 대해 얘기해 보자. '일대일로'는 우선 철도·도로·항공·항해·오일가스 수송관·송전선·통신 네트워크로 구성된 종합적 입체적 '후롄후퉁'의 교통 네트워크로, 핵심 키워드는 '후롄후퉁'이다.-만물이 서로 연결되고 인간과 컴퓨터가 서로 작용하며 하늘과 땅이 일체를 이루는 것은 21세기의 특색을 뚜렷하게 구현하고 있다. 두 번째 핵심 키워드 '벨트'에 대해 얘기해 보자. 여기서 말하는 벨트는 경제벨트·경제회랑·경제발전 벨트이자 중국 개혁개방 모델 경험의 구현이기도 하다. '실크로드 경제벨트' 공동건설은 "점에서 면으로, 선에서 구역으로 확대해 점차 지역 간 대 협력을 형성하는 것이다." 세 번째 핵심 키워드 '길'에 데해 얘기해 보자. 중국에는 이런 말이 있다. "치부하려면 길부터 닦고, 빠르게 부유해지려면 고속도로를 건설하며, 단기 내에 부유해지려면 네트워크를 구축해야 한다." 중국에서 '길'은 일반적인 길이 아니라 도(道, 방법)이다. '길(路)'은 단지 '도(道)'를 실현하는 한 가지 방식일 뿐이다.

'도'에 대해 어떻게 얘기했는지 살펴보자. 『도덕경』 제42장에는 이렇게 적고 있다. "도가 하나를 낳고, 하나가 둘을 낳으며, 둘이 셋을 낳고, 셋은 만물을 낳는다." 오늘의 도는 바로 운명공동체이다. 중국은 근대 이후 간고한 모색을 거쳐 자체의 국정에 어울리는 발전의 길을 걸어왔으며 자신의 운명을 스스로 장악하게 되었다. 오늘날 '일대일로'의 국제 협력을 통해 다른 국가들이 자체의 국정에 어울리는 발전의 길을 찾고 운명을 스스로 장악하며 인류운명공동체를 함께 구축하도록 조력하고 있다. 따라서 '일대일로'는 한 갈래가 아니라 무수히 많은 갈래이며 누구나 각자의 몫이 있다. 개방적이고 포용적이라는 점이 그 이유이다. 한 마디로 개괄하면 '일대일로'(一帶一路)의 '대'(帶. 벨트)에는 40년간 개혁개방의 매력이 농축되어 있고, '로'(路. 길)에는 170여 년간의 현대화 매력이 농축되어 있으며, '일(一)'에는 5천 년에 걸친 중화 문명의 매력이 농축되어 있다.

'설문해자(說文解字)'를 통하면 이해가 별로 어렵지 않다. '일대일로'는 중국 문화와 중국 특색을 모두 갖춘 발전 모델이지만, 이런 중국 특색이 다른 국가들에 점점 더 매력적으로 다가감으로써 세계적인 의의를 지니게 되었다. 최근 몇 년간, 많은 개발도상국이 서방의 모델에 점차 실망을 느끼고 심지어 절망하기에 이른 반면에, 중국의 모델에는 점점 관심을 가지고 있으며, 빈곤퇴치와 치부, 그리고 급속한 발전을 실현한 중국의 기적을 높이 평가하고 있다. 과거 중국은 대외원조에 정치적 조건을 부가하지 않음으로써 서방 원조에 대한 개발도상국의 의존도를 낮췄다. 현재 중국은 또 서방과 구별되는 투자 모델로 개발도상국 경제발전의 취약점을 보완하고 있다.

'일대일로'에 내포된 중국 모델에는 다음과 같은 부분이 포함된다.

'정부+시장'의 투 트랙 전략: 우즈베키스탄과 같은 이중 내륙 빈곤국은 시장경제의 규칙에 따른다면 국제금융기구의 대출을 얻기 아주 어렵지만, 중국 국가개발은행의 대출을 따내 '정부+시장' 투 트랙이란 중국 모델의 매력을 한껏 과시했다. 중국기업이 일본기업을 제치고 인도네시아의 자반(자카르타-반둥) 고속철도 프로젝트를 따낼 수 있었던 것은 중국기업이 인도네시아 정부의 담보라는 전제조건을 피했기 때문인데 그 배후에는 중국 국유은행의 유력한 지지가 뒷받침되어 있다. 자반 고속철도는 중국 고속철도가 최초로 전체 시스템, 총 요소, 전체 산업 사슬 형식으로 국문을 나서고 세계로 진출한 시범적인 프로젝트로서 전면적인 착공 및 건설은 중대한 의의가 있다. 중국 모델이 아프리카에서 두각을 나타내고 있다. 아프리카 첫 중국 표준화 국제 전기화 철도인 에지(에티오피아-지부티) 철도는 설계, 시공부터 운행에 이르기까지 모두 중국의 모델을 채택했다. 케냐의 몸나(몸바사-나이로비) 철도와 몸바사 통상구 건설, 나미비아의 월비스베이 건설은 아프리카 창장삼각주(長三角), 주장삼각주(珠三角)를 구축하고 있는 것이다.

인프라에서 선행된 산업화: 과거 중국에는 "기차가 기적을 울리면 황금 만 냥을 얻는다"는 설이 있었다. 개혁개방에서 인프라의 선행과 종합적인 시범 개발로 빈곤퇴치, 치부를 실현한 경험이 있기 때문에 세인들 특히 개발도상국 국민들은 '일대일로'란 네 글자에 흔쾌히 마음을 열게 된 것이다. 40년의 개혁개방을 거쳐 7억 명을 빈곤에서 탈출시켜 부유의 길로 이끎에 따라 인류의 빈곤퇴치, 치부에 대한 기여도는 70%에 달했다. 이는 수많은 개발도상국들이 중국을 따를 수 있도록 격려하고, '일대일로'에 적극 융합하도록 이끈 가장 직접적인 원동력이다. 인프라가 취약하면 산업화를 실현하기 어렵고, 산업화를 실현하지 못한다면 민주화는 실패할 수밖에 없다.

경제회랑: 중국의 개혁개방은 한 갈래의 공업회랑, 경제회랑, 경제

발전 벨트 모델을 탐색해 먼저 연해 지역에서 시범적으로 추진하다가 이어 내륙의 항구도시와 내륙지역에 시범적으로 보급해 경제 성장극과 도시군을 형성함으로써 전 중국의 개혁개방을 이끌었다. 현재 '일대일로'는 아프리카 시장이 점에서 선으로, 선에서 면으로 점차 확대하며 인프라의 '후롄후퉁'으로부터 시작해 아프리카가 내생적인 발전 원동력을 얻고 경제발전 벨트(항만, 철도, 무역 5위 일체)를 구축해 공업화와 농업 현대화를 실현함으로써 공동으로 빈곤에서 벗어나 치부를 실현하도록 돕고 있다.

개발 금융: 상업 금융이나 정책 금융과 달리 개발 금융은 금융 활동일뿐 만 아니라 제도건설 활동이기도 하다. '일대일로' 연선의 많은 국가들은 시장경제 제도가 건전하지 않기 때문에 중국은 금융 서비스 보급을 통해 이들 국가의 제도건설을 도울 수 있기를 희망하고 있다. 이것이 바로 개발 금융이다.

개발구 모델: 개발구 모델을 이용해 '일대일로' 국가에 투자하면 리스크를 방지하고 외부의 간섭을 억제하며 개발자와 투자자를 보호하는 데 유리하다. 개발도상국이 배우고 있을 뿐만 아니라 선진국도 시범적으로 추진하고 있다. 시아누크빌 항, 차우크퓨 항, 그와다르 항, 몸바사 항이 캄보디아, 미얀마, 파키스탄, 케냐의 '선전(深圳)'이 되어 이들 국가의 개혁개방, 육해 '후롄후퉁'과 경제의 비약을 촉진했다.

이우(义乌) 소 상품시장 모델: 개발도상국에 특히 알맞은 상거래 플랫폼 모델이다. 오늘날 크로스보더 전자상거래, 인터넷 금융과 결합한 이런 모델은 중국-유럽의 정기 화물열차를 통해 크게 두각을 나타내고 있는데, 중소기업의 대외진출을 효과적으로 추진했고 글로벌화의 현지화를 촉진했다.

서커우(蛇口) 모델: 항구를 선두로, 착안점으로 삼고, 항구와 인접한 산업단지를 핵심과 주요 운반체로 삼으며, 산업 이전을 제약하는 하드 환경과 소프트 환경의 단점을 체계적으로 해결해 국제 생산능력 협력의 플랫폼을 구축하는 것이다. '앞의 항구-중간의 단지-뒤의 도시'를 동시에 개발하는 모델은 '서커우 모델 4.0'으로 정의되었다. 오늘날 이런 모델은 '일대일로'에서 복제되고 있다. 투자유치국이 지부티항구에서 보여주고 있는 것이 그 예이다.

지방 협력 모델: 2018년 6월 말 기준으로, 중국-유럽 정기 화물열차는 누계로 이미 9천 편이 운행하고, 약 80만 TEU(표준 컨테이너)의 화물을 운송했다. 국내 48개 도시를 아우르고 있고, 유럽 14개 나라와 42개 도시에 이르고 있으며, 운송 네트워크가 유라시아대륙의 주요 구역을 아우르고, 적재운송 화물의 품목이 갈수록 풍부해져 지방 협력의 기적을 창조했다. 지방 지도자들의 치적경쟁 그리고 보조금 모델로 말미암아 비록 한때 화물열차가 빈 차로 귀로에 오르는 비중이 꽤 높은 현상을 초래해 일부 사람들의 비난을 받았지만, 규모와 체계 효과를 형성한 후로는 유라시아대륙의 '후롄후퉁'을 크게 추진했고 심지어 장기적으로는 산업 사슬 배치의 최적화를 이루기까지 했다. 현재 '일대일로' 건설은 중국 모델의 현지화를 실현하고 있다. 예를 들면 '한 갈래의 철도를 건설해 철도 연선의 경제발전을 견인한' 에지(에티오피아-지부티) 모델은 중국 모델의 국제 버전이라고 할 수 있다.

중국 모델을 중국 발전 모델이라고도 부르는데 '유망한 정부+유효

한 시장'이 핵심이다. '보이지 않는 손'뿐만 아니라 '보이는 손'의 역할도 잘 발휘해 시장을 개척 및 육성하고 궁극적으로 시장이 결정적 역할을 발휘하도록 함으로써 시장경제가 충분히 발전하지 못한 국가가 산업화의 길을 걷는데 새로운 선택을 제공해주었을 뿐만 아니라 서방이 고취하는 자유 시장경제로는 해결할 수 없고 심지어 해결하려고도 하지 않는 시장의 기능 상실, 시장의 위치 상실, 시장 왜곡 등 난제를 해결했다.

그러므로 '일대일로'의 매력은 중화 문명의 매력과 중국 현대화의 매력 그리고 중국 개혁개방의 매력을 전면적으로 보여주는 것이다. '일대일로' 건설에 대한 자신감은 국내 '4가지 자신감'의 해외로의 연장선이다.

길에 대한 자신감: 중국공산당의 영도 하에, 중국은 자체의 국정에 어울리는 독립자주 발전의 길을 걸어왔다. 오늘날 또 대국 지도자의 모범이 되는 시진핑 동지와 같은 지도자가 나타난 가운데 국제사회는 중국의 강한 리더십을 보편적으로 높이 평가하고 있다. 예를 들면 아프리카의 경우 필자는 일찍 2017년, 중국-아프리카 빈곤감소 발전 고위급 대화회의에 참가한 적이 있다. 아프리카를 대표로 하는 다수 개발도상국은 인프라가 취약하면 산업화를 실현하기 어렵고 산업화를 실현하지 못하면 민주화가 실패할 수밖에 없다는 도리를 마침내 깨닫기 시작했다. 아프리카의 경우 11억 인구 중 4억 명이 빈곤 인구이고, 5억 명은 아직 전기를 사용하지 못하고 있으며, 산업화가 시작 전이거나 초급단계에 처해 있어 중국의 현대화 경험을 매우 중요시하면서 중국이 제기한 '3개 망 1개 화(三網一化)'의 협력, 즉 아프리카에

서 건설하는 고속도로망, 고속철도망, 구역항공망, 인프라 산업화에 적극 호응하고 있다. '일대일로'와의 매칭을 통해 산업화, 농업 현대화의 희망을 보아내고, 유엔 2030년 지속 가능 발전 어젠다의 완성을 추진하고 있다. 기원전 221년 중국은 '문자가 같고 수레바퀴 자국이 같은, 천하의 통일'을 이루었다. 국내의 '후롄후퉁'을 실현해야만 다른 국가와의 '후롄후퉁'을 실현할 수 있다. 신중국은 독립적이고 완전한 국방공업체계를 구축했다. 유엔이 발표한 데이터에 따르면, 중국은 유엔의 산업분류 중 모든 공업 분류를 보유한 세계 유일의 국가로서 39개 공업 대분류, 191개 중분류, 525개 소분류를 보유하고 있다. 중국은 위성에서 미원에 이르기까지, 로켓에서 성냥에 이르기까지의 모든 물건을 생산해낼 수 있다. 이로 인해 중국이 '일대일로'를 통해 산업 사슬을 배치하는 것이 가장 경제적이고 실현 가능한 방법으로 되었다. 이 또한 '일대일로'를 건설할 수 있는 저력이기도 하다.

제도에 대한 자신감: '일대일로'는 전략적 매칭을 제창하며 선진국, 개발도상국, 신흥국가를 가장 광범위하게 한데 연결시켜 동서, 남북, 중외, 고금의 전반적인 융통을 진정으로 실현할 것을 제기했다. 이는 중국 사회주의제도의 성공을 고스란히 보여주는 것이자 중국의 발전 모델을 전시하고 공유하는 것이기도 하다. '일대일로'에 포함된 6개 경제회랑 연선의 65개국 가운데서 8개국은 극빈국이고 16개국은 세계무역기구(WTO) 비회원국이며 24개국은 인류발전지수가 세계 평균 수준보다 낮은 국가이다. 이들 나라는 세계 경제와 평화의 발목을 잡고 있다. 현재 '일대일로'에 평화와 발전의 희망을 거는 것은 결코 우연이 아니다. 예를 들면, 개발 금융은 시장경제의 낙후함과 인프라

부족의 두 가지 어려움을 보완한다. 상업 금융, 정책 금융과는 달리 개발 금융은 단지 금융 활동일 뿐만 아니라 동시에 제도건설 활동이기도 하다. '일대일로' 연선의 다수 국가는 시장경제 제도가 건전하지 못한데 중국은 금융서비스 보급을 통해 이들 국가가 제도건설을 진행하도록 도울 수 있다. 이것이 바로 개발 금융이다.

이론에 대한 자신감: '일대일로'는 규칙 지향이 아닌 발전 지향의 글로벌화를 추진하는 과정에서 필연적으로 체계적인 포스트 서방 이론체계를 탄생시킬 것이다. 발전은 모든 난제를 해결하는 마스터키이다. 물론 규칙도 중요하지만 끊임없이 성숙하고 점진적으로 형성되어야 한다. 중국이 개혁을 거쳐 모색해낸 '정부+시장' 투 트랙 구동의 경제발전 모델은 '일대일로' 연선 국가들의 발전과정에서 드러난 부족한 부분을 보완해주며, 인프라 건설에서 첫 노다지를 캐도록 했다. 닭을 잡아 알을 얻는 것이 아니라 닭을 키워 달걀을 얻는 형식으로 자주적 발전능력을 증강하는 한편 새로운 시장도 육성했다.

중국의 개혁개방은 한 갈래의 공업회랑, 경제회랑, 경제발전 벨트 모델을 모색해 먼저 연해 지역에서 시범적으로 추진하다가 이어 내륙의 항구도시와 내륙지역에서 시범적으로 보급해 경제 성장극, 도시군을 형성함으로써 전 중국의 개혁개방을 이끌었다. 현재 '일대일로'는 아프리카 시장이 점에서 선으로, 선에서 면으로 점차 확대하며 인프라(항만, 철도, 무역 5위 1체)의 상호 연결로부터 착수해 아프리카가 내생적 발전 원동력을 얻고 경제발전 벨트를 형성해 공업화와 농업 현대화를 실현함으로써 공동으로 빈곤에서 벗어나 부유해지도록 돕고 있다.

문화에 대한 자신감: 영국 역사학자 토인비는 그 당시에 벌써 세계 문제를 해결하는 희망을 중화 문명에 걸고 있다고 예측한 바 있다. 중화 문명은 5천 년 동안 지속적으로 이어졌을 뿐만 아니라 세속적인 포용력을 가지고 있다고 여겼기 때문이다. 전력의 실크로드만 봐도 그렇다. 시진핑 주석은 2015년, 유엔본부에서 '스마트 전력망, 초고압 전력망과 청정에너지' 3위 일체의 모델을 제시했다. 전 세계 약 11억 명에 달하는 인구가 전기를 사용하지 못하고 있다. 전기를 사용하려면 석탄과 석유로 발전(發電)해야 하는데 이는 필연코 탄소배출 문제로 이어진다. 말이 달리기만 하고 여물은 먹지 않게 하려면 어떻게 해야 할 것인가? 중국인들이 현재 모색해낸 한 가지 방법이 바로 '서전동송(서부 지역에서 생산한 전기를 동부 지역으로 수송), 북전남공(북방에서 생산한 전기를 남방에 공급), 수력발전과 화력발전의 상호 공조(水火互濟), 풍경의 상호 보완(風光互補), 다국 간 상호 연결'이다. 이 또한 중국의 복잡한 지리환경, 인구분포로부터 고안해낸 최선책이다. 사상 차원에서 볼 때 '일대일로'의 제안은 중국이 근대와 철저히 작별하고 서방의 속박에서 벗어나 근대 서방이 주도하는 해양형 글로벌화에 의해 초래된 내륙 국가와 지역의 문명 쇠락을 바로잡고 포용적 글로벌화를 제창하고 있다는 점을 말해준다. '일대일로'는 중국이 산업 문명의 대표로서 제기한 인류 공업화 과정으로, 공업화·현대화·글로벌화를 이어받아 유럽에서 미국에 이르고 또 아시아('4마리 작은 용', '4마리 작은 호랑이', 중국)에 이르며 이어 중국에서 '일대일로' 연선 국가에 이르기까지 유라시아대륙의 장기적인 평화와 공동 발전을 실현하는 것이다. 산업화는 민주화의 전제이고 인프라

와 에너지는 또 산업화의 전제이다. 이에 '일대일로'는 인프라, 에너지의 '후롄후퉁'을 강조하고 세계의 산업화와 도시화 과정을 추진하고 있다. 따라서 '일대일로'는 문화-무역 교류를 초월하고 유라시아 지역을 넘어 글로벌화와 글로벌 거버넌스의 배려를 보여주고 있으며 문화 교류를 초월해 민심 상통을 제창함으로써 국내 화해, 지역 안정과 세계 평화를 실현하고 있다.

총체적으로, 하드파워로 보나 소프트파워로 보나 마땅히 자신감을 갖고 '일대일로'를 건설해야 한다. 중국의 국내총생산은 '일대일로' 연선 국가의 절반을 차지하는데 이는 기타 연선 국가의 경제 총량에 맞먹는 수준이다. 개혁개방 이전, 중국의 1인당 평균 소득은 아프리카 사하라사막 이남 국가의 1인당 소득의 3분의 1 수준에 불과했지만, 오늘날 이미 세계에서 가장 크고 가장 활약적인 제조업 중심지로 자리매김해 세계 강철 생산량의 절반(미국의 8배), 세계 60%의 시멘트, 세계 25% 이상의 자동차를 생산하고 있다. 현재 중국은 세계 최대의 특허 출원국으로, 특허 출원 총수가 이미 미국과 일본의 합계를 초월했다. 중국은 또 세계 최대 일련의 공업제품과 농산물 생산 대국이기도 하다. 게다가 중국의 궐기는 식민주의, 제국주의와 전쟁을 통해 실현한 것이 아니며, 세계 경제에 대한 견인 역할은 그 당시 대영제국 궐기 때의 100배, 아메리카합중국 궐기 때의 20배에 맞먹는다. 중국 제조업의 생산액은 미국·일본·독일 3국의 합계이며 러시아의 13배이다!

스웨덴 지리학자 스벤·헤딘은 1936년에 출간한 저서 『실크로드』에 이렇게 썼다. "이 교통간선(실크로드)은 구세계를 통과하는 가장 긴 길이라고 해도 과언이 아니다. 문화 역사의 관점에서 볼 때 이는 지구상에 존재했던 여러 민족과 여러 대륙을 이어주는 가장 중요한 유대이다. 중국 정부가 만약 실크로드를 되살리고 현대화한 교통수단을 활용한다면 이는 분명 인류에 기여하는 일이자 스스로를 위해 공적비를 세우는 일이기도 하다." "중국인이 실크로드를 새롭게 개통하는 날이 바로 유구한 민족이 부흥을 이루는 날이다."

2. '일대일로' 건설의 자각은 중국이 마땅히 감당해야 할 세계적 의무

키신저는 저서 『세계질서』에 이렇게 썼다. "한 세대 사람들을 평가할 때 그들이 인류사회의 가장 웅대하고 가장 중요한 문제를 직시했는지를 보아야 한다." '일대일로'의 성공 여부는 인류사회의 가장 웅대하고 가장 중요한 문제를 해결했는지의 여부에 달렸다.

당면한 세계가 직면한 가장 중요한 문제는 무엇인가? 시진핑 주석은 '일대일로' 국제 협력 정상포럼 개막식에서 발표한 기조연설에서 "우리는 지금 도전의 세계에 처해 있다. 평화의 적자, 발전의 적자, 거버넌스의 적자가 전 인류가 직면한 준엄한 도전이다."라고 지적했다.

상기의 3대 적자를 해결하기 위해 시진핑 주석은 연설에서 2천 년의 실크로드 문명을 되돌아보면서 초심을 잃지 않고 뜬구름에 눈이 가리지 않도록 하며 신념을 확고히 할 것을 호소했다. 각국 간의 연계가 오늘날처럼 긴밀했던 적이 없고, 아름다운 생활에 대한 세계 인민들의 동경도 오늘날처럼 강렬했던 적이 없으며, 인류가 어려움을 이겨내는 수단도 오늘날처럼 다양했던 적이 없다면서 '평화의 길, 번영의 길, 개방의 길, 혁신의 길, 문명의 길' 건설을 제시했다. 이는 중국이 약 40년의 개혁개방을 통해 모색해낸 혁신·조화·녹색·개방·공유의 새로운 발전이념을 바탕으로, 세계적인 난제를 해결하는데 중국 방안을 제시한 것이다.

평화의 길: 실크로드는 평화의 산물이다. 오늘날 '일대일로'는 발전 지향의 글로벌화를 제창하고 공동·종합·협력·지속 가능한 발전관을 수립하며, 지엽적인 것과 근본적인 것을 함께 다스리고 통합적으로 조율하며 종합적으로 계책을 펼침으로써 충돌과 불안의 근원을 제거하고 있다.

번영의 길: 실크로드는 번영의 상징이다. 고대 실크로드 연선의 지역은 일찍이 '우유와 꿀이 흐르는 곳이었다'. '일대일로'가 이러한 번영의 정경을 재현하고 있으며, '경제 대 융합, 발전 대 연동, 성과 대 공유'를 통해 세계 경제에 복음을 가져다주고 있다.

개방의 길: 실크로드는 개방의 결과이다. '일대일로'는 '개방·포용·보편적 혜택·균형·상생의 경제 글로벌화'를 구축하고 있는데, 이는 보호주의에 맞서는 가장 유력한 방안이다.

혁신의 길: 실크로드는 혁신의 보물고이다. '일대일로'는 21세기의 상호 연결에 착안점을 두고 협력 모델, 협력 관념을 혁신하며 국제 협력의 방향을 이끌고 있다.

문명의 길: 실크로드는 문명의 상징이다. '일대일로'는 인류의 4대 고대 문명–고대 이집트 문명, 고대 바빌론 문명, 고대 인도 문명, 고대 중화 문명을 하나로 꿰어 철도·도로·항공·항해·오일가스 파이프라인·송전선과 통신 네트워크로 구성된 종합적인 입체적 '후롄후퉁'

을 통해 내륙 문명, 대하 문명의 부흥을 추동하고, 개발도상국의 빈곤퇴치와 치부를 추동했으며, 신흥국가의 지속적이고도 성공적인 궐기를 추동했다. 한 마디로, 문명 부흥의 논리는 현대화의 경쟁 논리를 초월해 21세기 국제 정치의 기조를 확정 짓고 중국의 꿈을 위해 정명(正名, 이름을 바로잡는 것)했다. '일대일로'가 개척한 문명 공동 부흥의 질서를 '문명 질서'라 할 수 있다.

근대 이래 중국은 민족의 독립, 국가의 부강, 개혁개방 등 중국 문제 해결에 주력했고, 개혁개방 이후로 중국은 시장경제, 인민의 행복 등 중국에서 나타난 세계 문제를 해결하기 시작했다. 신시대에 들어서면서부터 중국은 점점 더 많은 인류 문제를 해결하고 있다. 즉 항구적인 평화, 보편적인 안전, 공동 번영, 개방·포용, 아름다움·깨끗함이 공동으로 인류 운명공동체의 5대 지주를 구성하고 있다.

19차 당 대회 보고에서는 다음과 같이 지적했다. 중국 특색 사회주의의 신시대에 진입한 것은 과학적 사회주의가 21세기의 중국에서 강력한 활력과 생명력을 방출하고 세계에서 중국 특색 사회주의의 위대한 기치를 높이 추켜들었음을 의미한다. 또 중국 특색의 사회주의 노선·이론·제도·문화가 꾸준히 발전하고 개발도상국이 현대화로 나아가는 경로를 확장했으며, 세계적으로 빠른 발전과 자체의 독립성을 유지할 수 있기를 원하는 국가와 민족에 새로운 선택을 제공해 주었고, 인류 문제의 해결에 중국의 지혜와 중국의 방안을 기여했음을 의미한다.

중국 특색의 사회주의가 신시대에 접어들면서 중국과 세계의 관계는 '일대일로'와 인류운명공동체에서 가장 뚜렷하게 구현되고 있다.

근대 이후 중서-체용(中西-體用)의 갈등, 특색-보편의 갈등과 작별했으며, 중국은 문명 공동체이고 중화 문명은 예로부터 '천하무외(天下無外)' 사상이 있음을 보여주었다. 또한 중국 특색은 자체의 특색만을 가지고 있는 것이 아니라 각국이 모두 자체의 특색을 가지고 궁극적으로 세계 특색을 구축함으로써 세계의 다양성을 환원할 수 있기를 희망한다는 점도 보여준다. 이러한 이유에서 시진핑 주석은 '일대일로'가 "자신의 뒤뜰의 화원이 아니라 각국이 공유하는 백화원을 건설하는 것"이라고 거듭 강조했다. '일대일로'와 인류운명공동체는 공산주의자들의 세계적 책임감과 세계 대동을 실현하려는 초심을 보여주었으며 모두 「중국공산당 규약」에 기입되었다.

3. '일대일로'가 중국과 세계의 관계를 명시한다

근대 이후 중국과 세계 관계의 논리는 한 마디로 "세계의 것을 중국의 것으로 만드는 것"이었다. 즉 서방 세계의 주의(主義)·제도·기술을 중국에 도입해 현지화를 실현하는 것이다. '일대일로'의 논리는 "중국의 것을 세계의 것으로 만드는 것"이다. 즉 중국의 발전 경험·기술·자금·기준을 세계의 것으로 전환시키는 것이다.

'일대일로' 이니셔티브를 제안해서부터 4년 동안 국제사회에서 일으킨 광범위한 반향은 중국과 세계 관계의 심각한 변화를 고스란히 보여주었다.

중국의 경험을 전수해 공동 번영의 모멘텀 조성

"중국은 마땅히 인류를 위해 큰 기여를 해야 한다." 마오쩌둥(毛澤

東) 동지의 그 당시 염원을, 오늘날의 중국이 '일대일로'를 통해 점차 실현하고 있다. '일대일로'는 개혁개방의 경험, 산업화 경험, 빈곤퇴치와 치부의 경험을 전수하고 연선 국가의 학습 비용을 줄이며, 그들이 자체의 국정에 어울리는 발전의 길을 걷고, 나아가 차선 변경 추월과 도약식 발전을 실현하도록 격려하는 등 면에서 뚜렷하게 구현되고 있다.

(1) **개혁개방의 경험:** 개방으로 개혁을 추진하고 개혁으로 개방을 이끈다. '일대일로'는 중국 개혁개방의 논리를 "중국이 세계(주로는 선진국)를 향해 개방하던 데서" "세계(특히 연선 국가)가 중국을 향해 개방하는 데로" 전환해 세계의 개방 특히 남방 국가 간의 상호 개방을 추진했다. '일대일로'는 연선 국가들의 개혁과 국제 시스템의 변혁을 역추진하고 있다. 예를 들면 아프리카 지도자들이 중국을 방문해 고속철도를 타본 뒤 고속철도는 기다려주지 않는다는 사실을 깨닫고 생활습관을 바꾸었으며 귀국해 개혁을 역추진했다. 케냐타 케냐 대통령은 3개월마다 몸나철도와 몸바사 항만 건설 현장을 시찰하며 중국의 지도 경험을 학습했다. 국제 차원에서 볼 때 아시아인프라투자은행 효과에서 알 수 있다시피 아시아은행·세계은행은 모두 아시아인프라투자은행의 '고효율(Lean)·녹색(Green)·청렴(Clean)'의 고 기준으로 말미암아 부득불 개혁을 추진하지 않을 수 없었고 국제 금융 체계는 위안화 국제화의 발걸음과 더불어 조용히 개혁을 추진해야 했다. '일대일로'는 '개방·포용·균형·보편적 혜택'의 협력 프레임을 구축하고 있으며 글로벌 시스템의 개혁을 추동하고 있다.

(2) **산업화의 경험:** 인프라 건설이 선행하면 민생에 혜택이 돌아간

다. 2010년 중국은 세계무역기구에 가입한 지 9년 만에 미국을 제치고 세계 최대의 공업 제조국으로 부상했으며, 오늘날 공업생산액은 미국의 150%에 달하는데 이는 미국·일본·독일 공업생산액의 합계와 맞먹는 수준이다. 이 또한 중국이 '일대일로'를 실시하는 저력이다. 인프라+민생 프로젝트+교육, 이는 중국 산업화 경험을 농축한 것이다. 인프라 분야에서 중국은 건설, 운행, 관리에 이르기까지 모든 면에서 우위를 갖추고 있다. 중국은 '일대일로'를 통해 아프리카에서 '3개 망 1개 화(三網一化)'협력을 추진하는 한편, 민생 프로젝트와 교육 양성을 보급해 아프리카가 빈곤의 악순환 국면에서 벗어나고, 아프리카시장이 점에서 선으로, 선에서 면으로 점차 확대되며, 인프라(항만·철도·무역 5위일체)의 '후롄후퉁'에서 착수해 내생적인 발전 원동력을 창출하고 경제발전 벨트를 구축하며, 공업화와 농업 현대화를 실현함으로써 정치와 사회의 전면적인 진보를 추진하도록 이끌고 있다. 중국-파키스탄 경제회랑은 특히 '일대일로' 6대 경제회랑의 대표적인 프로젝트로, 파키스탄이 인프라의 단점을 보완하고 공업화를 추진해 경제 비약을 실현함으로써 궁극적으로 중등수준의 강국으로 성장하도록 돕고 있다.

(3) **빈곤퇴치·치부 경험:** 일심전력으로 발전을 도모하고 건설에 몰두한다. "길이 통하면 모든 산업이 흥한다"는 말은 중국의 발전 경험에 대한 뚜렷한 총화로, 갈수록 세계적으로 유행하고 있다. "아무리 가난해도 교육에 있어서만큼은 가난할 수 없다", 중국은 의무교육과 양성을 중요시하며 빈곤의 악순환을 방지하고 있다. 맞춤형 빈곤퇴치, 개발성 빈곤퇴치, 빈곤지원과 빈곤퇴치의 결합, 이러한 경험은 세

계에 광범위한 참고적인 의의가 있다. 아프리카 지도자는 빈곤은 인류의 공적이라고 표현했다. 2017년 6월 필자는 아프리카연합 본부에서 열린 시진핑의 저서 『빈곤에서 벗어나다』 영어·프랑스어 버전 발표회에 참석해 저서 『시진핑 국정운영을 말하다』 이후 아프리카에서 중국을 본받는 새로운 고조가 일어나는 것을 직접 경험했다. 2016년 몸바사에서 열린 중국-아프리카 미디어 및 싱크탱크 포럼에서 탄자니아 기자가 『시진핑 국정운영을 말하다』를 낭독하며 중국이 못을 박는 정신으로 건설에 뛰어들고 마치 요리하는 것처럼 대국을 다스리는 정신적 기개에 부러움을 표했다. 이런 이유에서 필자는 일찍이 저서 『일대일로': 기회와 도전』에서 '일대일로'를 유엔의 2030년 지속 가능 발전 어젠다에 포함시키고 유엔 평화 및 발전사업과 전면적으로 매칭시킬 것을 제기한 바 있다.

상기의 경험은 '혁신·조율·녹색·개방·공유'의 새로운 발전이념에서 집중적으로 구현되고 녹색·건강·지력·평화의 4대 실크로드 건설에서 실행되었다. 또 '일대일로' 연선 국가들이 '먼저 오염시키고 후에 다스리는' 식의 굽은 길을 걷도 않도록 방지했으며 세계의 공동 번영과 지속 가능한 발전의 추세를 형성했다. 여기서 짚고 넘어가야 할 점이라면 중국 경험의 공유는 자원·평등·상생의 원칙을 기반으로 했을 뿐만 아니라 더욱이 소재국의 국정과 결부시켜 협력 모델을 혁신하고 현지화를 실현했다는 것이다.

중국의 방안을 실행해 대도를 실천하다

"형이상자를 도(道)라고 하고 형이하자를 기(器)라고 한다. 도와 기가 서로 작용하면서 사물을 변화시켜 새로운 상태에 이르도록 하고 그런 변화에 따라 보급 및 실행한다면 사물의 발전이 이루어질 수 있고, 이런 도리를 천하 백성들에게 가르쳐 그들이 생산과 생활에 사용하도록 하는 것이 바로 정치인의 사업이다."『주역·계사상』(周易·系辭上)에 적혀 있는 이 말은 '일대일로' 사업을 잘 설명해주고 있다. '일대일로'는 글로벌화, 글로벌 거버넌스와 국가 거버넌스의 중국 방안으로 거듭났다.

(1) **글로벌화**: 포용성, 연동성, 본토성. '일대일로'는 유라시아 지역의 '후롄후퉁', 육해의 연결에 착안점을 두었으며 전통적인 신자유주의가 주도하는 글로벌화를 지양했다. 미국의 전략가 카나는 저서 『커넥토그래피』에서 향후 40년간 인프라에 대한 투입이 인류의 지난 4천 년을 넘어설 것이라고 밝혔다. 전통 글로벌화—관세 양허는 세계 경제의 성장을 최다 5% 이끌 수 있지만, 신형 글로벌화—'후롄후퉁'은 세계 경제의 성장을 10%~15% 추동할 수 있다. 그러므로 '일대일로'는 글로벌화에 보다 강한 원동력을 주입했으며, 전통적인 글로벌화의 개혁을 추진하고 개방·포용·균형·보편적 혜택의 방향으로 발전하도록 추동했다. '일대일로'의 특성은 실물경제의 글로벌화이고, 루트는 발전 지향의 글로벌화이며, 방향은 포용성 글로벌화이고, 목표는 공유형 글로벌화이다.

(2) **글로벌 거버넌스**: 공동 의논, 공동건설, 공유. '일대일로'는 글로벌 거버넌스를 개선하는 착안점이자 세계 경제의 재균형을 실현하는 비결이다. 이는 공동 의논, 공동건설, 공유의 중국 이념을 구현했다. 첫째, 중국은 '공동 의논'을 제창한다. 즉, 전반 '일대일로'의 건설 과

정에서 각자 협력 사항에 참가하는 연선 국가의 발언권을 충분히 존중하고 각국의 이익 관계를 타당하게 처리하며 이익 공동체를 구축한다. 연선 각국은 나라 규모, 강약, 빈부를 막론하고 모두 '일대일로'의 평등한 참여자로, 적극적으로 견해를 제기하고 방안을 내놓을 수 있으며 자국의 수요에 따라 다자 협력 의정에 영향을 미칠 수 있지만, 타국이 선택한 발전 루트에 대해 "감 놓아라, 배 놓아라" 해서는 안 된다. 양자 또는 다자간 소통과 협상을 통해 각국은 경제 우위를 서로 보완해 발전전략의 매칭을 실현할 수 있다. 둘째, 중국은 '공동건설'을 제창해 책임과 리스크를 함께 감당하며 책임공동체를 구축한다. '공동 의논'은 각 측이 '일대일로' 건설에 실질적으로 참여하는 첫걸음에 불과하므로 다음 단계에는 '대외진출'과 '대내유치'의 서비스 업무를 더욱 잘해야 한다. 아울러 연선 국가들이 자금과 기술을 도입한 후 관련 인재를 육성해 자주적인 발전능력을 증강하도록 격려한다. 앞의 2가지를 실현해야만 '일대일로' 건설의 성과를 참여 각국이 공유할 수 있고 운명공동체를 구축하도록 보장할 수 있다. 인프라의 상호 연결을 제창하는 것을 통해 '일대일로'는 신자유주의 글로벌화의 고질병을 고치고 핫머니가 실물경제로 흘러들도록 유도하는 한편, 글로벌 금융위기의 근원을 제거하고 글로벌 금융 거버넌스를 실현하고 있다. 발전에 의한 안전 촉진, 안전에 의한 발전 보장을 통해 공동건설, 종합 안전, 협력 안전, 지속 가능한 안전관을 강조하며 글로벌 안전 거버넌스를 추진한다.

(3)**국가 거버넌스:** 지엽적인 것과 근본적인 것을 함께 다스리고 세계의 거버넌스 적자를 통합적으로 조율한다. "조롱박을 눌렀더니 표

주박이 올라가는" 서양 의학의 작법은 다스릴수록 더욱 혼란해지는 국면을 초래했다. 아프가니스탄이 대표적인 사례이다. 유엔 결의에서 '일대일로' 구상에 처음으로 호응한 이유가 아프가니스탄 문제 때문이었다. '일대일로'는 "통하면 아프지 않고 아프면 통하지 않는다"는 중의학 지혜에 따라 통함이 지속 가능한 발전 및 지속 가능한 안전을 보장하는 관건이라고 여겼다. 이로부터 아프가니스탄 정부는 희망을 보게 되었으며, '일대일로'가 아프가니스탄의 평화 발전의 실현에 복음을 가져다줄 것으로 보고 마지막 기회를 절대 놓칠 수 없다고 여겼다. 또 지연의 전략적 우위를 실제 경제 이익으로 전환시킬 수 있기를 희망하면서 광케이블, 교통, 에너지의 '3통'으로 '5통'을 촉진할 것을 제기했다. 이로써 유라시아대륙의 '후렌후퉁'에서 아프가니스탄의 지역 중심(hub) 역할을 구현했고, 아프가니스탄을 '육지 쇄국(land-locked)'에서 '육지 연결 국가(land-cnnected)'로 탈바꿈시켰을 뿐만 아니라 더욱이는 중국과 중앙아시아·남아시아·중동·아프리카, 중앙아시아와 남아시아 그리고 인도양을 연결하는 '5자 통로' 역할을 하고 있다고 여겼다. 이에 중국과 파키스탄 양자는 '중국-파키스탄 경제회랑'을 아프가니스탄까지 연장하는 것에 동의했다.

'일대일로' 제안과 인류운명공동체 사상이 유엔 안전보장이사회의 아프가니스탄 관련 결의에 정식 기록되었다. 이는 '일대일로' 제안이 통합적인 조율, 지엽적인 것과 근본적인 것을 함께 다스리는 동양의 지혜를 보여주는 것이었으며, 아프가니스탄의 거버넌스 곤경을 해결하는 희망으로서 '5통', 지연경제 심지어 지연 문명으로 근대 이후 아프가니스탄이 '제국의 무덤', '지연 정치의 격투장'으로 여겨졌던 징크스를 없애고, 빈곤과 폭력의 악순환을 타파하며, 글로벌 및 지역 거버넌스의 본보기로 거듭나도록 하는 데 취지를 두고 있음을 충분히 보여주었다. 이렇게 해 '일대일로' 이니셔티브의 문명성, 평화성, 포용성을 부각시켰다.

중국의 책임감을 보여주고 공공재를 전시하다

공자가 말하기를 "자신이 자립한 뒤 주위 사람을 일으켜 세우고, 자신이 성공한 뒤 주위 사람도 성공으로 이끌어야 한다." '일대일로'는 전통적인 글로벌화 즉 미국/서방화가 실세한 후 세계 경제 성장의 견인차 역할을 하는 중국이 자체의 생산능력 우위, 기술과 자금 우위, 경험과 모델 우위를 시장과 협력의 우위로 전환하고, 중국의 기회를 세계의 기회로 전환하며, 중국의 꿈과 세계의 꿈을 융합시키는 과정이다.

(1) **기물적 차원:** 물질성 공공재. 글로벌 금융위기가 발발한 이후 중국은 세계 경제성장의 중요한 엔진으로 부상했고, 세계 경제의 평균 30% 성장은 중국 경제가 이끈 것이며, 이는 2위인 미국의 기여도에 비해 한배가 넘는 수준이다. '일대일로'는 국제사회가 유엔 2030 지속 가능 발전 어젠다를 실현하도록 추동하는 중요한 협력 제안으로 되었다. 글로벌 에너지 네트워크 구축을 탐구해 청정과 친환경 방식으로 전 세계의 전력 수요를 충족시킬 수 있도록 추진하자고 제안한 것이 대표적인 사례이다. 블룸버그통신은 컨설팅회사 맥킨지의 보고서를 인용해 2050년까지 '일대일로'는 세계 경제성장에 대한 기여도가 80%에 달하게 될 지역을 진흥시키고 30억 명의 중산층을 신규

증가시킬 것이라고 예측했다. 글로벌 금융위기가 발발하기 이전, 국제 무역의 성장률은 세계 경제 성장률의 2배였으나 이후에는 오히려 세계 경제 성장률보다 낮아졌는데, 이는 글로벌화가 역전에 처하게 된 중요한 원인이다. 향후 10년, '일대일로' 건설에 따라 2조5천억 달러의 무역량이 신규 증가할 것으로 보인다. 이는 경제의 글로벌화에 강심제를 주입한 것으로서 희망을 가져다주었다. 뿐만아니라 '일대일로' 건설은 중국과 연선 국가의 자유무역구 건설, 투자협정 협상을 추진할 것이며(이미 11건을 완성함), 또 연선 각국의 발전전략과 기존 협력 메커니즘 간의 련결을 강조하며, 글로벌 차원에서의 투자협정 협상 진척을 추진하고 있다.

시진핑 총서기는 2016년 8월 17일 '일대일로' 건설업무 좌담회에서 한 연설에서 다음과 같이 지적했다. "'일대일로' 건설을 계기로 다국 간 '후롄후퉁'을 실현하고 무역과 투자 협력 수준을 향상하며, 국제 생산력과 장비제조의 협력을 추진한다. 본질적으로 볼 때 유효 공급의 향상을 통해 새로운 수요를 창출하고 세계 경제의 재균형을 실현하는 것이다. 특히 당면하고 있는 세계 경제가 지속적으로 저조한 상황에서 만약 순주기(順周期) 하에 형성된 거대한 생산능력과 건설능력을 대외로 진출시켜 연선 국가의 산업화와 현대화 추진 그리고 인프라 수준 향상에 대한 절박한 수요를 지지한다면, 당면한 세계 경제의 형세를 안정시키는 데 도움이 될 것이다."

(2) **제도적 차원**: 제도성 공공재. 중국은 실크로드기금, 아시아인프라투자은행 등 신형 다자 금융기구의 설립을 발기해 국제통화기금의 지분과 거버넌스 메커니즘 개혁을 완수하도록 추진했다. 실크로드기

금, 아시아인프라투자은행, 브릭스국가신개발은행과 '일대일로'는 '중국에서 비롯되었지만 세계에 속하는' 제도적 설계에 대한 기여이다. 아시아인프라투자은행은 국제 금융체계의 변혁을 추진했을 뿐만 아니라 21세기 글로벌 거너번스에 새로운 루트를 개척해주었다. '일대일로'는 호혜 협력의 네트워크, 신형 협력 모델, 다원화 협력 플랫폼 구축에 초점을 맞추고 있다. 정책 소통, 인프라 상통('후롄후퉁'), 무역 상통, 자금 융통, 민심 상통 등 5통을 제안한 것은 호혜 협력 네트워크, 신형 협력 모델, 다원화 협력 플랫폼을 형성하고 녹색 실크로드, 건강 실크로드, 지력 실크로드, 평화 실크로드를 함께 구축해 글로벌 거버넌스 구축에 중국 방안을 기여하는 데 취지를 두었다.

(3) **정신적 차원:** 관념성 공공재. '일대일로'가 세계적으로 이토록 큰 반향을 불러일으킬 수 있는 이유는 세계적으로 날로 늘어나는 국제 공공재에 대한 수요와 후진 공급능력 간의 모순을 해결하고 유엔 2030년 지속 가능 발전 어젠다를 실현하는 데 도움을 주고 있기 때문이다. 2016년 4월 12일 중국은 국제기구와 첫 '일대일로' 협력 문건인 「지역의 '후롄후퉁'과 '일대일로' 이니셔티브를 추진하는 데에 관한 중국 외교부와 유엔 아시아태평양경제사회위원회의 의향서」를 체결했다. 2016년 9월 21일 유엔개발계획서(署)는 중화인민공화국과 유엔본부에서 「실크로드 경제벨트와 21세기 해상 실크로드 건설을 공동으로 추진할 데 관한 중화인민공화국 정부와 유엔개발계획서의 양해각서」를 체결했다. 이는 중국 정부가 유엔의 전문기구와 체결한 첫 '일대일로' 공동건설 양해각서로, 국제기구를 '일대일로' 건설에 참여시킨 한 차례의 혁신이다. 2016년 11월 17일 제71차 유엔 총회에서

협상을 거쳐 만장일치로 통과된 아프가니스탄 문제에 관한 결의 제 A/71/9호에서는 '일대일로' 이니셔티브를 환영한다고 명확히 밝혔고, '일대일로'에 참여해 아프가니스탄지역의 경제발전을 촉진할 것을 각국에 촉구했으며, '일대일로' 건설에 안전하고도 보장된 환경을 마련해줄 것을 국제사회에 호소했다. 이는 2016년 3월 안전보장이사회 제 2274호 결의에 처음으로 '일대일로' 이니셔티브 내용을 포함시킨 데 이어 '일대일로' 이니셔티브를 유엔총회 결의에 기입하는 것을 유엔 193개 회원국이 만장일치로 찬성한 것이다. 2017년 1월 18일 중국과 세계보건기구는 '일대일로' 보건 분야의 협력 양해각서를 체결했다. '일대일로'가 유엔의 평화 및 발전사업과 전면적인 매칭을 실현했다.

'일대일로'는 더욱이 "평화·협력, 개방·포용, 상호 학습 및 상호 참조, 호혜 상생"의 실크로드 정신을 활성화해 21세기 인류의 공동 가치 체계를 탐색하고 인류운명공동체를 구축했으며 글로벌 거버넌스를 위한 동방의 지혜를 보여주었다. 2017년 2월 10일 유엔 사회개발위원회 제55차 회의에서는 「아프리카에서 새로운 파트너 관계를 발전시키는 사회적 차원」 결의를 만장일치로 통과시키고, 국제사회가 협력 상생과 인류운명공동체 구축 정신에 입각해 아프리카의 경제와 사회발전에 대한 지원을 강화할 것을 호소했다. 유엔 결의에 '인류운명공동체 구축' 이념이 기입된 것은 이번이 처음이다. 2017년 3월 17일 유엔 안전보장이사회는 아프가니스탄 문제에 관한 제2344호 결의를 만장일치로 통과시키고, 국제사회가 아프가니스탄 지원에 대한 공감대를 형성했으며, '일대일로' 건설 등을 통해 지역 간 경제 협력을 강화할 것을 호소했다. 또 각 측에 '일대일로' 건설을 위한 안전하고

도 보장된 환경을 마련해주고 정책의 전략적 매칭을 강화하며 '후롄후퉁'의 실무 협력을 추진할 것 등을 촉구했다. 결의는 협력 상생의 정신에 입각해 지역 협력을 추진함으로써 아프가니스탄지역의 안전, 안정과 발전을 효과적으로 촉진하고 인류운명공동체를 구축해야 한다고 강조했다. 2017년 3월 23일, 국제연합인권이사회는 제34차 회의에서 '경제·사회·문화 권리'와 '식량 권리'에 관한 2건의 결의를 통과시켰는데 결의안은 '인류운명공동체 구축'을 명시했다. 이는 인류운명공동체의 중대한 이념이 처음으로 인권이사회 결의에 기입된 것으로서 이 이념이 국제 인권 담론 체계의 중요한 구성 부분으로 되었음을 의미한다. 2017년 11월 1일, 제72회 유엔총회에서 군축과 국제 안보를 다루는 제1 위원회는 「우주 공간에서의 군비경쟁 방지를 위한 진일보의 실제 조치」와 「우주에 무기를 우선적으로 배치하지 않는다」라는 2건의 안보 결의를 채택한 가운데 '인류운명공동체 구축' 이념이 위 2건의 유엔 결의안에 재차 기입되었다.

운명공동체 사상은 「유엔 헌장」의 취지와 원칙을 계승 및 발양했으며, 글로벌 거버넌스의 공동 의논, 공동건설, 공유 원칙의 핵심 이념으로서 소극적인 의미에서의 '인류에게는 하나의 지구밖에 없으며, 각국은 하나의 세계에서 함께 살아가고 있다'는 생각에서 벗어나 적극적인 의미에서의 '운명이 서로 연결되어 있고 동고동락하는' 국면을 형성했다. 물질적 차원은 물론 제도 및 정신적 차원에서도 공통점을 찾고 차이점을 보류하며 공통점을 모으고 차이점을 변화시켜 '너 안에 나 있고, 나 안에 너 있는' 인류의 새로운 신분을 창조함으로써 세상은 모든 사람 공공의 것(天下爲公), 세계 대동의 새로운 인류문명을 개척하고 있다. "합쳐진 지 오래면 반드시 갈라지고, 갈라진 지 오래면 반드시 합쳐지는 것"이 천하의 큰 흐름이다. 오늘의 '통합'은 국가 간의 편협함과 이익 차이를 뛰어넘어 협력 상생을 핵심으로 하는 신형 국제관계를 구축하는 것이다. 운명공동체는 인류문명의 항구적이고 지속적인 발전에 착안점을 두고 문명 질서의 구축을 추진하며, 편협한 민족 국가의 시각을 초월해 인류의 전체적 관념을 수립함으로써 중국을 국제 도의적 감제 고지에 올라서게 했다.

인류사회가 새로운 출발점에 선 오늘날 세계가 나아가야 할 방향은 개방과 포용인가 아니면 봉쇄와 극단인가? 이는 21세기 인류가 직면한 질문이다. 중국이 제시한 답은 '세계는 통한다는 것', 중국은 '5통'을 내용으로 하는 '후롄후퉁' 방안을 제시했다. 그 당시 그로티우스가 국제법 개념을 제기해 포르투갈과 스페인에 의해 분할된 세계의 육지를 차지하기 위해 쟁탈하는 것이 아니라 '바다는 공공의 것'이라는 관점으로부터 착수해 네덜란드가 '해상의 마부'로 부상할 수 있도록 보다 포용적인 이념을 제시한 것처럼 '일대일로' 및 그 배후의 인류운명공동체는 새로운 세계 리더형 국가의 탄생을 위한 핵심 이념이 될 것이며 중국 특색의 사회주의 이론체계의 집대성자로 거듭날 것이다. 미국 전략가 파라그 카나는 저서 『커넥토그래피』에서 '후롄후퉁'은 21세기 국제 경쟁력을 결정한다고 주장했다. 인프라의 '후롄후퉁'은 특히 '일대일로'의 공공재 속성과 민생, 발전 지향을 구현했다. 세계은행의 통계 데이터에 따르면 현재 개발도상국은 매년 약 1조 달러를 인프라에 투자하고 있는데 현재의 경제 성장률을 유지하면서 미래의 수요를 만족시키려면 2020년에 이르기까지 매년 최소 1

조 달러를 추가 투자해야 할 것으로 예상된다. 2030년에 이르러 전 세계의 인프라 투자액이 57조 달러에 달할 것으로 전망된다. 린이푸(林毅夫) 세계은행 전 수석부총재가 제시한 모델에 따르면 개발도상국이 인프라에 대한 투자를 매 1달러씩 추가할 때마다 수입이 0.7달러 늘어나는데 그중 0.35달러는 선진국에서 온다. 글로벌 인프라 투자는 선진국의 수출을 확대해 구조개혁의 공간을 마련해 줄 것이다. 중의학에서는 "통하면 아프지 않고 아프면 통하지 않는 것"이라고 말한다. 오늘날 세계의 국내 거버넌스와 글로벌 거버넌스의 난제는 '통하지 않는' 아픔을 많이 드러내고 있다. 시진핑 주석은 만약 '일대일로'를 아시아를 날아오르게 하는 두 날개에 비유한다면 '후롄후퉁'은 두 날개에 분포된 혈맥과 경락이라고 지적했다. 세계 발전 추세가 표명하고 있듯이, '5통'은 경제발전, 글로벌 거버넌스, 글로벌화의 희망을 담고 있다. 2017년 연말까지, 중국은 평등 협상을 통해 이미 86개 국가, 기구와 101건의 협약을 체결했고 30여 개 국가와 메커니즘화 생산력 협력을 전개하고 있으며 연선 24개 국가와 75곳에 해외 경제무역협력구 건설을 추진하고 있는 가운데 연선 국가에 대한 중국기업의 투자액은 누계로 500억 달러를 초과하고 약 20만 명의 일자리를 창출했다.

   총체적으로 우리는 자신감을 갖고 '일대일로' 건설을 추진하며 중화민족의 위대한 부흥의 중국 꿈과 인류운명공동체 건설을 추진해야 한다. '일대일로'의 쇠퇴를 주장하는 목소리를 자발적으로 배척하며 '일대일로'를 자발적으로 이행하고 '일대일로'의 제반 사업을 통일적으로 계획해야 한다. '일대일로'로 호혜상생의 개방 전략을 심화하고 더욱 넓고 다원화된 대외개방 모델을 형성해야 한다. 또 다자무역 체제의 주요 경로 지위를 적극 수호하고, 국제무역과 투자의 자유화, 편리화를 촉진하며 모든 형태의 보호주의에 반대하고 개방형 세계 경제 구축에 전력해야 한다.

중국 모델에 대한 서방의 의혹에 어떻게 대응해야 할 것인가?

물론, 우리는 변증법적으로 문제를 보아야 한다. 한편으로, '일대일로'는 개혁개방의 세계적 의의를 과시하고 다른 한편으로, '일대일로'에 대한 의혹도 중국 모델에 대한 의혹에 집중되어 있다. 게다가 이러한 의혹은 흔히 내외적으로 연동되는데 특히 중미 무역마찰의 배경하에서는 더욱 그러하다.

국내외 대표적인 의혹은 다음과 같다. 국내에서는 '일대일로' 건설이 '전략적 적자'를 초래했다는 의혹을 제기하면서 '신 도광양회'(韜光養晦, 자신을 드러내지 않고 때를 기다리며 실력을 기름), '완칭왕'(緩稱王, 왕으로 자처하기에 급급해하지 않고 천천히 때를 기다리며 힘을 키움)을 주장하고 있는데 이는 국내에 존재하는 '일대일로'에 대한 서방 사고방식에 따른 대표적인 오해를 반영한다. 국외에서는 중국 모델 자체가 지속될 수 있는지, 외국에서 보급될 수 있는지 하는 의혹을 제기하고 있다. 만약 보급된다면 서방 모델에 도발하는 것이라며 '국제질서를 뒤엎고 중국 주도의 국제질서를 구축하려 한다'는 죄명을 씌울 것이다.

19차 당 대회 이후 '일대일로'가 당 규약에 기입되었는데, 이는 서방 포퓰리즘이 시선을 돌려 모순을 전가할 수 있는 표적을 찾는 데 힘을 실어주었다. 배넌[26]이 일본 연설에서 중국이 미국을 상대로 중국 제조 2025, 5G, '일대일로', 위안화의 국제화, 중국 모델 등 5대 핵심 도전을 발기했다고 공언한 것이 대표적인 사례이다. 그는 '일대일로'가 세계 제패를 위한 중국의 대전략이라며, 3대 지연 정치이론—매킨더의 육지 권력 이론, 마한의 해상 권력 이론 그리고 스파이크만의 해양에서 내륙으로 통하는 소통선 이론[27]을 충분히 활용했다고 주장했다.

이밖에도 의혹의 목소리가 더 있다. 국유기업이 불공평 경쟁을 초래하지 않을지, 중국 국내의 경제 성장률이 하락하고 있는 가운데 '일대일로'를 계속 이끌고 나갈 수 있을지 하는 의혹이다. 예를 들면 국내에 금융 리스크와 채무 리스크가 존재하고 위안화의 국제화 발걸음이 늦어지는 상황에서 중국국가개발은행, 수출입은행에 자금을 증가하는 방식으로 '일대일로' 건설을 받쳐줄 수 있을지 여부 등이다.

하버드대학 경제사학자 찰스·킨들버그는 '킨들버그 함정' 이론을

---

26) 배넌: 스티브 배넌(Steve Bannon)을 가리킴. 미국의 정치 전략가로, 도널드 트럼프 대통령의 수석 고문을 지냈으며 극우 포퓰리즘의 대표적 인물로 평가받는다. - 역자 주

27) 매킨더의 '육지 권력 이론(Land Power Theory)' : 지리학적 핵심 전략 이론으로, '세계 섬(World Island)' 개념와 '심장부(Heartland)' 지배를 통해 해양 세력 대비 육상 세력의 우위를 주장한 학설. 마한의 해상 권력 이론(Alfred Thayer Mahan's Sea Power Theory): 알프레드 세이어 마한(Alfred Thayer Mahan, 1840·1914)은 "해상 권력이 역사의 결정적 요소" 라고 주장한 미국 해군 장성·전략가이다. 그의 이론은 매킨더의 '육지 권력 이론' 과 대립되는 관점으로 19~20세기 열강의 해군 확장과 제국주의 정책에 큰 영향을 미쳤다. 스파이크만의 "해양에서 내륙으로 통하는 소통선(Rimland Theory)" 이론: 니콜라스 스파이크만(Nicholas Spykman, 1893·1943)은 "주변부(Rimland)의 지배자가 세계를 지배한다" 는 혁명적인 지정학 이론을 제시했다. 그의 이론은 매킨더의 '심장부 이론' 을 수정하며, 냉전기 미국의 봉쇄 정책에 직접적인 영향을 미쳤다. - 역자 주

제기했다. 이 이론은 전 세계에 공공재를 제공하는 주도국으로서의 미국이 쇠락하는 동안에 신흥대국인 중국이 필요한 글로벌 공공재를 제공하지 못해 글로벌 거버넌스 리더십에 공백이 초래되었다고 주장했다. 중국의 실력이 증강하고 미국의 상대적 실력이 약화하면서 최근 몇 년간, 조지프·나이를 대표로 하는 미국 학자들은 '킨들버그 함정'을 다시 제기하고 있다. 이는 사실상 중국의 능력에 대한 의혹이다. 그동안 중국이 줄곧 '무임승차'의 역할을 해왔다며 오늘날 글로벌 공공재의 수혜자에서 공급자로 신분을 바꾸어야 하는데 중국은 그 책임을 감당할 수 없다고 생각하고 있는 것이다.

'일대일로'는 "기업 주체, 시장화 운영, 정부 서비스, 국제 표준"을 강조하는데 서방인들은 왜 '일대일로'가 중국 정부의 프로젝트라고 생각하는 것일까? 이는 '일대일로' 초기 단계에 놓인 연선 국가의 국정과 인프라 건설 자체의 특수성에서 비롯되었다. '일대일로'에 속한 6대 경제회랑 연선의 65개 국가에서 8개 국가는 극빈국이고 16개 국가는 세계무역기구 비회원국이며 24개 국가는 인간개발지수가 세계 평균 수준 이하인데 어떻게 '일률적으로' 유럽이 제창하는 높은 표준의 시장 원칙을 실행할 수 있겠는가? 이는 마치 어린아이와 운동선수를 함께 달리게 하는 격으로, 현실을 벗어난 것이다.

따라서 실사구시적으로 위에서 아래로, 아래에서 위로의 유기적인 결합을 실현해야 한다. 중국은 발전이 모든 난제를 해결하는 마스터 키이며 규칙도 물론 중요하지만 꾸준히 성숙하고 점진적으로 형성되어야 한다고 주장하고 있다. 중국의 개혁에서 모색해낸 '정부+시장' 투 트랙 구동의 경제발전 모델이 '일대일로' 연선 국가들의 발전과정에 드러난 부족한 부분을 보완해주고 인프라 건설에서 첫 노다지를 캐도록 했으며 닭을 잡아 알을 꺼내는 것이 아니라 닭을 키워 달걀을 낳게 함으로써 자주적 발전의 능력을 증강시키는 한편 새로운 시장을 육성했다. 중국의 개혁개방은 공업회랑, 경제회랑, 경제발전 벨트의 한 갈래 모델을 모색해 우선 연해 지역에서 시범적으로 추진하다가 이어 내륙의 항구도시와 내륙지역에 시범적으로 보급해 경제 성장극, 도시군을 형성함으로써 전반 중국의 개혁개방을 이끌었다. 만약 전적으로 시장에만 의존한다면 이는 마치 수영을 할 줄 모르는 아이를 바로 바다에 들여보내는 격으로 결과는 불 보듯 뻔한 일이다. 중국은 개발단지 내 시행을 통해 먼저 아이가 수영장에서 수영을 배우게 한 뒤 바다로 나가 수영하도록 하고 있다. 이것이 바로 '일대일로'의 방식이다.

서방은 중국이 '일대일로' 수출모델을 통해 보편적 가치를 해체하고 서방 모델의 단점을 부각시켜 그들의 소프트 파워에 도전장을 내밀었을 뿐만 아니라 서방의 이익을 건드렸다고 여겼다. 그러면서 "'일대일로'가 개방·투명의 국제 규칙을 지킬 수 있느냐", "'일대일로'가 채무·환경·노무를 어떻게 처리할 것인가" 등 문제에 집중적으로 의혹을 표했다.

치부하려면 먼저 도로를 건설해야 한다. 개발도상국들은 자체로 도로를 건설할 자금이 없을 뿐만 아니라 국제시장의 융자를 따내 도로를 건설할 수도 없어 산업화를 실현하지 못하고 있는데 이는 악순환이다. 중국은 개발 금융을 통해 대출을 제공하고 자산 담보와 개발단지 건설을 통해 그들의 도로 건설을 지원했으며, 중국기업은 장기적으로 경영을 지속함으로써 윈-윈을 실현하고 있다. 이것이 바로 '일대일로'의 보편적인 방식이다. 만약 시장 법칙이 그토록 민첩하게 작용했다면 오늘날 세계에 왜 아직도 11억여 명이 전기를 사용하지 못하고 있겠는가? 개혁개방이래, 중국은 7억 명을 빈곤에서 벗어나게 해 유엔의 빈곤퇴치를 위한 기여도가 70% 이상에 달했다. 이는 중국의 방안이 효과적임을 입증한다. 빈곤에서 벗어나 부를 이루고 빈부격차 특히 연해지역과 내륙지역의 빈부격차를 좁혀 유엔 2030년 지속 가능 발전 어젠다를 실현하는 것이 바로 '일대일로'가 하려는 일이다.

우리는 또한 서방의 의혹이 중국과 '일대일로'에 대한 서구화된 세계의 태도에 영향을 미칠 뿐만 아니라 심지어 이를 대변하기도 한다는 점을 인식해야 한다. 이들 국가의 이중성은 매우 뚜렷한데 경제적 기반은 개발도상국 수준이지만 이데올로기와 사고방식은 서방 국가와 같은 맥락이라는 특징을 갖고 있다.

'일대일로'의 규칙이나 모델에 대한 서방의 의혹은 종교 문명과 세속 문명 간의 의견 차이를 반영하고 있다. 종교 문명은 교의를 강조하며 규칙으로 해석되는데 규칙은 인간과 신 사이의 계약으로 쉽게 바꿀 수 없으며—단일신론은 보편적 가치관을 구축한다고 여긴다. 세속 문명은 실사구시를 강조하며 규칙은 인간이 정하는 것이라고 여긴다. 예로부터 중국은 유교·도교·불교가 공존해왔으며 서로 받아들이고 융합해 중국 발전의 기적을 창조했고 '일대일로' 건설을 통해 세계에서 기적을 재현하고 있다. 이는 중국과 서방 간의 '일대일로' 규칙, 모델의 논쟁으로 변화 발전하고 있는데 누구의 규칙과 모델인지에 대한 논쟁은 물론이고 규칙과 모델 자체에 대한 이해마저도 서로 다르다.

예로부터 중국의 문화는 남의 경험을 배워오는 문화였지 전파하는 문화는 아니었기에 중국 모델을 수출하지 않을 것이다. 중국은 세계 각국과 발전 경험을 공유할 의향은 있지만 다른 국가의 내정은 간섭하지 않는다. 시진핑 총서기는 2017년 12월 1일 중국공산당 및 세계 정당 고위층 대화 회의에서 한 기조연설에서 이렇게 밝혔다. "중국의 발전을 추진하는 것을 통해 세계에 더 많은 기회를 마련해주며 자체 실천을 심화하는 것을 통해 인류사회의 발전법칙을 탐색하고 그 법칙을 세계 각국과 공유해야 한다. 외국 모델을 '주입'하지 않고 중국 모델을 '수출'하지 않을 것이며 다른 나라에 중국의 방법을 '복제'할 것을 강요하지도 않을 것이다."

중국의 성공에는 서방의 요소가 내포되어 있는데 마르크스, 시장경제, 민주법치, 입헌정치 모두 서방의 것이다. 중화인민공화국이란 명칭에서 '중화'를 제외하고 '인민', '공화국'은 모두 서방에서 도입한 것이지만 그것을 중국화하는 데 성공했다. '일대일로'는 고대 실크로드의 기억을 되살려 실크로드 정신을 부흥시키고 있는데 '실크로드' 개념은 바로 독일인 리흐트호펜이 제기한 것이다. 중국의 성공은 서방의 성공을 반영한다. 중국 굴기의 무공훈장의 절반은 서방에 돌려야 한다. '일대일로'도 마찬가지로, 개방·포용, 공동 의논, 공동건설, 공유를 강조하며 중국이 제안한 것일 뿐 중국의 프로젝트는 아니다.

애초에 미국에서 유엔 설립을 제안한 것과 같은 맥락으로 대국이 함께 참여해만 성공할 수 있다. '일대일로'는 현실을 고려하지 않고 제 주관대로 할 수는 없으며 서방의 자금, 기술, 이데올로기, 가치관 등과 협력한 산물이다. '일대일로'는 글로벌화를 추진해 더 나은 현지화를 실현하는 것이지 글로벌화되는 것이 아니다.

생활 관찰을 통해 우리는 깨달음을 얻었다. 니콘 카메라가 시장에서 냉대를 받게 됐는데 니콘 카메라는 캐논 카메라나 기타 브랜드 카메라가 아니라 스마트 폰에 밀려난 것이다. '일대일로'가 중국-미국-유럽 대 삼각의 문명혁신을 촉진하고 있는 것이지 그 반대는 아니다.

세계에는 3대 힘이 있다. 즉, 미국이 대표하는 혁신력, 유럽이 대표하는 정신력, 중국이 대표하는 응용력이다. 이 3개 힘이 합쳐져야만 인류가 직면한 근본적인 문제를 해결할 수 있다. '일대일로'는 중국-미국-유럽 대 삼각의 문명혁신에 희망을 보여주었다.

'일대일로'는 인류의 대혁신으로, 미국식 노동력 절약형 혁신, 유럽식 자원 절약형 혁신 등 전통 혁신의 함정을 극복했으며 남쪽 국가의 비교 우위를 파괴하고 혁신 함정을 형성했다. 아울러 혁신 패러독스를 뛰어넘었다. 즉 혁신의 명의로 돈을 끌어모아 부유한 자는 더 부유해지고 가난한 자는 더 가난해지며 성장은 있지만 취업이 없는 결과를 초래하며 인공지능을 잘 지배하지 못한다면 이러한 추세는 더욱 악화될 가능성이 있다. 포퓰리즘의 흥기는 정치-경제 패러독스를 충분히 드러내 보여주었다. 즉 정치는 지방성을 띠고 경제는 세계성을 띤다는 것, 정치는 주기적이고 경제는 장기적이라는 것이다. '일대일로'는 이를 해소하려고 시도하면서 인프라의 '후롄후퉁'에 초점을 맞추었는데 이는 미국의 실물경제 투자를 인도해 더 이상 금융거품을 형성하지 않도록 하는 데 유리하다. '일대일로'는 포용성 혁신을 추진하고 전통 대국 간의 겨루기를 떠나 인류운명공동체를 구축하고 인류의 새로운 문명을 개척하는 데 그 취지를 두고 있다.

4. 맺는말

"궁하면 변해야 하고, 변하면 통하고, 통하면 오래간다."『주역·계사하』에 나오는 이 구절로 개혁개방의 세계적 의의를 표현하는 것보다 더 적합한 표현은 없다. "궁하면 변해야 한다"에서 "변해야 한다"는 것은 개혁개방을 말한다. 샤오핑(小平) 동지의 말을 인용한다면 "개혁개방을 하지 않으면 죽는 길밖에 없다." "변하면 통한다"에서 '통한다'는 '일대일로'가 주장하는 '후롄후퉁'(5통)을 말하고 "통하면 오래간다"에서 '오래간다'는 오랜 기간을 거쳐 인류운명공동체를 구축하는 것이다. '일대일로' 건설은 중국의 전방위적 개방에 필요할 뿐만 아니라 신형 글로벌 협력을 추진하는 데도 필요하다. 19차 당 대회 보고는 '일대일로' 건설을 중점으로, '대내 유치'와 '대외 진출'을 동일하게 중요시하며, 공동 의논, 공동건설, 공유의 원칙 하에 혁신능력의 개방 협력을 강화해 육해 내외 연동, 동서 쌍방향 상호 협력의 개방 모델을 형성해야 한다고 제시했다. 아울러 '일대일로'의 내포와 외연은 꾸준히 심화, 확장되고 있는데 이는 세계의 기대, 시대의 수요에서 비롯된 것이다. 개괄하면 다음과 같은 3개의 발전변화 단계가 있다. 첫 번째 단계는 지역성 협력 구도로서 주로 '유라시아대륙을 기반으로 하면서도 유라시아대륙에만 국한되지 않는 것'이다. 6대 경제회랑 건설을 중점으로 "유라시아란 대무대를 운영해 세계 대 구도를 형성한다." 두 번째 단계는 글로벌 산업 사슬 배치이다. 개방·포용·균형·보편적 혜택·상생의 신형 글로벌화를 개척해 중국의 꿈과 세계 각국의 꿈을 융합시킨다. 세 번째 단계는 인류운명공동체의 주요 협력 플랫폼을 구축해 인류 협력의 새로운 시대를 개척한다.

시진핑 주석은 "'일대일로' 건설의 국제 협력 틀 내에서 인류운명공동체의 방향을 향해 끊임없이 매진해야 한다. 이는 이니셔티브를 제안한 초심이고 또한 이 이니셔티브를 통해 실현하고자 하는 최고의 목표이다."라고 강조했다. 개혁개방을 통해 중국을 부유해지게 하는 단계에서 인류운명공동체를 통해 중국을 강대해지게 만들기까지의 연결고리로서 '일대일로'는 개혁개방의 세계적 의의를 보여주었을 뿐만 아니라, '4가지 자신감'의 국제적 차원에서의 함의인 전략적 자신감의 의미를 구현했다.

2018년 12월

'일대일로'의 시적 매력

"봄과 가을에 좋은 날이 많고 높은 곳에 올라 새로운 시를 읊는다네." 2019년 중국의 가장 중요한 홈장 외교로서의 제2기 '일대일로' 국제 협력 정상포럼은 6대류(大類) 283가지 실무적인 성과를 거두어 '일대일로' 건설을 '대사의(大寫意)'에서 '공필화(工筆畫)'로 나아가도록 추동하는 이정표 역할을 했다.

6년 가까이 되는 시간 동안, '일대일로' 공동건설의 친구 권역이 갈수록 확대되고 협력의 질이 갈수록 높아지고 있으며 발전 전망도 갈수록 밝아지고 있다.

이 이니셔티브가 내포하고 있는 의미와 성과를 시구로 표현하고 해석한다면 색다른 매력이 더욱 돋보일 것이다.

"천연의 요새(天塹)가 탄탄대로로 바뀌다"

페르가나분지는 여러 산에 둘러싸여 있어 현지에서 우즈베키스탄의 수도 타슈켄트로 통하는 길은 산맥에 가로막혀 전에는 이웃 나라를 에둘러 지나가야만 타슈켄트에 도착할 수 있었다. '일대일로' 이니셔티브가 제기된 후 중국의 건설자들이 이곳에 와서 900일 동안 총 길이가 19.2km에 달하는 캄치크 터널을 뚫었다. 이때부터 천연의 요새가 탄탄대로로 바뀌었다.

'일대일로' 건설 과정에 이런 일은 결코 유일한 사례가 아니다. 시진핑 주석은 "'일대일로' 공동건설의 핵심은 '후롄후퉁'이다."라고 깊이 있게 지적했다. 인프라는 '후롄후퉁'의 기반이자 다수 국가들이 발전 과정에 직면한 난관이기도 하다. 품질이 높고 지속 가능하며 리스크를 방지하고 가격이 합리적이며 포용 가능한 인프라를 구축하는 것은 각국이 자원의 장점을 충분히 발휘해 글로벌 공급사슬, 산업 사슬, 가격 사슬에 더욱 잘 융합함으로써 연동 발전을 실현하는 데 도움이 된다. '일대일로'의 프레임 아래 '6개 회랑, 6개 도로, 여러 나라, 여러 항구'의 '후롄후퉁' 구도가 기본적으로 형성되어 사통팔달한 교통망이 연선 국가들에서 펼쳐지고 있다. 앞으로 갈수록 많은 나라들이 글로벌 '후롄후퉁'의 파트너 관계 구축에 참여함에 따라 사람들은 "천연의 요새가 탄탄대로로 바뀌는" 인간 세상의 기적을 더 많이 목격하게 될 것이다.

"하늘 끝처럼 멀리 있어도 이웃처럼 가깝게 느껴지다"

나라와 나라의 관계는 국민 간의 친선에 있고, 국민 간의 친선은 마음이 서로 통하는 데 있다. '일대일로' 이니셔티브가 제기된 지 6년 가까이 되는 사이에 연선 각국은 다양한 형태, 광범위한 분야의 공공외교와 문화 교류를 전개해 상호 이해와 동질감을 증진시켜 '일대일로' 공동건설을 위해 단단한 민의적 기반을 마련했다.

'후롄후퉁'을 실현한 곳이라면 민심의 상통으로 이어진다. 이번 포럼은 민심 상통 분야에서 또 일련의 성과를 거두었다. 향후 각국의 의회, 자매 성·시, 싱크 탱크, 학계, 언론과 민간단체의 교류가 한층 더 밀접해지고, 과학기술, 문화, 예술, 창의 경제, 농촌발전과 민간공예, 고고학과 고생물, 문화와 자연유산 보호, 관광, 보건, 스포츠 등 분야에서의 교류와 협력이 한층 더 강화될 전망이다.

의기투합한 자는 산과 바다가 가로막혔다고 해도 멀다고 말하지 않는다. 천 년 전 낙타의 방울 소리로부터 시작해 평화협력, 호혜 상생의 염원은 산과 바다에 가로막혔던 적이 없다. 새 천 년의 비전을 향해 나아가는 과정에 개방·포용, 상호 학습 및 상호 참조의 이념은 전 세계가 손잡고 함께 나아가도록 이끌고 있다.

"하늘 끝처럼 멀어도 이 순간을 함께 할 것이다"

좋은 정책의 덕이 원근에 널리 미치고 더 큰 이익을 위해 함께 손을 잡는다.

개방·포용의 국제 협력 플랫폼으로서 '일대일로'는 오늘날 세계가 광범위하게 참여하는 국제 협력 플랫폼과 널리 환영받는 국제 공공재로 부상했다. 제2회 '일대일로' 국제 협력 정상포럼에는 150개 국가, 92개 국제기구로부터 온 6천여 명의 외빈이 참가했다.

무릇 이로운 길은 시대와 더불어 함께 가는 것이다. 오랜 세월 동안 경제 글로벌화의 흐름 속에서 다수 개발도상국은 '잊혀진 구석'으로 되어 원자재 공급지와 상품 판매시장의 역할로만 존재하는 수밖에 없었다. '일대일로'는 공동 의논, 공동건설, 공유의 이념을 견지하고 자금, 시설, 인원 등 생산요소의 '후롄후퉁'을 촉진하는데 전력해 공동의 기회의 길, 번영의 길로 거듭날 것이다.

'일대일로' 공동건설은 세계 각국의 발전에 새로운 기회를 가져다주었을 뿐만 아니라 중국의 개방과 발전에도 새로운 지평을 열어주었다. 이번 포럼에서 시진핑 주석은 중국이 더욱 높은 수준의 대외개방을 추진하기 위한 새로운 조치를 선포했다. 이는 중국 개혁 발전의 객관적 수요를 바탕으로 내린 자주적인 선택이자 다자주의를 제창하고 개방·포용을 추진하는 중국의 책임감이기도 하다. '중국의 개방으로 세계가 혜택을 보게 되었다', '중국의 발전 보너스를 공유할 수 있기를 기대한다.' 각국 내빈들은 분분히 개혁개방을 추진하고 있는 중국을 높이 평가했으며, 각국은 중국 발전의 '급행열차'에 편승할 수 있기를 보편적으로 기대하고 있다.

꽃구름이 늘 있는 한 새로운 기상이 펼쳐질 것이다. '일대일로' 건설 추진은 세계의 경제 성장을 촉진하고 지역 간 협력을 심화하는데 더욱 탄탄한 발전 기반을 다져줄 것이다. "세계가 잘 되어야 중국이 잘 될 수 있고, 중국이 잘 되어야 세계가 더 잘 될 수 있다"는 점을 역사는 이미 입증했고, 앞으로도 계속 이를 입증해나갈 것이다. "하늘 끝처럼 멀리 있어도 이 순간을 함께 할 것이다"에 대한 깨달음은 정상포럼 기간에만 국한되지 않을 것이며, 아름다운 생활에 대한 각국 인민의 동경이 현실화 되는 과정으로 줄곧 이어질 것이다.

세계 각국이 함께 숨 쉬고 운명을 같이하며 힘을 합쳐 인류운명공동체를 구축한다면, 궁극적으로 '전 세계 어디서나 추위도 더위도 다 같이 겪는' 세상을 이룰 것이다.

'일대일로': '개념주'에서 '우량주, 크라우드펀딩주'로

근대 들어 중국은 국내의 '민족의 독립, 국가의 부강'과 같은 문제를 해결했다. 개혁개방 이후에는 중국에서 발생한 세계 문제 즉 7억 명 인구의 빈곤 탈출과 치부의 해결에 착수해 유엔 빈곤퇴치에 대한 기여도가 70%에 달했다. 신시대에 들어선 후 중국은 인류 문제 즉 지속 가능한 발전 문제, 아름다운 생활에 대한 인민의 동경 문제의 해결에 참여했다. 그리고 '일대일로'는 신시대 중국과 세계 관계의 대표적인 상징으로 평화의 길, 번영의 길, 개방의 길, 혁신의 길, 문명의 길 '5대 길'로 세계의 '3대 적자'인 평화 적자, 발전 적자, 거버넌스 적자를 점차 해소하고 있다.

2013년, 시진핑 중국 국가주석은 '실크로드 경제벨트'와 '21세기 해상 실크로드'의 중대한 이니셔티브를 잇달아 제기했는데 이를 '일대일로' 이니셔티브라고 약칭한다. 인프라의 건설과 '후롄후통'을 촉진하고 각국의 정책 및 발전전략을 매칭시키며 실무적 협력을 심화하고 조화·연동의 발전을 촉진해 공동 번영을 실현하는 것이 '일대일로' 이니셔티브의 핵심 내용이다. 시진핑 주석은 "'일대일로' 건설의 국제 협력 프레임 내에서…인류운명공동체 구축의 방향을 향해 끊임없이 매진해야 한다. 이는 이 이니셔티브를 제안한 초심이자 이를 통해 실현하고자 하는 최고의 목표이다."라고 강조했다. 개혁개방을 거쳐 중국을 부유해지는 길로 이끄는 단계에서 인류운명공동체를 통해 중국을 강하게 만드는 단계까지를 이어주는 유대로서 '일대일로'는 개혁개방의 세계적 의의를 과시했고, '4가지 자신감'의 국제적 차원에서의 함의인 전략적 자신감을 보여주었다.

'일대일로'의 국제 매력이 시대의 수요와 각국의 수요를 구현

5년간 '일대일로'는 이미 이념에서 행동으로, 비전에서 현실로 바뀌었다.

5년간 톱다운 설계, 중대 프로젝트, 계획의 연결, '후롄후통'에 있어서나 기업 행동의 차원에서나 '일대일로'는 모두 풍성한 성과를 거두었다. 오늘날 전 세계적으로 '일대일로'를 공동으로 건설하는 강력한 추세가 이미 형성되었고, '일대일로'는 이미 명실상부한 국제사회의 핫 키워드로 거듭났다.

5년간 '일대일로'의 성과는 갈수록 풍성해지고 인기가 갈수록 많아졌으며 길은 갈수록 넓어졌다. '일대일로' 이니셔티브가 긍정적인 성과를 거둘 수 있었던 관건은 세계 평화와 발전의 흐름에 순응하고, 연선 국가 발전 협력의 현실적 수요에 부응했기 때문이며, 또 해외 화교와 화인(華人, 중국 국적을 갖지 않고 거주국 국적을 가진 중국계 주민)들이 적극적으로 움직이고 수많은 기업들이 열성적으로 참여한 덕분이다.

오늘날 '일대일로'는 전문가와 매체들로부터 세계 최대 규모의 국제협력 플랫폼이자 가장 환영받는 국제 공공재로 평가받고 있다. 최근 「국제금융포럼(IFF) 중국 보고서 2018」에서 발표한 세계 첫 '일대일로' 설문 조사 보고서에 따르면 63%의 설문 조사 응답 국가 중앙은행은 '일대일로' 이니셔티브가 매우 중요하며 천재일우의 소중한 기회이자 지난 10년간 가장 중요한 글로벌 이니셔티브 중 하나라고 답했다.

'일대일로'는 새로운 이념 그리고 인류운명공동체를 구축하려는 아름다운 염원을 가지고 지역과 세계의 평화와 발전 및 번영을 실현하는데 중국의 방안과 중국의 지혜를 기여했다. '일대일로'는 우선 새로운 시기 중국의 전방위적 개방 전략이고, 그다음은 신형 글로벌화와 신형 글로벌 거버넌스의 협력을 추진하는 이니셔티브인 동시에 중국의 꿈과 세계의 꿈을 융합시키고 인류운명공동체를 실천하는 위대한 사업이기도 하다.

5년간 '일대일로' 건설은 점차 이념에서 행동으로, 제안에서 공동인식으로, 염원에서 실천으로 바뀌었고, 풍성한 건설성과를 거두었으며 세계 구도에도 심원한 영향을 미쳤다.

갈수록 풍성한 성과를 거둬

지난 5년간 '일대일로'의 성과를 톱다운 설계, 중대 프로젝트, 계획 매칭, '후롄후퉁', 기업 행동 5대 부분으로 나눌 수 있다.

첫 번째 부분, 톱다운 설계가 초보적으로 완성되고 기본 골격이 이미 형성되었으며 '일대일로'가 국제 담론 체계에 진입해 국제적인 핵심 키워드로 되었다. 2016년 3월 유엔안전보장이사회는 '일대일로' 이니셔티브 추진 등 내용을 포함한 제S/2274호 결의를 채택했다. 그 해 11월 유엔 총회의 제A/71/9호 결의에 처음으로 '일대일로' 이니셔티브를 적어넣고 '일대일로' 등 경제 협력 이니셔티브를 환영했으며, 각국이 '일대일로' 이니셔티브 등을 통해 아프가니스탄 및 지역의 경제발전을 강화할 것을 촉구하는 한편, 국제사회가 '일대일로' 건설에 안전하고 보장된 환경을 마련할 것을 호소했다. 해당 결의는 193개 회원국의 만장일치 찬성을 얻어냄으로써 '일대일로' 이니셔티브에 대한 국제사회의 보편적인 지지를 구현했다.

두 번째 부분, 몸나(몸바사-나이로비)철도, 자반(자카르타-반둥)철도 등을 비롯한 일련의 중대한 프로젝트가 실행되었다. 예를 들어, 철도 부분에서 몸나(몸바사-나이로비)철도, 에지(에티오피아-지부티)철도 등 해외 철도를 건설했고, 중국-라오스, 중국-태국 등 국경 간 철도 착공 건설을 추진 및 실현했다. 중국-네팔 철도 건설 준비작업을 가동하고 양 정부 간 소통 협력 메커니즘을 구축했다. 도로 부분에서 중국-파키스탄 경제벨트의 2갈래 도로, 중국-러시아 헤이허(黑河) 도로교 등 중대한 인프라 프로젝트의 착공 및 건설을 추진했다. 해상운송에서 그리스 피레우스 항, 스리랑카 함반토타 항, 파키스탄 과다르 항 등 34개 국가의 42개 항구의 건설 및 경영에 참여했다.

세 번째 부분, 100여 개 국가, 국제기구의 연결을 실현했다. 중국은 관련 국가들과 공동으로 「대 메콩강 소지역 교통 전략 2030」, 「중앙아시아지역 경제 협력 철도 발전 전략(2030)」, 「중국-아세안 교통 협력 전략 계획」, 「중국-파키스탄 경제벨트 교통 인프라 특별계획」 등 전략적 계획을 제정했다.

네 번째 부분, '후롄후퉁'에서 여러 가지 성과를 거두었다. 5년간 정책 소통이 꾸준히 심화하고 인프라의 '후롄후퉁'이 끊임없이 강화되었으며, 무역의 원활한 상통이 꾸준히 향상하고 자금의 융통이 끊임없이 확대되었으며 민심의 상통이 꾸준히 촉진되었다.

다섯 번째 부분, 수많은 기업이 적극적으로 움직이기 시작하면서 전자상거래, 인문교류 등 여러 분야에서 성과를 거두기 시작했다. '일대일로'는 기업 발전에서 다투어 따르는 방향으로 되었다.

갈수록 인기가 많아져

최근 「국제금융포럼(IFF) 중국 보고서 2018」은 전 세계 최초로 '일대일로' 설문 조사 결과를 발표했다. 대표성을 띤 26개 나라와 지역의 중앙은행을 상대로 조사한 설문지로 구성되었으며, '일대일로' 건설 5년간 중국이 양자 간 및 다자 간 투자 프로젝트 협력을 전개하는 과정에서 거둔 성과와 나타난 문제, 쌓인 경험을 총화했다. 보고서에 따르면, 63%의 설문 조사 응답 국가 중앙은행은 '일대일로' 이니셔티브가 매우 중요하며, 천재일우의 소중한 기회이자 지난 10년간 가장 중요한 글로벌 이니셔티브 중 하나라고 답했다.

새로운 개념에서 국제무대의 '핫 키워드'로 거듭나기까지 '일대일로'가 걸어온 5년은 찬탄을 자아냈다.

처음에는 호기심과 관망이 보편적인 반응이었다. 그러다가 점차 중국과 관련된 화제는 '일대일로'를 빼놓을 수 없게 되었다.

세계가 중국을 논할 때 더는 추상적으로 논하지 않기 시작했으며 구체적인 화제가 생겼다. 2015년 중국은 대외로 「실크로드 경제벨트와 21세기 해상 실크로드 공동건설을 추동하는 염원과 행동」을 발표했다. 그 후로 '일대일로'에 적극적인 태도로 임하는 국가들이 갈수록 늘고 있다.

이런 적극성은 아시아인프라투자은행의 범위 확대에서 특히 뚜렷하게 드러났다. 2018년 6월 제3차 아시아인프라투자은행이사회 연차회의에서 비준을 거쳐 레바논이 의향 회원국으로 가입함에 따라 아시아인프라투자은행의 회원국 수는 87개국에 달했다. 그러나 2015년 말 아시아인프라투자은행 설립 초기에는 회원국이 겨우 57개에 불과했다. 아시아인프라투자은행이 설립된 2년 반 동안의 성적표를 되돌아보면 회원국 수의 증가에서만 빛나는 성적을 거둔 것이 아니다. 현재까지 아시아인프라투자은행은 13개 국가에서 28건의 프로젝트를 전개한 가운데 연속 3곳의 국제신용평가기관으로부터 최고 신용등급을 받았다. 아시아인프라투자은행은 괄목할 만한 성과를 거두었다고 할 수 있다. 강력한 생명력을 지닌 이 다자간 금융기구가 지역 경제발전을 추진하기 위해 거대한 기여를 하고 있다.

그리고 한때 망설이며 관망하던 국가들이 참여 의향을 비치기 시작했다. "중국이 제기한 '일대일로' 이니셔티브에 유럽연합의 불참 현상이 심각하다. 프랑스가 주도적 역할을 발휘해 (중국과) 비즈니스적 호혜 관계를 구축함으로써 유럽연합도 움직이도록 추동해야 한다."

「니혼게이자이신문」은 "중국의 '일대일로' 광역 경제권 구상을 둘러싸고 일본기업들이 비즈니스 기회를 잡기 위해 발 빠르게 움직이고 있다"고 보도했다. 스티븐·치오보 호주 통상·투자부 장관은 최근 "호주와 중국은 지역 인프라를 개선하려는 공동의 목표를 갖고 있다"며 "'일대일로'가 지역 인프라에 기여할 수 있다는 점에 호주는 아주 환영한다"고 말했다.

5년을 거쳐 '일대일로'는 이미 개념주에서 우량주, 크라우드펀딩주로 발전했던 것이다.

길은 걸을수록 더 넓어져

2천여 년 전 선조들은 천신만고 끝에 초원과 사막을 가로질러 아시아-유럽-아프리카를 연결하는 육지 실크로드를 개척했다. 선배들은 돛을 올려 먼 항해의 길에 올랐고, 거칠고 험난한 파도를 헤치며 동·서양을 연결하는 해상 실크로드를 개척했다. 21세기 중국이 제안한 '일대일로'는 눈부신 빛을 발하고 있다. 길은 걸을수록 더 넓어지고 있다.

'일대일로'는 중국이 현재까지 국제사회에 기여한 최고의 공공재이자 현재 세계적으로 가장 환영받는 국제 협력 이니셔티브이기도 하다.

2018년 6월 7일 시진핑 주석은 나자르바예프 카자흐스탄 대통령과 회담하는 자리에서 "지난 5년간 '일대일로' 이니셔티브가 국제사회의 열띤 호응을 받았다"며 "'일대일로' 이니셔티브가 긍정적인 성과를 거둘 수 있었던 관건은 세계 평화와 발전의 흐름에 순응했고, 연선 국가들의 발전과 협력의 현실적 수요에 부합하기 때문"이라고 밝혔다.

5년 동안의 건설과 발전과정을 거쳐 이미 갈수록 많은 국가들이 '일대일로' 건설의 세계적 의의를 더욱 깊이 인식하게 되었다. 즉 글로벌화의 도전이 계속 증가함에 따라 단일 국가는 홀로서기 어려울 뿐만 아니라 세계가 직면한 난제를 해결할 수 없다는 것을 깨닫게 된 것이다. 반면 점점 더 많은 국가들은 '일대일로' 건설이 가져다준 혜택을 누리면서 '일대일로' 건설이 경제 글로벌화의 딜레마를 극복하고, 세계 경제의 보다 균형적이고 포용적이며 지속 가능한 발전을 추진하는 데 도움이 된다는 사실을 깨닫게 되었다.

'일대일로'의 비전에 대해 세계는 매우 낙관적으로 보고 있다. 「국제금융포럼(IFF) 중국 보고서 2018」에서 발표한 세계 첫 '일대일로' 관련 설문 조사에 따르면, 92%의 중앙은행이 향후 5년 내 '일대일로' 이니셔티브 관련 프로젝트가 국내 경제성장을 지원할 수 있을 것으로 예상했으며, 그중 다수 응답자들은 연간 1%포인트의 성장을 이끌 수 있을 것으로 전망했다. 응답자의 25%는 연간 성장률을 2~5%포인트 견인할 것으로 예상하면서 더욱 낙관적인 태도를 보였다.

라시드·알리모프 상하이협력기구 사무총장의 말을 빈다면 '일대일로' 이니셔티브는 제기된 지 5년 만에 이미 세계적인 이니셔티브로 자리매김했다. 중국의 '일대일로' 이니셔티브는 진정으로 호혜 상생을 바탕으로 추진되고 있다. '일대일로' 이니셔티브는 위대한 미래를 맞이할 것이다.

'일대일로'에 가장 적극적으로 호응하는 국가는?

'일대일로'에 가장 적극적으로 호응하는 국가의 유형은 다음과 같다.

내륙 국가: '일대일로'는 이들 국가들이 바다로 나가고 글로벌 가치사슬에 융합하는 데 도움이 된다. 이 또한 시진핑 주석이 5년 전 세계 최대 내륙 국가인 카자흐스탄에서 실크로드 경제벨트를 제안한 이유이기도 하다. 중국-인도지나반도 경제회랑은 범아시아 횡단철도를 활성화해 인접국 영토에 둘러싸여 외부와의 연결이 원활하지 못한 내륙 국가인 라오스를 '육쇄국'(陸鎖國)에서 외부와 연결된 '육련국'(陸聯國)으로 바뀔 수 있도록 추동했다.

저개발 국가: 과거에는 문명에 대한 자부심이 있었지만, 지금은 '일대일로'를 통해 개발도상국의 꿈을 실현하고 있다. 예를 들면 아프가니스탄, 네팔 등 나라가 그러하다. '일대일로'는 처음으로 서아프리카의 세네갈까지 확대되어 서아프리카 지역이 중국의 산업 이전을 수용해 글로벌 산업 사슬에 융합되도록 조력했다.

섬나라: 항구의 개조와 업그레이드, 새로운 항구의 서커우(蛇口) 모델 건설을 통해 섬나라의 경쟁력을 향상한다. 예를 들면 스리랑카의 콜롬보, 함반토타 항이 그러하다. 모리셔스는 중국의 대 아프리카대륙 투자의 발판이 되어 인도양과 아프리카, 유럽을 잇는 교량 역할을

할 수 있기를 희망한다. 남태평양 섬나라는 녹색 실크로드를 통해 기후 변화에 대응하고 있다.

색깔 혁명 국가: 중국을 부러워하는 한편, 중국을 본받아 자국의 국정에 어울리는 발전의 길을 걷는다. 튀니지, 우크라이나, 이집트는 쓰라린 경험에서 교훈을 얻었고, 시진핑 주석이 제기한 "발전이 모든 문제를 해결하는 마스터키"라는 관점에 적극적으로 호응하고 있으며, "점에서 면으로, 선에서 구역으로 확대해 점차 지역 협력의 대 구도를 구축한다"는 이념에 실제로 공감하고 있다.

대륙 및 육해의 '후롄후퉁'을 실현한 지역의 거점 국가: 터키는 유럽·아시아·아프리카를 연결하는 가교역할을 하고 있고, 그리스 피레우스 항은 중국-유럽 육해 고속통로의 접점이며, 중국-파키스탄 경제회랑, 중국-미얀마 '인'(人)자형 회랑은 중앙아시아지역, 신장(新疆)과 중국 서남지역에서 바다로 나가는 출구를 찾는 데 도움을 주고 있다. 몸나(몸바사-나이로비)철도는 동아프리카 기타 국가까지 연장되어 동아프리카의 창장(長江)삼각주를 구축하고 있고, 나미비아의 월비스베이 항은 서남아프리카의 선전(深圳)을 구축하고 있으며, 아랍에미리트·싱가포르·파나마의 '후롄후퉁' 접점 효과도 한층 두드러지고 있다.

지역 저개발국: 중동부 유럽 국가들은 '16+1' 협력 프레임워크를 통해 유럽 내 위상을 향상했으며, 방글라데시와 캄보디아는 인프라 병목 현상에 직면했으나 현재 파드마 대교와 시하누크 항은 양국의 경제성장을 크게 추동하고 있다.

이밖에 선진국들은 기업가들의 추동 하에 관련 프로젝트에 참여해 중국의 투자를 유치하고 제3자 시장을 개발할 것을 호소하거나 또는 중국이 함부로 표준을 제정하도록 내버려 둘 수 없다는 생각에서 너도나도 적극적인 태도를 보이며 참여 의향을 밝히고 있다.

'일대일로'의 매력은 무엇일까?

2018년까지 '일대일로'는 100여 개 국가 및 국제기구가 중국과 '일대일로' 공동건설 정부 간 협력 양해각서를 체결하도록 이끌어 중대한 프로젝트의 착지 및 착공을 이루었다. '일대일로'가 개념주에서 우량주, 크라우드펀딩주로 발전할 수 있었던 매력은 무엇일까?

'일대일로'가 눈부신 성적을 거둘 수 있었던 것은 다음과 같은 3가지 이유에서 비롯되었다. 첫째, 이는 새로운 이념이다. 옛길도 걷지 않고 그릇된 길도 걷지 않으며 신형의 국제관계를 수립하고 인류운명공동체를 구축하는 데 목표를 두었다. 둘째, 중국은 개혁개방 40년간 세계가 주목하는 성과를 거두었는데 이는 중국의 매력을 분명히 보여주었다. 셋째, 중국 지도부의 강유력한 리더십, 중국 인민의 근면과 지혜, 해외 화교와 화인의 적극적인 움직임과 많은 기업들의 열정적인 참여 덕분이다.

남이 할 수 있는 일은 나도 할 수 있다. '일대일로'는 중국의 꿈과 세계 여러 나라의 꿈을 연결하는 길이다. 중국은 자국의 국정에 어울리는 발전의 길을 개척해 운명을 스스로 장악했다. '일대일로'는 관련 국가들이 자체의 국정에 어울리는 발전의 길을 걷고 운명을 스스로 장악하며 인류운명공동체를 함께 구축할 수 있도록 격려한다. '일대일로'의 매력은 중국의 매력을 반영한 것이다. 부유해지려면 먼저 길부터 닦아야 하고 길이 통하면 모든 산업이 번창한다. 이러한 이념이 점차 '일대일로' 국가에 뿌리를 내리고 있다. 맥킨지회사가 인프라의 곱셈 효과를 추산한 결과 10억 달러의 인프라 투자가 이루어지면 3만~8만 개의 일자리가 창출되고, 25억 달러의 GDP 신규 성장을 이룰 수 있을 것으로 예측했다. 몸나(몸바사-나이로비)철도는 개통 1년간, 케냐의 경제성장을 1.5% 견인해 동아프리카 번영의 길로 불리고 있다.

'3망 1화(三网一化)'는 아프리카 국가들이 경제적으로 서방의 식민통치에서 벗어나는 데 도움을 주고 있다.

포용적인 글로벌화를 구축한다. 미국 전략가 카나는 저서 『커넥토그래피』에서 향후 40년간 인프라에 대한 투자가 인류의 과거 4천 년을 초과할 것이라고 지적했다. 그러나 개인 자본은 인프라에 투자하려 하지 않을 뿐만 아니라 서로 연결되지도 않는다. 개발도상국은 인프라가 부족해 발목이 잡혀 있고, 선진국은 인프라가 낡아 제한을 받는다. '일대일로'는 육·해·공·네트워크 4위 일체의 연결에 전력하고, 핵심 통로, 핵심 도시, 핵심 프로젝트에 초점을 맞추며, 육상의 도로, 철도 네트워크와 해상의 항구 네트워크를 연결해 핫머니가 실물경제에 유입되도록 이끌고, 글로벌 금융위기의 근원을 해소함으로써 글로벌화에 따른 혜택이 더 광범위한 대중들에게 돌아가도록 한다. 전통적인 글로벌화는 관세 양허를 통해 세계의 경제성장을 최다 5% 추진할 수 있지만, 신형 글로벌화는 '후렌후통'을 통해 세계 경제 성장을 10%~15% 견인할 수 있다. 따라서 '일대일로'는 글로벌화에 더욱 강력한 동력을 주입했을 뿐만 아니라 전통 글로벌화의 개혁을 추진해 개방·포용·보편적 혜택·균형·상생의 방향으로 발전하도록 했다.

개방·포용, 전략적 연결, 공동 의논, 공동건설, 공유의 원칙은 인류의 신형 협력 모델을 개척했다. '일대일로'의 매력은 방향에 있을 뿐만 아니라 방식도 관건이다. 소재국을 배려했을 뿐만 아니라 기존 이해 관계국의 관심사도 주목함으로써 선진국의 참여를 끌어냈다. 또 하드 연결에 착안점을 두었을 뿐만 아니라 소프트 연결에도 중대한 관심을 돌렸으며, 지역 내, 지역 간, 대륙 간 및 육·해 연결은 글로벌 무역 자유화와 투자 편리화를 추진했고, 더욱 포용적이고 지속가능하며 공정한 국제경제체계를 구축할 수 있다는 희망을 가져다주었다.

중국 상무부가 발표한 데이터에 따르면, 2018년 1~6월 중국기업은 55개 '일대일로' 관련 국가에 76억 8천만 달러를 직접 투자했고, 61개 '일대일로' 국가에서 1,922건의 외주 프로젝트 계약을 신규 체결했는데 신규 계약액은 477억 9천만 달러, 영업액은 389억 5천만 달러에 달했다. 이는 '일대일로'의 최신 성과이다. 100여 개 국가와 국제기구가 적극 지원하고 동참했으며 영향력 있는 많은 대표적인 프로젝트가 성공적으로 착지했으며, 중국-유럽 정기 화물열차의 운행 편수는 누계로 1만 대를 돌파했다. 국제 도로 여객·화물 운송 노선을 356갈래 개통하고 국제항로 403갈래를 추가해 연선의 43개 국가와 직항을 실현했다.

중국-유럽 정기 화물열차는 국내 48개 도시를 아우르고, 14개 유럽 국가의 42개 도시까지 통합으로써 중국의 많은 내륙 성(省)이 개방의 최전방이 되어 수출뿐만 아니라 수입도 확대되었고, 양자 무역이 급증했다. 지난 5년간 100여 개 국가 및 국제기구가 중국과 '일대일로' 공동건설 협약을 맺었고, '일대일로' 공동건설 이니셔티브와 핵심 이념이 유엔, G20개국 그룹, 아시아태평양경제협력체, 상하이협력기구 등 중요한 국제 메커니즘 성과문건에 편입되었다. 2017년 5월에 개최된 '일대일로' 국제 협력 정상포럼은 5대 유형의 279개 성과를 이루었다. 러시아 월드컵의 가재로부터 백성들의 풍성한 식탁과 전 세계 곳곳에 발길이 닿는 중국인 관광객에 이르기까지, '일대일로' 건설은 대중들의 생활에 실제적인 이익을 가져다주었다.

'일대일로'는 개혁개방의 세계적 의의를 보여준다

"궁하면 변하고, 변하면 통하고, 통하면 오래간다." 개혁개방의 세계적 의의를 형용하는 데 이보다 더 적절한 표현은 없을 것이다.

'궁하면 변한다'에서 '변한다는 것'은 개혁개방을 뜻한다. 샤오핑 동지의 말을 인용한다면 "개혁개방을 하지 않으면 죽는 길밖에 없다." '변하면 통한다'에서 '통한다는 것'은 '일대일로'가 주장하는 '후롄후퉁'(5통)이다. '통하면 오래간다'에서 '오래간다는 것'은 장구한 발전을 이룩해 인류운명공동체를 구축하는 것이다. '일대일로' 건설은 중국의 전방위적 개방에 필요할 뿐만 아니라 신형 글로벌 협력을 추진하는 데도 필요하다. 19차 당 대회 보고는 '일대일로' 건설을 중점으로, '대내 유치'와 '대외 진출'을 똑같이 중시하고 공동 의논, 공동건설, 공유의 원칙을 준수하며 혁신능력의 개방과 협력을 강화해 육해, 내외 연동과 동서 양방향 상호 공조의 개방 모델을 형성해야 한다고 제기했다.

'일대일로'의 내재적 의미와 외연적 범위는 끊임없이 심화되고 확장되고 있으며, 이는 세계의 기대와 시대의 수요에서 비롯된 것이다. '일대일로'란 무엇인가? "'일대일로' 이니셔티브"에서 "'일대일로' 사업", "'일대일로' 건설", "'일대일로' 국제 협력 플랫폼", "공공재"의 포지셔닝에 이르기까지 '일대일로'에 대한 인식이 꾸준히 심화되고 있음을 보여주었다. 개괄하면 다음과 같은 3대 발전변화의 단계를 거쳤다. 첫째 지역성 협력 프레임: 주로 '유라시아 대륙을 기반으로 하지만 유라시아 대륙에만 국한되지 않으며 6대 경제회랑 건설을 중점으로 "유라시아의 대 무대를 운영하고 세계의 대 구도를 구축한다." 둘째, 글로벌 산업 사슬 배치, 개방·포용·균형·보편적 혜택·상생의 신형 글로벌화를 개척해 중국의 꿈과 세계 각국의 꿈을 조화롭게 연결한다. 셋째, 인류운명공동체의 주요 협력 플랫폼을 구축하고 인류 협력의 새 시대를 개척한다. '일대일로'가 직면한 문제의 관건은 역시 국외에서의 건설과 국정의 변화이다. 중국 모델에 대한 서방의 의혹, 중국 모델 수출에 대한 서방의 우려로 말미암아 '일대일로' 건설은 늘 '규칙 지향'과 '발전 지향'의 논쟁에 빠지게 된다. 세계의 불확실성 또한 새로운 리스크를 불러왔고 내외 연동으로 '일대일로' 건설의 필요성과 방향, 규모가 의혹을 받게 된다.

옛사람들이 이르기를 "장기적 이익의 차원에서 문제를 고려하지 않는다면 일시적인 일도 잘 해낼 수 없고, 전반적 국면을 고려해 일을 도모할 수 없다면 어느 한 곳도 잘 다스릴 수 없다." 프랑스 대혁명에 대해 평가하기에 200년으로는 부족하듯이 '일대일로'를 평가하기에 5년은 너무 짧은 기간이다. 백성들의 생활 수준을 향상하는 데 이롭고 세계 생산력의 해방과 '후롄후퉁'에 유리하다면 성공한 일이다. 횡적으로 '후롄후퉁' 체계를 구축해 종적으로 국제 체계의 리스크를 상쇄하고 인류운명공동체를 구축하는 것은 '일대일로' 건설의 중장기 목표이다.

2019년 6월

'일대일로'의 중국 딜레마

2018년 필자는 외교부 아시아사(司) 주도로 조직된 동부아세안성장지역(BIMP-EAGA, 필리핀 남부, 브루나이, 동부말레이시아 북부, 인도네시아 북부 경제성장지역) 고찰 강연단의 단장 신분으로 마닐라·브루나이·사바·콸라룸푸르·자카르타를 방문해 동남아 정계·학계·기업계·언론과 '일대일로'를 어떻게 동부성장지역과 연결시킬 것인지에 대해 교류했는데 그때 '일대일로'의 중국 딜레마를 깊이 느꼈다. 본 문은 이에 대해 정리한 것이다.

'일대일로' 실천 과정에서 자주 나타나는 역설

'일대일로'에 대한 해석과 실천 과정에서 여러 가지 역설에 종종 부딪히는데 이는 중국의 딜레마를 보여준다.

첫 번째, 시간과 공간의 역설. '일대일로'와 고대 실크로드의 관계를 잘 파악해야 한다. 관계가 없다고 하면 사람들이 어떻게 지지하겠는가? 관계가 있다면 또 어떠한 관계인가? "'일대일로'는 고대 실크로드에서 비롯되었고, 또 고대 실크로드를 넘어설 것"이라는 것은 고대 실크로드를 부흥하려는 것이 아니다. 고대 실크로드는 주로 문화 및 무역 교류의 길이고, '일대일로'는 신형 글로벌화로 실크로드의 기억과 실크로드 정신을 활성화하려는 것으로서, 고대 실크로드에 대한 창조적인 전환이자 혁신적인 발전이다. 공간적으로 「비전과 행동」은 '일대일로'의 포지션을 '지역성 협력 프레임'으로 정했다. 훗날 중국은 "유라시아대륙을 기반으로 하지만 유라시아대륙에만 국한되지 않는다", "유라시아라는 대무대를 경영하고, 세계의 대 구도를 구축한다"

라고 제기했다. 국내외 학자들 사이에서 '중국의 과도 확장'이라는 비난의 목소리 또는 중국의 불투명을 비난하는 목소리가 들렸지만, 대체 어떤 나라들이 포함되었는지는 분명히 가릴 수가 없다.

두 번째, 내포와 외연의 역설. 중국은 '일대일로'가 개방과 포용의 이념을 견지하고 누구나 혜택을 누릴 수 있다고 강조한다. 많은 외국인들은 "그러면 전 세계의 대명사가 되는 것이 아니냐? 그건 의미가 없는 것이 아니냐?"라고 묻는다. 중국은 투자 및 무역 통계의 편리를 위해 6대 경제회랑 연선 국가란 표현을 사용했다. 보도에 연선 국가, 참여국, 관련국이라는 개념이 자주 등장하는데 이렇게 구분하는 것은 부득이한 일이다. 그런데 일부 나라는 여러 등급으로 나뉘어지는 것을 두려워하고 있다. '일대일로'의 '5통'에 대해 동남아국가마다 각자 이해하는 치중점이 다르다. 두테르테 필리핀 대통령은 "build build build infrastructure"(인프라건설 특별계획)을 제기하고 '일대일로'를 인프라 건설로 이해하려는 경향이 있다. 브루나이는 '일대일로'를 자국 경제의 다원화 실현에 조력하는 희망으로 보고 있다.

세 번째, 명과 실의 역설. '일대일로'를 제기하기 전에는 '5통'을 추진하지 않았는가? 연선 국가와 참여국은 어떻게 구분하는가? 우리가 건설한 도로가 '일대일로'에 속하는가? 일부 국가는 '일대일로'가 중국의 대전략임을 알고는 중국의 투자, 수주 프로젝트를 상대로 속임수를 써 이득을 취하려고 하면서 터무니없이 값을 부른다. 자발적으로 '일대일로'를 건설하는 것과 맹목적으로 '5통'을 추진하는 것은 본질적인 차이가 있다는 점을 꼭 알아야 한다. '일대일로'는 네트워크를 구축하고 구도를 배치하며 분위기를 조성하는 것으로서 국가 대전략이자 국제 제안이기도 하다.

네 번째, 새것과 옛것의 역설. 그리스 동남부의 피레우스 항은 '일대일로'가 제기되기 전부터 이미 있었는데, 어찌 '일대일로' 프로젝트가 될 수 있단 말인가? 동남아국가들도 비슷한 의문을 품고 있다. 비록 '일대일로'가 신생 프로젝트이긴 하지만 제안에 불과할 뿐, 기존의 그리고 미래의 협력 프로젝트를 활성화해 '후롄후퉁'을 실현하려는 것일 뿐이다.

다섯 번째, 타파와 수립의 역설. 국제체계에서 중국의 역할은 이제 막 수면 위로 뾰족한 잎을 내밀기 시작한 작은 연잎에 불과할 뿐이다. 예를 들면 위안화의 국제화는 달러화 패권의 리스크를 상쇄하지만, 국제화 자체가 달러화 패권에 억제당하고 있다. '일대일로'는 기존 체계의 불합리성에서 기인한 것이긴 하지만, 개혁에는 리스크가 따르기 마련이다.

여섯 번째, '중국의 하드웨어, 서방의 소프트웨어'의 역설. '일대일로' 연선 국가의 경제기반은 거의 모두 개발도상국의 것이고, 상부구조는 흔히 선진국과 같은 맥락이다. '일대일로'가 "중국의 하드웨어, 서방의 소프트웨어"라는 역설을 극복하려면, 반드시 공동으로 박물관을 건설하고 함께 역사를 쓰고 교과서를 편찬해 근본부터 철저하게 개혁해야 한다.

일곱 번째, 양자와 다자의 역설. '일대일로' 건설의 3대 원칙인 공동의논, 공동건설, 공유가 중국어로는 입에 잘 오르며 이치가 정당하고 날카롭고 엄숙하지만, 외국어로 번역하면 텅 빈 선전 문구에 불과하다. 다자냐 양자냐 라고 의문을 제기하는 이들도 있다. 필자는

"build of all, build by all, build for all"라는 문구로 표현했는데 이는 아주 효과적이었다. 그래서 이번에는 또 호혜 윈윈(win-win)에 대해 의구심을 품고 중국이 두 번 이기는 것(china win twice)이라면서 한 나라 한 정책(一國一策)이 차별적인 배치를 초래하는 것은 아니냐고 말하는 사람도 있다. 필자는 '윈윈'은 '상생'을 위한 것으로, '선 양자, 후 다자'라고 답했다. 다변형은 늘 두 점이 한 갈래 직선을 결정하면서부터 시작되기 때문이다. 이는 과학적인 상식이며 또 설득력도 가장 효과적이다.

여덟 번째, 권력과 이익의 역설. 말레이시아대학 중국연구소 소장은 좌담회에서 "'일대일로'는 실권자(power-holder)만 주목해서는 안 되고 이해관계자(stakeholder)도 마땅히 주목할 것"을 제안했다. 그러나 반대파와 접촉하고 포퓰리즘이 득세하면 이용당하고 효율이 저하되는 등 불확실성이 아주 크다고 말했다.

아홉 번째, 투명도 역설. 많은 나라들이 '일대일로'를 두고 "비파를 안고 얼굴을 반쯤 가리는 식"이라고 불평하거나 심지어 중국 국내도 불투명한데 국제 투명성까지 주장한다며 비꼬고 있다. '일대일로'에는 대체 어떤 나라들이 포함되는가? 톱다운 설계일까 아니면 돌을 더듬으며 강을 건너는 식일까? 한 나라 한 정책은 불투명하다는 가상을 초래할 수 있다. 여기에는 문화적 차이가 있다. 예를 들면 중국 대청에 병풍을 설치해 함축적이고 겸손함을 보여주듯이 중국 문화는 서양 문화처럼 그토록 떠벌리는 것을 선호하지 않는다.

열 번째, 기준의 역설. 국제 기준을 따른다면 "'일대일로' 국가"는 기준 미달이고 그 기준을 따르지 않는다면 일부 국가는 중국이 중심이 될까 봐 우려한다. 중국은 입버릇처럼 "'일대일로'에 가입하는 것을 환영한다"고 하는데 이는 중국이 '일대일로'를 주도하는 것처럼 비쳐질 수 있다. 따라서 "'일대일로' 공동건설을 환영한다"로 고쳐야 한다.

열한 번째, 정부와 시장의 역설. '일대일로' 건설은 기업을 주체로 할 것, 시장 원칙, 정부 서비스, 국제 기준을 강조하지만 실행에 옮길 때는 실사구시해야 한다. 정부-시장 투 트랙 구동을 추진해야 하고, 국유기업-사영기업의 조화로운 발전을 실현해야 하며, 서로 다른 프로젝트를 각기 다른 지역에서 일률적으로 처리해서는 안 된다. 이는 국유기업에 대한 비중이 지나치게 높고, PPP모델이 사영기업에까지 돌아갈 수 없다는 국내외의 불만을 반영했다.

열두 번째, '규칙 지향의 글로벌화'와 '발전 지향의 글로벌화'의 역설. 본질적으로는 세속 문명과 종교 문명 간의 의견 차이이다. 다시 말해 실사구시와 독선적 태도의 차이이다.

열세 번째, 효율과 공평의 역설. 효율이냐 취업이냐? 중국 노동자를 고용하면 효율이 높아 24시간에 3교대로 일한다. 현지 근로자를 고용하지 않으면 또 그들의 일자리를 빼앗아간다는 비난이 쏟아지고 있다. 현지 근로자들이 빨리 업무를 익히고 현지화를 실현할 수 있도록 훈련을 조직하는 것이 관건이다.

열네 번째, 실용주의와 이상주의의 역설. 필자가 말레이시아대학의 중국연구소에서 '일대일로'에 대해 소개하면서 몸나(몸바사-나이로비)철도, 에지(에티오피아-지부티)철도를 예로 들었다. 말레이시아 학자들은 "우리는 아시아의 '네 마리 호랑이'지 아프리카가 아니다"라며 반감을 드러냈다. 그러나 새로 출범한 마하티르 정부가 중단했던

동해안 철도 사업에 대해 토론을 벌일 때, 그들은 또 아프리카와 같은 특혜를 요구했다.

열다섯 번째, 국내와 국외의 역설. 국내에서는 돈을 벌려고 하고, 국외에서는 중국이 득을 볼까 우려한다. 가는 곳마다 외국인들은 늘 '일대일로'가 나에게 어떤 이득이 있느냐고 묻기만 하고 아무도 '일대일로'에 어떻게 기여할 것인가에 대해서는 언급하지 않는다. 반면, 중국인들은 '일대일로'가 '레이펑(雷鋒) 본받기'식(남을 위해 봉사하는 것)이 되어버려 투자가 물거품이 되고 사취를 당하지는 않을까 하고 우려하고 있다.

열여섯 번째, 도광양회(韜光養晦)와 지나친 확장의 역설. 트럼프 정부가 중국을 압박하고 '신 도광양회'론이 머리를 쳐들면서 '일대일로'가 미국의 심기를 건드려 압박을 받게 되었다고 탓하고 중국의 지나친 확장을 우려하고 있다. '일대일로'는 네트워크를 구축하고 배치하며 분위기를 조성해 큰 판을 짜는 것이다. 그런데 바둑돌을 아직 다 두지 않았으니 당연히 이런 걱정들이 생기기 마련이다.

열일곱 번째, 중국 모델의 역설. 중국 특색인가 아니면 보편적 가치인가? 중국 문화는 경험을 배워오는 문화이다. 우리는 발전 모델을 수입하지도 수출하지도 않는다. 하지만 만약 중국 모델이 중국이라는 땅에서만 역할을 발휘한다면 어떻게 다른 나라들이 중국을 따라 '일대일로'에 참여하도록 할 수 있겠는가? 우리는 세계 여러 나라가 자체의 국정에 어울리는 발전의 길을 걷고, 운명을 스스로 장악하며, 인류운명공동체를 공동으로 건설하는 것을 격려한다.

열여덟 번째, 중국 역할의 역설. 최근 몇 년간, 유행하고 있는 대

(對) 중국 정책 키워드는 'reciprocity'(대등)이다. 중국에 선진국의 의무를 감당할 것을 요구하면서도 중국에 선진국의 권리(중국의 시장경제 지위를 인정하지 않는 것이 대표적인 예)는 주지 않는다. 외국인들은 중국이 개발도상국임을 자칭하면서 왜 '일대일로'를 추진하려느냐며 불만을 토로했다. 중국은 역할이 너무 많아도 안 되고 너무 적어도 안 된다는 것이다. 아프리카에서는 오성 붉은기를 꽂고 중국특색의 표어를 내거는 것이 별문제가 되지 않지만, 동남아에서는 반세기 전의 수출 혁명의 기억을 되살리게 된다.

열아홉 번째, 화인(華人. 중국 국적을 갖지 않고 거주국의 국적을 가진 중국계 주민) 화교(華僑. 외국에 거주하는 중국 국적의 주민)의 역설. 화인과 화교는 '일대일로'의 가교역할을 하지만 너무 적극적으로 활동하면 내정 간섭 우려가 커지고, 중국 침투론을 부추기게 된다. 게다가 화인 화교들이 중국을 활용해 본국에서의 위상을 높이려 한다면, 소재국의 반감과 공격을 유발하기 쉽다. 말레이시아 대선 때 여론은 말레이시아 중국연맹에 시진핑 주석의 사진을 걸어놓은 일을 공격한 바 있다.

스무 번째, 지행합일의 역설. "원칙은 훌륭하나 행동이 따라가지 못한다", 이는 일부 국가들이 '일대일로' 프로젝트를 불평하는 말이다. 중국인은 전반적인 국면을 보아야 하고 미래지향적인 안목을 가져야 한다고 말하지만, 외국인들에게 "변증법적으로 보고 통합적으로 처리하는" 중국의 정수를 이해시키는 것은 너무 어려운 일이다.

위의 역설은 서방의 담론 패권 환경에서의 중국 역설 즉 "해도 안 되고 안 해도 안 된다(damned if you do, damned if you don't)"

는 역설을 반영한다. 아울러 '선도국가'의 이원성 즉 개발도상국의 경제기반과 상부구조, 이데올로기가 여전히 서방화 되어 있다는 점을 보여준다.

'일대일로'에 대한 서방의 태도

"'일대일로' 국가"의 엘리트들은 대부분 서양식 교육을 받았기 때문에 '일대일로'에 대한 관심사가 서방과 비슷하다. 지연 정치 특히는 중미 지연 충돌, 환경과 노동 기준, 정부 구매, 사회책임, 부패, 채무, 투명도 등등이 포함되는데 즉 중국의 의도에 대한 의혹이다.

한편으로는 일부 외국 정계와 학계에서는 '일대일로'를 단순히 중국 국내 정책의 연장선 즉 과잉 생산능력의 해외 이전이나 국내 상품의 덤핑 등 국내 문제를 해결하기 위한 패키지 외교 전략으로 간주하고 있다. 다른 한편으로는 기존의 지역 및 국제질서를 변화시켜 지역과 세계의 주도권을 획득하려는 중국의 전략, 즉 국제 규칙을 고쳐 쓰려는 중국의 시도라고 보기도 하는데 그 핵심은 규칙 지향적이냐 아니면 발전 지향적이냐 하는 문제이다.

'일대일로'는 "기업을 주체로, 시장화 운영, 정부 서비스, 국제 기준"을 강조하는데 서방인들은 왜 중국 정부의 프로젝트라고 느끼는 것일까? 이는 '일대일로' 초기 단계에 연선 국가의 국정 및 인프라 건설 자체의 특수성에서 비롯된 것이다. '일대일로' 6대 경제회랑 연선의 65개 국가 중 8개는 극빈 개도국이고, 16개는 WTO 회원국이 아니며, 24개는 인간개발지수가 세계 평균 수준보다 낮은 국가이다. 그러니 어찌 유럽이 제창하는 높은 기준의 시장 원칙을 일률적으로 실행할 수 있겠는가? 그것은 마치 어린아이에게 운동선수와 달리기 시합을 시키는 격으로서 현실과 동떨어진 것이다. 따라서 실사구시의 자세로 위에서 아래로, 아래에서 위로의 유기적인 결합을 실현하는 것이 필요하다. 중국은 발전이 모든 난제를 해결하는 마스터키이고 규칙도 물론 중요하지만, 끊임없이 성숙하고 점진적으로 나가야 한다고 주장하고 있다. 중국의 개혁에서 모색해낸 정부-시장 투 트랙 구동의 경제발전 모델은 '일대일로' 연선 국가의 발전에서 드러난 단점을 보완해 인프라 건설에서 첫 노다지를 캐도록 했다. 닭을 잡아 알을 취하는 것이 아니라 닭을 키워 달걀을 얻는 방식을 통해 자주적 발전능력을 증강하는 동시에 새로운 시장을 육성하도록 하고 있다. 중국의 개혁개방은 공업회랑, 경제회랑, 경제발전벨트 모델을 탐색해 먼저 연해 지역에서 시범적으로 시행한 뒤 내륙의 항구도시와 내륙 지역으로 보급해 경제 성장극과 도시 군을 형성함으로써 전 중국의 개혁개방을 견인했다. 현재 '일대일로'는 아프리카 시장이 점에서 선으로, 선에서 면으로 점차 확대하며 인프라(항만, 철도, 무역 5위일체)의 '후롄후퉁'에서 착수해 아프리카가 발전의 내생적 원동력을 얻고 경제발전벨트를 형성하며 공업화와 농업 현대화를 실현하고 빈곤에서 벗어나 부유해지도록 돕고 있다. 만약 완전히 시장에만 의존한다면 이는 마치 수영을 할 줄 모르는 어린아이를 바로 바다에 들여보내는 격으로 결과는 손금 보듯 뻔한 일이다. 중국은 개발구 건설을 통해 아이들이 먼저 수영장에서 수영을 배운 후 다시 바다에서 마음껏 헤엄치도록 하고 있다. 이것이 바로 '일대일로'의 수법이다.

서방인들은 '일대일로'가 자신들이 과거에 걸었던 식민지 행보를 반복할까 봐 우려한다. 그런 심리는 '일대일로'에 대한 그들의 인식을 방해하는데 이는 서양 의학이 중국 의학을 인정하기 어려워하는 것과 같은 맥락이다. '일대일로'를 둘러싼 중국과 서양의 논쟁(이원성에서 비롯된 중국과 외국의 논쟁)은 여전히 과학 및 예술 분야의 논쟁이다. '일대일로'에 대한 서방 세계의 태도에 대해 다음과 같이 답하려 한다.

첫째, 선험론과 실천론. 선험론을 고수하는 서방인들, 특히 독일인들은 점에서 선으로, 선에서 면으로 점차 확대해 나가며 지역 협력의 모델을 형성한다는 중국의 실천적 이성을 인정하기 매우 어려워한다.

둘째, 선성론(線性論)과 변증론. 먼저 돌을 더듬으며 강을 건너다가 일정한 단계에 이르러서야 톱다운 설계를 할 수 있다.

셋째, 통일론과 단계론. 일부 사람들은 중국 국내 문제를 들먹이며 '일대일로'가 개방·포용이 가능한지 의구심을 표하며 발전단계의 차이는 간과해버린다. 즉 '일대일로' 연선 국가가 처한 발전단계가 중국의 발전단계보다 낮은 수준이기 때문에 중국이 개방·포용을 말할 수 있는 건 당연한 일이라는 것이다.

넷째, 시기론과 천명론. 중국인들은 천명을 독실하게 믿기 때문에 모든 준비를 완벽하게 마치기를 기다려서 일에 착수하는 경우가 존재하지 않는다.

다섯째, 하드파워론과 소프트파워론. 소프트파워도 실천을 거쳐 얻는 것이다.

2018년 11월

디지털 실크로드에서 중국의 경험 및 세계적 의의

코로나19 팬데믹의 역추진의 영향으로 글로벌화는 디지털화, 친환경화, 지능화로의 전환을 가속하고 있다. 재택근무 붐이 일고 2선 도시와 중소도시의 빠른 발전을 이끌었으며 각국에서 친환경 회복을 기대하고 글로벌 긱 이코노미 경제(Gig Economy)가 흥기했다. 코로나19의 연쇄 반응을 보면서 여러 나라들은 미래 산업의 발전이 사물인터넷, 인공지능, 빅 데이터, 클라우드 컴퓨팅 등 디지털 '신 인프라'에 더욱 의존하게 될 것임을 예감했다. 어느 정도에서는 선진적인 정보기술을 장악하고 데이터 우위를 선점하는 자가 국제 산업경쟁의 감제 고지를 차지하고 전 세계의 새로운 과학기술혁명과 산업변혁을 주도하게 된다고 말할 수 있다. 새로운 과학기술과 산업을 둘러싼 경쟁이 날로 치열해짐에 따라 기술, 데이터, 표준, 지적 재산권 등 분야의 분쟁이 갈수록 국제 경제 무역 분쟁 나아가 지연 정치까지 좌우하는 중요한 요소가 될 것으로 예상된다.

코로나19 팬데믹은 디지털 실크로드의 건설을 가속해 세계가 중국의 인터넷 발전 경험을 더욱 잘 공유하도록 조력했을 뿐만 아니라 디지털 실크로드의 세계적 의의도 부각했다.

1. 중국의 인터넷 발전 경험

중국은 인류가 인터넷 시대 중반쯤에 이르렀을 무렵에야 뒤늦게 인터넷 시대에 들어섰지만 인터넷 시대의 기적을 창조했으며, 또 인터넷 후반전에서는 디지털 혁명을 선도하는 추세를 보였다. 이는 인터넷에 대한 중국의 깊은 이해와 광범위한 운용에서 비롯된 것으로 여러 가지 우위를 보여준다.

첫째, 문명의 우위. 중국은 인터넷을 하나의 문명으로 여기고 있다. 아편전쟁에서 중국이 영국에 패한 것은 농업 문명이 산업 문명에 뒤처져 초래된 침통한 교훈이다. 산업 문명에서 디지털 문명으로 전환하는 역사적 기회를 맞이한 현재, 중국은 역사적 교훈을 받아들여 산업의 정보화와 정보의 산업화를 가속하고 있다. 인터넷에 대한 중국의 이해는 다른 나라가 견줄 수도 없을 정도로 깊다. 다른 나라들이 인터넷을 하나의 통신 수단으로만 삼은 반면에, 중국은 인터넷을 정보화와 산업화의 접착제 나아가 인류의 새로운 문명으로 보기 때문에 코너링에서 추월에 성공할 수 있었던 것이다.

둘째, 체제의 우위. 디지털화 과정에서 새로운 산업화를 실행하고, 신형 산업화 과정에서 디지털화 전환을 실행하는 것은 중국의 전통적인 변증법적 사고방식의 구현이자, 기계화와 정보화의 동시 발전을 실현한 신중국의 경험의 연장이기도 하다. 이는 중국의 체제적 우위에서 비롯된 것이다. 사회주의 개조를 거치면서 빠른 산업화를 통해 독립자주의 산업체계를 구축함에 따라 인터넷 발전의 산업 기반을 마련했다. 개혁개방 이후 사회주의 시장경제의 구축하면서 혼합소유제에 힘입어 차이나유니콤(中國聯通), 차이나모바일(中國移動) 등 국유 대기업과 화웨이(華爲), 알리바바(阿裏巴巴) 등을 대표로 하는 사기업이 함께 중국 인터넷 발전의 기적을 창조했다. 중국의 사회주의 제도는 인민 중심의 발전이념을 강조하며 인공지능의 발전을 이끌었다. 이는 또 인터넷 거버넌스와 사이버 공간 운명공동체에서 중국의 국제 담론권을 향상했다.

셋째, 세속화의 우위. 인터넷은 중국을 변화시켰다. 생산방식과 생활방식 그리고 사고방식에서 중국의 비교 우위를 재편했다. "부유해지려면 길부터 닦아야 하고 빨리 치부하려면 고속도로를 건설해야 하며, 벼락부자가 되려면 인터넷을 구축해야 한다."라는 표현은 중국에서 인프라를 앞세워 경제발전을 이룬 현실에 대한 생동한 표현이다. 인터넷을 광범위하게 수용하면서 중국의 경제 형태와 사회 형태 그리고 사람들의 사고 이념이 크게 바뀌었다. 중국인들은 밥 먹고 자는 시간 외에는 인터넷에 접속해 있다는 말이 있다. 심지어 밥을 먹을 때도 오른손으로는 젓가락으로 음식을 집어 먹으면서 왼손으로는 휴대폰을 만지작거리는 것을 흔히 볼 수 있다. 더욱 본질적으로 말하면 세속적인 사회에서만 실사구시를 실현할 수 있고 프라이버시와 안전 자유의 관계, 개인의 이익과 집단의 이익 및 민족의 이익 간의 관계, 이기심과 이타심 간의 관계를 잘 처리할 수 있다. 코로나19 방역 과정에 건강코드, 안면인식, 빅 데이터의 광범위한 사용은 중국이 가장 먼저 코로나19의 충격에서 벗어나 업무에 복귀하고 생산을 재개할 수 있었던 중요한 원인이다.

위의 3대 우위에 힘입어 중국은 인터넷 발전의 3대 경험을 이루었다.

첫째, 인터넷을 인류의 새로운 문명으로 간주하고 열정적으로 수용해 코너링에서 추월에 성공했다. 중공중앙정치국이 인공지능과 디지털화폐에 대한 집단학습을 각각 조직한 바 있다. 이는 인터넷이 개척한 인류의 새로운 문명에 대해 중국 지도자들이 크게 중시하고 있으며, 중화민족의 위대한 부흥에 인터넷의 날개를 달 수 있기를 갈망하고 있다는 점을 보여준다. 코로나19 방역 기간 일반 백성들에게 있어서 인터넷 접속은 특히 일상이 되었는데 인터넷이 중국인들의 일상생활과 업무에 깊숙이 침투되었다고 말할 수 있다. 중화민족이 집단적으로 인터넷 시대를 포용했는데 이는 중국이 인터넷 기적을 창조할 수 있는 대중적 토대이다.

둘째, 산업화와 정보화가 서로 촉진하면서 협동적인 발전을 이루었다. 2002년 16차 당 대회 보고에서 전자공업부 부장을 지낸 적이 있는 장쩌민(江澤民)이 "정보화로 산업화를 견인하고, 산업화로 정보화를 촉진해 과학기술 함량이 높고, 경제 효익이 좋으며, 자원 소모가 적고, 환경오염이 적으며, 인력자원 우위를 충분히 살릴 수 있는 신형 산업화의 길을 개척해야 한다"고 지적했다. 최근 몇 년간 시진핑 총서기가 "사이버 안전이 없으면 국가안보가 있을 수 없고 정보화가 없으면 현대화가 있을 수 없다"고 강조했다. 먀오웨이(苗圩) 공업 및 정보화부 부장도 "우리는 뒤처졌던 데로부터 앞선 사람을 따라잡고 '잃어버린 200년'을 되찾아야 한다"며 "이는 우리나라의 발전이 필연적으로 '병행식'과정일 수밖에 없으며, 산업화, 정보화, 도시화, 농업현대화의 동반 성장을 이루어야만 함을 결정지었다"라고 종합했다.

셋째, 인터넷으로 생산방식, 생활방식과 사고방식을 개혁해 인터넷과 전통 종교, 문화의 유기적인 융합을 실현했다. 아편전쟁 이후, 특히 갑오(甲午)전쟁 이후, 중국의 생산, 생활, 사고방식은 현대화로 인한 막대한 충격을 받았다. 개혁개방은 중국이 생산, 생활, 사고방식 면에서 글로벌화에 전방위적으로 융합되는 과정이다. 인터넷은 우리의 생활방식, 사고방식 그리고 학습방식을 크게 변화시켰는데, 이는 자기 생활방식을 절대 바꿀 수 없다고 여기는 것도 모자라 심지어 자신의 생활방식을 지키기 위해 기후 변화에 대응하기 위한 파리협정에서 탈퇴한 미국과는 극명한 대조를 이룬다. 이런 의미에서 볼 때 중국이 인터넷 발전에서 이룩한 기적은 세속 문명의 기적이자 중국 공산당이 14억 중국 인민을 영도해 창조한 기적이기도 하다.

2. 디지털 실크로드의 의의

디지털은 21세기의 중요한 특징이라고 할 수 있다. 빅 데이터, 클라우드 컴퓨팅 등은 모두 현재 발전의 중요한 특징으로서 공동 의논, 공동건설, 공유를 구현할 수 있다. 인터넷은 우선 '후렌후퉁'을 말한다.

디지털 실크로드는 중심-변두리 체계로 초래된 빈부격차, 불공평, 지속 불가능 등 전통 글로벌화의 폐단을 해소했다. 또 노동력 절약을 중시하고 효율을 강조하는 미국식 혁신과 에너지·원자재의 절약을 중시하고 지속 가능한 발전을 강조하는 유럽식 혁신과 같은 전통 혁신의 함정에 빠지는 것을 피했다. 그러나 개발도상국의 경쟁 우위는 통상적으로 저렴한 인건비와 풍부한 자원에 있다. 이 두 가지 혁신 모델로 인해 그들은 점점 소외당하고 있다. 이는 오늘날 세계에 빈부격차가 생기는 중요한 원인이다. 인성과 도덕 차원에서 인공지능 등 첨단기술의 발전으로 일부 사람들은 미래 세상에서 '쓸모없는 존재'가 될 수도 있다. 예를 들어, 과거에 육체노동에 종사하고 아르바이트를 하면 그래도 생계를 유지할 수 있었지만, 훗날 수요가 없어지면 수많은 업종이 사라질 것이다. 개발도상국은 점점 소외당할 것인데 이러한 국면을 어떻게 해결할 것인가?

디지털 실크로드는 코너링에서 추월에 성공할 수 있도록 추동하고, 신자유주의 글로벌화와 앵글로-색슨 자본주의 모델이 가져온 폐단을 해소한다. 현재 차이나 텔레콤(中國電信)의 주도로, 아프리카연합과 합작해 '아프리카 정보 고속도로 계획'을 실시하고 있는데, 2025년 완성을 목표로 하고 있다. 중국의 대표적인 '8종 8횡' 전국적 체제를 채택해 아프리카 48개국을 관통하며 최소 4분의 1의 아프리카 인구를 아우르는데 단번에 수억 명의 인구를 인터넷 시대로 이끈 셈이다. 이는 엄청난 도약으로 그들에게 다양한 가능성을 열어줄 것이다. 어쩌면 앞으로 인터넷 쇼핑을 할 때, 아프리카의 타오바오(淘寶)쇼핑몰에서 물건을 직접 구입할 수 있게 될 수도 있다.

디지털 인프라 건설 외에 또 전통 인프라의 디지털화, 정보화, 네트워크화도 있다. 예를 들면, 스마트 전력망 등은 디지털 인프라 건설과 전통 인프라의 디지털화 두 방면에서 디지털 격차를 동시에 해소한다. 이밖에 디지털 무역에서 디지털 비즈니스는 WTO 개혁의 중요한 내용으로 소프트 연결에 속한다. 우전(烏鎭) 세계인터넷대회에서 이미 우전의 디지털 이니셔티브와 선언을 발기했다. 앞으로 윤리 면의 이니셔티브와 선언을 제기할 예정인데 글로벌 가치사슬, 공급사슬, 산업 사슬의 건설 등도 포함된다. 이런 진전은 한층 더 깊이 연구할 가치가 있다.

네트워크 인프라를 공동으로 건설해 디지털 발전의 격차를 줄이고, 정보 '후롄후퉁'의 기반을 튼튼히 다진다. 발전의 불균형은 오늘날 세계에서 가장 큰 불균형이다. '일대일로' 연선 국가별 네트워크 인프라 건설 현황은 큰 차이가 존재하는데, 디지털 '일대일로' 공동건설 과정에서 항상 국가별 상황에 따라 각기 다른 협력을 전개해야 한다. 네트워크 인프라 조건이 비교적 취약한 일부 아프리카국가들은 신흥 통신기술 분야의 협력을 통해 아프리카 현지의 광대역화의 균형적인 발전을 촉진할 수 있으며, 해저 광케이블을 부설해 진정한 의미에서의 정보 '후렌후통'을 실현할 수 있다. 먼저 정보화를 해결한 뒤 데이터화, 스마트화, 클라우드화를 논해야지 발걸음이 너무 빠르거나 보폭이 너무 크면 안 된다. '일대일로'에서의 신흥 경제체는 일정한 네트워크 기반을 이룬 조건 위에서 가속 융합해 클라우드 컴퓨팅과 데이터센터의 구축을 가속하며 '일대일로' 연선에 데이터 노드를 배치해 '일대일로'의 각종 디지털 협력 서비스를 위해 양질의 클라우드 컴퓨팅 서비스를 제공해야 한다. '일대일로'의 클라우드 컴퓨팅 건설과 협력을 강화해 더욱 효과적인 빅 데이터 경제 생태 사슬을 구축해 더욱 완벽하고 고효율적이며 경계를 뛰어넘는 안전 체계로 컴퓨팅과 데이터 안전을 실현함으로써 국가 간, 지역 간의 '디지털 격차'를 진정으로 해소해야 한다.

사이버 안전 체계를 구축해 사이버 공격을 공동으로 막아내고, 디지털 경제의 지속적이고 안정적인 발전을 보장해야 한다. 사이버 안전 체계는 디지털 '일대일로' 건설의 중요한 보장으로서 시설안전, 금융 안전, 정보 안전 등 여러 방면을 포함한다. 클라우드 컴퓨팅, 빅 데이터, 사물인터넷, 인공지능의 광범위한 사용으로, 정보 안전 위협이 모든 상황에 스며들어 안전 방어와 대응에 어려움이 커지고 있다. 사이버 안전은 이미 세계적인 도전이 되어 그 어떤 국가도 이를 도외시할 수 없게 되었다. 전 세계 범위에서의 협력과 분업은 피할 수 없는 추세이며 사이버 대국은 더욱 자발적으로 책임을 지고 글로벌 사이버 안전을 공동으로 지켜야 한다. 사이버 안전 체계를 배치함에 있어서 우선, 각국의 사이버 주권을 존중하는 것을 기반으로 해야 한다. 중국은 늘 각국이 사이버 발전의 길, 사이버 관리모델, 인터넷 공공정책을 자주적으로 선택하고 국제 사이버공간 거버넌스 참여에서의 평등한 권리를 존중해왔다. 그다음 중국의 사이버 안전 기업은 사이버 안전 제품과 사이버 안전 모델을 모색하고 혁신하는 과정에서 이미 풍부한 경험을 쌓아 '일대일로' 연선 국가들에 에너지를 부여하고 힘을 실어주고 있다. 각국과 각 지역 간에는 사이버 안전과 정보기술 분야의 교류와 협력을 강화하고 서로 다른 차원의 대화 메커니즘을 구축해 데이터를 공유하고 사이버 안전 혁신기술을 공동으로 연구개발해 '일대일로'에 대한 사이버 안전 위협에 대처해야 한다.

디지털 무역 국제 규칙의 제정에 참여하고 무역장벽을 낮추며 국제무역의 자유롭고 질서 있는 발전을 촉진해야 한다. 규칙과 신용은 국제 거버넌스 체계의 효과적인 운행을 보장하는 초석이자 국제 경제무역 관계 발전의 전제이기도 하다. 세계 디지털 무역은 글로벌화 한 무역 프레임을 구축해 규범화를 이루는 것이 시급하며 그에 어울리는 통일되고 공평하며 고효율적인 새로운 글로벌 무역 규칙을 필요로 한다. 중국은 사이버 안전, 개인 데이터, 프라이버시 보호를 존중하고 디지털 무역의 발전을 촉진하는 가운데서 줄곧 적극적으로 균형을 모색해왔으며, 세계무역기구의 개혁을 지지하고 이에 참여하고 있다. 중국은 '일대일로' 연선 각국과 손잡고 새로운 글로벌 국제 무역 규칙과 디지털 무역을 제정하는 과정에서 개발도상국에 속하는 주도권을 함께 쟁취하고 공평·투명·통일·일치의 글로벌 무역 규칙 프레임을 구축할 의향이 있다. 국제 경험을 참고로 해 국경 간 데이터 유동에 대한 급별, 분류별 관리를 실시해 데이터 안전과 데이터 공유를 실현해야 한다. 자국의 디지털 무역 입법을 강화해 국가의 정보 안전을 보장하고 개인 프라이버시 안전을 보호해야 한다. 글로벌 크로스보더 전자상거래 규칙을 제정하고, 각국의 세수 우대, 관세 목록, 데이터 안전과 컴퓨터범죄 등 방면의 제도 규칙을 조정해 크로스보더 전자상거래 발전에 부합하는 국제적으로 통일된 제도체계를 구축해야 한다.

디지털 인재 교류와 양성을 강화하고 인적자본을 최적화해 디지털 '일대일로' 발전에 원동력을 주입해야 한다. "1년 계획을 세우는 사람에게는 곡물을 재배하는 것만 한 것이 없고, 10년 계획을 세우는 사람에게는 나무를 심는 것만 한 것이 없으며, 100년 계획을 세우는 사람에게는 인재를 양성하는 것만 한 것이 없다." 디지털 '일대일로' 이니셔티브를 실현함에 있어서 인재는 제1 자원이다. 첫째, 반드시 디지털 인재의 국제 교류를 강화해 국제 디지털 인재를 유치하는 동시에 중국의 인재들이 해외로 진출해 국제적인 시야를 넓히고 외국 특히 '일대일로' 국가의 디지털 기술과 시장을 파악하도록 격려해야 한다. 둘째, 국제 디지털 인재에 대해 개방, 지원의 태도를 가지고 국제 인재가 중국에 와서 발전할 경우 특수한 정책을 누릴 수 있도록 보장함과 동시에 우수한 국제 과학기술회사와 협력해 중국에 인재양성 기지를 설립해야 한다. 셋째, 디지털 인재 육성에 대한 투입을 확대해 전통 업종 인재의 구조 전환을 실현해야 한다. '일대일로' 디지털 경제 연구 프로젝트를 설립하고 인재 양성 계획을 공동으로 제정해 인공지능, 컴퓨터, 크로스보더 전자상거래 등 분야의 맞춤형 인재를 양성하고 다국 다전공 양성을 통해 인재의 균형적인 발전을 실현해야 한다. 제2회 '일대일로' 국제 협력 정상포럼에서 시진핑 주석은 혁신 인재 교류 프로젝트를 적극적으로 실시해 향후 5년간 연인원 5천 명의 국내외 혁신 인재가 교류, 훈련, 협력 연구를 전개하도록 지원하겠다고 약속했다.

물론 디지털 실크로드의 발전도 적잖은 도전에 직면해 있는데 대표적인 3대 도전은 다음과 같다.

첫째, 안전 문제. 세계적으로 신규 추가된 해저 광케이블의 3분의 1은 화웨이(華爲)가 부설한 것이다. 해저 광케이블은 빅 데이터 및 정보 안전과 관계된다. 예를 들어, 과거 라틴아메리카와 아프리카 사이에는 해저 광케이블이 한 갈래도 없었다. 하지만 지난해 연말 우리는 카메룬에서 브라질에 이르는 첫 해저 광케이블을 뚫었고, 현재 칠레는 화웨이와 첫 5G 광케이블을 도입해 직접 중국에까지 연결하려고 한다. 이는 군사·산업 경쟁 등 방면에서 미국을 향한 직접적인 도전이다. 따라서 미국이 화웨이를 압박하는 많은 이유는 그들이 현재 말하고 홍보하는 이유만이 아닐 수 있다.

둘째, 산업정책. 현재 일부 서방 국가가 중국의 산업정책을 비난하고 국유기업에 대한 중국의 보조금 지급 등을 질책하고 있다. 그들은 한편으로는 중국을 비판하면서 또 다른 한편으로는 본받고 있다. 예를 들면 미국은 인공지능 국가위원회를 설립했고 유럽도 산업정책을 조정하고 있다. 미국이 중국을 칭찬하는 것은 중국의 실수를 바라는 부분이고 중국을 비판하고 압박하는 것은 중국이 취한 행동이 정확하다는 사실을 입증하고 있음을 꼭 알아야 한다.

셋째, 규칙과 윤리. 현재 유럽은 개인정보보호규정(GDPR)을 통과시켰다. 일본은 오사카 G20 정상회담에서 '신뢰 기반의 자유로운 데이터 이동'을 추진했다. 일본은 원래 고품질 인프라와 개인정보 보호 규정 두 장의 카드를 쓸 타산이었다. 중국은 국가 정보법, 안전법 등이 있기 때문에 빅 데이터에 대한 보호 강도가 크다고 생각한다. 그러나 일본이 그 부분을 겨냥해 문제를 제기하고자 한다면 그 부분의 분쟁은 불가피할 것이다.

더 큰 도전은 물론 중국에 대한 미국의 전략적 압박이다. 여기에는 화웨이의 5G 건설에 대한 압박, 중국의 발전 모델에 대한 압박, 중국의 궐기 추세에 대한 압박이 포함된다. 미국은 중국과의 디커플링을 추진할 뿐만 아니라 심지어 '파이브 아이즈 연맹'이 5G 건설에서 화웨이 사용을 포기하도록 부추기고 미국 동맹국을 협박해 중국과의 디커플링을 추진하며 글로벌 공급사슬의 탈중국화를 추진하고, 중국을 상대로 신냉전을 발기한 것이다. 유럽연합도 중국과 러시아를 상대로 허위정보(disinformation) 확산 규제 전략을 발표했고, 미국에 동조해 코로나19가 발생한 이래 중국이 대량의 첨단기술 수단으로 바이러스의 확산을 통제하면서 프라이버시 권을 침해했다고 주장했다. '일대일로' 건설이 전통적인 인프라 건설에서 신 인프라 건설로 전환함에 따라 중국의 정보기술, 표준의 해외 진출에 유리해졌고 디지털 '일대일로' 구축은 미국을 비롯한 서방 국가에 중국을 비방할 수 있는 이유나 구실을 제공했다. 최근 몇 년간, 미국은 여전히 국가

안보와 외교 이익을 이유로, 수십 개의 중국기업과 기구를 수출 통제 목록에 포함시키고, 또 중국의 통신설비, 집적회로, 반도체 등 첨단기술 분야의 지적 재산권 보호와 기술 양도를 중점적으로 겨냥해 이른바 '301 조사'를 발기했으며, 동시에 군사 용도로 중국에 수출하는 허가증 상품의 범위를 확대했다. 일부 중소 국가들은 늘 이로 인해 '일대일로' 프레임 내에서 중국과의 협력 속도를 늦추는 경향이 있다. 게다가 미국은 중국이 '일대일로' 건설을 통해 '디지털+거국 체제'라는 중국 모델을 수출하고 있다고 모독하면서 국유기업의 불공정 경쟁, 당의 리더십 문제 등에서 트집을 잡으면서 디지털 실크로드 건설을 파괴하고 있다.

3. 디지털 실크로드의 미래 방향

디지털 실크로드 건설은 글로벌화의 역전, 중미 신냉전의 시끄러운 분위기 속에서 어떻게 발전할 것인가? 우리는 반드시 확고한 신념을 갖고 인터넷 영역의 '4가지 자신감'을 확고히 수립하며 인터넷 발전에서 '목 조임(卡脖子, 자체 핵심기술 부족으로 외부에 의존하는)' 기술 문제를 서둘러 해결하고 인터넷 모델의 혁신, 산업 4.0시대에 정보화와 산업화를 조화롭게 추진하는 잠재력을 계속 발굴해야 한다.

코로나19 팬데믹의 배경하에 글로벌화가 디지털화, 네트워크화, 지능화로 전환하면서 세계는 중국의 인터넷 발전 경험을 공유하기를 갈망하고 있고 디지털 '일대일로' 건설은 거대한 발전 기회에 직면했다. 펑보(彭波) 베이징대학 인터넷연구원 원장이 말한 것처럼 "이번 코로나19 팬데믹 발발 이전 중국 인터넷은 변혁을 겪고 있었다." 중국 인터넷은 바야흐로 전반전에서 후반전으로 발전변화하고 있으며, 정보 과학기술 시대에서 디지털 과학기술 시대로, 전통 인터넷에서 스마트 인터넷으로 바뀌고 있다. 그리고 코로나19의 발생은 중국 인터넷의 이러한 전환과정을 직접적으로 가속했다. "코로나19 퇴치는 중국 인터넷이 정식으로 디지털 과학기술 시대에 진입했음을 상징한다."

2020년 8월

코로나19 팬데믹 이후 '일대일로' 건설을 어떻게 더 잘 추진할 것인가?

중미 무역마찰과 코로나19의 발발은 모두 '일대일로' 건설의 전망성과 합리성을 충분히 증명했다. 즉, 우리 친구는 누구이며 우리 적은 누구인지를 검증했을 뿐만 아니라 특히 미국을 비롯한 서방시장의 리스크를 상쇄하고 세계 신산업 사슬의 배치를 모색해야 하는 필요성과 절박성을 증명했다. 현재 중국은 최초로 코로나19 팬데믹의 큰 충격을 받았으면서도 가장 먼저 생산과 업무를 재개해 전략적 주도권을 크게 확대했다. 반면 미국을 비롯한 서방 국가들은 코로나19의 진원지가 되어 제 코가 석 자라 남을 돌볼 겨를이 없었다. 광범위한 '일대일로' 연선 국가들의 방역구조, 경제지원 및 금융안정에 대한 수요가 또 그 어느 때보다 시급해졌다. 이는 중국이 해당 지역에서 '일대일로' 공동 건설을 추진할 수 있는 중요한 기회의 창을 마련해주었다.

그러나 중국의 외부 환경도 거대한 압력에 직면했다. 무역마찰과 코로나19의 이중 협공 하에서도 중국에 대한 미국의 요구는 고도의 일관성을 보여주었다. 즉 글로벌 공급사슬의 탈중국화를 추진해 중국의 경쟁 우위를 상쇄하고 중국이 궐기하는 추세를 꺾으려는 것이다. 이와 동시에 '일대일로' 연선 국가의 채무 부담이 커지면서 채무 불이행 상황이 나타날 수도 있다. 중국은 반드시 목적성 있게 사고방식을 혁신하고 '일대일로' 건설의 고품질 추진에 대한 자신감을 확고히 다지며 미리 배치하고 효과적으로 대응해야 한다.

1. 코로나19가 '일대일로' 건설에 미치는 영향

외교부 국제경제협력사(司)가 2020년 6월에 소개한 바에 따르면 추진 중인 '일대일로' 프로젝트 중 약 40%는 영향을 거의 받지 않았고, 30%~40%는 일정한 영향을 받았으며, 20%는 심각한 영향을 받았다. 코로나19 팬데믹이 발발한 이래, 국제사회에서 '일대일로'를 부정적으로 평가하는 목소리가 끊이지 않고 있을 뿐만 아니라, 국내에서도 우려의 목소리가 나오고 있다. "주로 다음과 같은 3가지 방면의 우려이다. 첫째, 중국 경제가 코로나19 팬데믹의 충격을 받은 상황에서 '일대일로'에 투자할 자금이 충분한지 여부이다. 둘째, '일대일로' 연선 국가들도 심각한 충격을 받은 가운데 채무 불이행 상황이 나타나지는 않을까, 미국을 비롯한 서방 국가가 또 '일대일로'의 채무위기, '후렌후퉁'의 안전 리스크를 과장해 떠들어대지는 않을까 하는 것이다. 셋째, 역글로벌화 추세가 심화하고 중·미 간 디커플링, 신냉전 속 시끄러운 상황에서 '일대일로'의 전망이 암담해지는 건 아닐지 하는 것이다."

과거 '일대일로'는 '5가지 길(五路)' 즉 '평화의 길, 번영의 길, 개방의 길, 혁신의 길, 문명의 길'건설을 강조했다. 현재 코로나19의 확산으로 글로벌 경제 쇠퇴가 초래된 특수한 배경 에서 시진핑 주석은 '일대일로' 국제 협력 고위급 화상회의에서 서면 축사를 통해 "'일대일로'를 단합시켜 도전에 맞서는 협력의 길, 인민의 건강 안전을 지키는 건강의 길, 경제사회의 회복을 촉진하는 회복의 길, 발전 잠재력을 방출하는 성장의 길로 구축할 것"을 강조했다.

예전에는 '협력'하면 주로 경제협력과 호혜 상생을 가리켰지만, 지금은 코로나19 퇴치, 글로벌 공급사슬의 안정 유지, 경제 회복 추진 등을 비롯한 글로벌 도전에 공동으로 대응하는 것을 더욱 강조하고 있다. 이는 '일대일로' 국제 협력은 문제를 중심으로, 시대와 더불어 발전한다는 점을 충분히 증명한다. 코로나19 팬데믹은 오히려 건강 실크로드와 디지털 실크로드 건설의 전망성, 필요성과 긴박성을 부각했다. 중국은 이미 122개 '일대일로' 협력 파트너의 방역을 지원하고 25개국에 의료팀을 파견했으며 여러 나라와 방역, 진료의 경험을 아낌없이 공유했다. 1~5월 중국-유럽 정기 화물열차의 운행 편수와 물자 발송량이 동기대비 각각 28%와 32% 증가했고, 수송한 방역물자는 누계 금액이 12,524톤에 달해 여러 나라가 손잡고 코로나19를 퇴치하는 '생명 통로'와 '운명의 유대'가 되었다. 시진핑 주석이 말했듯이 "위기와 기회는 늘 공존하며 위기를 극복하면 곧 기회가 찾아온다." 우리는 이번 코로나19 팬데믹 사태가 가져다준 여러 가지 새로운 경영형태, 새로운 모델을 움켜쥐고 5G, 빅 데이터, 인공지능, 클라우드 컴퓨팅 등 분야의 협력을 강화해 '디지털 실크로드' 공동건설에 박차를 가해야 한다. 중국은 유엔개발기구와 함께 세계의 지속 가능한 발전을 꾸준히 추진하고 '녹색 실크로드'를 공동으로 건설해 여러 나라가 경제 회복과 더불어 전환 업그레이드를 실현하고 고품질 발전을 공유하도록 할 것이다. 사실이 증명하다시피 코로나19 팬데믹 사태는 '일대일로' 협력의 추세를 역전시키지 못했고, 오히려 '일대일로' 협력이 내포한 강대한 강인성과 왕성한 활력을 부각했다. 시련을 거쳐 '일대일로' 협력의 기반은 반드시 더욱 튼튼해지고 원동력은 더욱 강해질 것이며 비전은 더욱 밝아질 것이다.

(1) 코로나19 팬데믹은 '일대일로' 국가가 중국 국제 영향력의 근간이 된다는 점을 입증했다

코로나19가 발생한 후, 많은 '일대일로' 협력 파트너들은 정치적 성원, 물자 지원 등 여러 방면에서 중국에 적극적인 지지와 도움을 제공했으며, 또 다양한 방식으로 중국과 '일대일로' 협력을 계속 강화하겠다는 태도를 표명했다. 중국도 힘이 닿는 한 '일대일로' 연선 국가들에 필요한 긴급 의료물자를 지원함으로써 '일대일로' 국가 간의 생명력과 활력을 보여주었다.

(2) '일대일로' 건설 전망 밝다

첫째, 무역 탄력이 충분하고 금융 지원과 디지털 전환이 가속화되었다. 비록 2020년 1분기 중국은 대외무역 수출입액이 전반적으로 하락세를 보였지만 '일대일로' 연선 국가에 대한 대외무역 수출입액은 오히려 성장을 유지해 전국 전체 성장률보다 11.4% 포인트 높았으며, 중국 대외무역 총액에서 차지하는 비중은 31.7%로 점유율이 처음으로 30%를 넘어섰다. 1분기 아세안은 중국의 최대 무역파트너로 거듭난 가운데 수출입총액은 9,913억 4천만 위안에 달해 6.1% 증가했으며 중국 대외무역 총액의 15.1%를 차지했다.

둘째, 고품질의 '일대일로' 공동건설 프로젝트와 기업은 개발 금융 지원을 받았다. 2020년 2월 28일 중국 상무부와 국가개발은행은 공동으로「개발 금융 역할을 살려 코로나19에 대응하고 고품질의 '일대일로' 공동건설을 지원할 데 관한 업무통지」를 인쇄해 코로나19 팬데믹 사태의 영향을 받은 고품질의 '일대일로' 공동건설 프로젝트와 기업을 상대로 개발 금융 지원을 제공했다. 조건에 부합되는 고품질의

'일대일로' 공동건설 프로젝트와 기업을 상대로 국가개발은행은 저비용 융자, 외환 특별 유동 자금 대출을 제공해 대출 거치 기간을 합리적으로 정하는 한편, 신용대출의 '녹색 통로'를 개설하고 다양화한 위안화·외화 융자 서비스를 제공하는 등 방식으로 지원함으로써 '일대일로'의 고품질 발전을 보장하고 있다.

셋째, 디지털화 '일대일로'의 발걸음이 가속화되고 있다. 현재 전 세계는 디지털화, 친환경화, 스마트화 방향으로의 전환을 서두르고 있다. 재택근무 붐이 일고 긱(Gig) 이코노미[28]가 활발하게 흥기해 2선 도시, 중소도시의 발전을 이끌고 있다. 미래 산업 발전은 사물인터넷, 인공지능, 빅 데이터, 클라우드 컴퓨팅 등 새로운 인프라 건설에 더욱 의존하게 될 것이다. 새로운 과학기술과 신흥산업의 경쟁이 날로 치열해짐에 따라 기술 경쟁, 데이터 경쟁, 표준 경쟁, 지적 재산권 경쟁은 갈수록 국제경제무역 심지어 지연 정치에 영향을 미치는 중요한 요소가 될 것으로 예상된다. 정보 및 통신기술 기업에서 전자상거래 플랫폼에 이르기까지 화웨이(華爲), 알리바바(阿裏巴巴), 텐센트(騰訊)를 비롯한 수많은 기업은 디지털화 신실크로드에 참여할 수 있는 기회가 아주 많다. 이는 현지 과학기술 회사가 중국 이외의 지역, 특히 '일대일로'지역에서 시장점유율을 확보하기 위해 경쟁할 수 있는 천혜의 기회가 될 것이다. 디지털 실크로드 건설을 가속함에 따라 전 세계가 중국의 인터넷 발전 경험을 더욱 잘 공유할 수 있도록 했을 뿐만 아니라 디지털 실크로드의 세계적 의의도 더욱 부각했다.

---

28) 긱 이코노미 : 기업들이 특정 프로젝트나 업무별로 정규직이 아닌 임시직 형태의 고용을 늘리는 경제 현상.

넷째, 건강 실크로드 건설이 속도를 낸다. 코로나19 팬데믹 사태는 '일대일로' 건설에 영향을 미쳤으며, 중국이 산업 사슬의 배치를 보완하고 친구 네트워크를 구축할 수 있는 전망성을 실증해주었다. 2020년 3월 16일 밤 시진핑 국가주석은 초청에 응해 콘테 이탈리아 총리와 전화 통화를 하면서 "중국은 이탈리아와 함께 코로나19 퇴치를 위한 국제 협력을 전개하고 '건강 실크로드'를 건설하는데 기여할 의향이 있다"고 밝혔다. 코로나19 팬데믹 사태는 객관적으로 건강 실크로드의 건설을 추진하고 여러 가지 지역성, 글로벌 차원의 공공보건 거버넌스 메커니즘의 협력을 실현하도록 촉구하고 있다. 협력 메커니즘을 혁신하고 자금문제를 해결하며, '일대일로' 연선 국가의 위기 대처 능력을 강화해야 한다. 해외 거주 중국인들의 공공보건 안전을 어떻게 보장할 것인가? 코로나19 팬데믹 사태는 우리에게 공공보건 지원의 접점-건강역참을 건설해 건강 실크로드를 보완할 것을 촉구하고 있다. 민간 부문과 외국 기업의 참여가 갈수록 늘어나고 '일대일로'와 글로벌 공급사슬의 긴밀한 결합으로 말미암아 장기적으로 볼 때 활약이 꾸준히 개선될 것이다. 중국 의료 과학기술 업계도 마찬가지로 해외에서 비즈니스 기회를 찾을 수 있다. 예를 들면 중국 온라인 의사 상담 플랫폼의 상담 건수가 급증하고 있다. 많은 '일대일로' 연선 국가의 의료업종이 부족한 상황을 감안할 때 이런 기술이 어쩌면 외국에서 성공적으로 보급될 수 있다.

(3) 코로나19 팬데믹 사태로 '일대일로' 연선 개발도상국의 채무 리스크가 커지고 있어 고도의 주의가 필요하다

독일 「디 벨트」지는 "쾰른경제연구소의 한 연구가 표명하다시피 '일

대일로' 프로젝트는 참여국의 채무 부담을 가중시킬 것"이라며 "많은 국가가 심각한 금융 불균형 상황을 겪고 있으며 코로나19는 이런 상황을 더욱 악화시켰다"라고 보도했다.

실제로 고품질 '일대일로' 건설에 대한 엄청난 외부 도전은 연선 국가의 채무 리스크에서 오는 것으로 채무 불이행 현상이 나타날 가능성이 있고 역외 세력에 이용당해 '일대일로' 국가에 대한 서방의 쟁탈을 추동할 수 있다. 이에 비추어 중국은 20개국 그룹의 채무상환 중지 제안에 근거해 77개 개발도상국의 채무상환을 잠정 중단한다고 선포했다. 이는 중국의 책임감 있는 대국의 이미지를 보여줄 뿐만 아니라 '일대일로' 건설의 지속 가능한 발전도 확보했다.

⑷ '일대일로' 국가는 중국 국내 위기가 대외 투자에 영향을 미쳐 프로젝트 진척이 늦어질까 우려하고 있다. 그리고 코로나19 팬데믹 상황도 '일대일로'에 대한 국내의 지지와 투입에 영향을 주어 고품질 '일대일로' 건설의 배치에 걸림돌이 되고 있다

코로나19 팬데믹은 '일대일로'의 '5통', 특히 민심상통에 적지 않은 어려움을 가져다주었다. 이는 주로 다음과 같은 면에서 구현된다.

첫째, 인원 이동과 연관되는 프로젝트 특히 건설 중인 프로젝트에 상당한 어려움을 가져다주었다. 코로나19 발생 시기가 마침 춘제(春節. 음력설)와 가까운 기간이어서 적지 않은 노무자와 공사 인력이 국내에 발이 묶여 일터로 복귀하지 못한 탓에 프로젝트 진행에 차질을 빚었다. 협상 중인 프로젝트에 대한 영향은 더욱 컸다. 비록 온라인상의 의사소통이 가능하긴 하지만, 직접 대면하고 계약을 체결해야만 하는 프로젝트가 많았는데 부득이하게 지연되거나 심지어 유찰

되는 경우도 있었다.

둘째, 코로나19의 발생으로 인해 위생검역시간이 길어지고 검역비용이 증가했는데 이는 항구 건설, 국제 운송과 통관의 편리화 등에 불리한 영향을 끼쳤다.

셋째, 원천 기업들, 특히 코로나19 발생 초기 후베이(湖北)와 우한(武漢)의 원천 기업들은 물품을 정상적으로 제때에 공급하지 못해 공급사슬에 차질이 빚어지면서 프로젝트의 정상적인 진행에 영향을 미쳤다. 코로나19의 발생으로 건설 중이거나 협상 중인 프로젝트의 진행, 입찰, 계약 체결 등이 영향을 받게 되면서 위약배상 등 방면의 문제를 야기했다. 비록 무역촉진위원회가 기업에 불가항력 증명을 제시해주고 법률, 정보 서비스를 제공해주고 있을 뿐만 아니라 국가에서도 일련의 조치를 내놓아 '일대일로' 프로젝트 기업이 난관을 극복하도록 돕고 있지만, 이는 필연적으로 '두 은행, 한 보험(兩行一保)'의 압력을 더욱 가중시키게 된다.

총체적으로 볼 때 코로나19 발생의 배경하에서 중국은 막중한 국제압력을 감당했지만, 정확한 방역전략, 강력한 조직과 조율, 전면적인 자원 동원 능력을 통해 솔선해 코로나19 퇴치의 전환점을 맞이했고, 생산회복·업무 복귀가 안정적으로 추진되었다. 이는 중국이 코로나19 방역, 산업 지원, 금융안정을 견인하는데 전략적 기회의 창을 마련해준 셈이다. 경제적 측면에서 글로벌 생산이 크게 침체하고 있는 배경에서 중국의 전반적인 산업 사슬의 우위에 솔선해 생산회복·업무 복귀를 실현한 우위가 더해지면서 중국은 세계적으로 유일하게 공급과 수요가 안정을 유지한 대형 경제체가 되었다. 한편으로는 관련 국가에 유효 수요를 방출해 경제 회복을 자극할 수 있었고, 다른 한편으로는 관련 국가의 제품 수요를 만족시켜 안정적인 지원을 형성할 수 있었다. 금융 주도권의 측면에서 볼 때, 전 세계적으로 달러화의 유동성이 부족하고, 수급에 가해지는 압력이 극심한 상황에서 중국은 중앙은행(중국의 경우 중국인민은행을 가리킴) 간의 통화스와프, 수출 신용, 위안화 장기 대출 등 방식으로 달러화 부족 배경에서 관련 국가들에 소중한 유동성을 보충해 줄 수 있었다.

2. 미국은 '일대일로' 건설을 어떻게 방해할 것인가

최근 몇 년간 특히 2019년 유럽 여러 나라가 잇따라 중국과 '일대일로' 협력협의를 체결하고 제2회 '일대일로' 국제 협력 정상포럼이 성공을 거둔 배경에서 미국의 일부 관료와 언론 및 싱크탱크가 '일대일로'에 대한 소극적이고 부정적인 반응이 뚜렷이 많아졌다. 이전의 사실을 토대로 미루어 볼 때 예견 가능한 미래에 미국은 적어도 3가지 측면에서 '일대일로' 건설을 방해할 것이다.

첫째, 계속해 여론 측면에서 '일대일로'에 먹칠을 하려고 할 것이다. 최근 몇 년간 미국의 일부 관료들은 유엔 안보리 등 국제기구에서 '일대일로'를 공개적으로 비판했고, 「뉴욕타임스」, 「월스트리트저널」, CNN 등 언론매체는 '일대일로'에 대한 부정적인 기사를 대대적으로 게재하면서 '일대일로' 프로젝트, 공사와 많은 인프라건설, 에너지, 생산능력 협력의 진척에 압력을 가하고 있다. 이는 필연적으로 '일대일로'의 지속적인 발전을 어느 정도 저해할 것이다.

둘째, 계속해 기술 봉쇄, 금융 제재를 통해 일부 중소국가들이 중국과 협력하는 것을 방해할 것이다. 최근 몇 년간, 미국이 국가안보와 외교이익을 이유로 수십 개에 달하는 중국 기업과 기구를 수출규제 리스트에 포함시키고 또 중점적으로 중국의 통신설비, 집적회로, 반도체 등 첨단기술 분야의 지적 재산권 보호와 기술이전에 대해 이른바 '301조사(미국 통상법 301조 조사)'를 시작하는 한편, 대(對) 중국 군사 용도 수출 허가증 상품의 범위를 확대했다. 일부 중소국가들은 이로 인해 '일대일로' 프레임워크 내에서 중국과의 협력 속도를 늦추곤 한다.

셋째, 일부 국가의 정권을 뒤엎는 것을 통해 새로운 정권이 중국 '일대일로'와 관련된 제반 협력과 협의를 전면 부정하도록 유도하는 것이다. 지난 10여 년간 우크라이나 및 중앙아시아, 남아시아, 서아시아, 북아프리카 등 지역의 여러 국가가 '색깔 혁명(顏色革命)'을 겪었는데, 중국이 이들 국가 현지에서 진행 중이던 많은 프로젝트가 각기 다른 정도의 충격을 받았다. 일부 국가에서 새로운 정권이 출범함에 따라 일부 '일대일로' 프로젝트의 공사비 및 관련 협의 내용이 불확실한 위험에 노출될 것으로 예상된다.

물론 '일대일로' 건설의 대세는 미국의 교란 작전에도 꺾이지 않았다. 미국은 단지 교란의 변수일 뿐 전 세계적인 호응을 이끌어내는 호소력을 갖는 것은 불가능한 일이며 수많은 여론의 비방과 억지도 결코 각국 정부와 대중들이 중국의 발전 보너스인 '일대일로'를 향한 내면의 추구는 막을 수 없다.

코로나19 이후 '일대일로' 건설에 대한 교란과 파괴는 또 다음과 같은 몇 가지 부분도 포함할 수 있다.

첫째, '후롄후퉁'이 중국에 대한 의존 위험과 공공위생 안전에 대한 위험을 초래할 것이라고 떠벌이면서 새로운 파괴에 착수한다. 최근, 미국항공우주국은 미국대학에 연구비를 지원하면서 중앙아시아 지역, 특히 중국-중앙아시아-서아시아 경제회랑의 변화상황 및 코로나19를 비롯해 새로 발생하는 전염병의 위협을 연구하고 '일대일로' 등 대규모 발전계획이 가져다주는 경제, 공공보건 및 환경 리스크를 예측하도록 했다.

둘째, 관련 국가들이 중국에 대한 과도한 의존으로 불러올 리스크에 대한 우려를 악용해 공급사슬을 파괴한다. 코로나19의 영향하에 일부 '일대일로' 공동건설 국가들은 중국에 지나치게 의존해 "계란을 한 바구니에 담는 것"이라는 우려를 자아낼 수 있다. 이는 '일대일로' 국가에 대한 미국을 비롯한 서방의 영향력 쟁탈을 가속할 것이다. 아프리카의 경우 유럽연합은 대 아프리카 새 전략문건을 제정해 아프리카와 현대적이고 미래지향적인 새로운 파트너관계를 구축하기를 희망하면서 중국을 경쟁상대로 지목했다. 이런 상황은 모두 중국의 '일대일로' 건설에 새로운 시련을 가져다주었다.

셋째, 금융 수단을 확대해 자금의 융통, 위안화의 국제화를 막는다. '일대일로' 건설의 지속 가능한 발전을 위해서는 자금의 융통이 특히 중요하다. 코로나19가 발생한 상황에서 세계 경제가 침체되면서 '일대일로' 연선 국가들이 엄청난 충격을 받았고, 채무 불이행 가능성이 나타났다. 미국은 한편으로는 양적 완화를 실시하면서 국내경제의 어려움을 해외에 전가해 국제금융시장을 흔들고, 다른 한편으로는 달러화의 패권을 이용해 유가와 대종상품의 파동을 부채질함으로써 '일대일로' 연선 국가의 불안정한 정치 국면을 조성하고, 위안화의 국제화를 파괴한다.

넷째, 정보(信息)-첩보(情報) 수단을 활용해 핵심 프로젝트 안전을 파괴하고 혼란을 조성한다. '일대일로' 건설은 고품질의 방향으로 발전하고 있고 기술 안전과 표준의 협동은 갈수록 복잡해지고 있으며, 관건 기술과 표준이 미국을 비롯한 서방의 제약을 받는 국면은 상당히 오랜 기간 이어질 것이다. 이는 미국이 정보-첩보 수단을 이용해 전력망, 베이더우(北斗) 항법,[29] 광케이블 등을 포함한 천상, 지상, 해상, 인터넷상의 '후롄후통'과 관련된 일부 핵심 프로젝트를 중단하는데 편리를 제공했다.

다섯째, '일대일로'가 인권과 프라이버시를 침범한다고 비방한다. '일대일로' 건설이 전통 인프라 건설에서 새로운 인프라 건설에로의 전환은 중국 정보기술, 표준의 대외진출에 유리하고 디지털 '일대일로'를 구축하는 데 이로울 뿐만 아니라, 미국을 비롯한 서방에 "방역을 명분으로 타국을 감시하고 그들의 인권 프라이버시를 침범한다"며 중국을 비방할 수 있는 기회를 제공함으로써 '일대일로' 연선 국가의 법률이나 국제 법규(예를 들면 「세계인권선언」)의 차원에서 파괴하고 있다.

여섯째, 중국이 '일대일로'를 통해 중국 모델 '디지털화+거국체제'를 수출한다고 모함하면서 국유기업의 불공정 경쟁, 중국공산당의 리더십 등을 문제로 삼고 있다.

---

29) 베이더우 항법 : 중국의 위성항법시스템(GPS)으로 미국의 GPS, 유럽연합(EU)의 갈릴레오(Galileo),러시아의 글로나스(GLONASS)와 함께 대표적인 위성항법시스템이다.

특히 디지털 실크로드 건설은 다음과 같은 3대 대표적인 도전에 직면해 있다.

첫째, 안전 문제. 현재 세계적으로 신규 추가된 해저 광케이블의 3분의 1은 모두 화웨이(華爲)회사가 부설한 것이며, 해저 광케이블은 빅 데이터, 정보 안전과 관계된다. 과거 라틴아메리카와 아프리카 사이에는 해저광케이블이 한 갈래도 없었는데, 2019년 말 카메룬에서 브라질에 이르는 첫 해저 광케이블이 건설되었다. 현재 칠레도 화웨이회사와 합작해 중국으로 직통하는 첫 5G 해저 광케이블을 도입하려 한다. 미국은 이를 군사·산업 경쟁에서의 '위협'으로 간주하고 있다. 따라서 미국에서 화웨이를 압박하는 이유가 그들이 주장하는 이유에서만은 아니다.

둘째, 산업정책. 현재 일부 서방 국가들은 중국의 산업정책을 비난하고 있다. 그러나 그들은 한편으로는 우리를 비난하면서 다른 한편으로는 또 우리를 본받고 있다. 예를 들면 미국은 인공지능국가위원회를 설립했고, 유럽연합도 산업정책을 조정하고 있다. 우리는 전략적 정진력(定力, 어지러운 생각을 없애고 마음을 한 곳에만 쏟는 힘)을 유지해야 한다. 미국이 우리를 칭찬하는 것은 어쩌면 우리가 잘못을 저지르기를 바라서일 수 있고, 우리를 비판하고 압박하는 것은 어쩌면 우리의 행동이 옳음을 입증하는 것일 수도 있음을 인식해야 한다.

셋째, 국제환경. 중국에 대한 미국의 전략적 압박에는 화웨이회사의 5G기술 보급, 중국 발전 모델과 궐기 추세에 대한 압박이 포함된다. 미국의 대 중국 디커플링을 추진하고 있을 뿐만 아니라 '파이브 아이즈 연합(五眼联盟)'(미국·영국·호주·캐나다·뉴질랜드의 정보기구들로 구성된 첩보 단체)이 5G건설에서 화웨이회사의 기술을 사용하지 못하도록 하고 미국의 동맹국을 압박해 중국과의 디커플링을 부추기면서 글로벌 공급사슬의 '탈중국화'를 추진하고 있다. 최근 몇 년간, 미국은 국가안보와 외교적 이익을 이유로, 수십 개의 중국 기업과 기구를 수출 통제 리스트에 포함시키고, 통신설비·집적회로·반도체 등 첨단기술 분야의 지적재산권 보호와 기술이전을 상대로 이른바 '301 조사'를 전개하는 한편, 대 중국 군사용도 수출 허가증 상품의 범위를 확대했다. 이로 인해 일부 중소국가들은 '일대일로'의 프레임 안에서 중국과의 협력 속도를 늦추는 경향도 있다. 뿐만 아니라 미국은 중국이 '일대일로' 건설을 빌미로 중국 모델-'디지털화+거국체제'를 수출하고 있다고 모함하면서 국유기업의 불공정 경쟁 등을 문제 삼아 디지털 실크로드 건설을 파괴하고 있다.

총체적으로, 코로나19 이후 여러 국가는 글로벌화에 더 많은 질의를 표할 것이며 지역화 혹은 자조의 방향으로 나아가고 중국에 대해, '일대일로' 건설에 대해 새로운 불안 정서가 나타날 것이다. 또 글로벌화와 외부 세계의 리스크에 대한 우려는 민족주의·포퓰리즘이 고개를 드는 것을 조장하고, '일대일로'가 추진하고 있는 글로벌 '후롄후퉁'의 파트너 네트워크에 대한 미국의 파괴에 편리를 가져다줄 것이다.

3. 중국의 대처

오늘날 세계는 지난 백 년간 겪어보지 못한 중대한 변화를 겪고 있다. 이 변화는 신구 글로벌화가 번갈아 작용한 결과이다. 기존의 글로벌화는 자본 중심의 글로벌화로 수익 및 이익의 극대화를 강조하고, 국가 권력과 세계 거버넌스 차원에서의 분배를 강조했다. 오늘날 인간의 글로벌화가 나타나고 있는데, 더는 '글로벌 라이제이션(globalization)'이 아니라 '글로컬 라이제이션(glocalization)'으로, '글로벌(global)'과 '로컬(local)'을 동시에 강조한다. 코로나19의 확산으로 인해 '역글로벌화' 경향이 격화되어 경제 글로벌화가 더욱 강한 역풍을 맞고 역류에 휘말리게 될 것이며, 일방주의와 보호주의가 더욱 판을 치고 각국의 기술적 무역 장벽과 검역·검사 조치가 한층 더 강화될 것이다. 새로운 정세에서 어려움과 도전에 효과적으로 맞서고 '일대일로' 건설의 고품질 발전을 추진하기 위해 중국은 사고방식을 전환하고 이념과 모델을 혁신해야 한다. 이에 따라 다음과 같이 제안한다.

(1) '중국+' 모델을 '+중국' 모델로 전환한다. 현재 '일대일로' 건설은 '중국+'모델로서, 연선 국가들은 모두 중국과 협력하고 있다. 앞으로 우리는 다자화, 지역화를 통해 '+중국' 모델을 추진해야 하며, '일대일로' 건설에서 유명유실(有名有實), 유명무실(有名無實), 유실무명(有實無名)을 결합한 혼합 모델을 모색해야 한다. '일대일로'가 추진하는 글로벌화의 목표에 안보 내용을 추가한다. 즉 '일대일로'의 목표는 개방·포용·보편적 혜택·균형·안전의 글로벌화를 추진해 인류 운명공동체를 구축하는 것이다.

(2) 구역·소구역 협력의 가속화를 추진한다. 코로나19가 전 세계 공급사슬의 재배치 또는 다양화를 추진해 한 곳에 지나치게 오래 집

중되는 것을 피하도록 한다. 또 '스페어타이어' 사상이 증강되었고, 심지어 방역물자를 군수물자와 같은 전략적 위치에 처할 수 있도록 추진했다. 이는 '일대일로' 건설을 점에서 선으로, 선에서 면으로 점차 확대하는 원칙에 따라 전개해나가면서 지역 협력의 대 국면을 점차 형성하고 그리드형(grid형, 격자 형식의 무늬 형태), 글로컬라이제이션(glocalization)[30]을 형성해 지역, 소구역, 다지역 간 거버넌스 네트워크의 '후롄후퉁'을 강화함으로써 관련 국가의 우려를 줄이고, 중국이 감당해야 할 위험을 줄여야 한다는 것을 우리에게 제시해주고 있다.

(3) '건강 실크로드' 건설을 서둘러 추진한다. 현재 항바이러스 약물과 백신 연구개발의 국제 협력과 경쟁이 치열하고 전 세계 공중위생 거버넌스의 감제고지에 대한 쟁탈도 심화되었다. '일대일로' 공중위생 협력 메커니즘은 공중위생 안전뿐만 아니라 국제 담화권 건설과 보건 과학기술의 감제고지 쟁탈에도 착안해야 한다. 내년 제3차 '일대일로' 국제 협력 정상포럼에서는 공중위생을 의제에 포함시켜 협력 메커니즘 차원에서 이를 '일대일로' 협력의 포인트로 구축할 계획이다. 협력 메커니즘을 혁신하고 자금문제를 해결하며 '일대일로' 연선 국가의 위기 대처 능력을 강화해야 한다. 저개발 국가/지역에 보건 지원, 훈련, 기술이전 등을 제공하는 것을 고려할 수 있다. 중국의 선진적인 통신기술과 중국 특색을 의료와 결합시켜 원격 의료구

---

30) 글로컬라이제이션(glocalization) : 글로벌화를 의미하는 글로벌라이제이션(globalization)과 지역화를 의미하는 로컬라이제이션(localization)의 합성어로, 마케팅 용어에서 기원했는데, 지역적인 것의 세계적 생산과 세계적인 것의 지역화를 표현하는 것으로 쓰인다.

조 플랫폼을 구축한다. 그러면 장차 코로나19와 같은 긴급사태가 발생할 경우 온라인 학습, 훈련, 원격 합동 진찰 등 방식으로 대처할 수 있다.

(4) 디지털 '일대일로' 건설을 서둘러 추진한다. 하버드대학 질병연구팀의 한 차례 연구에 따르면 전 세계 사람들은 2022년 말까지 간헐적으로 어느 정도의 사회적 거리 두기가 필요할 것이라고 했다. 이는 비대면 경제 모델의 흥기를 촉진했으며, 따라서 디지털화, 네트워크화, 지능화에 따른 '일대일로' 건설도 속도를 내야 함을 시사했다.

(5) '일대일로' 건설의 법치화 과정을 가속한다. '일대일로' 협력 메커니즘(이미 체결한 협력 문서)의 총괄 계획 및 조율 역할을 충분히 발휘해야 한다. 소재국, 소재 지역과 국제 법규 제도를 충분히 감안하는 전제하에 '건강 실크로드' 건설과 디지털 '일대일로'의 건설을 서두르고 표준 및 법률의 매칭을 추진하거나 관련 입법 과정을 가속화하고 '일대일로' 건설 성과가 퇴보하지 않도록 보호하는 한편 미국에 틈탈 기회를 주지 않는 것이다.

(6) 유럽연합과 '후롄후퉁'의 전략적 매칭을 강화한다. 고품질의 '일대일로' 공동건설을 위해 유럽과 그 틀 안에서 투명·양방향·공유의 협력을 전개하는 것이 특히 중요해졌다. 이런 조치는 유엔 2030년 지속 가능한 발전 어젠다를 실현하고 인류 '르네상스'의 새로운 지평을 여는 데도 도움이 될 것이다.

(7) '일대일로' 건설은 코로나19의 역작용을 보아야 할 뿐만 아니라 급변하는 시대 배경도 충분히 고려해야 한다. 이를 위해 필자는 공동 의논, 공동 건설, 공유의 원칙에 기반해 '일대일로'의 '3통(三通)'법

칙을 제기한다.

첫째, 통약(通約, 공통분모). 즉 서방의 표준, 현행 국제규칙과 공통분모를 이루어야지 다른 방식을 취해서는 안 된다.

둘째, 통달(通達). 자신이 일어서고자 하면 다른 사람도 일으켜 세우고 자신이 발전하고 성공하고자 하면 다른 사람도 발전시키고 성공하도록 해야 한다. '일대일로' 건설에서 문제 지향과 목표 구동(驅動)을 견지해야 한다. 규칙이 선진적일수록 좋은 것만은 아니다. 관건은 문제를 해결해야 하고 '일대일로' 국가가 스스로 운명을 장악하도록 조력해야 한다.

셋째, 통용(通用). '일대일로' 건설은 통용성 기술 표준을 추앙한다. 즉 중국의 것, 현지의 것, 국제의 것(종주국의 것도 포함)을 서로 매칭시키고 융통시키는 것이다.

2020년 11월

제5장

중국의 천명(天命)

위대하고 생생한 사회실천, 동고동락하는 천하의 책임감
위대한 부흥의 목표는 미국을 추월하는 것이 아니다
미래 글로벌 질서의 동방 지혜
'쌍순환'을 이해하는 세 가지 차원
함정설 배후에 숨겨진 논리의 진실을 파헤치다
중국이 개발도상국 지위를 고수하는 이유
'세계의 중국'과 '중국의 세계' 사이에서 자신의 위치를 제대로 찾아야 한다
'코로나19' 방역에서 보여준 중국의 정신과 깊은 계시
국제 담론체계의 '중국 역설'

위대하고 생생한 사회실천, 동고동락하는 천하의 책임감

시진핑 총서기는 19차 당 대회 보고에서 "오랜 세월 동안의 노력을 거쳐 중국 특색의 사회주의가 신시대에 진입했다"며 이는 "우리나라 발전에서 새로운 역사적 방향"이라고 지적했다. 중국 특색의 사회주의가 신시대에 들어섰다는 것은 근대 이후 오랜 세월 동안 온갖 시련을 겪어온 중화민족이 일어서고 부유해지던 데로부터 강대해지는 위대한 비약을 실현했으며, 중화민족의 위대한 부흥을 실현하는 밝은 미래를 맞이했음을 의미한다. 또 과학적 사회주의가 21세기의 중국에서 왕성한 활기를 보여주고 있으며, 세계에서 중국 특색의 사회주의의 위대한 기치를 높이 치켜들었다는 점을 말해준다. 중국 특색의 사회주의 노선·이론·제도·문화의 끊임없는 발전은 개발도상국이 현대화로 나아가는 루트를 넓혀주었고, 가속 발전과 자체 독립성 유지를 희망하는 국가와 민족에 새로운 선택지를 제공해주었으며, 인류 문제의 해결을 위한 중국의 지혜와 중국의 방안을 기여했다.

사실이 표명하다시피 중국공산당은 사회주의를 하나의 운동, 하나의 제도에서 하나의 새로운 인류문명의 과정으로 승화시켰으며, 이로써 문명 부흥의 역사 발전과정과 일치하도록 했다.

시대와 더불어 발전하는 풍부한 내용

사회주의는 하나의 운동으로부터 하나의 제도에 이르기까지 세계적으로 약 100년의 시간을 경과했고, 중국에서는 약 반세기를 거쳤다. 사회주의는 제도의 일종으로서 자본주의 제도를 초월했다. 개혁개방은 글로벌화에 융합되는 과정에서 사회주의제도를 풍부히 하고 보완했으며, 인류의 공업화, 빈곤 탈퇴와 치부, 대국 궐기의 기적을 창조했다. 이처럼 생동하고 위대한 사회실천은 이미 세계 각국에 광범위하고도 심원한 영향을 미쳤다. 중국 특색의 사회주의는 지금도 글로벌시대에 인류가 공동발전 과정에 직면한 난제와 도전에 해답하고 있는데 이는 '중국은 인류에 더 크게 기여해야 한다'는 국제적 의지를 구현하고 있다. 갈수록 많은 사실들이 표명하고 있다시피 시대와 더불어 사회주의를 이해해야 하고, 중국 특색의 사회주의는 인류 문명의 한가지 형태로서 '천하 대동' 등 중국의 전통문화 이상에 부합되며, 이미 중국의 국가 속성으로 내재화해 광범위한 중국 인민의 옹호를 받고 있다. 중국에서 중국공산당이 중국 인민을 인솔해 사회주의 길로 나아가고, 사회주의 기적을 창조하며, 공산주의 이상을 실현하고 있다. 중국의 꿈은 사회주의의 꿈이기도 하다. 사회주의 문명은 "생산력을 해방시키고 발전시키며, 착취를 소멸하고, 양극화를 해소하며, 최종적으로 공동 부유를 실현하는" 사회주의의 본질을 정제하고 승화시킨 것이다.

위대한 초월을 실현

"성장을 실현했지만 발전은 없다"는 자본주의의 역설을 초월했다. 자본주의 문명은 발전과 번영을 가져다주었고, 자체의 발전과 번영으로 기타 개발도상국들에 혜택이 돌아가게 했지만, 이런 개발도상국들은 보편적으로 성장만 있고 발전이 없는 곤경에 봉착했다. 즉, 경제성장 이론을 독실하게 믿으면서 글로벌화에 융합해 경제성장을 실현했지만, 경제·사회·정치발전이 정체되어 국가 거버넌스 능력과 시스템 면에서는 현대화를 실현하지 못했다. 그 이유에 대해 미국 경제학자 슘페터는 자본주의 문명을 '창조적 파괴'로 형상화했다. 즉 문제 해결 과정에서 더 많은 문제가 생겨나고 생산의 부정적 외부효과가 뚜렷해졌다는 것이다. 오로지 사회주의 중국에서만 인류의 빈곤 감소 기적이 나타났고, 경제의 지속적인 성장과 사회의 전면적인 진보가 이루어졌다.

"평화롭지만 안전하지 않다"는 자본주의 역설을 초월했다. 자본주의 문명 이념에 따라 자국 평화, 국제 평화를 실현하면서도 내외적으로 안전 문제를 모두 해결하지 못했고, 심지어 네가 안전하기 때문에 내가 안전하지 못한 안전 딜레마까지 생겨났다. 사회주의는 새로운 안전관 즉 공동 안전, 종합 안전, 협력 안전, 지속 가능한 안전을 제기했으며, 항구적인 평화, 공동번영의 조화로운 세계 구축에 전력해서야 자본주의 문명이 내외가 다르고 평화롭지만 안전하지는 않다는 역설을 뛰어넘을 수 있었다.

"개방하지만 포용하지 않는다"는 자본주의 역설을 초월했다. 개방하지만 포용하지 않는 것은 자본주의 문명의 이원론적 사고방식 즉 대내적으로는 다원적이고 대외적으로는 보편적인 이중표준에서 기인되었다. 한편으로 자본주의 문명은 경제·인구·사상·문화 등 제반 분야에서 전방위적으로 개방되어 '이질 문명'으로부터 끊임없이 자양분을 섭취하고 있다. 다른 한편으로 자본주의 문명은 '이질 문명'이라는 가설을 계속 만들어내며 정복과 확장, 더 나아가 식민 형식을 통해 자신의 의지를 남에게 강요했다. 국내외의 문제를 해결함에 있어서 비(非)체계적, 비(非)지속가능한 사고방식으로 인해 해결한 문제보다 일으킨 문제가 더 많거나 혹은 아예 문제를 해결하지 못하고 있다. 사회주의 문명은 국내와 국제라는 두 방면의 큰 국면을 전반적으로 고려해 체계적, 전면적, 조화, 지속 가능한 사고방식을 바탕으로 세계의 다양성, 문명의 다채로움, 평등과 포용을 제창한다.

'고금동서'의 사고 모델을 초월했다. 아편전쟁 이래 '중국-서방' 간의 논쟁과 '체-용(体—用)' 간의 논쟁사고 모델은 국민의 심리 상태와 국가 발전을 심각하게 속박했다. 문화적 자신감과 문화적 자발성은 노선에 대한 자신감, 이론에 대한 자신감, 제도에 대한 자신감, 문화에 대한 자신감을 뜻하는 '4가지 자신감'에서 구체화 되어야만 진정으로 구현될 수 있다. 중국의 꿈이 제기된 것은 국민, 민족, 국가 자신감과 자발성의 궁극적인 구현이다.

'100년 국치'의 역사 기억을 초월했다. 중국의 꿈을 제기한 것은 진정으로 중국에 속하는 영광과 꿈이 생긴 것임을 의미한다. 사회주의 문명은 중국 꿈의 가치를 실현하는 매개체이다. 중국 꿈은 서방을 배척하지 않을 뿐만 아니라 중국과 서방이 손잡고 새로운 인문주의를 개척할 것을 주장하고 있다.

'중화 부흥'의 전통 인식을 초월했다. 중화민족은 위대한 부흥을 이루자는 중국의 꿈을 실현하는 과정에서 농경 문명으로부터 공업(정보)문명으로, 대륙 문명으로부터 해양문명으로, 지역 문명으로부터 글로벌 문명으로 전환하면서 전통 중국, 현대 중국, 글로벌 중국의 삼위일체를 실현하고 있다.

중국의 지혜로 충만한 기여

"자신이 일어서고자 하면 주위 사람도 일으켜 세워야 한다." 중국은 개발도상국 중의 대국으로서 중국의 꿈은 광범위한 개발도상국에 강한 흡인력을 가지고 있다. 중국은 중국의 꿈을 실현해야 하는 동시에 다른 개발도상국들이 빈곤에서 벗어나 부를 이루고 국제적 지위를 향상시키는 공동의 꿈을 실현하도록 도와주어야 한다. 이를 위해 중국은 정확한 의리관을 제안하고 운명공동체 구축에 전력하고 있는데, 이 또한 중국의 꿈을 발전의 꿈으로 전환시키는 것이다. 이른바 운명공동체란 쉽게 말하면 동고동락해 궁극적으로 공동의 귀착점과 정체성을 추구하는 것이다. 공동이익은 오로지 즐거움을 함께 하는 것이고, 공동 안전이야말로 고생을 함께 하는 것이다.

"자신이 성공하고자 하면 주위 사람도 성공하게 해야 한다." 중국은 신흥국의 '리더'로서 다른 신흥국들에 엄청난 모범과 격려하는 역할을 하고 있다. 중국의 꿈은 신흥국가 발전의 꿈이기도 하다. 중국 외교에서 개발도상국과 신흥국가의 지위가 갈수록 중요해지고 있다. 중국이 글로벌 산업 사슬의 저급 단계에서 고급 단계로 격상되면서 선진국과의 경쟁성이 높아진 반면, 개발도상국, 신흥국과의 상호 보완성이 강화되었기 때문이다. 즉 개발도상국은 중국 산업 이전을 수용하는 후방시장이고, 신흥국가는 중등 시장을 수용했으며, 개발도상국 중의 신흥 대국과의 협력은 국제관계의 민주화, 법치화 발전을 추진하는데 전략적 의미가 있다.

자신이 원하지 않는 바를 남에게 강요하지 말아야 한다. 중국의 꿈은 동방 문명 부흥의 꿈이다. 중국은 주변 국가에 대해서는 '친밀

(亲)·성실(诚)·호혜(惠)·포용(容)' 이념을 견지해 책임공동체 구축에 주력하고, 선진국에 대해서는 호혜 상생, 상호 존중의 이념을 견지해 이익공동체 구축에 힘쓴다. 중국은 나라가 강해지면 반드시 패권을 장악하는 역사의 순환을 반복하지 않을 것이며, 자신의 의지를 남에게 강요하지도 않을 것이다. 중국은 전통문화의 충서(忠恕, 충직하고 동정심이 많음)의 도를 보여주고 신흥국가와의 관계를 개척하기 위해 노력하고 있으며, 아시아의 새로운 안전관을 제시하고 조화로운 지역, 조화로운 세계를 창도하고 있다. 아시아는 중국과 주변 국가 공동의 삶의 터전으로서 각 국은 평화·번영·안정의 국면을 공동으로 수호할 책임이 있다. 이를 실현하려면 중국이 주변 국가와 '정책 소통, 인프라 연결, 무역 원활화, 자금 융통, 민심 상통'의 '5통'을 실현하는 것이 관건이다. 중국과 선진국 간의 경쟁성은 다소 증가했지만 협력 가능성은 여전히 발굴할 수 있는 여지가 크다. 중국은 미국과 신형 대국 관계를 수립하고, 유럽국가와 공동으로 제3자시장을 개발할 것을 제안했는데, 이는 바로 제로섬 게임을 막고, 중국 꿈과 미국 꿈, 유럽 꿈의 상생을 실현하기 위한 제안이다.

요약하면 중국 특색의 사회주의가 훌륭한 이유는 5천 년 '중화 문명사'를 계승하고 부흥시켰을 뿐만 아니라 근대 500년 자본주의 문명의 '창조적 파괴'를 지양 또는 초월했기 때문이며, 또 중국이 세계 무대의 중심에 점점 더 다가서고 인류를 위해 더 큰 기여를 할 수 있도록 이끌었기 때문이며, 중국공산당이 인류의 정치 문명과 진보를 위해 중국의 지혜를 기여하도록 이끌었기 때문이다.

2019년 5월

위대한 부흥의 목표는 미국을 추월하는 것이 아니다

미국의 기준에 비추어 중국의 발전 성과와 종합국력을 평가하는 것이 학계와 사회에서 크게 유행하고 있다. 비록 어떤 방면에서 또는 언제 '미국을 추월할지'에 대한 문제에서는 논쟁이 크지만 미국을 따라잡는다는 목표 자체를 의심하는 사람은 별로 많지 않다. 그런데 바로 그것이 문제다. 중국의 종합국력이 미국을 추월하건 추월하지 못하건 그게 뭐 중요한가? 왜 늘 '미국 추월'을 목표로 삼아야 하는가?

현재 "영국을 따라잡고 미국을 추월한다"는 얘기만 나오면, 사람들은 늘 '대약진' 때의 교훈을 떠올리곤 한다. 개혁개방 이후 중국은 "영국을 따라잡고 미국을 추월한다"는 계획을 더 이상 명확하게 제시한 적이 없다. 현재 제시한 '두 개의 백년' 분투 목표와 '2단계 발전' 전략은 현대화와 중화민족의 위대한 부흥을 실현하는데 착안점을 두고 있으며, 모두 "영국을 따라잡고 미국을 추월한다"와 같은 그런 계량화된 지표가 아니다. 중국이 현대화를 추구하는 과정에서 미국을 추월해야 한다는 정서에 빠져 헤어 나오지 못하면 안 된다. 어떤 현대화든지 서방의 최고기준에만 맞춰 가늠한다면 이는 중국 현대화의 비애일 뿐만 아니라 인류 현대화의 비애이기도 하다. 인구 규모로 볼 때 중국은 '10억대'의 현대화이며, 게다가 신형 현대화의 길을 걷고 있다. 우리는 인류 현대화 역사에 자체의 정의를 기록하고 있다. 왜 굳이 '억대'의 미국 현대화를 평가의 기준으로 삼아야 하는가? 하물며 그 '억대'의 미국 현대화는 자본주의 현대화가 아닌가?

더 가소로운 것은 일부 사람들은 심지어 마르크스가 한 세기 반전에 그렸던 사회주의 또는 쿠바 모델, 북유럽 모델을 적용해 중국이 사회주의 국가가 맞는지 여부를 판단하며 의문스러워하고 있다는 사실이다. 중국은 이제 사회주의 국가에서 가장 성공적인 사례가 되었으며 상당한 정도에서 사회주의에 대해 정의하고 있다. 마르크스가 사회주의라는 개념을 제기했을 때 당시 그 역시도 사회주의를 본 적이 없었고, 실제로 어떤 모습인지도 알 수 없었다. 오늘의 중국은 여전히 사회주의 초급단계에 처해 있지만, 1980년대의 초급단계와 비교할 때 이미 엄청난 변화를 가져왔다. 신시대 청사진이 더 한층 펼쳐짐에 따라 중국 사회주의 사업은 더 높은 수준의 발전을 가져올 것이다.

미국이 세계를 주시하는 동안 중국은 미국을 주시하고 있으며, 미국이 훗날에서 내일을 뒤돌아보는 동안 중국은 지난날에서 내일을 내다보고 있다. 계속 미국의 기준에 비추어 보는 것은 중국이 가져야 할 생각이나 작법이 아니다. 중국은 언제쯤 자체의 근대 콤플렉스와 미국 콤플렉스에서 벗어날 수 있을까? 또 언제쯤 중국과 외국의 관계 또는 국제관계 처리에서 사고방식을 새롭게 경신할 수 있을까?

오늘날 중국은 분화된 세계, 분화된 서방, 분화된 국가정치의 삼중 분화에 직면해 있다. 따라서 새로운 사고방식이 필요하다. 중국 외교의 사고방식은 대국 논리보다 영역 논리를 더 중시해야 하고 국가 간 정치와 영역 정치를 고루 돌보는 안목을 갖추어야 한다. 예를 들어 '후롄후퉁' 분야에서 싱가포르와 파나마는 관건적인 중요한 소국이고 금융 분야에서는 국가가 아닌 도시가 연결점 역할을 하고 있다. 구조적 권력, 체계적 권력으로 국가경쟁력을 보아야지 늘 과거 대국 경쟁의 계량화 지표에서 맴돌아서는 안 된다. 경제 총량, 종합국력과 같은 개념은 여전히 중요하지만, 그 근원을 볼 때 제1차 세계대전 후의 총력전과 냉전 사고방식의 산물로서 오늘날 평화와 발전의 시대에 더 이상 국가 간 경쟁의 유일한 지표로 될 수 없다. 국가경쟁의 주제, 기조가 바뀌고 있다. 누가 누구를 넘어뜨리고 누가 누구를 추월하는 것이 아니라 누가 인류가 직면한 공동의 난제를 해결할 수 있는지를 보아야 한다. '일대일로' 이니셔티브, 인류운명공동체 등 이념은 중국이 신형의 글로벌화 표준과 새로운 글로벌 거버넌스 관념을 수립하기 시작했음을 표명한다.

새로운 생산력, 새로운 생산관계 경쟁이야말로 21세기의 주제이다. 니콘 카메라가 경쟁 상대인 소니 카메라에 패한 것이 아니라 스마트폰에 패한 것이고, 또 캉스푸(康師傅) 라면을 쓰러뜨린 것이 동종업계의 퉁이(統一)라면이 아닌 온라인 쇼핑몰인 것이 그 일례이다. 중국과 미국 간에는 '투키디데스의 함정'이란 것이 존재하지 않는다. 중국은 사고방식의 함정에 경각성을 높여야 한다. 중국이 대국에서 강국으로 전환하는 과정의 본질은 응용에서 혁신으로, 추격에서 견인으로의 전환이다. 세계에는 미국이 대표하는 혁신력, 중국이 대표하는 응용력, 유럽이 대표하는 사상력의 3대 '원력'이 있다. 중국의 국제전략은 미국과 협력해 혁신하고 유럽과 협력해 사상을 창조함으로써 코너링 추월, 차선변경 추월을 실현하는 것이다. 예를 들면 디지털 분야에서 중국·미국 'G2'가 유럽·일본을 추월하고, 지속 가능한 발전 분야에서 중국·유럽 'G2'가 미국을 추월한 것이다. 여기서 '따라잡기'가 아닌 '추월'이라는 점에 주목해야 한다.

이에 상응하게 중국의 외교 전략은 '거대한 체스판(大棋局)'에서 '거대한 시국(大時局)'으로 전환해야 한다. 즉 공간의 겨룸이 아니라 시간 논리를 정리하는 것이 우리가 직면한 도전으로 되었다. 예를 들면 인도는 공간적으로는 중국의 경쟁자이지만 시간적으로는 파트너이다. 중국과 인도의 공존 논리는 시간으로 공간을 회피해 운명을 같이하는 것이다. 그러나 중국과 일본의 관계는 이와 반대로서 시간 논리에서 벗어나야 한다. 즉 갑오전쟁, 항일전쟁의 사고방식에서 해방되어야 하고 공간배치에 착안해 일본을 쟁취해야 한다.

노자는 다음과 같은 가르침을 주었다. "도를 닦은 사람이라야 다른 사람을 판단할 수 있고, 도를 닦은 집안이라야 다른 가문을 이해할 수 있으며, 도를 닦은 마을이라야 다른 마을을 굽어보고, 도를 닦은 나라여야 다른 나라를 이해하며, 도를 닦은 세상이어야 다른 세상을 내려다 보게 된다." 중국의 발전에는 자체의 논리가 있을 뿐만 아니라 새로운 사고방식을 생성하고 있다. 우리는 중국이 과거에 이룩한 성과에만 머물러 있지도 않고, 더욱이 미국 등 서방국가의 현재 성과를 참고대상으로 삼지도 않는다. 미국 추월을 목표로 하지 않는다는 것은 미국을 기준으로 세상을 보는 것이 아니라 세상의 기준으로 세상을 보고 있다는 점을 의미한다. 이를 토대로 해상 권력과 육지 권력 경쟁에서 비롯된 겨룸 식 사고방식을 버리고 육해 '후롄후퉁'과 '온 세상이 한 집안'(四海一家)이라는 이념을 수립했다. 이는 중국이 발언권에 대한 자신감을 확립하고 새로운 글로벌 관점을 정립함에 있어서 마땅히 해야 할 일이다.

2019년 5월

미래 글로벌 질서의 동방 지혜

　현재의 세계질서를 이원대립의 사고방식으로 이해해서는 안 된다. 진실한 세계는 흑백 사이의 회색으로서 무정부 상태도 아니고 새로운 질서가 형성된 것도 아니다. 현재 세계의 주요한 도전은 '무정부화'(Anarchilization)의 방지이다. 블록체인, 인공지능기술의 발전으로 말미암아 '탈미국 중심화', '탈 서방 중심화' 심지어는 '탈 인류 중심화'를 뜻하는 '탈 중심화'(de-centric)현상이 형성되고 있다.

　글로벌화의 중요한 구동력인 기술의 혁신에 새로운 국면이 나타났다. 한편으로는, 블록체인, 사물인터넷 모델, 인공지능과 유사한 기술의 등장으로 중심-변두리 체계를 약화시키고 있다. 다른 한편으로는 공업혁명이 정보혁명, 디지털 혁명으로 전환되는 과정에 처음으로 비(非)서방세력이 참여하고 이끄는 현상이 나타났다. 과거 기술혁명은 서방 내부에서 순환하다가 나중에 모두 미국에 의해 동맹으로 편입되곤 했다. 오늘날 중국은 이러한 순환을 타파했으며 정보-디지털 혁명에 참여해 선도하고 있다. 이에 두려움을 느낀 미국은 세계 패권의 힘을 내세워 중국의 한 개인회사를 압박하고 있을 뿐만 아니라 기타 나라들을 적극적으로 끌어들여 통일전선을 결성하려고 시도하고 있다.

　중국은 다음과 같은 3가지 선택에 직면했다.

　첫 번째 선택은 물론 우리가 줄곧 강조해온 것인데, 기존의 국제체계를 개혁하고 보완하는 것으로서 비가 새는 낡은 집을 잘 수리하는 것과 같다. 하지만 지금으로서는 어려울 것으로 보인다. 낡은 집 자체가 개발도상국을 수용하기 어렵기 때문이다. 특히 중국과 같은 신흥국가의 궐기는 마치 코끼리가 욕조에 들어가는 것과 같다. 게다가 미국은 이제 이 낡은 집을 버리고 딴 살림을 차리려 하고 있다.

두 번째 선택은 이른바 새집을 짓는 것인데 수동적이든, 능동적이든지를 막론하고 어찌했든 두 체계의 신냉전이 형성되었다. 이는 사실상 불가능한 일이다. 글로벌화는 되돌릴 수 없다. 원래의 양극 대항의 시대로 돌아갈 수 없을 뿐만 아니라 그때 당시 소련은 글로벌 체계 내에 있지도 않았기 때문에 오늘날 중국을 소련으로 만들겠다고 말하는 자체가 논리적으로 성립되지 않는다.

세 번째 선택은 낡은 집 밖에다가 더 큰 집을 지어 대포용을 실현하는 것이다. 톈안먼(天安門) 성루에 쓰여져 있는 "세계 인민 대단결 만세"라는 말이 바로 우리가 말하는 글로벌 '후롄후퉁'의 파트너 관계망을 구축하고 인류운명공동체를 구축한다는 '일대일로'의 주요 사상이다.

현재까지 중국과 수교한 180개 나라 중 130여 개 나라, 30개 국제기구는 중국과 '일대일로' 공동건설 협력 양해각서를 체결했다. 최대 개발도상국, 2위 경제체로서의 중국은 선진국, 개발도상국, 신흥 경제체를 서로 연결해 글로벌 산업 사슬에서 선진국과 개발도상국 간의 산업 사슬, 가치사슬의 두 개의 환류(環流)를 형성했으며 인류운명공동체를 구축하고 있다. 인류운명공동체는 세계 일체화에 대한 지양으로서 유럽연합의 주권 양도나 미국식 글로벌화의 상호 의존(본질적으로 약소국이 강대국에 의존하는 것)이 아니라 각국이 스스로 운명을 장악해 운명을 함께 하고 '후롄후퉁'을 실현함으로써 운명공동체를 형성하는 것이다.

그렇게 생각하는 이유는 무엇일까? 우선, 중국은 글로벌화 파워(Globalized Chinese power)가 솟아나고 있고, 그에 상응하게 글로벌화 사고방식(Globalized mentality)도 솟아나고 있다. 다음, 문명의 각도에서 볼 때 영국의 역사학자 토인비가 과거에 "중화 문명은 서방이 절대 제공할 수 없는 방안과 지혜를 세계에 제공할 것"이라고 예측한 바 있다. 이것이 바로 우리가 말하는 동서를 초월하고 남북을 융합해 대포용을 실현하는 것이다. 중국 전통의 화합(和合)문화가 만물 인터넷 시대와 결합해 형성된 대표적인 이념이 바로 '일대일로'(합: 모여서 하나가 되는 것)와 인류운명공동체(화: 뜻이 맞아 사이가 좋음)이다.

인류운명공동체 사상은 3대 지향성이 있다.

첫째, 경제 글로벌화, 정치 다원화, 문화 다양화, 사회 정보화의 내적 모순을 해결하는 것으로, 이른바 "경제는 중국에 의존하고 안전은 미국에 의존한다"는 아시아 역설에서 집중적으로 구현되고 있다. 현재 세계 다른 국가들도 각기 다른 정도로 이 역설을 느끼기 시작했다. 이 역설을 해결하기 위해 웨스트팔리아 체계, 유엔 체계의 토대 위에서 국가 주권을 인정하고, 단순한 국가적 사고를 넘어 운명을 함께 하고 운명공동체를 구축해야 하는데 이는 과거 강조하던 '호혜상생'(운: 運)을 뛰어넘어 '미래 공유'(명: 命)로 승화되는 것이다.

둘째, 자본주의제도와 사회주의제도가 평화롭게 공존하며 서로 모순되지 않도록 한다. 중국 국내에서는 '한 나라 두 제도'를 시범적으로 실시하고 있지만, 세계적인 차원에서 우리가 지금 강조하고 있는 것은 무산계급 혁명 학설이 아니라 노선·이론·제도에 대한 자신감을 바탕으로 한 문화적 자신감의 실현이다. 즉 중국의 전통 화합 문화로 투쟁 학설의 중국화, 시대화, 문화화를 실현하는 것이다.

셋째, 세속 문명과 종교 문명이 조화롭게 공존하면서 서로 포용하고 참고하는 것을 강조한다. 중국 역사상 종교전쟁은 없었으며, 유교·도교·불교가 공존하고 만교 합일의 전통을 가지고 있으며, 각기 다른 신을 존중해왔다. 이것이 바로 경제 글로벌화, 정치 다극화, 문화 다양화, 사회 정보화의 4위일체를 실현하는 동방의 지혜이다.

중국이 제기한 인류운명공동체는 한 차례의 시도로서 모두가 함께 이 방향을 향해 노력할 것을 제창하고 있다. 인류운명공동체 이념은 비록 여러 민족문화가 가진 공통점과 통하지만 현실 생활에서는 여전히 많은 오해와 엄청난 도전에 직면하고 있다. 각국이 함께 더욱 포용적인 이념을 제기해 인류의 공평 정의와 지속 가능한 발전을 실현하기를 바란다. 우리는 모두 무정부 상태를 싫어하고, 서로 다른 버전의 미래 세계 질서관을 제창하고 있다는 공감대를 형성할 수 있다. 포용성, 지속 가능성, 공정성은 마땅히 미래 세계 질서관을 검증하는 기준이 되어야 한다.

2019년 11월

'쌍순환'을 이해하는 세 가지 차원

중국공산당 제19기 중앙위원회 제5차 전원회의(19기 5차 전원회의)에서 채택된 「건의」는 다음과 같이 지적했다. "현대화 경제체계를 서둘러 구축하고 국내 대순환을 주체로, 국내와 국제의 쌍순환[31]이 서로 촉진하는 새로운 발전 구도를 서둘러 구축하며, 국가 거버넌스 체계와 거버넌스 능력의 현대화를 추진하고, 경제의 장기적이고 안정적인 성장을 유지하며, 사회의 안정과 조화를 실현함으로써 사회주의 현대화 국가를 전면적으로 건설하기 위한 첫 스타트를 잘 떼고, 첫걸음을 잘 내디뎌야 한다." 그러나 많은 사람들은 중국이 현재 국내 대순환을 주체로, 국내와 국제 쌍순환이 서로 촉진하는 새로운 발전 구도를 구축하자고 제기하는 것에 대해 오해하고 있다. 이를 미국이 시행하는 중국과의 디커플링에 대응하는 조치라고 여기는 이가 있는가 하면, 중국이 폐쇄적인 방향으로 나가게 될 것이라며 지난 세기의 독립 자주 단계에까지 퇴보할 것이라고 여기는 이도 있는데 이는 분명 그릇된 인식이다.

세 가지 차원으로 보는 '쌍순환'

'쌍순환'이란 무엇인가? 누구와의 순환인가? 무엇을 순환하는가? 어떻게 순환하는가? 이러한 기본문제에 답을 하려면 다음과 같은 세 가지 차원에서 '쌍순환'을 보아야 한다.

---

31) 쌍순환 : 국내 대순환을 중심으로 국내·국제 순환을 상호 촉진한다는 새로운 발전전략으로, 〈14·5 계획〉 기간 도농 격차 및 지역 간 불균형, 개인소득 격차, 노동집약적 산업 위주의 기술력 부족 등을 해결하는 내수경제 활성화에 집중하자는 정책이다.

첫 번째 차원, 중국 개혁개방 자체 논리의 차원. 개혁개방은 주로 미국을 향한 개방이다. 이는 덩샤오핑(鄧小平) 동지의 원래 발언이다. 후에 우리는 점차 국제 대순환에 참여했다. 빠른 발전과 더불어 세 가지 약점이 드러났다. 첫째, 경제성장의 잠재력이 떨어지기 시작했고, 시장과 자원 '양두재외'(兩頭在外, 원자재의 공급원과 제품 판매시장을 국외에 두는 것을 가리킴)의 국제 대순환의 동력이 뚜렷이 약화되고 있는 것이다. 최근 몇 년간 중국은 시장과 자원 '양두재외'의 발전 모델에 변화가 생기면서 대외무역 의존도가 2006년의 67%에서 2019년의 약 32%로 떨어졌고, 경상수지 흑자와 국내총생산의 비율은 2007년의 9.9%에서 현재의 1% 미만으로 떨어졌다. 2008년 글로벌 금융위기가 발발한 이래 경제성장에 대한 중국 내수의 기여도가 7년이나 100%를 초과했으며, 국내소비가 경제성장을 이끄는 주요한 원동력이 되었다. 둘째, 중국의 핵심기술은 미국에 의존해 '목을 조이는'(卡脖子, 자체적 핵심기술 부족으로 외부 의존이 심한 것) 현상이 나타났으며, 혁신에서 한계에 부딪혔다. "외국기업에 시장을 개방하고 대신 선진기술을 바꿔오는 것"에서 "외국기업에 시장을 개방하고 대신 선진기술을 육성하는 것"에 이르려면, 국내 대시장과 국내 통합을 육성하고 시장의 중첩을 통해 혁신을 실현해야 한다. 핵심기술과 관건 부품은 타인의 제약을 받아서는 안 되며 개방된 조건 하에서의 독립 자주 혁신에 의존해야 한다. 셋째, 중국의 재정과 통화 주권이 미국 패권의 제약을 받고 있다. 미국은 중국의 구조개혁 추진을 통해 자본 항목 하에서 위안화의 자유 태환을 추진해 중국의 재정-통화 주권이 달러 패권의 거대한 충격과 구조적 제약을 받도록 하는 방법을 모색했다. 이밖에 개혁개방의 사고방식은 개방을 통해 개혁을 추진하도록 압박하는 것이다. 그러나 미국이 중국을 상대로 무역마찰을 일으키고 포퓰리즘, 보호주의가 성행하는 오늘날에는 이같은 개혁을 지속하기란 어렵다. 반드시 개혁에 새로운 사명(개혁은 사회 생산력을 해방시키고 발전시키는 관건이며, 국가의 발전을 추동하는 근본적인 원동력이라는 사명)을 부여하고, 새로운 요구(국내 고품질 개방을 통해 개방형 세계 경제를 구축해야 한다는 요구)를 제기해야 한다. 새로운 발전 모델을 구축하는 것은 중국의 경제 구조조정, 고품질 발전 추진의 내재적 수요에 부응하는 것이다.

　두 번째 차원, 대국 궐기의 차원이다. '쌍순환'은 세계 주요 경제체가 발전하고 장대해지는 객관적 법칙을 구현했다. 세계적인 대국의 궐기는 궁극적으로 경제시장을 외부에 의존할 수 있는 것이 아니다. 미국 경제성장의 87% 이상은 내수가 이끌었다. 중국의 경제발전도 생산경영과정에서 원자재의 공급과 제품의 판매를 모두 국제시장에 의존하던 데로부터 내수로 전환되어야 한다. 중국은 이미 고품질 발전단계에 들어선 가운데 사회의 주요 모순은 아름다운 생활에 대한 인민들의 날로 늘어나는 수요와 불균형, 불충분한 발전 간의 모순으로 전환되었다. 그리고 1인당 국내총생산이 1만 달러에 달하고 도시화율이 60%를 넘어섰으며, 중등소득층이 4억 명을 넘어서 아름다운 생활에 대한 인민들의 요구가 꾸준히 향상하고 있다. 중국은 제도 우위가 뚜렷하고 거버넌스 효과가 향상했으며, 경제가 장기적으로 호전되고 물질적 기반이 탄탄하고 인적자원이 풍부하며 시장 공간이 넓고 발전 견인성이 강하며, 사회의 전반적인 국면이 안정되어 꾸준히 발전할 수 있는 다방면의 우위와 조건을 갖추고 있다. 이와 동시에 중국은 불균형하고 불충분한 발전 문제가 여전히 두드러지고 혁신능력이 고품질 발전의 요구에 부응하지 못하며 농업 기반이 아직 탄탄하지 못하다. 또 도농 간, 지역 간의 발전과 소득분배 격차가 비교적 크고 생태환경 보호 면에서 아직 갈 길이 멀며, 민생보장 면에서 부족한 부분이 존재하고, 사회 거버넌스 면에서 여전히 취약한 부분이 있다. 중국은 세계 최대 규모의 생산국-세계의 공장에서 최대 소비 시장으로 전환되고, 기존의 4억 명에 달하는 중등소득층을 2035년의 8억 명으로 늘려야 한다. 이는 고품질 발전의 수요이다. 때문에 반드시 소비, 내수, 혁신을 엔진으로, 요소 투입에서 제도 혁신으로의 전환을 실현해야 한다. 이는 발전법칙이며 생물학의 타지역 종의 생존 원리에도 부합된다.

세 번째 차원, 글로벌화 자체의 논리적 차원, 즉 시대적 차원이다. 『예기』(禮記)에는 이런 구절이 있다. "하루라도 새로워질 수 있다면, 날마다 묵은 것을 버리고 새롭게 하며, 쉼 없이 새로움을 지속하라" (苟日新, 日日新, 又日新) 생물진화론의 관점도 "가장 강대한 종이 반드시 생존할 수 있는 것이 아니며 오로지 새로운 시대의 변화에 적응하는 종만이 생존할 수 있다"고 강조한다. '쌍순환'을 이해하는 시대적 차원은 바로 글로벌화가 순항의 시대에서 현재 역항(逆航)의 시대에 들어섰다는 것이다. 그래서 시진핑 주석은 중국이 경제 글로벌화에 참여하던 데서 선도하는 데로 사고방식을 전환할 것을 제시한 것이다.

누구와 순환하고 무엇을 순환시켜야 하는가

시진핑 주석은 제3회 중국국제수입박람회에서 "중국은 14억 인구를 가진 국가이며, 4억 명이 넘는 중등소득층을 보유하고 있어서 세계적으로 가장 잠재력이 큰 대시장"이라며 "향후 10년간 누계 상품 수출입액이 22조 달러를 넘어설 전망"이라고 말했다. 그는 또 "중국은 개방·협력·단결·상생의 신념을 굳게 지켜 개방을 확고부동하게 전면적으로 확대하고 더욱 효과적인 내외시장의 연결과 요소자원의 공유를 실현해 중국 시장을 세계의 시장, 공유의 시장, 모두의 시장으로 거듭나게 함으로써 국제사회에 더욱 많은 긍정적 에너지를 주입할 것"이라고 말했다. 이에 앞서 시진핑 주석은 이렇게 지적했다. "중국은 세계에서 가장 완전한 공업체계, 강대한 생산능력, 완벽한 종합능력, 1억여 개의 시장 주체와 대학교 교육을 받았거나 여러 전문 기능을 갖춘 인재 1억 7천여 명을 보유하고 있고 4억여 명의 중등소득층을 비롯해 14억 인구를 가진 초대형 내수시장을 보유하고 있으며, 신형 공업화, 정보화, 도시화, 농업현대화가 빠르게 발전하는 단계에 처해 있어 투자 수요 잠재력이 크다. 우리나라의 초대형 시장과 완비된 산업체계에 의지해 신기술의 빠르고도 대규모적인 응용과 꾸준한 업그레이드에 유리한 독특한 우위를 창조하고, 과학기술성과를 현실생산력으로 빠르게 전환하며, 산업 사슬의 수준을 향상하고 산업 사슬의 안전을 지켜야 한다."

'쌍순환'과 '일대일로', 중국의 고수준 개혁개방 사이는 어떤 관계인가? 모두 중심-주변 글로벌화 리스크를 헤지하기 위한 것이다. '쌍순환'의 핵심 키워드에는 '국내'와 '순환' 2개의 측면이 있다. 국내 대순환을 주축으로 하는 것은 더 높은 차원의 개혁개방 과정에서 실현된다. '쌍순환'의 새로운 발전 구도는 중국이 국내와 국제 두 개의 국면, 2대 시장을 '총괄'한다는 사고방식을 뛰어넘어 '홈장 글로벌화'를 개척했음을 보여준다.

누구와 순환하는가? 글로벌 금융위기로 말미암아 글로벌화는 글로벌 지역화, 지방화 단계에 들어서게 되었다. 따라서 중국은 우선 RCEP 파트너, 특히 이웃인 아세안, 일본·한국과 순환해야 한다. 아세안은 현재 중국의 최대 교역 파트너로 거듭났다. 유라시아 대륙의 서쪽 이웃은 유럽연합이고 '일대일로' 연선 국가들은 모두 중국의 중요한 순환대상이다.

무엇을 순환시키는가? 기존에 우리는 주로 상품을 순환시켰지만, 지금은 디지털 경제, 전자상거래를 비롯한 서비스 순환이 더욱 많아졌다. 중국 국내는 일체화를 실현하고 지역이 협동적으로 발전하며 스마트 도시 군을 건설하고 산업의 협동을 가속해야 한다.

순환의 방식은 양방향으로서 내외가 서로 연동해야 한다. 국내순환이 국제순환을 이끌고 국제순환이 또 국내순환을 심화시켜 양자는 서로 개방하고 촉진함으로써 중국 경제와 세계 경제에 새로운 동력을 꾸준히 주입하게 될 것이다.

'쌍순환'이 가져다준 새로운 기회

시진핑 주석은 "새로운 발전 모델을 구축하는 것은 절대 폐쇄된 국내 단일 순환이 아니라 개방적이고 서로 촉진하는 국내·국제 쌍순환"이라며 "중국 자체의 발전에 필요한 것일 뿐만 아니라 각국 인민들에게 더 큰 행복을 가져다줄 것"이라고 지적했다. '쌍순환'은 유럽 등 주요 경제협력 파트너와 중국의 협력에 중요한 새로운 기회를 가져다줄 것이다. 최소한 다음과 같은 3가지 기회를 가져다줄 것이다.

첫 번째는 디지털화의 전환 기회이다. 중국에는 9억4천만 명에 달하는 네티즌이 있고, 유럽은 표준 우위를 가지고 있으므로 혁신 협력을 강화해야 한다. 예를 들면 화웨이는 암스테르담 대학과 공동으로 유럽 버전의 검색엔진을 개발했다. 중국-유럽 디지털 파트너는 전자상거래, WTO 디지털 무역, 글로벌 데이터 안보 메커니즘 건설 등 제반 분야에서 협력을 도모할 수 있다.

두 번째는 친환경을 회복하는 기회이다. 중국과 유럽은 친환경 파트너가 되어 인류를 탄소중립시대로 이끌고 포스트 산업 문명을 개척해야 한다. 중국은 2030년에 이르러 탄소배출 정점을 찍고 2060년에 이르러 탄소 중립을 실현하며 특히 생산방식을 통한 오염물 배출 감소방안을 제시했다. 유럽연합이 제시한 2050년까지 탄소 중립을 실현할 것이라는 목표는 주로 생활방식에서 실현할 계획이며, 주거-교통의 에너지 절약과 오염물 방출 감소에 초점을 맞추었다. 중국과 유럽의 협력은 세계 각국에 생산-생활방식의 전방위적인 선택을 제공해주고 있다.

세 번째는 무역파트너에게 서비스를 제공하는 기회이다. 중국-유럽 투자협정의 협상 타결은 중국의 고품질 발전과 세계 경제의 고품질 발전에 중요한 기회를 가져다줄 것이다. 상무부가 제3회 중국국제수출입박람회에서 발표한 「중국 서비스 수입 보고서(2020)」에 따르면, 향후 5년간 중국의 서비스 수입 규모는 누계로 2조 5,000억 달러에 달할 것이며 전 세계에서 차지하는 비중이 10%를 초과할 전망이다. 유럽은 서비스업이 발달해 중국과의 협력 잠재력이 크다.

2020년 12월

함정설 배후에 숨겨진 논리 진실을 파헤치다

중국은 급속도로 발전하고 있다. 현대화는 서방을 스승으로 삼고 개혁개방은 국제와의 연결을 강조하며 루트 의존적 사고방식이 양성되었다. 현재 개혁개방은 오르막길을 오르고 고비를 넘기는 관건적인 시점에 이르렀는데 서방의 이론으로도 부족하고 고대 중국의 경험도 잘 통하지 않는다. 따라서 여러 가지 함정설에 마음이 흔들리기 쉽다.

최근 몇 년간 중국이 궐기함에 따라 여러 가지 함정설에 휩싸인 듯하다. '맬서스 함정', '민주 함정', '문명의 충돌 함정', '신냉전 함정', '중진국 함정', "네가 무대에 올라 떠들다가 내려가면 내가 등장하는 격"이었다. 최근에는 또 소프트 파워 함정의 변종인 샤프 파워(銳實力)가 나타났다.

다양한 함정설은 각자 자체의 담론 체계와 함축적인 논리가 있기에 찬반 여부를 막론하고 그 개념을 적용하기만 하면 그 논리의 함정에 빠지게 된다.

한 마디로 다양한 함정설 자체가 바로 함정이다. 예를 들면 '킨들버거 함정'의 논리는 국제사회가 무정부 상태라는 것, 그래서 패권국이 국제 공공재를 제공해야만 국제질서가 유지된다는 것이 전제이다. 만약 중국이 국제 공공재를 제공한다면 패권국의 행위로 간주되고 제공하지 않는다면 무책임한 것으로 간주되는 것이다. 그래서 "이래도 불만, 저래도 불만"인 진퇴양난의 처지에 몰리게 된다. 사실 여기서 말하는 공공재는 우리가 강조하는, 중국이 기타 나라와 함께 사회에 제공하는 공공재의 중성 함의와는 다르다. 만약 중국이 실제로 조지프 나이가 건의한 것처럼 글로벌 안보 공공재를 포함해 공공재를 적극적으로 제공한다면 미국의 동맹체계, 패권체계가 계속 유지될 수 있을까? 그러니 미국은 중국이 일부 분야에서만 미국에 도움을 주기를 바랄 뿐 중국이 실제로 미국을 대체하는 것은 절대 바라지 않는다. 이에 대해 우리는 절대 미숙하게 행동해서는 안 된다.

중국에서는 라틴어를 가르치지 않고 종교 수업을 하지 않기 때문에 많은 사람들은 근원적인 의미를 분명히 이해할 수 없으므로 여러 가지 함정설 배후의 함정을 꿰뚫어 볼 수 없다. 중국인들은 미국의 소프트 파워 개념을 그대로 가져다 사용하지만, 미국의 '소프트 파워'개념이 하드-소프트 파워 이분법 사고를 바탕으로 하며, "자신은 영원히 옳고 뭐든 할 수 있다"고 생각하는 뚜렷한 미국 예외론과 '운명은 하늘이 정한다'는 콤플렉스를 갖고 있음을 이해하지 못한다. 이는 중국 전통의 '내성외왕'(內聖外王, 대내로는 성인의 재덕을 겸비하고 대외로는 왕도를 실시하고 있음을 뜻함) 권력관과는 크게 다르다. 그 결과 서방은 중국의 소프트 파워를 인정하지 않으며 최근에는 샤프 파워로 반격하고 있다.

게다가 이런 '함정'들은 흔히 국부적인 경험이나 단계적인 총화일 뿐, 필연적인 법칙을 반영하지는 않는다. 투키디데스 함정의 경우를 보면 2천여 년 전 서방의 국부적인 역사 경험이 오늘의 세계, 특히 동방 고대 문명국에 적용될 수 있을지의 여부는 제쳐두고 펠로폰네소스전쟁이 발발한 원인만 놓고 보아도 서방 역사학계에는 논쟁이 끊이지 않고 있다. 역사학자 투키디데스의 해석은 그중 하나일 뿐 진리는 아니다. 게다가 투키디데스의 논리 자체도 일관성이 없다. '투키디데스의 함정'은 투키디데스가 후세 사람들에게 파놓은 함정이라고 할 수 있다. 중진국 함정을 중국에 적용하는 것은 더욱이 대상을 잘 못 찾은 것이다. 중국은 예로부터 자체의 독립적인 문명체계를 보유하고 있고, 근대에는 자국 국정에 어울리는 발전의 길을 모색해내 걷고 있다. 중국의 공업체계는 세계에서 가장 독립적이고 구전하다. 게다가 강력한 중국공산당의 영도는 더 말할 나위도 없다. 중국은 역사상 그 어느 때보다도 위대한 부흥이라는 목표의 실현에 접근하고 있는데 서방 체계에 의존하는 라틴아메리카국가들은 비교조차 할 수 없는 상황이다.

서방 함정론이 끊임없이 등장하고 있는데 그 본질은 중국의 노선을 인정하지 않고 비관적으로 보는 것이다

서방 함정론이 끊임없이 등장하고 있다. 이런 함정의 잠재적 논리는 중국이 서방의 노선을 따르지 않는다면 헤어 나올 수 없는 수렁이 기다리고 있다는 것이다. 본질은 중국의 노선을 인정하지 않고 비관적으로 보고 있다는 것이다. 이는 서방 기독교의 독선적인 사고방식을 반영했으며 스스로 보편적 가치를 대표하고 있고 역사의 선택을 종말 지었다고 여기고 있다. 그리하여 서방은 늘 실사구시적으로 세계를 보지 못할 뿐만 아니라 자신도 중국도 보지 못하고 있다.

다양한 함정의 본질은 중국 함정이다. 즉 중국공산당이 영도하는 중국이 과연 서방의 경험, 서방의 모델 그리고 서방의 가치를 뛰어넘어 서방의 보편적 신화를 깨뜨릴 수 있겠느냐는 것이다. 중국을 함정에 빠뜨리는 것은 겉으로는 중국의 궐기를 직시하지 못하는 것처럼 보이지만 실제로는 서방이 지방적이라는 개념을 직시할 수 없기 때문이다. 또 겉으로는 중국을 빠뜨릴 함정을 파는 것처럼 보이지만 사실 서방은 스스로를 옭아맬 올가미를 짜는 꼴이다.

왜 함정설이 끊이지 않는 것일까? '4가지 특별 중국' 앞에서 서방의 경험, 지식, 관념은 이제 부족하다.

특별히 오래된 역사. 유럽인들이 보기에 중국은 아직 해체되지 않은 로마제국과도 같다. 드골은 일찍 중국은 역사보다 더 오래된 나라라고 말했다. 누구의 역사인가? 물론 서방의 역사이다. 서방의 지식은 대부분 『성경(圣经)』에서 기원했다. 『성경』에는 인류의 여러 가지 유구한 문명이 기록되어 있지만 유독 중국에 관한 기록만은 없다. 예수가 탄생하기 221년 전에 진시황은 이미 중국을 통일했다. 오늘에 이르기까지 중국의 정치 지배 방식은 대체로 여전히 진나라가 개척한 군현제(郡縣制)이다. 서방을 놓고 볼 때 중화 문명은 오늘날 세계에서 유일하게 연속적인 유구한 문명으로서 여전히 생기가 흘러넘치는데 이는 불가사의한 일이다.

특별히 큰 규모. "우리 벨기에인이 보기에 중국은 하나의 주(洲)이다." 볼프강 이싱거(Wolfgang Ischinger) 뮌헨 안전보장이사회 의장도 "유럽에는 두 부류의 나라만 있다. 한 부류는 소국이고, 다른 한 부류는 스스로 소국이라는 사실을 아직 깨닫지 못한 나라이다."라고 자조적으로 말한 바 있다. 인류의 산업화는 영국에서 기원했다. 당시 영국의 인구는 겨우 수백만 명이었고, 훗날 산업화가 유럽대륙 전역에 퍼진 후에도 인구수가 겨우 수천만 명밖에 안 되었다. 산업화가 미국에 전파되어서야 인구수가 겨우 1억 명 수준에 이르렀다. 그러나 오늘날 중국은 10억여 명 인구가 산업화를 실현하고 있다.

특별히 세속적인 사회. 현재 세계에서 유일하게 현존하는 비자모 (非字母) 문자를 사용하는 것은 성스러운 학문을 계승한 것으로서, 이는 서방에서 이해할 수도 파악할 수도 없는 부분이다. 더 중요한 것은 중국이 역사상에서 유일한 세속국가의 궐기로서 중국이 종교를 믿지 않는데 왜 무너지지 않는지? 중국이 강대해진 뒤 자신의 힘을 어떻게 사용할 것인지? 하는 것이 서방이 더욱 궁금해하는 부분이다. 애초 중국의 개혁개방을 지지한 목적은 중국을 동류로 귀의시키려는 속셈이었다. 중국이 '4가지 자신감'을 갖추게 될 줄은 미처 생각지도 못했다. 그 자신감은 중국에 하늘이란 개념이 있고, 하늘 아래에 여러 신 즉 유교·도교·불교가 공존하는데 그 근원이 있다. 중국은 불교를 불교학, 선종(禪宗)으로 중국화하고 또 기독교를 중국화해 중국을 변화시키려는 서방의 접촉 정책을 무산시켰다.

특별한 궐기. 중국의 산업화는 해외의 그 어떤 식민 약탈에도 의지하지 않고 원시 축적을 완성했으며, 개혁개방 후의 속도와 규모에서 모두 인류의 산업화 기적을 창조했다. 동시에 중국의 위대한 부흥은 "역사의 최대 판도 회복"도 "강대허면 반드시 패권을 잡는다는 역사의 반복"도 아니다. 이는 평화로운 협력과 공동 부흥을 통해 패권이 존재하지 않는 시대를 여는 것이다.

서방은 자신들의 거울로 중국을 보고 중국은 서방의 거울로 자신을 본다. 이것은 '함정설'이 끊임없이 제기되는 공급과 수요의 이중적 논리이다

물론 서방 학자들이 악의적으로 이런 함정들을 제기해 중국에 영향을 끼치려고 한다고 말할 수는 없다. 한편으로는, 서방 지식의 한계가 초래한 세계 속 중국의 역설로 인해 여러 가지 함정설이 끊임없이 생겨나는 것이다. 다른 한편으로는, 우리 자신에게도 문제가 있다. 서방은 중국을 분명히 보지 못하고 있고 중국은 스스로를 분명히 보여주지 못하고 있는 것이다.

왜 스스로를 분명히 보여주지 못하고 있는 것인가? 오랜 세월 동안 외국의 것을 숭배하면서 서방 이론을 기준으로 받들고 외국을 숭배하고 외국에 아첨했기 때문이다. 대다수 함정설은 하버드대학 교수들이 조작해낸 것인데, 중국의 '하버드 빠순이'들이 따라 울부짖자, 언론들이 덩달아 추종하는 상황이다. 오늘날 중국인을 속여서 유명해지는 외국인이 갈수록 많아지고 있다. 중국은 이들 미국 학자들의 함정설을 노이즈마케팅하는 과정에 무의식적으로 미국의 담화권을 키워주고 있다. 반대로, 만약 중국학자가 제기한 것이라면 국내에서는 오히려 그토록 열을 올리지 않을 것이다.

이와 동시에 중국은 너무 빠른 속도로 발전하고 있다. 서방이 준비가 덜 되어 있을 뿐만 아니라 중국 스스로도 마음의 준비가 덜 된 상황이다. 혹은 줄곧 부지런히 일에만 전념하다 보니 이론적으로 정리할 겨를이 없었다고 할 수 있다. 현대화는 서방을 스승으로 삼고 개혁개방은 국제와의 연결을 강조하며 루트 의존의 사고 모델을 형성했다. 개혁개방이 오르막길을 오르고 고비를 넘기는 관건적인 시각에 이른 현재 서방의 이론으로는 부족하고 고대 중국의 경험은 잘 통하지 않아 여러 가지 함정설에 흔들리기 쉽다.

그리고 중국의 발전이 오늘날에 이르기까지는 정말 쉬운 일이 아니었다! 서방의 함정설에 무의식적으로 동조하는 많은 중국인들 역시 사실은 깊은 애국심에서 비롯된 행동이다. "백 리를 가야 한다고 했을 때, 구십 리를 반"으로 여기며 끝까지 견지하지 못해 위대한 부흥의 실현에 차질을 빚을까 봐 걱정하면서 항상 조심스럽고 경계심을 늦추지 않는다. "없다고 믿고 방치하기보다는 있다고 믿고 대비하는" 마음가짐을 유지하며 여러 함정설에 빠질까 두려워하고 있다.

늘 이런 '함정'을 무조건적으로 진리로 받들다보면 일종의 악성 예측이 만들어지고, 일종의 심리적 암시가 쌓여 결국 스스로 예언을 실현하게 된다. 두려워하는 일이 현실이 된다는 옛말처럼 말이다. 다시 한번 말하자면 유언비어는 지혜로운 자에게서 멈추고, 함정은 자신감에 막힌다. 여러 가지 함정설은 대부분 중국인 스스로 조장한 것으로 중국이 진정으로 근대에서 벗어나고 서방과 결별하려면 아직 시간이 필요하다는 것을 보여준다. 여러 가지 함정설은 오히려 우리에게 길에 대한 자신감, 이론에 대한 자신감, 제도에 대한 자신감, 문화에 대한 자신감을 더욱 확고히 할 것을 거듭 일깨워준다. 함정설은 할머니가 아이를 재우기 위한 수단으로 들려주는 이야기에 불과한 것으로서 아이가 다 크고 나면 할머니의 이야기도 끝이 난다.

서방은 중국을 볼 때 언제나 수요와 기대로부터 출발해 중국을 그들의 궤도에 끌어들이려고 한다. 중국인들은 자신을 볼 때 무의식적으로 서방 특히 오늘날 서방을 대표하는 미국을 참조하면서 위대한 부흥은 미국 추월을 목표로 해야 한다고 여기고 있다. 한마디로, 서방은 자신들의 거울로 중국을 보고 있고 중국은 서방의 거울로 자신을 보고 있다. 이는 함정설이 끊임없이 제기되는 공급과 수요의 이중적 논리이다. 서방의 술책을 간파하고 전략적 정진력과 전략적 자신감을 유지하려면 중국의 학술적 자신감의 공급측(供给侧) 개혁에 의지해야 한다.

중국은 지금 선인들이 걸어본 적이 없는 길을 개척하고 있다. 서방은 경험자가 아니므로 보살을 섬기는 마음으로 그들을 대할 필요도, 온갖 함정설에 깜짝깜짝 놀라며 호들갑을 떨 필요도 없다. 중국은 자체의 일을 잘하고 세계에서 자신의 입지와 역할을 잘 파악해 소매를 걷어붙이고 열심히 일해 청사진을 끝까지 그려나간다면, 여러 가지 함정설에 속지 않을 수 있을 것이다.

2018년 4월

중국이 개발도상국 지위를 고수하는 이유

　최근 들어 중국이 개발도상국의 신분을 포기해야 한다고 주장하는 학자들도 있다. 미국이 중국의 이러한 지위를 더 이상 인정하려 하지 않기 때문이다. 이들 경제학자는 기술적 사고방식, 더욱 중요하게는 미국식 사고방식에 빠졌다. 중국이 개발도상국이냐 아니냐 하는 것은 무역 마찰, WTO개혁, 미국의 시각에서 벗어나 바라볼 필요가 있다.

　중국을 개발도상국으로 분류하는 것은 중국이 자칭한 것이 아니라 세계은행, 세계무역기구 등 유엔의 관련 기구들이 인정한 것이다. 예를 들면 세계무역기구의 개발도상국 회원국은 기본적으로 3대 부류로 나눌 수 있다. 첫 번째 부류는 후진국과 지역이고, 두 번째 부류는 1인당 연간 국민총생산이 1천 달러 미만인 나라이며, 세 번째 부류는 기타 개발도상국 회원국이다. 중국은 세 번째 부류에 속한다.

　역사적으로 '3개 세계' 이론체계에서 개발도상국은 한때 '제3 세계'로 불렸는데 이는 중국의 진영이자 귀착지였다. 오늘날 세계는 지난 백 년간 겪어보지 못한 중대한 변화를 겪고 있으므로 개발도상국의 신분에 대한 이해도 반드시 이런 시대적 배경하에서 고려해야 한다. 우리는 우선 '구3론'(老三論)을 검토해야 한다.

　첫째, 이득론. 개발도상국일 경우 중국은 세계은행의 저금리 대출, 선진국보다 더 낮은 관세, 수천억에 달하는 무상 지원 기부금 그리고 더 많은 탄소배출권 등 일련의 우대 정책을 누릴 수 있음을 의미한다. 그렇기 때문에 중국이 개발도상국 포지션을 견지하는 것은 개발도상국으로서의 이득을 얻기 위해서라는 설도 있다.

둘째, 빈곤퇴치론. 개발도상국은 가난, 낙후와 동등시된다. 만약 이러한 맥락에서 보면 중국은 이제 더 이상 개발도상국이 아니다. 이는 마치 빈곤 현의 모자를 벗어야 할지 말아야 할지와 같은 문제이다. 빈곤 현의 모자를 벗지 않는다면 많은 정책적 혜택을 누릴 수 있다. 만약 벗어버린다면 명성이 많이 좋아지고 치적에도 기입되지만, 대신 정책적 혜택은 더 이상 누릴 수 없게 된다. 중국의 14억 인구가 전면적으로 빈곤에서 벗어나면 그들은 중국이 개발도상국이 아니라고 더욱 떠들어댈 것이다. 미국도 국내에서 전면적으로 빈곤에서 벗어났다고 감히 말할 수 없지 않은가?

셋째, 관성론. 오랫동안 개발도상국이라는 사실에 습관화 되어 있는 중국이 그 모자를 벗어버리기가 결코 쉬운 일이 아니다. 트럼프 미 대통령은 중국이 개발도상국을 자처하며 책임을 회피하고 국제사회를 기만하고 있다고 비난했는데 바로 이런 심리를 이용한 것이다.

사실, 우리는 마땅히 '신3론'(新三論)의 차원에서 중국이 왜 개발도상국 지위를 고수하는지를 이해해야 한다.

첫째, 의식론. 위대한 부흥이란 자체만의 부흥이 아니라 모든 나라가 함께 부흥하는 것이며, 다른 나라의 희생을 대가로 하는 것은 더더욱 아니다. 중국의 외교 원칙은 기존의 내정 불간섭에서 현재의 국제적 책임의 강조로 바뀌었는데 양자를 어떻게 통일시켜야 할 것인가? 서방 경제학에 '파레토 개선'[32] 이란 중요한 명사가 있는데 중국 학자 장위옌(張宇燕)은 '공자 개선'이란 새로운 개념을 제기했다. '공자

---

32) 파레토개선(Pareto Improvement) : 하나의 자원 배분 상태에서 어느 누구에게도 손해가 가지 않게 하면서 최소한 한 사람 이상에게 이득을 가져다주는 변화.

개선'은 차원이 더 높다. 공자는 "자신이 자립한 뒤 주위 사람을 일으켜 세우고, 자신이 성공한 뒤 주위 사람도 성공으로 이끌어야 한다."라고 주장하기 때문이다. 즉 만약 자신이 성공하려면 주위 사람도 이끌어 성공하게 하고 자신이 부유해지려면 주위 사람도 함께 부유해지도록 해야 한다는 것이다.

둘째, 책임론. 개발도상국 지위를 고수하는 것은 중국 외교의 최후의 방어선이자 초심을 잃지 않는 것이기도 하다. 중국이 개발도상국을 정의하고 있으니 미국의 정의는 필요 없다. 이는 중국이 사회주의 국가를 정의하고 있으니 미국의 정의가 필요 없는 것과 같은 맥락이다. 미국을 비롯한 서방국가들은 단지 중국을 개발도상국 진영에서 분리시키려는 의도일 뿐 선진국임을 인정하지도 않을 뿐 아니라 선진국의 권력을 공유하지도 않을 것이며, 중국을 추켜세워 죽이거나 고립시키려 시도하고 있다. 개발도상국은 빈곤, 낙후와 필연적인 연계가 없고 국제 정치적 정체성과 포지션이 더 중요하다. 즉 우리는 영원히 개발도상국의 편에 설 것이라는 것. 개발도상국이 세계 인구의 70%를 차지하기 때문이다. 세계 다수 인의 편에 서는 것은 공정성과 정의를 지키는 중국 외교의 원천이다. 중국은 유엔안전보장이사회 상임이사국으로서 개발도상국의 권익을 대표하고 있다. 한마디로 개발도상국은 중국의 세계적 책임이다!

셋째, 운명론. 개발도상국은 지난날 식민지 또는 반식민지로 전락했던 공동의 또는 유사한 운명을 가지고 있고, 오늘에 와서는 또 공동의 과업과 염원을 가지고 있다. 바로 글로벌 거버넌스 구조와 국제질서를 개혁해 개발도상국의 권익을 더 많이 반영하고, 앞으로는 공동의 운명으로 더 많이 구현되도록 한다는 것이다. 그러므로 중국이 개발도상국으로서의 포지션을 견지하는 것은 인류운명공동체를 구축하기 위한 내적 요구이다.

개발도상국은 객관성뿐만 아니라 주관성도 가지고 있으며, 국제적인 인정이자 자아의식이며 상호적이면서도 변증법적인 존재이기도 하다. 중국이 스스로 개발도상국으로 포지션을 정한 것은 겸손해서도 아니며 허위적인 것은 더더욱 아니다. 여전히 발전 잠재력이 있다는 것을 스스로 증명하기 위해서이다. 핵심 키워드는 개발도상이라는 것으로서 단순한 개발이 아니다.

물론 중국은 스스로 개발도상국으로 포지션을 정했고, 세계는 중국을 슈퍼대국이라고 부른다. 종합하면 어쩌면 중국을 '슈퍼 개발도상국'으로 부를 수 있지 않을까. 중국은 선진국과 개발도상국을 연결하는 가교와 유대가 될 수 있다. 마치 '일대일로'가 남남협력이자 제3시장을 개발하는 남북협력이기도 한 것과 같은 맥락이다. 중국의 다중 신분 및 포용성 문화는 중국이 국제협력에 참여하는 과정에서의 걸림돌이 아니라 오히려 우위이자 기존의 글로벌 거버넌스 구조와 국제질서 개혁의 희망이다.

2019년 8월

'세계의 중국'과 '중국의 세계' 사이에서 자신의 위치를 제대로 찾아야 한다

2018년, 중앙외사업무회의에서 시진핑 총서기는 처음으로 "국제 정세를 파악함에 있어서 정확한 역할관을 수립할 것"을 제시하면서 "여러 국제 현상을 냉정하게 분석해야 할 뿐만 아니라 세계에서 자신의 지위를 정하고 중국과 세계의 관계 속에서 문제를 보고 세계 구도의 변화발전에서 중국의 지위와 역할을 명확히 파악하며 중국의 대외 방침과 정책을 과학적으로 제정할 것"을 요구했다. 어떻게 자신의 지위를 정하고 중국과 세계의 관계 속에서 문제를 볼 것인지가 당원, 지도 간부들 앞에 놓인 시대적 과제로 되었다.

신시대에 접어든 후 세계의 변화에 대해 사고함에 있어서 중국의 지위를 확정해야 한다. 중국은 세계가 변화 발전하는 종속변수일 뿐만 아니라 독립변수이기도 하다. 현재 중국과 세계의 관계는 '세계의 중국'에서 '중국의 세계'로 바뀌고 있다. '일대일로'의 논리는 근대의 "세계의 것을 중국의 것으로 만드는 차원"을 뛰어넘어 "중국의 것을 세계의 것으로 만드는 차원"으로 올라섰다. 즉 중국의 노동자, 자금, 기술, 기준, 모델이 세계로 진출해 세계를 크게 변화시키고 있는 것이다.

중국의 다중 신분은 중국의 최대 특색이다. 청나라 말 저명한 학자 량치차오(梁啓超)가 중국 역사를 중국의 중국, 아시아의 중국 그리고 세계의 중국 3개 시기로 나누었다. 이 또한 중국의 3가지 각기 다른 신분을 구현했다. 오늘날 '중국의 중국'은 중국 특색의 사회주의를 가리키고, '아시아의 중국'은 동방 문명(동아시아 문명)을 의미하며,

'세계의 중국'은 개발도상국이자 신흥대국으로서의 중국의 신분을 더욱 부각시킨다는 의미이다.

아편전쟁 이후 중국은 전통 신분을 잃고 새로운 신분을 찾기 위한 긴 여정을 시작했다. 1912년 아시아 첫 민주공화국인 중화민국이 창립되고, 중국의 전통 정치구조와 주권, 민족국가를 핵심으로 하는 서방 국제체계를 결합시키고서야 중국은 최종 '아시아의 중국'과 일부 '세계의 중국'이라는 새로운 신분을 얻을 수 있었다. 1949년 중화인민공화국이 창립되면서 중국은 사회주의 국가라는 또 다른 새로운 신분이 생겼다. 이와 동시에 중국은 스스로 제3 세계의 형제라고 정의했다. 특히 1971년 유엔에서 합법적인 지위를 회복한 후 더욱 개발도상국의 대변인으로 인정받아오고 있다. 개혁개방 이후 중국은 지역화와 글로벌화에 융합하는 과정에 아시아, 세계에 끊임없이 융합하면서 점차 신흥 대국으로 부상했다. '아시아의 중국'과 '세계의 중국'이라는 중국의 신분은 이런 배경에서 비로소 진정으로 형성될 수 있었다.

최근 몇 년간, 중국은 평화로운 발전의 길을 견지해 왔으며, '조화로운 세계'의 발전이념을 제기했다. 중국은 경제 부상과 더불어 정치와 문화도 함께 발전했다. 중국과 세계의 관계도 '세계의 중국' vs '중국의 세계'라는 새로운 단계에 이르렀다. 이는 세계에서 중국의 위치 그리고 중국이 세계를 어떻게 보는지와 관계되는 문제이다. 아울러 현재 중국의 진취적인 외교정책과 고조된 대중 여론 또한 중국의 관심사가 날이 갈수록 '세계의 중국'에서 '중국의 세계'로 점차 바뀌고 있음을 보여주고 있다.

개발도상국과 신흥 대국이라는 중국의 이중 신분이 갈수록 세계의 공인을 받고 있다는 점은 의심할 나위가 없다. '중국의 중국'과 '아시아의 중국'은 국내 여건의 제약을 받는 동시에 중국의 글로벌 행위방식을 점차 형성해 가고 있다.

이런 다양한 신분이 조화롭게 공존할 수 있는 방법은 무엇일까? 역사학자 장바이자(章百家) 선생은 "자신을 변화시켜 세계에 영향을 주는 것"이라고 중국과 세계 관계의 논리를 표현했다. 이런 논리는 이미 중국 근대사에 의해 실증되었으며, 신시대 중국 특색 사회주의의 실천 과정에서도 가일층 검증될 것이다.

개발도상국, 사회주의 국가, 동방 고대 문명국은 중국의 3중 신분으로 중국 특색 대국 외교의 바탕색을 이루고 있다. 즉 개발도상국인 중국의 기본 국정에 입각해 발전이라는 중심을 긴밀히 둘러싸고 샤오캉사회의 전면 실현을 위한 양호한 외부 환경을 더욱 적극적이고 효과적으로 조성할 것이다. 또 중국 특색의 사회주의 이념에 뿌리를 박고 대내로는 공평·정의, 공동 부유, 사회의 조화를 추구하는 한편, 대외로는 바른 도리를 주장하고 공리(公理)를 수호하며 정의를 펼칠 것이다. 풍부하고 심오한 중화 문명을 발단으로 중화의 우수한 전통문화를 적극 고양하고, 현대의 국제관계를 처리함에 있어서 중국의 지혜가 기여할 것이다.

외교 전통과 시대적 요구는 중국 특색의 대국 외교를 구축할 수 있는 또 다른 두 가지 요소이다. 이는 신중국 외교의 우수한 전통에서 비롯되었다. 우리는 독립자주를 견지하고 세계 평화 수호와 공동 발전 촉진을 취지로 하며, 개방과 포용의 마음가짐으로 외부와의 대화 및 소통을 강화할 것이다. 또 현시대의 흐름과 세계 대세에 맞게 우리는 시대와 더불어 발전하는 중국 외교의 품격을 발휘해 개척혁신의 정신으로, 국제질서가 더욱 공정하고 합리한 방향으로 변화 발전하도록 추진할 것이다.

상기 5가지 방면의 특색이 한데 결합해 공동으로 중국 신형 대국 외교의 총체적 포지션을 구축하고 있다.

내부에서 외부로, 이는 중국 특색 대국 외교의 주요 논리이다. 사회주의 길과 사회주의 이념을 견지하려면 대내적으로는 공평·정의, 공동 부유, 사회의 조화를 추구하는 한편, 대외적으로는 바른 도리를 주장하고 공리(公理)를 수호하며 정의를 펼쳐야 한다. 동시에 세계 최대 개발도상국이라는 것은 여전히 중국의 기본 포지션이다. 이로써 우리는 중국의 외교는 우선 국가 발전이라는 중심을 긴밀히 둘러싸고 발전을 위하고 발전을 촉진해야 하며, 샤오캉사회의 전면적인 실현을 위한 양호한 외부 환경을 더욱 적극적이고 효과적으로 조성함으로써 지속 가능한 발전에 영향을 주는 여러 가지 문제를 해결하고 세계를 향해 끊임없이 퍼져나가는 중국의 정당한 권익을 수호하기 위한 더욱 유력한 보장을 마련해야 한다. 발전을 최우선 과업으로 삼는 중국은 신형의 의리관(義利觀)을 적극 고양하면서 인류운명공동체를 구축하고 있다. 중국은 개발도상국 진영을 벗어났던 적이 없으며 앞으로도 영원히 벗어나지 않을 것이다.

적극적, 능동적인 것, 이는 중국 특색 대국 외교의 주요한 풍격이다. 중국 특색은 자국이 특색을 갖출 뿐만 아니라 다른 나라도 특색을 갖출 것을 바라는 것이다. 따라서 인류운명공동체와 신형 국제관계의 구축이라는 중요한 이념을 제시한 것이다. 19차 당 대회 보고에서 제시했다시피, 중국 특색 사회주의가 신시대에 들어선 것은 중국 특색 사회주의 길, 이념, 제도, 문화의 꾸준한 발전을 의미하며, 개발도상국이 현대화로 나아가는 루트를 넓힘으로써 빠른 발전을 이루면서도 자체적인 독립성을 유지할 수 있기를 희망하는 국가와 민족에게 새로운 선택지를 제공해주어 인류 문제 해결을 위한 중국의 지혜와 중국의 방안을 기여했다.

외교적 자신감, 외교적 자각성, 외교적 자존감, 이는 중국의 적극적이고 능동적인 대국 외교의 뚜렷한 이미지이다. 외교적 자신감은 자체 실력과 지위에 대한 객관적인 인식에서 비롯된다. 오늘날 중국은 이미 120여 개 국가의 최대 무역파트너로 부상했고, 세계에서 성장이 가장 빠른 주요 수출 시장, 가장 유망한 주요 투자 목적지, 그리고 에너지 자원 제품의 주요 수입국으로 부상했으며 세계의 경제 성장을 추진하는 주요 엔진 중의 하나로 자리매김했다. 외교적 자각성은 오늘날 세계에 대한 우리의 객관적인 평가에서 비롯되는데 이는 중국이 제안한 '일대일로'와 '2개 구축'-신형 국제관계 구축과 인류운명공동체 구축-에서 두드러지게 표현된다. 외교적 자존감은 신중국의 우수한 외교 전통과 인간중심, 위민(爲民, 백성을 위함) 외교의 이념에서 비롯되었다.

총체적으로 자체의 신형 대국 신분으로, 중국 특색의 외교 철학을 견지하면서 신형의 대국관계를 구축하는 것은 중국 특색 대국 외교의 주요한 사고방식이다.

2018년 7월

'코로나19' 방역에서 보여준 중국의 정신과 깊은 계시

시진핑 총서기는 코로나19 방역과 경제사회발전을 총괄 추진하는 것에 관한 업무배치 회의에서 "이번 코로나19 사태는 신중국이 창건된 이래 중국에서 발생한 공중위생사건 중에서 전파속도가 가장 빠르고 감염범위가 가장 넓으며, 방역 난이도가 가장 큰 중대한 공중위생 돌발사건"이라고 강조했다. 이 또한 지난 백 년 동안 겪어본 적이 없는 글로벌 중대 공중위생의 위기이기도 하다. 코로나19 방역 과정에서 깊은 계시를 얻었는데 필자는 아래와 같이 10가지로 개괄하고자 한다.

계시 1: 코로나19 사태는 국가 거버넌스 체계, 거버넌스 능력에 대한 대 도전이다

코로나19는 국가 거버넌스 체계와 거버넌스 능력의 현대화에 대한 대 도전이자 또 국가 거버넌스 체계와 거버넌스 능력 개혁과 보완을 진일보로 추동한 것으로서 양자는 변증법적 관계이다. 시진핑 총서기는 "현재에 입각해 코로나19 방역 저지전에서 반드시 승리해야 할 뿐만 아니라 더욱이는 미래지향적인 안목을 가지고 제때에 경험을 총화해 중대한 전염병 방역 체제와 메커니즘을 보완하고 국가 공중위생 비상대응 관리체계를 보완할 것"을 강조했다. 총서기는 '국가의 중기(重器)'라는 표현을 사용해 생명안전과 바이오안전 영역의 중대한 과학기술 성과를 정의하면서 이는 취약한 부분을 보강하고 근육과 뼈대를 강하게 하는 근본이라고 제시했다. 아울러 법에 따라 전염병을 퇴치하고 국제협력을 전개하며, 바이오 안전법 제정을 추동하고,

세계보건기구와의 협력을 강화하며, 중국과 글로벌 공중위생 거버넌스체계를 개혁 및 보완할 것을 늘 강조했다.

계시 2: 코로나19는 중화민족의 위대한 부흥을 실현하는 과정에서 일어난 큰 에피소드이다

코로나19가 중국 경제와 사회에 준 영향은 일시적인 것으로서 되돌릴 수 있다. 코로나19는 중화민족의 위대한 부흥을 실현하는 과정에 나타난 하나의 에피소드에 불과할 뿐이다. 뿐만 아니라 코로나19는 중국의 디지털화 전환을 압박하고 촉진했다. 의료·교육·사무처리·전파·거래·물류·오락 등 모든 분야의 디지털화가 가속화되어 국가 거버넌스의 현대화, 디지털화, 지능화를 추진했다. 코로나19의 발생은 중국 제조업의 정보화 전환을 추동하고 인공지능·사물인터넷·5G 기술·바이오의약의 혁신과 응용을 가속화했을 뿐만 아니라, 글로벌 가치사슬에서의 중국의 순위와 글로벌 가치사슬 재구성에서 중국의 담화권을 한층 향상시켰다. '코로나19'와의 싸움을 통해 중국 인민, 국내외 중화의 아들딸들은 한 차례 생동한 애국주의 교육을 받았으며, 민족정신을 크게 진작시켰다. 이 또한 "무릇 우리를 무너뜨릴 수 없는 모든 것이 우리를 더욱 강대하게 만들 것"이라는 속담을 입증한 셈이다.

계시 3: 코로나19 팬데믹은 지난 백 년간 한번도 겪은 적이 없는 대변화에 대한 일대 영향이다

마크롱 프랑스 대통령은 프랑스를 놓고 볼 때 현재의 코로나19는 백 년에 한 번 있을 만한 공중위생위기라고 말했다. 메르켈 독일 총리는 코로나19를 전후 독일에 닥친 최대 시련이라고 말했다. 구테흐스 유엔 사무총장은 코로나19를 유엔 창립 75년 만에 직면한 가장 심각한 위기라고 표현했다. 코로나19의 세계적 대유행(팬데믹)은 시진핑 주석이 지적했다시피 지난 백 년간 한 번도 겪어본 적이 없는 대변화를 잘 보여주고 있으며, 인류운명공동체 또한 백 년간 한 번도 겪어본 적이 없는 대변화에 대응하는 유일한 올바른 선택이다.

마음 아픈 현실은 현재 전 세계적으로 190여 개 나라와 지역에서 60만 명 이상이 이미 코로나19에 감염되었다는 사실이다. 코로나19 바이러스에 대해 나라별로 전혀 다른 대응조치를 시도했다. 모니터링, 격리, 공공활동 자제 등에 대한 보편적인 기준이 없는 탓에 인민들의 불안이 가중되었고, 지도자에 대한 믿음이 줄어들었다. 최근 포퓰리즘이 머리를 들기 시작하면서 국가 간 협력의 동기를 더욱 약화시켰다. 정치와 경제, 국제와 국내의 연동성으로 말미암아 코로나19 팬데믹의 정치적 및 경제적 리스크가 서로 얽히게 되었다. 글로벌 증시와 유가의 하락이 투자자들의 자신감을 떨어뜨렸다. 공급측과 소비측에 대한 이중 압박으로 세계 경제에 어두운 그림자가 드리웠다.

계시 4: 코로나19 팬데믹은 인류운명공동체에 대한 한 차례의 대실천이다

시진핑 총서기는 구테흐스 유엔 사무총장과의 전화 통화에서 이렇게 말했다. 국제사회는 반드시 인류운명공동체 의식을 수립해 서로 지켜보고 도와주며 손잡고 함께 위험과 도전에 대응해 인류의 삶의 터전인 지구를 함께 아름답게 가꾸어야 한다. 코로나19와의 싸움은 인류운명공동체를 구축함에 있어서의 생동한 사례이다. 중국이 가장 어려울 때 국제사회의 많은 구성원들이 보내준 진심 어린 도움과 지원에 마음이 따뜻해졌다. 현재 중국은 코로나19 방역 형세가 지속적으로 좋아지는 방향으로 나아가고 있고, 생산·생활 질서가 빠르게 회복되고 있다. 그러나 코로나19가 세계적으로는 급속히 확산되고 있다. 중국은 이란·이탈리아 등 80여 개 국가에 의료전문가를 파견하거나 부족한 긴급의료 구호물자를 지원했으며, 방역 경험 및 데이터를 세계와 공유했다. "바이러스는 국경이 없으므로 오직 전 세계적으로 바이러스를 소멸해야만 방역에서 성공을 거두었다고 말할 수 있다"는 점을 인식했기 때문이다. 시진핑 주석은 G20 지도자 코로나19 대응 특별 정상포럼에서 코로나19 방역 전 세계 저지전을 반드시 잘 치러야 한다고 제창했다. 아울러 "세계보건기구의 지원 하에 정보 소통, 정책 조율, 행동 협력 강화를 골자로 하는 G20 코로나19 퇴치 원조 제안을 발기할 것"을 제안했으며 "중국은 인류운명공동체 이념을 견지해 유익한 방역방법을 여러 나라와 공유하고, 약물과 백신의 공동 연구개발을 전개함과 동시에 코로나19 확산세를 보이는 국가에 힘이 닿는 데까지 원조를 제공할 용의가 있다"고 밝혔다. 특별 정상포럼 「성명」에서도 "통일전선을 결성해 이 공동의 위협에 대처할 것을 확실히 약속한다"고 강조했다.

계시 5: 코로나19 팬데믹은 '4가지 자신감'에 대한 한 차례의 대전시이다

　이번 코로나19와 치른 인민 전쟁, 총력전, 저지전은 중국의 제도적 우위를 다시금 충분히 보여준 것으로서 당 19기 4차 전원회의에서 개괄한 '13가지 뚜렷한 우위'의 대 전시이자 '4가지 자신감'에 대한 대 검증이기도 하다. 국제사회는 중국의 신형 전국적 체제에 힘입어 코로나19를 효과적으로 퇴치한 데 대해 찬사를 보냈다. 사회주의 공유제의 우위가 있는 중국은 국가가 돈을 내어 코로나19 바이러스 감염 환자를 치료해줌으로써 세인의 부러움을 자아냈다. 중국 현지 고찰 방문을 마친 세계보건기구 전문가는 "만약 내가 감염된다면 중국에서 치료받고 싶다"며 감개무량해서 말했다. 중의와 서의를 결합시킨 치료 방법이 적극적인 역할을 발휘했고, 중국의 문화적 자신감과 민족적 자존감을 증강시켰다. 어느 한 학자가 평론에서 지적한 바와 같이 당 중앙의 집중 통일적 영도와 마음을 모아 역경을 헤쳐나가는 과정에서 중국의 제도적 우위가 어떤 것인지를 알게 되었고, 화신산(火神山)병원·뇌신산(雷神山)병원(2020년 우한 코로나19 발생 당시 코로나19 감염 환자 치료를 위해 임시로 급히 지어진 두 개의 전염병전문병원 /역자 주)을 건설하는 과정에서 중국의 속도가 어떤 것인지를 알게 되었으며, 전국 각지에서 우한(武漢)을 지원하는 집단행동을 통해 중국의 힘이 어떤 것인지를 알게 되었고, 한 곳에 어려움이 있으면 방방곡곡에서 지원하는 동심 동체의 모습에서 중국 정신이 무엇인지를 알게 되었다.

계시 6: 코로나19는 중국의 글로벌화 위상을 보여주는 한 차례의 대 시험이다

지난 20년간 중국은 이미 세계 최대 반제품 수출국으로 부상했고, 세계 시장 점유율이 3분의 1에 달해 중국의 다수 소비 영역 점유율을 훨씬 초과했다. 이런 제품은 현재 중국 수출의 약 3분의 2를 차지하고 있다. 코로나19의 발생으로 인해 세계 공급사슬이 일시적인 차질을 빚었지만 글로벌화의 방향을 바꾸지는 못했다. 영국「파이낸셜 타임스」는 평론을 통해 코로나19의 발생으로 중국에 대한 의존도를 낮추기 위해 기업들이 공급사슬의 분산을 서두를 수 도 있다고 지적했다. 그러나 그 어떤 경제체도 중국을 쉽게 대체할 수는 없다. 스위스의『노이어 취르허 차이퉁』도 최근 평론을 통해 코로나19 팬데믹으로 인해 많은 업종이 공급사슬 단열 위기에 처했지만, 구미 기업은 여전히 이런 이유로 중국과의 관계를 단절할 수 없다고 밝혔다. 중국이 코로나19에 효과적으로 대처해 제때에 업무에 복귀하고 생산을 재개한 것은 중국의 능력에 대한 국제사회의 믿음을 증진하고 산업사슬의 혼란을 피하며 글로벌 공급사슬의 배치를 보완하는 데 도움이 된다.

중국의 코로나19 퇴치 경험은 2020년 전체 빈곤 인구의 빈곤 퇴치에 이어 인류 공동 사업에 대한 또 하나의 중요한 기여가 될 수 있다. 테워드로스 세계보건기구(WHO) 사무총장은 "중국이 취한 일부 방법이 세계보건기구의 표준을 초월해 인류가 향후 유사한 전염병을 퇴치할 수 있는 새로운 기준을 마련했다"면서 "이를 중국의 방안 또는 중국의 지혜에서 세계적인 공중위생 거버넌스 방안과 지혜로 전환하기 위해 노력해야 한다"고 지적했다.

계시 7: 코로나19 팬데믹은 새로운 글로벌화의 가능성을 열어주었다

르메르 프랑스 재무장관은 코로나19가 "글로벌화 게임 규칙을 바꾸는 자"가 될 것이라고 말했다. 코로나19 팬데믹이 백 년에 한 번 있을까 말까 한 글로벌 공중위생 위기로 바뀐 사실을 통해 글로벌화 시나리오에 변화가 생겼음을 제시해 주고 있다. 코로나19 팬데믹은 금전의 글로벌화가 아니라 인간의 글로벌화이다. 금전의 글로벌화, 즉 자본이 주도하는 글로벌화는 분배의 논리를 앞세워 빈부 격차라는 폐단을 낳고 있다. 인간의 글로벌화는 "네가 이기면 내가 지는" 상황이 존재하지 않고 또 더는 '상생'이 아니라 '완전 승리'가 아니면 '완전 실패'이다. 즉 인류가 바이러스를 철저히 물리치지 못한다면 바이러스에 의해 무너지게 되므로 누구도 자기 혼자만 생각할 수 없다. 자본의 글로벌화는 부자들이 더욱 주목하고 인간의 글로벌화는 모든 사람이 주목한다. 공중위생 변수는 앞으로 기후변화와 마찬가지로 인간의 생산–생활–사고방식의 상수에 포함되어 글로벌화 논리에 큰 영향을 미칠 것이다. '가상화'된 사회활동, 원격근무, 탈 중개화 추세가 상시화될 것이다. 코로나19 팬데믹은 인류의 생산과 생활 방식 심지어 사고방식에 깊은 영향을 미쳐 각지의 온라인을 이용한 원격 업무를 가속화 해 재택근무를 실시하도록 자극했다. 코로나19 팬데믹은 또 원격 업무에 필요한 인공지능화의 발전을 촉진했는데 5G가 창조한 빈틈없는 연결 시스템은 일종의 표준으로 되었다. 이 또한 중국이 인공지능, 블록체인, 클라우드 컴퓨팅 등 분야에서 더욱 성숙해 질 수 있었던 요인이기도 하다. 안면인식, 로봇, 드론 등의 응용이 갈수록 보편화 되면서 바이러스가 기승을 부리던 어둠 속을 뚫고 나갈 수 있게 될 것이다.

계시 8: 코로나19 팬데믹은 '건강 실크로드' 건설에 대한 큰 격려이다

3월 16일 밤 시진핑 중국 국가주석은 요청을 받고 콘테 이탈리아 총리와 전화 통화를 하면서 "중국은 이탈리아와 함께 코로나19 퇴치를 위한 국제협력을 전개하고 '건강 실크로드'를 구축하는 데 기여할 의향이 있다"고 밝혔다. 코로나19는 객관적으로 '건강 실크로드' 건설을 추진해 여러 가지 지역성, 글로벌 차원의 공중위생 거버넌스 메커니즘의 연동을 실현했다. 협력 메커니즘을 혁신하고 자금문제를 해결해 '일대일로' 연선 국가의 위기 대처 능력을 강화해야 한다. 해외 거주 중국인들의 공중위생 안전을 어떻게 보장할 것인가? 코로나19 팬데믹은 우리에게 공중위생 지원 거점인 건강 역참(驛站)을 건설하고 '건강 실크로드' 구축을 완성하도록 압박하고 있다.

계시 9: 코로나19 팬데믹은 글로벌 공중위생 거버넌스 보완의 대기회이다

코로나19의 팬데믹은 글로벌 공중위생 거버넌스 적자를 폭로하고, 글로벌 공중위생 비상대응 조치, 조기 경보, 능력 건설, 훈련, 공중위생 원조의 국제협력을 촉진했다. 특히 현재 인프라·의료설비·전

문지식·의료일꾼이 심각하게 부족한 저소득 국가를 돕기 위한 정부 간, 지역 간, 국제기구 간 조율을 강화할 수 있는 제도적 장치 마련에 착수해야 한다. 인간의 글로벌화와 더불어 앞으로 세계보건기구를 국제통화기금·세계은행·경제협력개발기구와 동등하게 중요한 위치에 놓아야 한다. 세계보건기구를 개혁해 그 권위성과 고효율성을 향상하는 것은 글로벌 공중위생 거버넌스를 보완하는 중요한 내용이다. 현재 세계 공중위생이 심각하게 취약하다. 아시아인프라투자은행이나 국제통화기금과 같은 글로벌 공중위생기금을 설립하고 글로벌 공중위생 메커니즘과 플랫폼 건설을 보완하는 것이 시급하다. 중국은 적시적으로 세계보건기구에 2,300만 달러의 비상대응기금을 기부해 세계보건기구가 코로나19 퇴치 국제협력을 전개하도록 지원하고 개발도상국이 코로나19 대처 능력을 향상하도록 도왔으며, 공중위생 체계 건설을 강화해 '건강 실크로드'와 '인류위생 건강공동체'의 구축을 추진했다.

계시 10: 코로나19 팬데믹은 국제 혁신의 한 차례 대결이다

코로나19 팬데믹은 취약한 부분을 서둘러 보완하고 공중위생 분야의 과학연구 투자를 늘려 중국의 글로벌 혁신 경쟁력을 더욱 전면적으로 공고히 할 것을 촉구하고 있다. 5G·인공지능·빅데이터 분야에서의 자체 우위를 어떻게 공중의료위생 문제에 대응하는 실천 우위로 전환할 것인가 하는 문제는 여전히 탐색이 필요하다. 항바이러스 약물 및 백신 연구개발에서의 글로벌 협력과 경쟁이 한창 활발하게 진행되고 있으며, 글로벌 공중위생 거버넌스에서의 감제고지 쟁탈도 격화되고 있다. 중국은 전 세계 항생제 약품 원료의 80%~90%를 공급하고 있다. 현재 복제약품 제조에서 오리지널 의약품 연구개발로 전환하는 관건적인 단계에 처해있다. 독일은 의료 데이터를 구축해 유럽 모델을 개발할 예정인데, 구미가 백신 연구개발과 관련해 협력을 강화하고 있는 상황이 우리에게는 거대한 압력으로 다가오고 있다. 혁신능력과 혁신모델의 경쟁이 향후 대국 간 경쟁의 중요한 내용이 될 것이다.

2020년 3월

국제 담론체계에서의 '중국 역설'

코로나19 바이러스 감염증이 발생한 이후 진행된 다양한 여론조사에 따르면 서방국가에서 중국의 이미지가 심각한 위기를 맞았으며 끊임없이 악화되고 있다. 그중 대표적인 것은 미국 퓨 리서치 센터가 2020년 10월 6일 발표한 14개국을 상대로 한 조사이다. 조사 결과에 따르면, 지난 1년 동안 영국·독일·네덜란드·스웨덴·미국·한국·스페인·캐나다 등 선진국들이 중국에 대한 비호감도가 10여 년 만에 최고치에 달했다.[33]

중국은 세계 최초로 코로나19 사태를 통제하고, 생산과 업무를 재개했으며, 경제 성장률을 플러스로 전환한 3대 기적을 이뤄냈을 뿐만 아니라 또 세계 150여 개 국가를 적극 지원했고, 백신을 글로벌 공공재로 제공했는데, 글로벌 이미지는 왜 오히려 갈수록 나빠지고 있는 것일까? 국가 간에는 교류가 이어지고 있는데 왜 인민들은 친하게 되지 않는 것일까?[34]

오랫동안 국제 담론체계에는 '중국 인지 역설'이라는 현상이 존재해 왔다. 즉 외국인들(특히 서방인)이 역사/문화적으로 중국을 좋아한다고 해서 현대 중국을 좋아한다고는 볼 수 없으며, 현대 중국을 좋아한다고 해서 현대 중국 정치를 좋아한다고는 볼 수 없으며, 또 현대 중국 정치를 좋아한다고 해서 중국 정부를 좋아한다고는 볼

---

33) Pew Center, Unfavorable Views of China Reach Historic Highs in Many Countries [2020-10-06] https://www.pewresearch.org/global/2020/10/06/unfavorable-views-of-china-reach-historic-highs-in-many-countries/.
34) 왕이웨이(王义桅), 리옌옌(李燕燕): 『국가 간의 교류는 이어지고 있는데 인민들은 왜 친하지 않은가: 중국·독일 상호 인지 역설 해석』, 『독일연구』 2015년 제4기.

수 없으며, 중국 정부를 좋아한다고 해서 중국공산당을 좋아한다고는 볼 수 없다. 한 마디로, 전통 중국 문화를 이해하고 중국의 경제발전은 인정하지만 중국의 체제는 결코 인정하지 않는 것이다.[35] 코로나19 발생 이후 중국의 역사문화는 좋아하지만, 중국의 정치는 싫어하는 현상이 특히 두드러졌다. 미국 봄 퓨 리서치 센터가 2021년 3월 4일 발표한 연구보고서에 따르면, 2월 1일부터 7일까지 미국 대중을 대상으로 중국에 대한 호감도 여론조사를 진행한 결과 미국 대중들이 중국을 언급할 때 중국 인민 혹은 중국의 유구한 역사와 문화를 거의 언급하지 않는 대신 중국 정부(중국 정부의 정책 혹은 세계에서의 행위방식을 포함)와 중국 경제에 주로 관심을 가졌다. 이번 여론조사에서 부정적인 견해가 우위를 점했다. 여론조사에 따르면 약 5분의 1의 응답자가 중국의 인권(20%)이나 경제(19%)를 가장 먼저 떠올렸으며, 가장 먼저 중국의 정치제도를 언급한 비율(17%)이 3위를 차지했고, 중국이 초래한 위협(13%)과 중미관계(12%)가 그 뒤를 이었다. 그 외의 12% 응답자는 구체적인 주제를 언급하지 않고 대체로 부정적인 형용사로 중국을 묘사했으며, 중국을 긍정적으로 서술한 응답자는 총수의 4%밖에 안 되었다.[36] 서방과 서방화된 세계, 심지어 일부 중국인들은 모든 것을 체제 문제로 간주하며 중국을 선택적으로 본다. 미국인은 기독교의 귀의 관점으로 대 중국 '접촉'

---

35) 왕이웨이(王义桅): 『국가 간의 교류는 이어지고 있는데 인민들은 왜 친하지 않은가: 신시대 중국 공공외교의 길』 중국인민대학출판사 2020년판.
36) Pew Center, Most Americans Support Tough Stance Towards China on Human Rights and Economic Issues. [2021-03-04] https://www.pewresearch.org/global/2021/03/04/most-americans-support-tough-stance-toward-china-on-human-rights-economic-issues/.

(engage)정책을 이해하는데, 중국이 점차 자체의 주장이 있고 '4가지 자신감'을 가지게 되었을 때, '중국 접촉 정책의 실패'를 선언하고는 중국을 악마화하고 중국공산당을 오명화하고 있으며, 심지어 중국공산당과 중국 인민을 분리하려고 시도하고 있다. 코로나19 바이러스 감염증 발생 이후, 이러한 중국 인지 역설은 더욱 뚜렷해져 국제 담론체계의 '중국 역설'로 발전했다.

1. '중국 역설'이란 무엇인가?

국제 담론체계에서 '중국 역설'의 구체적인 표현은 다음과 같다.

첫 번째 역설: 해도 안 되고 안 해도 안 된다.(체제 유일주의 관점) "중국의 모든 문제는 체제 문제이고 공산당의 문제이며, 미국의 모든 문제는 트럼프의 문제이기 때문에 트럼프만 물러나면 미국은 정상화되어 계속해 세계의 리더가 될 수 있다'는 관점이다. 참으로 기이한 현상이다. 똑같은 문제인데 왜 중국은 체제 문제이고 미국은 트럼프의 문제인가? 그렇다면 트럼프는 체제가 선택한 것이 아니란 말인가? 설마 우연이란 말인가? 서방의 입장에서 볼 때 중국이 코로나19 방역을 잘한 것은 마땅한 일이다. 중국은 중앙 집권 국가이니까. 반대로 코로나19 방역을 잘하지 못하더라도 당연한 일이다. 중국 체제는 인권을 중시하지 않는 체제이니까. 그러니 해도 안 되고 안 해도 안 되는 상황인 것이다. (Damned if you do and Damned if you don't)

두 번째 역설, 중국의 내정이 미국과 점점 달라지고 있다—중국은 '4가지 자신감', '중국의 꿈'을 강조한다—그러나 외교는 갈수록 미국을 닮아가고 있다. 중국이 '전랑 외교(戰狼外交)'[37]를 하고 있다고 비난한다. 오바마 대통령은 2010년 4월 15일, 호주TV와의 인터뷰에서 "만약 10억 명을 초과하는 중국 주민들이 호주인이나 미국인들과 같은 방식으로 생활한다면 우리 모두 아주 비참한 경지에 빠지게 될 것이다. 이는 지구가 감당할 수 없는 상황이기 때문이다."고 말했다.[38] 중국인들은 "돼지고기를 먹으면 몸에 흡수되어 살이 된다"고 말한다. 서방을 따라 배우는데 서방처럼 되지 않는다면 이는 몸에 흡수되지 않고 다만 먹기만 하는 격이 된다. 서방에서는 남들이 자신의 시장경제를 배운다면 체제도 자신의 것으로 될 것이고, 가치관도 자신을 따라갈 것이라고 여기고 있다. 더욱이 미국에는 종교 귀의의 열성과 충동이 있는데 만약 귀의가 안 된다면 그자를 악마화하려고 든다. 우리는 "Engagement Policy"를 '접촉 정책'으로 번역하는데 사실 "리벳을 조여 연결하다(鉚合)"로 번역해야 한다. 중국을 서방 주도의 국제체제와 연결한 뒤 한 걸음 더 나아가 중국을 서방 체제로 변화시키겠다는 것이다. 이교도(others) 귀의가 우리(us)와 같은 맥락이다. 이는 선교사로부터 오늘날 서방 이데올로기 외교에 이르기까지 일관되게 추구해 온 목표이다. 서방이 더욱 우려하는 것은 중국이 서방화되기는커녕 세계 다른 나라들이 중국 체제

---

37) 전랑외교: 중국 외교관들의 거친 언행과 공격적인 스타일을 일컫는다. 위키백과는 'Wolf warrior diplomacy' 라 칭한다. 실베스터 스탤론의 '람보 시리즈' 스타일을 모방한 중국 액션 영화 '특수부대 전랑' 에서 유래됐다고 한다. 논란을 피하고 말을 아꼈던 외교 관례와 달리 자국에 대한 비판을 비난하고 폭언·폭행을 서슴지 않는 등 오만하고 거칠다.
38) Australian Broadcasting Corporation. Face to Face with Obama. [2010-04-15] https://www.abc.net.au/7.30/face-to-face-with-obama/2673356.

를 부러워하면서 모방하고 있다는 점이다. 유럽연합은 현재 중국을 '체제적' 경쟁자(systemic rival)라고 강조하면서 중국이 '허위정보'(disinformation)를 퍼뜨리고 있다고 비난하고 있다. 즉 상대방이 자신을 닮으면 많이 걱정되고, 닮지 않으면 또 깊이 우려되며, 상대방이 '4가지 자신감'을 강조할수록 스스로는 자신감이 더욱 떨어지는 것이다.

세 번째 역설. 중국 인민은 좋지만, 중국공산당은 나쁘다. 2020년 5월 20일, 미국은 「중화인민공화국에 대한 미국의 전략방침」을 발표하면서 중국공산당과 중국 인민을 분리하는 전략을 공개적으로 밀고 나갔다. 사실 중국공산당은 전통 중화 문화의 '천인합일'(天人合一. 자연과 인간은 하나라는 관점)을 '당과 인민은 하나'의 경지로 끌어올렸으며, 서방의 정치 문명을 참고로 해 현지화·시대화·대중화를 실현하고 있다. 링컨 대통령은 of the people(국민의), by the people(국민에 의한), for the people(국민을 위한)의 주장을 내놓았고 쑨중산(孫中山) 선생은 이를 받아들여 '삼민주의'(三民主義)로 발전시켰다. 그리고 중국공산당은 한 걸음 더 나아가 in the people(인민중심) 그것도 before the people(선봉대)를 강조했다. 그것은 인민의 앞에 서서 먼저 고생해야 한다고 여기기 때문이다. 또 after the people(공복)으로서 누리는 것은 제일 마지막에 해야 한다고 강조했다. 그러므로 중국공산당은 전통적인 의미에서의 서방의 정당정치가 아니며 중국 고대의 정당 개념은 더더욱 아니다. 중국공산당은 인류의 공평과 정의를 추구하고 인본주의를 창도한다. 따라서 서방의 신-인간 관념의 인문주의가 아니라 하늘-인간관계의 인본주의 사상으로 중국을 이해하고 중국공산당을 이해해야 한다. 중국어의 '당(黨)'이나[39] 영어의 'party'나 모두 '부분'이라는 뜻을 담고 있는데 '모두를 위한 당 건설' 이념과는 거리가 멀다.

위에서 말한 '중국 역설'의 본질은 중국이 점차 자체적인 특색을 갖추느냐, 아니면 서방이 되어가느냐에 있다. 서방은 정치적 민주는 경제의 지속 가능한 번영을 실현하는 전제라고 주장하고 있다. 중국은 서방의 정치적 민주를 실현하지 않았지만, 경제의 장기적인 번영을 실현했다. 중국 경제의 번영이 결국 지속 불가능해 '중국 붕괴론'에서 위안을 찾을 수밖에 없거나 혹은 중국이 다른 형태의 민주를 실현해 민주가 서방의 전유물이 아니라는 것을 증명하는 것이다. 어떤 상황이든지를 막론하고 모두 서방의 보편적 가치의 신화를 깨뜨리고 있다.

그래서 다양한 버전의 '중국 위협론'이 나타났다.

중국 위협론Ⅰ: 중국의 발전이 지속 불가능한 것은 서방과 같은 핵심가치가 중국에는 없기 때문이다. 그리하여 중국의 인권과 민주에 특히 주목하며 중국과의 접촉을 통해 서방의 핵심가치체계를 형성 및 주입하려고 한다.

중국 위협론Ⅱ: 중국에는 자체의 핵심가치체계가 있지만 보편화할 수 없을 뿐만 아니라 보편적 가치의 존재를 부정한다. 이 때문에 중국은 서방 보편적 가치의 공적이 되었다. 중국과 접촉하는 것은 바로 중국을 서방의 보편적 가치체계에 끌어들이려는 것이다.

---

39) 왕이웨이(王义桅): 『세계의 질문, 중국의 대답: 인류운명공동체 구축』 후난(湖南)인민출판사 2021년판.

중국 위협론Ⅲ: 중국은 '중국 모델' 혹은 인류운명공동체를 비롯해 서방과 유사한 보편적 가치관을 제기하고 적극 보급해 서방의 통치 지위를 대체하고 있다. 크리스 패튼이 말했듯이, 중국의 잠재적인 위협은 저렴한 상품 수출이 아니라 민주의 멸망에 있고, 중국이 서방의 민주가 없이도 치부할 수 있다는 이념을 선양하는 데 있다. 이는 서방에 대한 가장 큰 위협이다.[40] 그래서 유럽인들은 "중국이 세계를 지배할 때"를 걱정하며, 서방은 스스로 강해져야 하고 도덕적 고지를 지속적으로 차지해야 한다고 주장하고 있다.[41]

이런 담론 패권 체제하에서 중국은 '3원 역설'의 곤경에 빠지게 되었다. 즉 핵심가치가 있든 없든, 보편적 가치를 어떻게 대하든 모두 서방에는 위협이 된다는 것이다.[42]

2. 코로나19 방역에서 드러난 중국과 서방 간 10대 인지 차이

코로나19 방역 과정에서 생명-생활, 국가-개인, 이타적-이기적, 질서-자유에 관한 중국과 서방 간 본질적 견해 차이가 드러났으며, 국제 담론체계에서의 '중국 역설'이 뚜렷하게 드러났다.

첫 번째는 역병 자체에 대한 견해의 차이이다. 『성경』 속 노아의 방주 이야기에서는 인간에게는 원죄가 있어 하느님이 홍수·전쟁·역병으로 원죄가 있는 인간을 벌한다고 말하고 있다. 오늘날 발생한 코로

---

40) BBC NEWS. China is a threat to democracy. [2008-11-23] http://news.bbc.co.uk/ 2/hi/asia pacific/7719420.stm.
41) [영국] 마틴·자크: 『중국이 세계를 지배할 때』, 장리(張莉), 류취이(劉曲譯), 중신(中信)출판사, 2010년판.
42) 왕이웨이(王义桅): 『해상: 유럽문명계시록』 상하이(上海)인민출판사 2013년판.

나19 팬데믹은 일종의 자연도태로서 사회 복지의 부담을 줄일 수 있다. 앵글로-색슨 민족은 집단 면역을 실시하기도 했는데, 그 배후에는 사회 다윈주의 논리가 깔려 있다. 만약 코로나19 상황이 미국과 중국이 바뀌었다면 어떤 일이 벌어질까? 중국인은 전염병은 인간과 자연의 관계가 균형을 잃어 초래된 것으로서 마치 인간이라는 유기체가 균형을 잃은 것과 같으므로 반드시 다시 균형을 이루어야 한다고 강조한다.

두 번째는 생명-생활에 대한 견해의 차이이다. 량허녠(梁鶴年) 선생은 『서방문명의 문화 유전자』라는 저서에 이렇게 쓰고 있다.

서방의 문명을 이해하려면 생명과 생활에 대한 서방인의 견해를 이해해야 한다. 귀납한다면 2가지뿐이다. 즉 생명의 의식은 유대교와 기독교의 교의로 이해할 수 있고, 삶의 소질은 그리스와 로마의 문명에서 이해할 수 있다. 유대교 신의 권위와 기독교 신의 자애로움이 서방인에게 개인의 가치를 초월한 생명의 의미를 부여했다. 그리스의 이성과 로마의 질서는 서방인에게 개인의 삶과 사회생활의 즐거움과 괴로움에 대한 기준을 정해놓았다.[43]

서방인 특히 미국인, 그중에서도 젊은이들이 목숨의 위험을 무릅쓰면서까지 자유로운 삶을 원하는데 중국인의 상식으로는 상상조차 가지 않는 일이다. 생명에 대한 그들의 견해가 중국인과 다르기 때문이다. 서방에서는 생명은 하느님이 창조한 것이라고 생각하지만, 중국인들은 "몸에서 머리카락과 피부는 부모가 준 것"이라고 여기며, 생명

---

43) 량허녠(梁鶴年): 『서방문명의 문화 유전자』, 홍콩중화출판유한회사 2018년판.

은 조상과 부모가 준 것이지 신이 창조한 것이 아니라고 주장한다.

고대 중국인들은 생명의 현상과 생명의 의미를 구성하는 기본 요소는 천(天), 지(地), 인(人)이라고 여겼다. '천'은 만물이 의지해 생존하는 공간을 뜻하고, '지'는 만물이 의지해 생장하는 산천대지를 가리키며, '인'은 비록 만물의 영장이지만 천지에 순응해 만물을 생장하도록 해야 한다. 이러한 관점은 서방과는 다른 것이다. 맹자는 "천지만물의 본성은 하늘이 나에게 모두 내려주었다"고 주장하며 자연을 정복하는 것이 아닌 천지인 합일 사상을 강조한다. 생명을 소중히 여기고 하늘을 공경해야 한다. 사람의 목숨과 관련되는 일은 더없이 중대한 일이므로 소홀히 할 수 없다. 중국에는 "유가 치세, 도가 양생, 불가 양심(養心)"이란 옛말이 있는데 3자는 서로 대립되고 배척하는 것이 아니라 서로 포용하고 공생하는 관계이다. "자기 친족을 사랑하고 사람에게 자애로우며 만물을 사랑해야 한다" 유가의 인애사상이든 "우주는 위대하고 하늘은 가없이 넓으며 땅은 드넓고 사람도 역시 위대한 힘과 지혜를 가지고 있다"는 도가의 천인합일 사상이든 그리고 "바른 견해, 바른 관념으로 자신을 돕고 남을 돕는다"는 불가의 오온개공(五蘊皆空) 신앙이든 모두 자아·사회공동체·자연·천도라는 인류의 경험이 공유하는 네 개 차원을 포함하고 결합했으며, 이들은 종합적이고 균형적이며 조화롭고 완전한 인문주의를 구성했다. 이런 인문주의 사상은 인류운명공동체 사상의 문화 유전자이자 동방국가들이 코로나19 바이러스 감염 상황에 효과적으로 대처할 수 있었던 문화적 근원이기도 하다.

세 번째는 코로나19 발생 원인에 대한 견해의 차이이다. 중국에서 코로나19 발생 초기에 구미의 언론들은 국을 비웃고 비난하기에 급급했다. 심지어 코로나19가 사스(SARS. 중증급성호흡기증후군)처럼 중국인만을 겨냥한 것이라며 중국이 스스로 자초한 것이라고 주장했다. 그중에서 프랑스 「피카르메시지」의 '황색 경보론'[44], 도이체 벨레의 '관상 바이러스론'[45], 주간지 「슈피겔」의 '코로나19바이러스 중국 제조론'[46], 「월스트리트저널」의 '아시아 약골론'[47]이 대표적이다. 이밖에 덴마크, 아일랜드 등 나라의 언론들에서도 종족과 문명의 우열관의 의미를 담은 중국 모욕 사진을 게재했었다.[48] 그 후 트럼프, 폼페이오는 또 '쿵푸 바이러스', '우한 바이러스', '중국 바이러스'라고는 표현도 썼다. 서방이 세계보건기구의 바이러스 추적 업무를 계속 과장하는 것은 중국의 '원죄'를 찾아내려는 속셈이다. 이에 중국인들은 종족적 모욕감을 느꼈으며, 경자(庚子) 배상[49]의 쓰라린 기억을 떠올리게 되었다. 사실 현재 코로나19 바이러스가 이탈리아에 오래전부터 존재하고 있었다는 사실이 발견되었고, 노르웨이의 수달 등 동물이

---

44) Par L'Obs. Le Courrier picard s'excuse après sa une raciste sur l'Alerte jaune . TéléObs. https://www.nouvelobs.com/medias/20200127.OBS23995/le-courrier-picard-s- excuse-apres-sa-une-raciste-sur-l-alerte-jaune.html.

45) 도이체 벨레:「특별 인터뷰: 이건 코로나19가 아니라 '관상(官狀)바이러스다'」. 2020-02-06, https ://www.dw.com/zh/ 특별 인터뷰 이건 코로나19가 아니라 관상 바이러스이다/a-52274606.

46) Der Spiegel. Made in China CORONA-VIRUS Wenn die Globalisierung zur tödlichen Ge-fahr wird. [2020-01-31] https://www.spiegel.de/spiegel/print/index-2020-6.htm.

47) The Wall Street Journal. China Is the Real Sick Man of Asia ： Its financial markets may beeven more dangerous than its wildlife markets. [2020-02-03] https://www.wsj.com/articles/china-is-the-real-sick-man-of-asia-11580773677.

48) 외교부:「펑톄(馬鐵) 주 덴마크대사 중국 모욕 만화사건에 대한 서명글 발표」, 2020-01-30, https://www.fmprc.gov.cn/web/zwbd_673032/fbwz/t1737703.shtml

49) 경자 배상 : 1900년 의화단(義和團)사건으로 받게 된 배상금.

숙주였다는 사실도 밝혀졌다.

　네 번째는 코로나19 퇴치 수단에 대한 견해의 차이이다. 즉, 개인-국가, 자유-질서, 이기적-이타적. 서방은 중국의 코로나19 방역 결과를 부러워하며 중국이 방역을 잘했다고 생각하면서도 중국의 방역 과정을 절대 용납할 수 없다는 주장이다. 서방 언론들은 중국 우한(武漢)에서 도시 '봉쇄' 기간에 무인기가 곳곳을 날아다니며 나돌아 다니는 사람이 보이면 빨리 집으로 돌아갈 것을 귀띔한다면서 무인기의 감시를 받는 그런 분위기를 받아들일 수 없다고 보도했다. 중국인(동아시아인)은 국가를 신뢰하고 이타주의 정신이 있으며, 국가의 방역에 협조한다. 이는 자아를 강조하면서 정부를 믿지 않는 서방의 개인주의와는 극명한 대조를 이룬다.

　다섯 번째는 코로나19 발생에 따른 충격이다. 즉 사회 포용도와 불평등이다. 코로나19 팬데믹 상황에서 서방에는 두 가지 말못할 사정이 있다. 하나는 종교 관념 하에서의 프라이버시 보호이다. 다른 하나는, 그들은 인종이 다원화되어 있는데 설사 최고 성능을 갖춘 안면인식 시스템일지라도 흑인에 대한 식별 오류율은 백인보다 5~10배 더 높다. 그러므로 안면인식 시스템을 도입할 경우 인공지능은 흑인을 범죄용의자로 식별하는 경우가 많을 것이다. 흑인의 범죄율이 비교적 높은 미국에서 안면인식 시스템을 사용하게 되면 흑인을 범죄용의자로 식별할 가능성이 높으므로 종족차별을 초래하게 된다. 그래서 안면인식 시스템을 대규모로 도입할 수 없는 것이다. 코로나19 발생 기간, 미국에서 '흑인의 목숨도 소중하다'(Black Lives Matter, 약자로 'BLM')라는 운동이 일어났고, 프랑스에서는 교사 단두(斷頭)

사건[50]이 발생했는데 코로나19로 인해 종족모순, 종교충돌 그리고 사회 불평등이 가일층 확대된 것이다. 서방은 자체 문제가 첩첩인 상황이면서 중국의 신장(新疆)·홍콩 문제에 특별한 '관심'을 돌려 국내 여론 압력의 균형을 이루고 있다. 코로나19는 또 국가 간의 관계를 긴장하게 하고 배타주의 성행을 초래했다. 중세기의 흑사병은 유럽인 3분의 1의 목숨을 앗아갔다. 역사 연구에 따르면 당시 사람들은 흑사병의 공포 속에서 죽음을 맞이하거나 유태인이 바이러스를 가져왔다고 비난하는 두 가지 선택만 할 수 있었다고 한다. 오늘날 이러한 상황이 되풀이되고 있다. 다만 유태인에서 중국인으로 바뀌었을 따름이다. 중국의 일거수일투족이 중국과 서방 간 서사 논쟁의 도마 위에 오른 것이다.

여섯 번째, 코로나19 사태가 반영한 '세계의 공장'으로서의 중국의 지위에 대한 우려이다. 이전에는 기후변화가 '중국 제조'의 엄청난 파워를 전 세계에 보여주었다면 코로나19사태를 겪으면서 글로벌 공급 사슬이 중국에 이토록 의존하고 있다는 사실에 세인들은 그 어느 때보다 우려하고 있다. 2020년 3월 21~27일 자 영국 잡지 『이코노미스트』 표지에는 이런 내용이 실렸다. 중국이 멈추면 세계가 멈춰진다. 아울러 중국의 생산력 향상 능력은 세인들의 놀라움을 자아낸다. 2020년 춘제(春節, 음력설) 기간 중국은 하루에 1천만 장의 마스크를 생산했는데, 한 달도 안 되는 사이에 그 수가 1억 장으로 급증

---

50) 프랑스 교사 단두사건: 프랑스 파리 근교의 중학교 역사 교사였던 사뮈엘 파티가 2020년 '표현의 자유'에 대한 수업을 진행하며 이슬람교 선지자 무함마드를 풍자 소재로 삼은 주간지 샤를리 에브도의 만평을 학생들에게 보여줬다가 10대 이슬람 극단주의자에 의해 거리에서 잔혹하게 살해된 사건.

했다. 중국 위협론이 중국 공포론으로 바뀌었다. 현재 유럽에서 의료 물자를 전략물자로 전환시킴에 따라 마스크가 군수 전략물자로 바뀌어 중국에 집중적으로 의존할 것이 아니라 반드시 자체로 생산하거나 동맹국으로부터 구입해야 한다고 주장한다. 게다가 유럽에서 사용되는 80%~90% 수준의 항생제의 활성 성분은 중국과 인도 두 나라로부터 공급받는다. 유럽인들은 단순하게 중국에 의존한 결과 자업자득의 꼴이 되어가고 있다면서 공급사슬을 되찾아야 한다고 주장한다.[51] 세계에서 중국의 이미지가 좋지 않은 이유는 중국의 산업 사슬 중 고급 부분은 선진국의 심기를, 중급 부분은 신흥국의 심기를, 저급 부분은 개발도상국의 심기를 건드렸기 때문이다. 생산자의 입장에서 보면 '중국 제조'는 전 세계의 심기를 건드린 것이고, 소비자의 입장에서 보면 모두 '중국 제조'의 수혜자이기 때문에 세계에서 중국의 이미지는 역설일 수밖에 없다. 그리고 코로나19 사태가 이러한 역설을 부풀린 셈이다.

일곱 번째는 코로나19 사태가 불러온 우려, 즉 오버플로 효과에 대한 우려이다. 미국은 코로나19를 이용해 중국과 미국 중 어느 한쪽의 편에 서도록 압박하며 중국과의 관계 단절을 강요했다. 리셴룽(李顯龍) 싱가포르 총리는 미국을 따라 중국을 반대하는 것은 절대 불가능한 일이며, 또 중국과 미국 사이에서 반드시 어느 한쪽의 편에 서야 한다는 것은 그 어느 국가의 이익에도 부합되지 않는 일이라고 명

---

51) Financial Times. Senior Tories call for reset of China relations. [2020-04-22] https://www.ft.com/content/b1dfb7b5-5140-4408-abc0-7d0b7f783a58.

확히 말했다.[52]

여덟 번째는 코로나19 방역 효과에 대한 불만, 즉 중국이 코로나19 사태를 이용해 체제 우위를 선전하는 것이 아니냐는 의구심이다. 그들은 코로나19 퇴치에서 중국은 절대 서방의 본보기가 아니라며 중국이 '거짓 선전'(disinformation)을 하고 있다고 비난했다. 사실 그들은 배우기를 두려워하고, 배우지도 못할 뿐만 아니라 비교를 두려워하기 때문에 "인권과 자유를 제한하고 개인의 프라이버시를 침해한다"고 중국을 비난하는 것으로 코로나19 방역에 실패한 자신의 책임을 회피하는 수밖에 없다.

아홉 번째는 코로나19 사태가 불러온 우려, 즉 중국 경제가 미국을 추월하는 발걸음이 빨라지는 것에 대한 우려이다. 중국이 선참으로 업무에 복귀하고 생산을 재개했으며, 디지털화 전환과 미국 추월 속도가 가속화되고 있다. 전 세계가 중국의 방역물자를 사들이고 있어 중국이 바이러스를 제조해 세계를 협박한다는 음모론에 더욱 힘을 실어주었다. 처음에는 중국인들이 야생동물을 잡아먹었다고 했다가 그 후에는 우한 바이러스 실험실에서 제조한 것이라고 했다. "'자신에게 이득이 있어야 바이러스를 제조한다"는 것이 그 사고의 논리이다.

열 번째는 중국이 코로나19 방역을 지원하는 것에 대한 반감이다. 즉 미국이 세계의 리더가 되어온 것에 익숙해져 있는 그들이 '중국 공산당 주도' 사실에 심기가 불편해져서 중국의 방역물자, 중국의 백

---

52) Lee Hsien Loong. The Endangered Asian Century. Foreign Affairs. [2020-06-04] https://www.foreignaffairs.com/articles/asia/2020-06-04/lee-hsien-loong-endangered-asian-century.

신에 대해 품질문제, 안전문제가 있다느니 지연 전략적 의도가 있다느니 하며 중국의 의도에 의구심을 갖고 중국이 '마스크 외교', '백신 외교'를 하고 있다고 비난했다. 반대로, 중국이 지원하지 않으면 무책임하다고 비난하고, 지원하면 '속죄'하는 것이라거나 방역 지원을 빌미로 미국의 리더 역할의 공백을 메우려는 것이라고 비난했다.

3. '중국 역설'이 반영하는 '서방 역설'

코로나19의 발생은 글로벌화의 디지털화·네트워크화·지능화로의 급속한 발전을 추진했다. 이런 상황에서 서방 문명은 심각한 부적응성을 보였다. 예를 들면 서방의 일신론-디지털 무신론의 모순, 이는 개인의 프라이버시와 빅데이터의 운용에서 표현되고, 정치의 정확성-디지털의 비정확성의 모순, 이는 안면인식이 야기한 인종차별에서 표현되며, 사유제-공공영역의 모순, 이는 자본의 개인 소유와 글로벌 공공영역으로서의 인터넷의 장력에서 드러나며, 제로섬 게임-공유 경제의 모순으로 드러난다. 예를 들면 데이터는 사용하면 할수록 그 가치가 높아지지만 독점과 지적재산권은 이를 파괴한다. 서방은 산업 문명에서 디지털 문명으로의 전환에 적응하지 못하고 산업문명 시대 서방중심론이라는 신화에 미혹되어 '서방 역설'이 나타났으며 또 이를 '중국 역설'로 잘못 표현한 것이다.

국제 담론체계에 '중국 역설'이 나타난 근본 원인은 전 세계의 거의 모든 지역이 서방의 식민지로 전락했던 적이 있는데, 미국이 로마 체계와 근대 식민지 체계를 계승한 것이다. 중국은 서방이 주도하는 국제 담론체계에서 "유일한 예외"로 되었으며, 산업 문명 체계의 '4특별 중국'(四特中國)과 디지털 문명 시대의 '3가지가 아닌 중국'(三非中國) 현상이 존재한다.

먼저 산업 문명 시대의 '4특별 중국'에 대해 말해보자.

첫째, 특별히 오래된 역사. 드골은 일찍이 중국은 유구한 역사를 가진 나라라고 말한 적이 있다. 여기서 말하는 역사는 『성경』, 즉 예수가 탄생할 때의 서방 역사를 가리킨다. 기원전 221년에 진시황은 이미 중국을 통일했고, 오늘날까지 통일된 국면이 이어지고 있다. 중국의 정치는 기본적으로 군현제(郡縣制)를 이어오고 있다. 서방으로서는 중국처럼 이렇게 유구한 역사를 상상조차 하기 어려울 것이다.

둘째, 특별히 큰 규모. 예를 들면, 인류의 산업화 역사는 영국에서 가장 먼저 시작되었다. 그 당시 영국의 인구는 겨우 수백만 명에 불과했다. 영국에 이어 벨기에가 산업화를 시작했고 그 후로 유럽대륙 전역에 산업화가 전파되었는데, 그 당시의 인구는 수천만 명에 불과했다. 미국에 전해지면서 산업화는 인구수가 억대에 이르렀다. 그리고 중국의 산업화 참여로 산업화 인구수가 10여 억 명으로 급증했다. 오늘날의 과학지식은 기본적으로 모두 서방의 민주와 과학에서 온 것이다. 그 일련의 지식은 서방의 역사 경험에 대한 총화이다. 그리고 그 일련의 지식으로 개척한 현대화 역사는 고작 수백 년밖에 안 된다. 그러니 그 지식으로 어찌 5천 년간 이어져 온 문명을 설명할 수 있겠는가? 수량적으로 중국은 이미 서방의 모델을 초월했다. 아무리 객관적이고 과학적인 모델이라 할지라도, 뉴턴의 법칙이 미시적 세계에서는 적용되지 않는 것과 같은 맥락으로 '역사 종결론'은 중화민족의 위대한 부흥을 만나면서 거짓임이 점점 입증되고 있다.

셋째, 특별히 세속적인 사회. 페이샤오퉁(費孝通) 선생은 중국은 문화가 너무 발달해 어떤 종교도 지배적인 지위를 차지할 여지가 없다고 말했다. 유가학설을 종교라기보다는 문화라고 말하는 것이 나을 것이다. 막스 베버(Max Weber)의 『유교와 도교』는 줄곧 서방을 오도하고 있는데 서방으로서는 참으로 답답한 일이다. 이에 따라 서방은 수많은 의문을 가지게 되었다. 우선 종교가 없는 나라가 왜 아직도 붕괴되지 않는 것일까? 비결이 무엇일까? 다음 그렇게 많은 권력을 가지고 있는데 그 권력을 어떻게 행사할 것인가? 많은 아시아 국가들은 만약 중국과 미국 사이에서 한 나라를 리더 국가로 선택하라고 한다면 틀림없이 미국을 선택할 것이다. 그 이유는 첫째로 미국이 역사적으로 저들의 영토를 침범한 적이 없기 때문이고, 둘째로 미국은 종교 신앙이 있기 때문이다! 그들은 종교가 없는 중국은 매우 무섭게 변할 것이라고 여기며 종교가 없다면 발전목표는 무엇이고 궁극적인 관심사는 또 무엇인가? 하는 의구심을 품고 있다. 그리하여 중화민족의 위대한 부흥을 기타 민족의 공동 부흥을 추진하는 것이 아닌 부흥의 조공체계로 간주하고 있으며, 인류운명공동체를 세속적 윤리의 궁극적 배려가 아닌 신 천하 주의로 해석하고 있다.

넷째, 특별한 궐기. 중국은 평화적 궐기, 포용적 궐기의 기적을 창조했다. 궐기와 더불어 부흥을 실현해 이른바 권력의 이전, 투키디데스의 함정, 대국 정치의 비극 등 온갖 서방 담론의 신화를 깨뜨렸다. 현재 중국은 1인당 GDP가 미국의 6분의 1에 불과하지만, 총량은 미국의 70%를 넘어섰다. 인류 역사상에서 2위 국가가 1위 국가를 따라잡을 때 그 국가 1인당 GDP는 이미 1위 국가와 비슷한 수준에 이르곤 했다. 그런데 중국만 예외이니 미국이 어찌 두려워하지 않겠는가?

다음은 디지털 문명시대의 '3비(非) 중국'(비서방국, 비미국동맹국, 비종교국) 현상에 대해 탐구해본다.

코로나19의 발생은 글로벌화 전환을 더 한층 촉진했다. 글로벌화의 주요 엔진인 기술의 혁신에 새로운 국면이 나타났다. 한편으로는 블록체인 기술, 사물인터넷 모델, 인공지능 등의 창출이 중심-변두리 체계를 약화시키고 있다. 다른 한편으로는 산업혁명이 정보혁명·디지털혁명으로 전환하는 과정에서 처음으로 비(非)서방세력이 참여해 이끄는 현상이 나타났다. 다시 말하면, 과거 기술혁명은 서방 내부에서 순환하다가 결국에는 모두 미국의 동맹국으로 편입되었다. 그러나 오늘날 중국은 이러한 순환을 타파하고 산업혁명과 글로벌화의 승자가 되었을 뿐만 아니라(독립적이고 완비된 공업체계를 구축해 인류 공업생산액의 약 30%를 창조함) 정보-디지털혁명에 참여하고 선도하고 있다. 그리하여 미국이 글로벌 패권의 힘을 내세워 중국의 한 개인회사를 압박하는 현상이 나타났는데 그것은 화웨이(華爲)가 5G 시대의 도래를 선도하고 있기 때문이다. 미국을 비롯한 서방은 중국 공산주의 체제와 세속 문명의 결합, 차선 변경 추월, 하이테크 기술과의 결합에 두려움을 느끼고 있다. 미국은 이를 빌미로 중국에 대해 이른바 신냉전을 일으키고 국제 통일전선을 만들어 중국을 압박하는 합법성을 찾으려 했다. 여론은 '실리콘 장막'이 '철의 장막'을 대체해 '신냉전'을 유발할 것인가 우려하고 있다.

인류 역사상 처음으로 비서방국, 비미국동맹국, 비종교국인 중국이 궐기하고 또 부흥하는 현상이 나타났다. 이것이 바로 중국이 대국으로부터 강국으로 발전한다는 의미이자 "현재 세계는 지난 백 년 간 겪어보지 못한 중대한 변화를 겪고 있으며, 중국은 중화민족의 위대한 부흥을 실현하는 관건 시기에 처해 있다"는 변증법적 판단의 숨은 의미이기도 하다.

더 일반적으로 얘기하자면 디지털 과학기술시대에 진입하면서 데이터가 '왕'이 되고 데이터는 사용할수록 그 가치가 높아지고 있다. 자체의 독립적인 검색엔진의 소유 여부, 수학 등 기초교육, 문자의 인공지능화 전환 난이 여부가 국가 경쟁력을 결정한다.

중국은 Volume(규모), Variety(다양성), Value(가치), Velocity(속도)라는 빅데이터의 4V 특성에 부합되며, '4특별 중국'과 '3비 중국'의 시너지 효과가 나타나 중국 위협론이 중국 공포론으로 발전한 것이다.

Volume(규모): 특대 규모-10억대 산업화. (약 10억 명의 네티즌에, 4억 명의 중산층을 보유하고 있고, 2035년에 이르러 중산층이 2배로 늘어나 8억 명에 달하게 되며, 그때 되면 서방 인구의 총합을 넘어설 것이 예정임)

Variety(다양성): 특별히 오래된 역사-중국은 로마제국과는 달리 아직 해체되지 않았다. "중국은 역사보다도 더 오래된 나라이다"(드골), "중국은 작은 유엔이다"(마오쩌동).

Value(가치): 특별히 세속적인 사회-유교·도교·불교가 공존하며, 프라이버시 권에 속박되지 않고 집단의 이성으로 개인의 이성을 뛰어넘는다.

Velocity(속도): 특별한 궐기-글로벌화 축소판(70년 동안 인류 농업혁명-공업혁명-정보혁명-디지털혁명, 정치-사회혁명을 겪음)에서 글로벌화 미래버전에 이르기까지 산업혁명4.0과 경제 글로벌화에 참여하고 선도했다.

게다가 농업 문명은 애초에 산업 문명의 상대가 될 수 없다는 아편전쟁의 쓰라린 교훈까지 있어서 산업 문명이 디지털 문명으로 전환하는 과정에 중국인들은 역사적 기회를 확실히 포착해 온 힘을 모아 중화민족의 위대한 부흥이라는 중국 꿈을 실현하고 있다.

4. 중국과 서방 간 의견 차이의 문화적 근원

중국 역설과 서방 역설은 중국과 서방 간에 존재하는 인권관과 종교관에 대한 근본적인 의견 차이를 보여주고 있으며, 코로나19 퇴치에서부터 홍콩·신장 사무 등에 이르기까지 이데올로기 논쟁이라는 옅은 차원으로 나타나고 있다. 근본부터 바로잡는 것에 주력하고 중국과 서방 간 차이 이면에 담긴 문화적 근원을 탐구해야 한다.

하늘과 신, 합침과 분리는 중국과 서방 간 관념의 차이를 초래하는 관건이다. 중국어에서 말하는 '인간(人)'과 서방이 말하는 'human'은 다르다. 중국이 말하는 인간은 하늘과 상대되는 존재이고, 서방에서 말하는 인간은 신과 상대되는 존재이다. 서방에서 주장하는 자유는 우선 인간을 신으로부터 해방시키는 것이다. 즉 이른바 종교혁명이란 왕권과 신권의 분공을 통해-케자르의 것은 케자르에게, 예수의 것은 예수에게 돌려주고- '왕권신수설'(국왕의 권력은 신으로부터 받은 것이라는 주장)을 취소한 후 왕권과 귀족(정부)이 또 계약을 체결하는 것인데 그것이 바로 「대헌장」이다. 영국(권력 내부)은 근친결혼을 한 다음 정부와 인간 간에 또 사회계약이 존재한다. 그래서 그들이 주장하는 자유란 인간(신도)·왕권·정부·주권과 인권을 통해 점차(형성되는 것이다). 중화 문명은 인간과 하늘이 계약관계가 아니기에 더욱이 하늘-신-왕-귀족(정부)-인간의 분화를 거칠 필요가 없으며, 하늘 아래에는 제신(諸神, 여러 신)이 있다고 여긴다. (제신은 서로 싸우는 관계가 아니라 서로 사랑하는 관계임) 또 귀신을 경외할 것을 주장하면서 귀신을 가장해 농간 부리거나 무법천지로 행동하는 것에 반대함으로써 천인합일(天人合一)을 실현할 것을 주장한다.

중국공산당은 전통적인 중화문화의 천인합일 사상을 당과 인민의 합일로 승화시켰다. 즉 "강산이 곧 인민이고 인민이 곧 강산이라는 것"이다.[53] 이는 인(人)-신(神)관을 기반으로 하는 근대 정치 문명을 뛰어넘은 것이다. 또는 서방의 정치 문명을 참고하면서 본토화, 시대화, 대중화를 실현했다고도 할 수 있다. 중국공산당은 전통적 의미에서의 서방 정당정치가 아니고, 중국 고대의 정당 개념은 더더욱 아니며, 인류의 공평·정의를 추구하고 인본주의를 창도한다. 그러므로 서방 신(神)-인(人)관의 인문주의가 아니라 천(天)-인(人)관계의 인본주의 사상으로 중국을 이해하고 중국공산당을 이해해야 한다.

서방이 중화민족의 위대한 부흥에 대해 미국의 패권을 대체하려는 것이 아닌가 우려하는 것도 사실은 자기 주관적인 판단으로 남의 마음을 짐작하려는 것이다. 중국공산당은 패권과 작별하고 패권이 없는 시대를 개척하고자 한다. 중국공산당은 '문화에 대한 자신감'을 강

---

53) 2021년 2월 22일, 시진핑 총서기가 당사 학습 교육 동원대회에서 한 중요한 연설.

조하며, 전통문화와의 유기적인 결합과 전통문화의 창조적인 전환 및 혁신적인 발전을 실현할 것을 주장한다. "뭇 용에 우두머리가 없는 것"은 『역경』(易經) 건괘(乾卦)의 최고 경지이며, 건괘는 또 『역경』의 근본 핵심이다. "뭇 용에 우두머리가 없다"는 말에서 '뭇'은 개인 수양의 각도에서 볼 때는 무위(無爲, 인위를 가하지 않고 자연에 따라 행하는 것) [도가(道家)], 무상(無相, 모든 집착을 떠나 초연한 지경)(불교)이고, 사회 형태에서 볼 때 인류운명공동체의 최고 경지—천하의 만물이 서로에게 해가 되지 않고 함께 자라고 여러 행위 준칙이 서로 모순되지 않고 동시에 행해지며 늦가을에 만물이 서로 자유로이 살아가는 경지—로서 각자가 한 마리의 용이 되어 서로 아끼고 사랑하며 누구도 패권을 장악하려는 마음을 먹지 않는 것이다.(우두머리가 없다는 것) 샤오핑(小平) 동지는 "만약 중국이 세계에서 패권을 장악하는 날이 온다면 세계 인민은 우리를 폭로하고 비난하는 한편 중국 인민과 함께 패권을 누리는 중국에 반대할 책임이 있다."[54]라고 말한 바 있다. 우리는 블록체인, 만물 인터넷의 기술시대에 들어서면서 탈(脫)중심구조, 탈권위 및 탈패권를 실현하고 있다. 만약 중국공산당의 영도가 없다면 세계는 여전히 패권 시대에 머물러 있어야 할 것이다. 반면에 중국공산당은 인류운명공동체를 강조하며 패권 시대와 작별하고 있다. 이는 인류문명에 대한 중요한 기여이다.

중국과 서방의 문화 차이는 이데올로기의 차이와 충돌을 초래하고 또 서방의 이익에도 손해를 끼친다. 서방의 중국통들은 인식론, 방법

---

54) 청위안싱(程遠行): 『새 중국 외교 투쟁의 추억-마오쩌둥의 뛰어난 재능과 원대한 지략 터득하자』, 중앙문헌출판사 2011년판, 제314~315페이지.

론적으로도 중국에 대한 오해의 뿌리를 되짚어 보고 있다. 스위스의 저명한 한학자(漢學家)인 셍거(Harro von Senger) 교수는 두 종류의 중국을 구별하는 것이 가장 중요하다고 지적했다. 한 종류는 객관적 존재로서의 중국 즉 '실제 상황의 중국'을 말하고, 다른 한 종류는 주관적 존재로서의, 사람들 기대 속의 중국 '희망 사항의 중국'을 말한다. 서방은 '이론'으로 중국을 예측하는데 습관화되어 있다. '실제 상황의 중국'을 이해하려면 중국 미래에 대한 두 가지 상이한 관찰 및 분석 방법이 있다. 첫 번째 방법은 현상학(現象學) 방법이다. 이 방법을 적용하는 서방의 관찰자들은 현장 조사와 사례 연구를 진행하고 중국 여행, 중국인 취재, 통계자료 참고 등등의 방법을 취한다. 두 번째는 공개적으로 발표된 중국의 공식 문건을 진지하게 연속적으로 탐독하는 것인데 이런 방법을 규범적 방법이라고 할 수 있다.[55]

5. 중국 공공외교의 길

근대 이래 중국 문제에서 중국 이슈에 이르기까지, 중국 위협에서 중국 공포에 이르기까지 서방이 생각하는 중국의 이미지가 꾸준히 바뀌고 있다. 예전의 중국 문제는 서방의 자기 인식을 반영했지만, 중국 이슈에 이르러서는 세계관을 반영하는 것이 되었다. 이른바 서방의 자기인식이란 서방, 특히 미국은 중국을 귀의시키려 하고 유럽은 중국을 '규범화'하려고 하는 것이다. 그들만의 독선적인 대 중국 콤플렉스를 갖고 있으며, 기대감을 안고 중국을 지켜보고 있다. 이른

---

55) 녜샤오양(聶曉陽): 『서방은 오로지 〈전략〉으로만 중국을 인식하는 데 그쳐서는 안 된다-스위스 한학자 셍거 특집 보도』, 『참고소식』 2020년 11월 18일.

바 접촉 정책이란 바로 변화발전인데 서방은 실패했다고 생각하고 있다. 그리고 중국을 산업혁명의 최대 수혜자이자 글로벌화의 최대 수익자로서, 보편적 가치의 신화를 깼다고 생각하고 있다. 그들은 중국의 문제를 빌미로 삼아 글로벌화를 논하고 세계의 미래를 논하며 글로벌 공급사슬을 논하면서 서방의 주도권이 남에게 넘어갔다고 말하고 있으며, 코로나19 발생 상황에서는 특히 그러하다고 말했다. 서방 정치가 날로 극단화로 나가고 있고, 서방의 내부 분화가 꾸준히 이어지고 있는 가운데 오직 중국 문제에서만 일정한 공감대를 형성할 수 있기 때문에, 끊임없이 중국을 이슈화해 여론몰이를 하고 있는 것이다. 따라서 서방이 생각하는 이상적인 중국의 모습 변화가 서방 자체에 대한 시각을 뛰어넘은 것, 즉 서방 중심론의 종말을 생각하기에 이르렀으며, 갈수록 미래 세계에 대한 우려로까지 커지면서 중국의 위협에서 진정한 중국 공포로 바뀌었다. 이에 따라 중국이 서방의 담론을 꾸준히 초월해 국제 담론 체계 하의 '중국 역설'을 형성하게 된 것이다.

세계적으로 궐기와 더불어 부흥을 실현하고 있는 나라가 바로 중국이다. 러시아는 궐기하는 것을 꿈꿔왔지만 부흥을 실현하지 못했고, 인도는 궐기는 했지만 부흥을 실현하지 못했으며, 리바아는 궐기를 실현하지 못했으면서 부흥(이슬람 부흥 운동)을 꿈꾸고 있다. 이처럼 각기 다른 유형이 아주 많다. 그러나 중국은 궐기와 더불어 부흥을 실현하고 있는 나라다. 기존 국제체제 내에서의 궐기여야만 '궐기'라고 할 수 있다. 그리고 부흥은 문명의 체계가 근대 국제체계를 초월하는, 창조적인 전환과 혁신적인 발전이다. 게다가 여기서 말하는 부흥은 위대한 부흥이다. 스스로 위대해지려는 것이 아니라 상대방을 위대해지게 하는 것이며, 세계를 위대해지게 하는 것이다. 그래야만 진정으로 위대하다고 할 수 있다.

그래서 서방 주도의 국제 담론 체계 하에서는 중국을 이해할 수 없기에 서방은 곤혹스럽고 중국은 분하고 울적한 상황이 초래된 것이다. 중국 이야기를 잘하는 것은 세계적인 대 학문이다. 5천 년의 중화 문명으로도 오늘날 중국에서 일어나고 있는 모든 일을 설명하기는 어렵기 때문이다. 예를 들면 인류운명공동체는 천하 체계에서 문명의 차등적 서열 구도와 화성천하(化成天下, 천하 백성에 대한 교화를 통해 새로운 세계 질서를 이루는 것)의 이상을 뛰어넘어 세계의 다양성을 창도하는 것이다. 그리고 또 서방의 이론으로도 명확하게 해석하지 못한다. 그러니 다른 이론은 더 말할 나위도 없다. 그러므로 중국의 이야기는 우리 자체만의 이야기가 아니라 세계와 인류 공동의 이야기라고 할 수 있다. 전통적인 중국에서도, 근대 서방의 과학 체계에서도 중국의 성공 이야기, 그리고 성공하지 못한 이야기를 포함한 모든 이야기를 정확히 전달하기는 어렵다. 이로부터 알 수 있다시피, 중국의 이야기를 한다는 것은 인류 지식 체계의 엄청난 도전으로서, 단순히 우리의 지식이나 그들의 지식으로는 개괄하기 어렵기 때문에 인류문명의 혁신에 의지해야 한다.

예전의 담론체계는 아주 간단하다. 바로 서방은 성공했다는 것이다. 그것은 산업화 덕분이다. 산업화는 서방의 성공 비결이다. 모두가 본받을 수 있다. 모든 국가들 또한 그 서방을 본받아야만 성공할 수 있다. 이것이 그들의 논리이다. 서방을 본받는 것이 곧 성공하는 길이다. 성공하는 길은 오직 그 한 갈래뿐이기 때문이다. 아시아의 네 마리 작은 용과 일본은 모두 서방을 모방하는 과정에 성공했다. 그리하여 서방의 성공 배후에 담긴 가치와 제도에 대해 그들은 보편적인 것이라고 여기며 그 외의 다른 길은 없다고 주장한다. 19차 당대회 보고는 "중국의 발전은 현대화를 실현하는 동시에 자체의 독립성을 수호하려는 나라들에 새로운 선택을 제공했다"고 지적했다. 이는 서방에 큰 불쾌감을 안겨주었다. 그래서 그들은 '중국 예외론'이나 '중국 위협론'을 떠벌이는 것으로 위안을 얻거나 울분을 토로하는 수밖에 없다.

중국의 궐기와 부흥을 해석하고 중국 역설을 뛰어넘어 「세속 윤리와 사회주의 정신」을 써내는 것만이 서방인의 사상 인식의 응어리를 풀 수 있는 길이다.[56] 세속 윤리는 종교 윤리를 초월하는 것이다. 신을 믿지 않는 것이 아니라 단일 신앙을 거부하는 것이다. 신앙의 자유를 존중하되, 무신론의 자유도 존중해야 한다. 그래야만 '실사구시'가 가능해진다. 세속 윤리는 대 세속인데 만약 영어 secular로 번역한다면 분명 오해의 소지가 있다. 중국은 오랜 세월 동안 인간 세상을 중시해왔으며, 하느님이 없는 나라에서 인간 세상을 이렇게 잘 다스려왔다. 그래서 울프, 볼테르 등은 중국을 하나의 이상국으로 보고 서방에 추천했던 것이다. 중국은 서방이 상상하는 사회주의가 아니며, "무산계급은 자산계급을 뒤엎고 자산계급의 무덤을 판 사람"

---

56) WANG Yiwei, Secular ethics and socialist spirit : Reflections on The Protestant Ethic and the Spirit of Capitalism, Max Weber Studies (Centenary Tribute) 2020, 20(2).

이라는 혁명투쟁 학설을 더 이상 견지하지 않는다. 만약 그런 상황이라면 중국이 궐기했을 때 모든 나라가 중국을 포위해 토벌했을 것이다. 왜냐하면 세계의 다수 국가가 자본주의국가이기 때문이다. 오로지 사회주의와 전통문화를 결합한 세속 윤리의 위대한 부흥만이 단일한 신의 편협함과 이원 대립의 사상을 뛰어넘어 서방에서 배척하는 사회주의가 아니라 사회의 공평과 정의를 최대한 포용하고 실현할 수 있다. 그래서 중국은 사회주의에 대해 새롭게 정의해 중국의 사회주의화가 아닌, 사회주의 중국화를 실현하고 있다.[57] 예를 들면 중국공산당은 왜 인민 중심의 발전 사상을 강조하는가? 『도덕경』 제49장에서 그 문화 유전자를 찾을 수 있다. "성인군자에게는 고정불변의 의지가 없다. 성인군자는 백성의 의지를 자신의 의지로 삼고 있다. 선한 사람을 선하게 대하고, 선하지 않은 사람도 역시 선하게 대한다면, 세상 사람들 모두가 선한 품성을 갖출 수 있을 것이다."(聖人無常心, 以百姓心爲心. 善者, 吾善之; 不善者, 吾亦善之, 德善.) 서방은 선하지 않은 자를 귀의시킬 것이라며 동질성을 갖춘 자만이 공동체를 이룰 수 있다고 주장한다. 반면에 중국인은 "가르침만 있을 뿐 차별이 없고 천하에 예외는 없다"는 주장을 펴고 있는데 이 같은 주장은 "상대방을 자신이 신앙하는 종교에 귀의시켜야 규칙을 지킬 수 있다"는 서방의 동질화 사고방식을 훨씬 초월했다. 그러므로 중국공산당을 이해하려면 반드시 중국의 전통문화를 이해해야 한다. 그렇지 않으면 중국공산당을 소련공산당과 동일시하면서 소련은 무너졌는데 중

---

57) 왕이웨이(王义桅): 『중국 재창조: 리더형 국가의 문명 리더십』 상하이(上海) 인민출판사 2017년판

국은 왜 무너지지 않는지 의구심을 가질 것이다. 이는 모두 중국공산당에 대한 오독이다. 중국공산당이 장기적으로 집권할 수 있는 것은 중국 전통문화와 결합해 마르크스주의의 현지화·시대화·대중화를 실현했기 때문이다. 이외에도 우리는 '중국의 성공'이 아닌 '세계의 수요' 차원에서 중국공산당과 중화 문화의 결합이 갖는 세계적 의미를 이해해야 한다. 우건유(吳根友) 교수가 말했다시피 전 세계의 각기 다른 민족문화, 특히 뿌리가 있는 문화의 대융합 속에서는 중화 문명의 자연적 이성이나 세속적 이성, 여러 신을 포용하는 포용주의, 또는 중국 전통에서 말하는 존귀함과 조화로움이 중요한 역할을 발휘해야 한다.

존귀함과 조화로움은 서로 다른 요소가 조화롭게 공존할 수 있는 능력이며, 그 지혜가 어쩌면 미래 다문화, 다신(多神) 신앙의 세계에 모종의 복음을 가져다줄 수 있을 것이다. 그는 중국의 세속 윤리를 어쩌면 인간주의라고 부를 수 있지 않을까 하는 의견을 제시했다. 즉 하늘은 신과 신선의 세계이고 인간 세상은 신을 부정하지 않으며 여러 신이 있을 수는 있지만 주로 인간의 세상이며, 게다가 천인합일을 실현할 수 있다는 것이다. 인간의 삶, 상식적 이성은 모두 인간주의에 포함될 수 있다.

이런 점을 감안할 때 국제 담론체계의 '중국 역설'을 극복하려면 중국 이야기, 특히 중국공산당의 이야기를 잘해야 한다. 중국공산당의 영도는 중국 특색 사회주의제도의 가장 본질적인 특징이고 가장 큰 우위이기 때문이다. 인류운명공동체 이념은 중국공산당이 5천 년의 중화 문명 및 세계 여러 나라 전통문화와의 융합을 실현해 인류 공동의 가치관을 추구하며 가장 광범위한 국제 통일전선을 실현했음을 상징한다. 그 핵심 이념은 세속적 윤리와 사회주의 사상이며, 천지인(天地人) 일체의 인본주의로 인(人)-신(神)관의 인문주의를 초월해 인류 문예 부흥을 개척하는 것이다.[58]

지난날 우리가 중국공산당과 중국 혁명 및 건설의 실천을 서로 결부시켜 중국을 도와 현대화를 실현할 것을 강조했다면, 오늘날에는 전통문화, 글로벌화와 더 많이 결부시킬 것을 강조한다. 따라서 중국공산당은 국내 거버넌스와 글로벌 거버넌스의 기둥으로 자리매김했다. 중국공산당은 인민을 중심으로 하는 집권이념과 인류운명공동체의 창도자와 실천자로서 이미 정당의 개념 심지어 중국까지도 뛰어넘어 인류의 새로운 문명형태를 대표하고 있다. 인류운명공동체 이념의 제기는 중국이 글로벌화를 위한 핵심 가치관을 제시했음을 명시하고 있다. 이는 국내에만 24자 핵심 가치관이 있는 것이 아니라는 점을 말해준다. 인류운명공동체 이념의 제기는 또 중국공산당이 혁명당·집권당에서 또 거버넌스당으로 전환했다는 점도 명시하고 있다.

총체적으로, 서방의 중국관(中國觀, 중국을 바라보는 서방의 관점)을 바꿔 서방관(西方觀)과 세계관을 새롭게 수립해야 한다. 인본주의로 인문주의를 뛰어넘고, 인간주의로 보편적 가치를 뛰어넘으며, 인류운명공동체로 패권 질서를 뛰어넘어 중국과 서방 간의 대 화합과 대 포용, 인류 정치문명의 대 혁신을 실현해야만 국제 담론체계에서

---

58) 왕이웨이(王义桅): 『세계의 질문, 중국의 대답:인류운명공동체 구축』 후난(湖南)인민출판사 2021년판.

의 '중국 역설'을 점차 극복할 수 있다. 이는 지난 백 년간 한 번도 겪어본 적 없는 대변화의 국면과 중화민족의 위대한 부흥이라는 전략적 국면을 총괄 계획함에 있어서 빠져서는 안 될 내용이다.

2021년 2월

맺는말

융합에서 구축에 이르기까지: 중국과 세계의 새 논리

장바이자(章百家) 선생은 일찍 "자신을 변화시켜 세계에 영향을 준다"라는 한 마디로 20세기 중국과 세계의 관계 논리를 개괄했다.[59] 오늘날 중국은 '일대일로'를 공동으로 의논하고 공동으로 건설하며 공유할 것을 세계에 호소했으며, 세계적으로 대항 대신 대화하는 관계를, 동맹을 맺는 대신 동반자 관계를 적극 구축하고, 나아가 협력상생을 핵심으로 하는 신형 국제관계를 수립할 것을 제시했다. 그리고 그 토대 위에 여러 나라가 인류운명공동체를 공동으로 건설하는 것은 이미 국제 정세의 안정축과 세계 성장의 엔진, 평화발전의 긍정 에너지, 글로벌 거버넌스의 새로운 동력으로 되었다. 이러한 논리에 수정이 필요한가?

전략 관성, 역사 전통, 문화 특성으로 볼 때, 중국과 세계의 관계는 언제나 안에서 밖으로의 논리를 따랐는데 이러한 논리는 오늘날에도 여전히 성립된다. 중국 특색의 사회주의가 신시대에 진입했고, 중

---

59) 장바이자(章百家): 『자신을 변화시켜 세계에 영향을 준다-20세기 중국 외교의 기본 단서에 대한 소견』, 『중국사회과학』 2002년 제1기.

국과 세계의 관계도 신시대에 들어섰다. 근대 이래 중국은 민족의 독립, 국가의 부강 등 중국 문제를 해결했다. 개혁개방을 실시한 이후부터는 중국에서 발생한 세계 문제를 해결하는데 착수해 7억 명 인구를 빈곤에서 벗어나게 하고 부를 이루게 했는데 이는 유엔의 빈곤 퇴치에 대한 기여도가 70%에 달하는 수준이다. 신시대에 들어선 후 중국은 지속 가능한 발전 문제, 아름다운 생활에 대한 인민들의 바람 등 인류 문제에 대한 해결에 점점 더 열중하고 있다. '일대일로', 인류운동공동체의 제안과 실천은 신시대 중국과 세계 관계의 전형적인 표징이다.

시장통제력, 개혁능력에서 문명 실력에 이르기까지 개혁개방 40년 동안 중국과 세계 관계의 논리에는 역사적인 변화가 일어났다.

1. 시장통제력: 세계의 공장에서 세계의 시장에 이르기까지

중국은 세계 최대 시장을 보유하고 있으며, 시장 활력과 잠재력 모두 1위를 차지한다. 개혁개방은 생산력을 해방하고 시장통제력을 방출하는 과정이다.

시장통제력이란 개념은 정삐젠(郑必坚) 선생이 제기한 것이다. 그는 '시장통제력', '혁신능력'으로 새로운 전략적 기회를 마련할 것을 창도했다.[60] 사실 개혁개방은 줄곧 중국의 시장통제력을 방출하고 있다.

시장통제력을 혁신능력으로 전환하고, 모방식 혁신에서 창조성 혁신에 이르는 것 모두 신시대가 부여한 사명이다.

---

60) 정삐젠(郑必坚): 『'시장통제력' '혁신능력' 과 새로운 전략 기회』, 『참고소식』 2018년 11월 17일자.

(1) 투자 인기 지역: 세계의 공장

개혁개방 전 중국의 1인당 소득은 아프리카 사하라사막 이남 국가 1인당 소득의 3분의 1에 불과했다. 그러나 오늘에 이르러 이미 세계에서 규모가 가장 크고 가장 활력이 넘치는 제조업 중심으로 부상했고, 전 세계의 50%를 차지하는 철강(미국의 8배임)을 생산하고 있으며, 시멘트 생산량은 전 세계의 60%이고, 세계 25% 이상의 자동차를 생산하고 있다. 현재 중국은 전 세계에서 최대 특허 출원국으로, 특허 출원 총수가 이미 미국과 일본의 합계를 넘어섰다. 중국은 또 세계에서 일련의 공업제품과 농산물을 생산하는 최대국이기도 하다. 게다가 중국의 궐기는 식민주의나 제국주의 그리고 전쟁으로 실현한 것이 아니다. 중국의 궐기가 세계 경제에 대한 견인력은 그 당시 대영제국 궐기 때의 100배, 아메리카합중국 궐기 때의 20배에 맞먹는다. 중국 제조업 생산액은 미국·일본·독일 3개국을 합친 규모이며, 러시아의 13배이다![61]

글로벌화는 시장의 글로벌 배치를 실현한다. 중국은 저렴한 노동력과 자원을 대가로 '세계 의 공장'으로 부상했고 나아가 '중국이 생산하고–미국이 소비하는' 차이나아메리카(Chinamerica)를 형성했으며, 후에는 이른바 'G2'로 발전했다.

(2) 발전의 원동력: 세계의 시장

글로벌 금융위기가 발발한 이래 중국은 세계 경제 성장의 주요한

---

61) 원이(文一): 『위대한 중국의 공업혁명』, 청화대학출판사 2017년판.

엔진으로 부상했으며 세계 경제 성장의 평균 30%는 중국 경제가 이끈 것이며, 2위인 미국의 기여도를 한 배나 초과했다.

그러나 세계의 공장으로서 중국은 여전히 핵심기술에서 다른 나라의 속박을 받는 난감한 상황에 처해 있다. 근본적으로 말하면 세계에는 미국을 대표로 하는 창조력(原創力), 유럽을 대표로 하는 규범력, 중국을 대표로 하는 응용력 등 3대 원력(原力. 본디부터 가지고 있는 기운, 근원이 되는 힘)이 존재한다. 창조력, 규범력은 응용력을 떠날 수 없고, 응용력도 당연히 창조력과 규범력에 의존한다. 3자가 결합되어야만 인류가 직면한 근본적인 문제를 해결할 수 있다. 중국과 미국, 중국과 유럽의 경제 관계가 갈수록 경쟁성을 띠고 있지만, 글로벌 거버넌스 면에서는 상호 보완성이 더욱 강해지고 있다. '일대일로' 틀 내에서의 중국-미국-유럽의 협력은 다자 간 경쟁을 피하고 글로벌 협력을 시작할 수 있다는 희망을 가져다주었다. 중국과 서방이 협력해 제3자 시장을 개발하는 것은 앞으로 노력해야 할 방향이다.

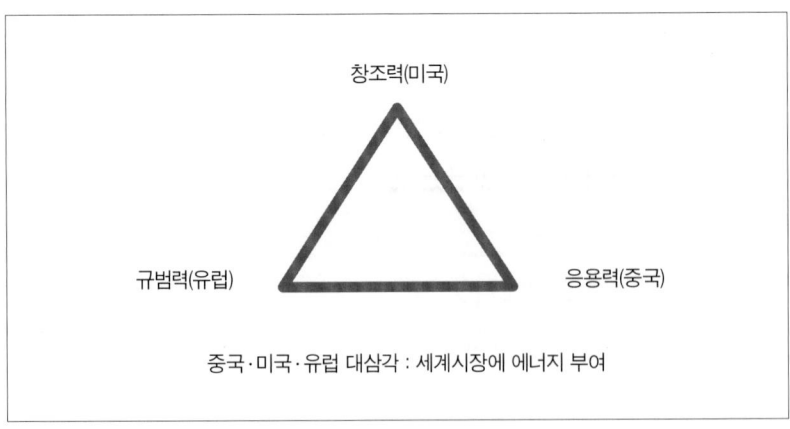

그래프 1. 세계의 3대 원력

'일대일로'는 인류의 대혁신으로 전통 혁신의 함정을 극복한다. 미국식 혁신은 노동력 절감을 강조하고 유럽식 혁신은 자원의 절감을 주장하는데 남방국가의 비교우위를 상쇄해 '혁신의 함정'을 형성한다. 이와 동시에 또 '혁신의 역설'도 존재한다. 즉 혁신을 빌미로 돈을 끌어모아 부유한 자는 더 부유해지고 가난한 자는 더 가난해지며 성장은 있지만 취업은 없는 상황이 초래되는데 인공지능을 제대로 활용하지 못하면 이러한 추세가 더욱 심화될 수 있다. 포퓰리즘의 흥기는 '정치는 지방성을 띠고, 경제는 세계성을 띠며, 정치는 주기적이고, 경제는 장기적'이라는 정치-경제 역설을 충분히 제시했다. '일대일로' 이니셔티브는 이를 해소하려고 시도했으며, 인프라의 '후롄후통'에 착안해 더 이상 금융거품을 일으키지 말고 실물경제에 투자하도록 이끄는 데 유리하다. 이런 각도에서 볼 때 '일대일로'는 포용적인 혁신으로서 전통적인 대국 간의 겨룸을 뛰어넘어 인류운명공동체를 구축하고 새로운 인류문명을 개척하는데 취지를 두고 있다.

(3) 쌍순환 가치사슬: '일대일로'

시진핑 주석은 '일대일로' 건설은 본인이 2013년에 제기한 제안이라며 "인프라 건설과 후롄후통을 촉진하고, 여러 나라의 정책 및 발전전략과의 매칭을 실현하며, 실무적인 협력을 심화하고 조율과 연동 발전을 촉진하며, 공동 번영을 실현하는 것이 그 핵심 내용이다. 발전은 모든 문제를 해결하는 마스터키이다. '일대일로' 건설을 추진함에 있어서 발전이라는 근본적인 문제에 초점을 맞추고 여러 나라의 발전 잠재력을 방출해 경제의 대대적 융합, 발전의 대대적 연동, 성과의 대대적 공유를 실현해야 한다."고 지적했다.

'일대일로'는 중국이 글로벌 산업 사슬의 중급 단계에서 저급 단계로 양질의 생산력을 이전하는 과정인 동시에 고급 단계-선진국과의 경쟁을 피하고 산업 사슬의 업그레이드를 실현해 기술·자본·표준 등 영역에서 중국의 국제 경쟁력을 전면적으로 끌어올리는 과정이다. 글로벌 산업 사슬에서 중국은 여유가 있는 지위에 처해 있다. 즉 위로 올라갈 수도 있고 아래로 내려갈 수도 있는데, 이는 많은 국가들이 '일대일로'에 참여하도록 이끄는 원동력 중의 하나이다. 중국은 '일대일로' 국제협력에 힘입어 선진국과 연합해 제3자 시장을 개척하고 있는데, 이에 따라 경쟁을 피할 뿐만 아니라 또 새로운 상호보완의 협력 공간을 발굴할 수 있다.

생산과 무역의 글로벌화가 끊임없이 심화됨에 따라 중국은 전환과 업그레이드로 경제의 지속적인 발전을 이끄는 단계에 진입했고, 산업은 이미 노동 집약형에서 기술 집약형으로 전환했으며, 글로벌 가치 사슬의 저급 단계에서 중·고급 단계로 부상하고 있다. 그 결과 "세계 경제의 순환은 전통적인 '중심-외곽'식의 단일 순환에서 갈수록 중국을 중심으로 한 '쌍순환' 체계로 바뀌고 있다. 그중 한 순환은 중국과 선진국 또는 지역(북미 경제체와 서유럽 경제체 등) 간에 이루어지고, 다른 한 순환은 중국과 아시아·아프리카·라틴아메리카 등 개발도상국 또는 지역 간에 이루어진다. 한편으로는 중국이 선진국과 분업·무역·투자·자본의 간접 이동을 수단으로 하는 순환체계를 형성했고, 다른 한편으로는 중국이 또 아시아·아프리카·라틴아메리카의 개발도상국과 무역과 직접 투자를 수단으로 하는 순환체계를 형성했다."[62] 글로벌 가치사슬에 융합한 것을 토대로 쌍순환 가치체계를 재구축하는 것은 기존의 국제시장 점유율과 수요를 포기하려는 것이 아니라 중국이 선진국에 의존하던 데로부터 개발도상국이 중국에 의존하는 데로 전환해 글로벌 가치사슬에 융합되고 시장의 범위와 수요를 확대해 경제의 지속 가능한 발전능력을 향상하려는 것이다. 그래프 2에 표기한 바와 같다.[63]

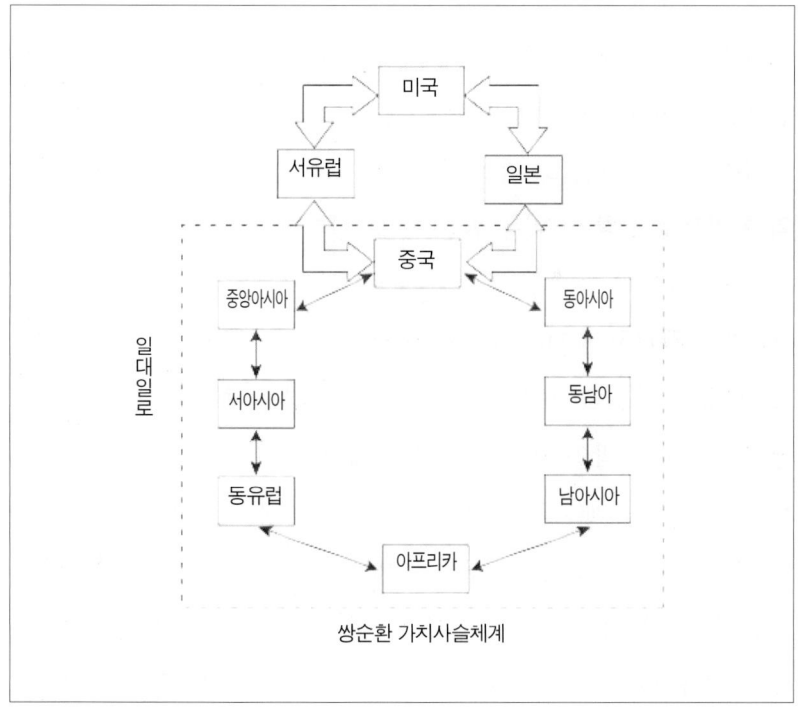

그래프 2. 쌍순환 가치사슬체계

---

62) 류웨이(刘伟), 궈롄(郭濂) 주필: 『'일대일로' : 글로벌 가치 쌍순환 하에서의 지역 호혜상생』, 베이징대학출판사, 2015년판, 3쪽.
63) 란칭신(蓝庆新), 장펑(姜峰): 『'일대일로'와 중국 쌍순환 가치사슬체계 구축』, 『인문잡지』 2016년 제2기.

2. 개혁력: 내부에서 외부에 이르고, 가까운 곳에서 먼 곳에 이르기까지

지난 40년간은 개혁이 주선율이었다. 개혁의 함의는 국내의 불합리한 관념 제도를 바꾸어 국제사회에 더 잘 융합되고 국제와의 연결을 실현하는 것에서부터 제도의 경쟁력을 향상해 국가 거버넌스 능력과 거버넌스체계의 현대화를 실현하기에 이르기까지의 필연적인 선택으로서 내부에서 외부에 이르고, 가까운 곳에서 먼 곳에 이르기까지의 논리를 통해 국제체계를 개혁하고 신형 글로벌 거버넌스와 신형 글로벌화를 추진하는 것이다. 개혁은 인류문명의 지속 가능한 발전의 주제이자 "날마다 새롭고 나날이 새로워지는" 중화 문명이 영원히 생기와 활력으로 넘칠 수 있는 원천이기도 하다.

(1) 자신을 개혁해 경쟁력을 향상한다

개방으로 개혁을 촉진하고 개혁으로 개방을 촉진한다. '일대일로'는 중국 개혁개방의 논리를 '중국이 세계(주로는 선진국가세계)에 개방'하던 데서 '세계(특히는 연선 국가)가 중국에 개방'하는 데로 전환해 세계의 개방, 특히 남방국가 간의 상호 개방을 추진했다. '일대일로'는 연선 국가들이 개혁과 글로벌 시스템의 변혁을 추진하도록 떠밀고 있다. 예를 들어, 아프리카 지도자들은 중국을 방문해 고속철도를 타보았는데 고속철도가 출발 시간에 늦은 승객을 기다려주지 않는다는 것을 의식하고는 부득이하게 생활습관을 바꾸게 되었으며, 그런 상황에 떠밀려 귀국 후에는 개혁을 진행했다. 국제 차원에서 예를 들면 아시아인프라투자은행 효과에서 알 수 있다시피 아시아은행과 세계은행은 모두 아시아인프라투자은행의 '고효율(Lean), 녹색(Green), 청결(Clean)'이라는 높은 표준에 떠밀려 어쩔 수 없이 개혁을 추진해야 했으며, 국제금융체계는 위안화의 국제화로 인해 조용히 변혁의 발걸음을 다그쳐야 했다. '일대일로'는 현재 '개방·포용·균형·보편적 혜택'의 협력 구도를 형성하고 있으며, 글로벌 체계 개혁을 추진하고 있다.

세계무역기구에 가입한 지 9년만인 2010년, 중국은 미국을 추월해 세계 1위 공업제조국으로 부상했다. 현재 중국의 공업생산액은 미국의 150%에 달하는데, 이는 미국·일본·독일의 합계에 맞먹는 수준이다. 이는 중국이 '일대일로'를 실시할 수 있는 저력이다. 인프라+민생 프로젝트+교육, 이는 중국 공업화 경험의 축소판이다. 인프라 분야에서 중국은 건설·운행·관리의 전반적 우위를 갖추고 있다. 중국은 '일대일로'를 통해 아프리카에서 고속도로망·고속철도망·지역항공망·인프라의 공업화 즉 '3망 1화' 협력을 추진하고 있으며, 민생프로젝트와 교육 양성을 보급해 아프리카가 빈곤의 악순환 국면에서 벗어나고 아프리카 시장이 점에서 선으로, 선에서 면으로 점차 확대할 수 있도록 하며, 인프라(항구·지역·철도·도로·무역의 5위일체)의 '후렌후통'에서부터 착수해 발전의 내생 원동력을 얻고 경제발전벨트를 형성하며, 공업화와 농업 현대화를 실현하도록 하며, 나아가 정치와 사회의 전반적인 진보를 추진하도록 이끈다. 중국-파키스탄 경제회랑은 더욱이 '일대일로'의 6대 경제회랑의 주력 프로젝트로서 파키스탄을 도와 취약한 인프라를 보완하고 공업화를 추진하며 경제의 도약을 실현해 궁극적으로 중등강국으로 부상할 수 있도록 한다.

성심성의로 발전을 도모하고 건설에 몰두한다. "길이 통하면 모든 사업이 흥한다"라는 말은 중국의 발전 경험에 대한 명확한 총화로서 전 세계에서 갈수록 널리 유행되고 있다. "아무리 가난해도 교육은 소홀히 할 수 없다." 중국은 의무교육과 인재양성을 중시해 빈곤의 악순환을 막고 있다. 맞춤화 빈곤 구제와 개발성 빈곤 구제, 빈곤 구제와 빈곤 퇴치의 결합, 이런 경험은 세계에 광범위한 참고적 의의가 있다.

중국의 발전 경험은 '혁신·조율·녹색·개방·공유'의 5대 발전이념에서 집중적으로 구현되고 있으며, 녹색·건강·지력·평화의 4대 실크로드 건설 과정에서 실행함으로써 '일대일로' 연선 국가들이 '선(先)오염, 후(後)정비'의 굽은 길을 걷는 것을 피했으며, 세계의 공동 번영과 지속 가능한 발전의 추세를 이루었다. 여기서 꼭 짚고 넘기고 싶은 부분은 중국 경험의 공유는 자발·평등·상생의 원칙에 기반해야 할 뿐만 아니라 더욱이는 소재국의 국정과 결합해 협력 모델을 혁신하고 글로벌화의 현지화를 실현해야 한다는 점이다.

(2) 글로벌 시스템을 개혁해 글로벌 거버넌스를 추진한다

중국은 실크로드기금, 아시아인프라투자은행 등 신형의 다자간 금융기구를 설립할 것을 발기하고, 국제통화기금(IMF)이 점유율과 거버넌스 메커니즘 개혁을 완수하도록 조력했다. 실크로드기금, 아시아인프라투자은행, 브릭스신개발은행은 "중국에서 비롯되었지만 세계에 속하는" 제도적 설계이다. 아시아인프라투자은행은 글로벌 금융 시스템의 혁신을 격려할 뿐만 아니라 또 21세기 글로벌 거버넌스의 새로운 루트를 개척하고 있다. '일대일로'는 호혜 협력 네트워크, 신형의 협력 모델, 다원화 협력 플랫폼의 구축에 초점을 맞추고 있다. 정책소통(정책의 조율), 인프라 연통(인프라의 연결과 상통), 무역 상통(무역의 원활한 교류), 자금 융통(금융 협력), 민심 상통(민간 교류 활성화) 등 '5통(通)'을 창도하는데 호혜 협력 네트워크, 신형의 협력 모델, 다원화 협력 플랫폼을 구축하고 녹색 실크로드, 건강 실크로드, 지력(지혜의 힘에 의한) 실크로드, 평화 실크로드를 함께 구축해 글로벌 거버넌스의 구축을 위한 중국의 방안을 기여하는 데 취지를 두고 있다.

'공동 의논, 공동건설, 공동 향유'를 창도해 신형의 글로벌 거버넌스를 추진한다. 우선은 '공동 의논'이다. 즉 전반 '일대일로' 건설에서 연선 국가들이 각자 참여하는 협력 사항에 대한 발언권을 충분히 존중하고 각국의 이익 관계를 타당하게 처리하는 것이다. 연선 국가들은 대소, 강약, 빈부의 차이를 막론하고 모두 '일대일로'의 평등한 참여자로서 모두 적극적으로 의견을 내고 대책을 제기할 수 있고, 자국의 수요에 따라 다자협력 의정에 영향을 미칠 수 있지만, 타국이 선택한 발전경로에 대해서는 감 나라 배 나라 할 수가 없다. 양자 또는 다자 간 소통과 협상을 거쳐야만 여러 당사국은 경제적 우위의 상호 보완점을 발굴할 수 있고, 그에 따라 발전전략의 매칭을 실현할 수 있다. 다음은 '공동건설'이다. '의논과 토론'은 필경 각자 '일대일로' 건설에 실질적으로 참여하는 첫걸음일 뿐이며, 진일보의 단계는 '대외진출'을 위한 서비스를 더 잘함과 동시에 연선 국가들이 자금과 기술을 도입한 후 관련 인재를 양성해 자주적인 발전능력을 증강할 수 있도록 격려하는 것이다. 오직 이상의 두 가지를 실현해야만 '일대일로' 건설의 성과를 연선 국가들이 공유할 수 있도록 보장할 수 있는 것이다.

(3) 글로벌화를 개혁해 개방·포용·보편적 혜택·균형을 실현하도록 한다

시진핑 총서기는 "'일대일로' 건설을 계기로 국가 간 '후례후통'을 전개하고 무역 및 투자의 협력 수준을 향상해 국제 생산능력과 장비 제조의 협력을 추진하는 것은 본질적으로 볼 때 유효 공급의 향상을 통해 새로운 수요를 창출하고 세계 경제의 재균형을 실현하는 것"이라고 지적했다. 특히 현재 세계 경제가 침체상태를 이어가고 있는 상황에서, 만약 순 주기와 맞물려 형성된 거대한 생산능력과 건설능력을 대외로 이전시켜 연선 국가의 공업화, 현대화 추진과 인프라 수준 향상의 절박한 수요를 지원한다면, 당면한 세계 경제의 정세를 안정시키는 데 도움이 될 것이라고 언급했다.

이는 '일대일로'가 자본의 글로벌화가 아닌 실물경제의 글로벌화라는 특징을 갖고 있고, 규칙 지향적인 것이 아닌 발전 지향적인 글로벌화가 루트이며, 단일 방향이 아닌 포용적인 글로벌화가 방향이고, 경쟁형이 아닌 공유형 글로벌화가 목표이며, 전통적인 글로벌화를 지양하고, 글로벌화의 현지화를 실현하고, 신형의 글로벌화를 개척하고 있으며, 그 비전은 개방·포용·균형·보편적 혜택의 협력 구도를 형성해 인류운명공동체를 구축하는데 있음을 표명한다. 이른바 개방이란 개발도상국이 선진국에 개방하던 데로부터 서로 개방하기에 이르는 것을 말한다. 이른바 포용이란 글로벌화 성과를 공평하고 합리적으로 공유해 나라 간, 내륙과 연해 간의 공동발전을 실현하는 것을 말한다. 이른바 균형이란 남북균형, 산업균형, 지역균형을 가리킨다.

이른바 보편적 혜택이란 글로벌화를 통해 백성들이 획득감과 참여감, 행복감을 더 많이 느낄 수 있도록 하는 것을 말한다.

3. 문명의 힘: 인류운명공동체

고대 실크로드는 중국의 '4대 발명'을 아랍을 통해 유럽으로 전파하고 농경 문명, 유목 문명, 해양문명과 접목시켰다. '일대일로'는 3대 세계 문명인 중화 문명(인간-인간의 관계에 착안하며 인간 됨됨이를 강조), 이슬람 문명(인간-신의 관계에 착안하며 신자가 되는 것을 강조), 기독교 문명(인간-자연의 관계에 착안하며 일을 처리하는 것을 강조)을 다시 융통시켜 문명의 결합으로 문명의 구분을 뛰어넘었다.

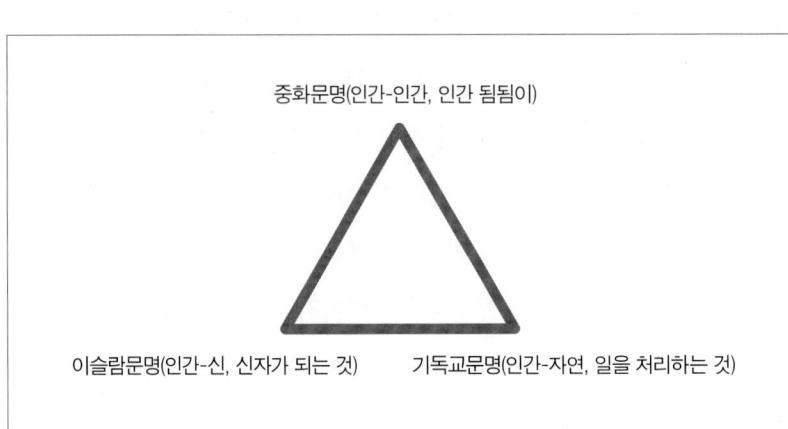

그래프 3. 세계 3대 문명

아편전쟁 이후 중국인이 해결한 문제는 모두 중국 문제였다. 어떤 중국 문제인가? 민족의 독립과 나라의 부강 즉 우리가 일어서야 하는 문제였다. 개혁개방 이후 우리는 중국에서 발생한 세계성 문제를 해결하고 있다. 중국이 글로벌화에 참여하면서 기후변화, 에너지, 시장 등 일련의 문제가 나타났기 때문이다. 신시대에 들어선 후 우리는 인류 문제를 해결하고 있는데 오늘날의 중국과 세계는 이미 "너 안에 나 있고, 나 안에 너 는" 운명공동체가 되었기 때문이다.

현재 세계는 어떤 문제에 직면해 있는가? 프랑스의 저명한 인상파 대가 고갱의 그림에 이런 글귀가 있다. "우리는 누구인가? 우리는 어디서 왔는가? 우리는 어디로 가는가?" 이를 "고갱의 질문"이라고 한다.

시진핑 주석도 2017년 1월, 제네바 팔레데나시옹에서 비슷한 질문을 한 적이 있다. 오늘날 세계적으로 보호주의가 성행하고 포퓰리즘 심지어 극단적 테러리즘이 선진국에서 자라나고 있다. 과거에 말한 것처럼 아프가니스탄과 같은 일부 변두리 국가에서만 발생하는 것이 아니다. 세계는 대체 어떻게 된 것인가? 지금 세상이 더 아름다운 것인가? 우리는 세계가 점점 더 진보할 것이라고 믿을 수 있을까? 아니면 점점 더 퇴보할 것인가? 인류가 이토록 관건적인 단계에 처해있을 때, 중국은 "세계에 대체 무슨 일이 벌어지고 있는 것인가?" "우리는 어떻게 해야 하는가?"라는 질문을 제기했다. 팔레데나시옹에서 시진핑 주석은 연설을 통해 "평화의 불씨가 대대로 이어질 수 있게 하고 발전의 원동력이 끊이지 않게 하며, 문명의 빛이 밝게 빛나도록 하는 것은 세계 여러 나라 인민들의 기대이자 우리 세대 정치인들이 마땅히 짊어져야 할 책임이기도 하다. 중국 방안은 인류운명공동체를 구축하고 상생, 공유를 실현하는 것이다."라고 말했다.

인류 역사를 볼 때 대국의 궐기는 필연적으로 세계의 미래를 선도하는 협력 이니셔티브와 가치 이념을 제시하게 된다. '일대일로' 국제협력은 바로 이런 사명을 짊어지고 있다. '일대일로' 이니셔티브의 제안은 중국이 근대 이래의 중체서용(中西體用, 중국의 학문을 바탕으로 하고 서방의 학문을 응용하는 것), 서방 초월의 사고 논리와 철저히 작별해 세계 리더형 국가로 부상했음을 상징하며 어느 나라의 달이 중국의 달보다 더 둥근지 따지는 따위의 짓은 더 이상 하지 않는다. 사실 우리는 하나의 달을 공유하고 있다. 그것이 바로 인류운명공동체이다. 그 후 국제사회는 중국의 궐기를 추상적으로 논하는 것에만 그치지 않고 '일대일로'를 주제로 논하고 있다. 이로써 국제 담론체계는 단번에 근대 수백 년에서 2천여 년으로 확대되었고 서방 중심론은 해체되었다. 그리고 인류운명공동체 이념은 보편적 가치를 초월해 인류의 공동 가치를 창도하며 항구적인 평화, 보편적인 안전, 공동번영, 개방과 포용, 깨끗하고 아름다운 세계를 건설하는데 취지를 두고 있다. 참으로 큰 도가 행해지면 천하는 만민이 행복한 세상이 되는 것이다.

근대 이래 중국은 민족의 독립과 나라의 부강과 같은 중국 문제의 해결에 주력해 왔다. 개혁개방 이후 중국은 중국에서 발생한 세계 문제인 시장경제, 인민의 행복과 관련된 문제를 해결하기 시작했다. 그리고 신시대에 들어선 후 중국은 갈수록 더 많은 인류 문제를 해결하고 있다. 즉, 항구적인 평화, 보편적인 안전, 공동 번영, 개방과 포용, 깨끗함과 아름다움이 공동으로 인류운명공동체의 5대 기둥을 구성한다.

4. 결론: 세계에 융합되던 것으로부터 세계를 구축하기에 이르다

"궁하면 변하고, 변하면 통하고, 통하면 오래간다."[『주역·계사하』(周易·系辭下)] '궁하면 변한다'에서 '변한다'는 개혁개방이다. 샤오핑 동지의 말을 인용한다면 "개혁개방을 하지 않으면 오로지 죽는 길뿐이다." '변하면 통한다'에서 '통한다'는 '일대일로'가 창도하는 '후롄후통'(5통)이다. '통하면 오래간다'에서 '오래간다'는 오랜 시간 즉 인류운명공동체를 구축하는 것이다. '일대일로'의 목표는 인류운명공동체를 구축하고 항구적인 평화, 보편적인 안전, 공동번영, 개방과 포용, 깨끗하고 아름다운 세계를 만드는 것이다. 인류운명공동체와 '일대일로'는 각각 중국의 '화(和)', '합(合)'문화를 구현했다. 이른바 '화'는 조화로움과 평화이자 인류운명공동체이고 이른바 '합'은 협력, 바로 '일대일로'이다.

이러한 상황에 대해 영국 역사학자 토인비는 오래전에 이미 예측했다. "최근 500년 동안에 전 세계는 정치 이외의 제반 영역에서 서방의 의도대로 통일되었다. 어쩌면 중국이 세계의 절반 더 나아가 전 세계에 정치적 통일과 평화를 가져다줘야 하는 운명을 짊어지고 있다고 말할 수 있다."[64]

---

64) [일본] 이케다 다이사쿠 [영국] 아놀드 토인비 지음, 『21세기 전망-토인비와 이케다 다이사쿠의 대화록』, 거우춘성(苟春生), 주찌정(朱继征), 천궈량(陈国梁) 옮김, 국제문화출판회사 1985년판, 289쪽.

중국과 세계의 관계 논리는 세계에 융합되던 데서 세계를 구축하기에 이르고, "자신을 바꾸어 세계에 영향을 주던 것으로부터" "자체 개혁을 통해 세계를 개혁하기에" 이르며 중외 관계부터 인류운명에 이르기까지 근대 이래 가장 본질적인 업그레이드를 실현했으며, '4가지 자신감'을 충분히 보여주었다.

19차 당 대회 보고에서는 다음과 같이 지적했다. 중국 특색의 사회주의가 신시대에 진입한 것은 과학적 사회주의가 21세기의 중국에서 강력한 생명력과 활력을 발산하고 있음을 의미하며, 세계에서 중국 특색 사회주의의 위대한 기치를 높이 추켜들었음을 의미한다. 또 중국 특색의 사회주의 길·이론·제도·문화가 꾸준히 발전하고 개발도상국이 현대화로 나아가는 루트를 확장해 빠른 발전과 동시에 자체 독립성을 유지하기를 바라는 국가와 민족에 새로운 선택지를 제공해주었으며, 인류 문제의 해결에 중국의 지혜와 중국의 방안을 기여했음을 의미한다.

중국 특색의 사회주의가 신시대에 진입한 후 중국과 세계의 관계는 '일대일로'와 인류운명공동체에서 가장 뚜렷하게 구현되고 있다. 근대 이래 중서-체용(體用) 간의 갈등과 특색-보편적의 갈등에서 벗어났는데, 이는 중국이 본래부터 민족국가가 아닌 문명공동체임을 표명하며, 중화문명은 자고로 '천하무외'(天下无外, 세계는 분리되지 않은 하나의 유기적 체계라는 사상)사상을 갖고 있음을 표명하며, 중국 특색이라는 것은 자기만 특색을 갖출 것이 아니라 세계 모든 나라가 모두 각자의 특색을 갖추기를 희망하며, 궁극적으로는 세계의 특색을 형성함으로써 세계의 다양성을 환원하는 것이다. 바로 이러한 이유에서 시진핑 주석은 '일대일로' 건설이 "자신만의 후원을 조성하려는 것이 아니라 세계 모든 나라가 함께 누리는 화원을 가꾸려는 것"이라고 거듭 강조했다. '일대일로'와 인류운명공동체는 공산주의자들의 세계적 책임감과 천하대동을 실현하려는 초심을 보여주며, 모두 '중국공산당 규약'에 기입되었다.